武平县年鉴

2023

中共武平县委党史和地方志研究室　编

光明日报出版社

图书在版编目（CIP）数据

武平县年鉴 . 2023 / 中共武平县委党史和地方志研
究室编 . -- 北京：光明日报出版社，2023. 12

ISBN 978 - 7 - 5194 - 7671 - 7

Ⅰ . ①武… Ⅱ . ①中… Ⅲ . ①武平县—2023—年鉴

Ⅳ . ①Z525. 74

中国国家版本馆 CIP 数据核字（2023）第 250235 号

武平县年鉴 . 2023

WUPINGXIAN NIANJIAN. 2023

编　　者：中共武平县委党史和地方志研究室

责任编辑：刘兴华　　　　　　　责任校对：宋　悦　贾　丹

封面设计：中联华文　　　　　　责任印制：曹　净

出版发行：光明日报出版社

地　　址：北京市西城区永安路 106 号，100050

电　　话：010 - 63169890（咨询），010 - 63131930（邮购）

传　　真：010 - 63131930

网　　址：http：// book. gmw. cn

E - mail：gmrbcbs@ gmw. cn

法律顾问：北京市兰台律师事务所龚柳方律师

印　　刷：三河市华东印刷有限公司

装　　订：三河市华东印刷有限公司

本书如有破损、缺页、装订错误，请与本社联系调换，电话：010-63131930

开　　本：210mm×285mm

字　　数：563 千字　　　　　　印　　张：21

版　　次：2024 年 3 月第 1 版　　印　　次：2024 年 3 月第 1 次印刷

书　　号：ISBN 978 - 7 - 5194 - 7671 - 7

定　　价：186. 00 元

　　2022 年 9 月 15 日，省委书记尹力深入"全国林改策源地"万安镇捷文村，详细了解产业发展、林业改革等情况。

2022年3月29日，省委副书记罗东川到武平县调研省级乡村振兴示范点建设情况。

2023年5月5—6日，省委常委、省军区少将政治委员宋鸿喜一行深入武平县开展挂钩帮扶工作。

　　2022 年 6 月 9—10 日，省委常委、组织部部长邢善萍来武平开展 2022 年省委省政府工作检查暨"两稳一保一防"督查活动。

　　2022 年 8 月 31 至 9 月 1 日，省人大常委会党组副书记、副主任庄稼汉一行来本县调研就业工作。

2022年7月24日，市委书记余红胜赴武平县，调研落实习近平总书记重要嘱托、加快建设闽西革命老区高质量发展示范区各项重点工作，并主持召开党政领导班子成员座谈会。

2023年1月19日，市长胡盛带队赴武平县调研灾后重建工作并看望慰问受灾群众。

2023 年 2 月 27 日至 3 月 1 日，广州市荔湾区委书记刘晨辉率党政代表团来本县开展对口合作交流。

2023 年 3 月 6—8 日，广州市海珠区委书记蔡澍率党政代表团来本县开展对口合作交流。

2023年9月9—10日，国家开发投资集团有限公司党组书记、董事长付刚峰一行来武平调研对口支援工作。

2022年3月2—3日，厦门市思明区委书记黄河明率党政考察团来武平县调研，开展山海协作对口帮扶，深化山海协作情缘。

2022年9月30日，重阳节、国庆节双节前夕，县委书记张丽华走访慰问老干部。

2022年9月30日，重阳节、国庆节双节前夕，县长于海走访慰问老干部。

2022年3月15日，县委书记张丽华专题调研双拥共建和退役军人事务工作。

2022年7月6日，县长于海带队前往十方镇调研G205线十方高梧至丘坑段公路工程建设情况。

2022 年 12 月 15 日，兴业银行武平支行正式开业。

2023 年 3 月 21 日，中山大学附属第三医院与武平县医院签订对口合作协议。

　　2022年9月17日，以"庆丰收 迎盛会"为主题的武平县2022年中国农民丰收节启动仪式在城厢镇东岗村举行。

　　2022年12月11日，由福建省体育局主办的2022年福建省自行车联赛（武平站）在兴贤坊传统文化街区开赛。

2022 年 6 月 30 日，中央苏区东南屏障展览馆开馆。

2022 年 9 月 24 日，武平县大禾镇举办主题为"喜迎二十大 永远跟党走 奋进新征程"的第二届红军文化旅游节。

2022 年 10 月 1 日，心月公园正式开园。

2023 年 1 月 12 日，省级科技孵化器三期竣工。

2022 年 5 月 25 日，武平县公安局被授予"全国优秀公安局"荣誉称号。

2022 年 8 月 19 日，武平县公安局被命名为全国公安机关执法示范单位。

2022 年 9 月 22 日，钟亮生获全国"最美退役军人"称号。

2022 年 8 月 27 日，刘炎盛成为武平县中国书法家协会会员。

编辑说明

一、《武平县年鉴（2023）》是武平县人民政府主持编纂、党史和地方志研究室承编的一部年度性地情资料工具书，旨在"资政、教化、存史"和"服务、科研、交流"。

二、本年鉴根据国务院《地方志工作条例》的有关规定，全面、系统、翔实地记载2022年武平县政治、经济、文化和各项社会事业发展的情况。为增强资政功能，"彩页""特载""附录"的部分内容下延至2023年。

三、本年鉴采用分类编辑法，保持卷首、百科、卷末为整体框架，分设部类、分类、条目3级层次结构，共设20个部类。

四、本年鉴所刊的文字内容及相关数据，系各乡镇、县直各部门和驻武平县的中央、省、市属企（事）业单位提供的，并经供稿单位主要领导审核把关。凡列入统计范围内的数字，以《武平县统计年鉴》为准。

五、本年鉴中未冠有行政区划专名的"省""市""县"称谓，分别指代"福建省""龙岩市""武平县"，其他各级行政区划名称则冠以行政区划专名。

～～～　目　录　～～～

中国共产党武平县委员会

武平县人大常委会

武平县人民政府

中国人民政治协商会议

武平县委员会

·综　述·

中国共产党武平县纪律检查
委员会武平县监察委员会

人民团体　群众团体

政　法

机构　人物

附　录

特　载

抢抓机遇　感恩奋进　聚力建设革命老区
高质量发展示范区"武平样本"

——专访武平县委书记张丽华

"我们将牢牢抓住这一前所未有的机遇，把对标落实《建设方案》作为一项重大政治任务，聚力建设老区苏区高质量发展示范区'武平样本'。"18 日，武平县委书记张丽华在接受专访时表示。

张丽华说，《闽西革命老区高质量发展示范区建设方案》充分体现了党中央、国务院对闽西革命老区的高度重视和极大关怀，40 万武平老人民备受鼓舞、倍感振奋。武平将重点从 6 个方面抓落实、做示范。

提升林改"武平经验"，在林业综合改革上做示范。张丽华说，武平充分发挥"全国林改第一县"优势，以林改 20 周年为新起点，深入开展全国林业改革发展综合试点，扎实抓好林业发展"八大工程"，持续推进林木采伐制度改革，实施林业金融区块链服务等创新行动，健全林长制责任体系，建好 15 万亩国家储备林，打造全国最大的林下紫灵芝种植加工基地，拓展生态产品价值实现路径。"十四五"期末，林业产业总产值达到 100 亿元以上。

促进绿色低碳发展，在建设低碳城市上做示范。张丽华介绍，武平县积极推进林业碳中和试点县建设，深入挖掘碳汇价值，鼓励国有林场、林企参与林业碳汇项目开发交易；积极倡导低碳生产生活方式，打造捷文零碳研学营地，在全省首创低碳信息管理平台，构建可持续发展的碳普惠体系，打造创建低碳社会"武平样板"。

主攻新型显示产业，在"老区＋湾区"合作交流上做示范。"致力将武平打造成为龙岩与粤港澳大湾区共建产业合作试验区的重要基地。"张丽华说，武平发挥面向粤港澳大湾区的"桥头堡"优势，以承接湾区新显产业外溢为重点，以建设新显产业园为平台，以引进培育一批头部企业和链主企业为关键，开展建链补链招商，注重产业链供应链补短板、锻长板，加速形成产业集聚。

加快发展数字经济，在打造省际电商物流枢纽上做示范。武平充分发挥地处闽粤赣三省交界的区位优势和 4.5 万平方米闽粤赣电商物流产业园的平台作用，加快发展多元企业主体，提升信息技术应用，提高供应链资源整合能力，建设闽粤赣省际物资中转集散枢纽，推动区域物流协同发展。

全面推进乡村振兴，在建设长连武可持续发展试验区上做示范。张丽华介绍，武平着力发挥绿色生态优势，发展壮大林下经济、花卉苗木、乡村旅游、森林康养等生态富民产业，坚持每年实施 3 个乡镇新型城镇化集镇提升示范工程，扎实推进乡村振兴三大示范片建设，注重把农田当景区、把农产品当旅游产品，在项目建设中"＋旅游"，在旅游项目中"＋体验"，推动乡村振兴与全域旅游的深度融合，持续打造"来武平·我氧你"城市IP，让老百姓的日子越过越红火。

完善应急管理体系，在推进县域社会治理现代化上做示范。武平重点推进森林防灭火救援实训基地建设，并融合建设军警民一体化训练基地，提高训练、办公、演练、仓储等设施的综合利用效益，促进平安武平建设，争创新一轮平安中国建设示范县。

"方向已经明确，任务贵在落实。"张丽华说，武平全县上下将以实施"三提三效"行动和深化项目化推进工作落实机制为重要抓手，始终保持"跑"的姿态、提升"干"的本领、展现"拼"的担当，切实把政策红利转化为发展胜势，为建设闽西革命老区高质量发展示范区作出"武平实践"、贡献"武平力量"。

（摘自《闽西日报》2022年4月21日第一版）

2022 年大事记

1月

10日，武平县工商联再次获评全国"五好"县级工商联。

10日，省残联理事长曾智勇一行来本县开展2022年"两节"慰问活动。

12日，由广东省光环境产业技术创新联盟（广东省科技厅作为业务主管指导）主办的2021中国青年设计师大赛（武平赛）在武平县省级科技企业孵化器开赛。

14日，武平县农业农村局荣获2021年全省"最美农安卫士"集体称号。

20日，省委文明办领导来到武平，先后慰问全国、省级道德模范代表邓秀英、陈宏良。

29日，武平县党风廉政建设成效公众评议连续三年位居全市第一。

2月

20日，全国政协常委、国家林草局副局长刘东生一行深入武平县，调研武平集体林权制度改革和林业产业发展等工作，省林业局党组书记、局长王智桢陪同调研。

22日，首场"武平故事会"在兴贤坊梁山书院开讲。

23日，省委书记、省委全面深化改革委员会主任尹力主持召开十一届省委全面深化改革委员会第二次会议，研究审议省委深改委2021年工作总结报告和2022年工作要点，听取武平县传承弘扬"林改经验"努力创造高品质生活

的汇报。

24日，市委书记李建成来到武平县万安镇，与市县机关干部、部队官兵、当地群众一起参加义务植树活动。

24日，武平岩前中心卫生院获国家级通报表扬。

3月

2—3日，厦门市思明区委书记黄河明率党政考察团来武平县调研，开展山海协作对口帮扶工作，深化山海协作情缘。

4日，武平县革命烈士陵园、大禾红军烈士陵园、许卓烈士纪念碑3处县级烈士纪念设施升级为市级烈士纪念设施。

7—9日，国家开发投资集团有限公司党群工作部副主任、团委书记张亮一行到武平县开展对口支援产业帮扶调研。

14—15日，武平10名医务人员支援泉州抗疫。

22日，武平国投集团工业园区投资发展公司与福建威旺半导体有限公司举行全市首例标准厂房分割销售签约仪式。

26—27日，省疫情防控工作组深入武平县开展新冠疫情防控督导工作。

30日，武平县科技馆上榜中国科协公示2021—2025年全国科普教育基地第一批认定名单。

31日，武平县中触全自动数字智能显示产业项目举行签约仪式。武平县委书记张丽华、县长于海，深圳中触电子有限公司董事长董维

寿、执行董事张仁贵、总经理林俊等出席签约仪式。

31日，市督导调研组来武平县督导调研一季度"开门红"暨疫情防控工作。

4月

2日，武平县与福建船政交通职业学院举行战略合作签约暨乡村振兴学院揭牌仪式。

10日，省农业农村厅厅长陈明旺一行来武平县调研春耕生产工作。

10日，武平"百家大院"项目正式签约，计划总投资约30亿元。

12日，林改纪录片《留得青山千万年·武平林权改革二十年》在武平县万安镇捷文村举行开机仪式。

12日，全省首个低碳信息管理平台在武平上线并发放首批"碳金卡"。

13日，市人大常委会主任詹昌建来武平县督导新冠疫情防控、产业发展、项目建设和县乡人大规范化建设等工作，并走访部分省、市人大代表。

20日，武平县医院进入"千县工程"县医院综合能力提升工作县医院名单。

25日，省委依法治省办组成人员来武平县调研指导"全国法治政府建设示范县"创建工作。

26日，福建省人民政府新闻办公室召开"福建省推进林业改革发展再出发"新闻发布会。县长于海应邀出席，并回答中国改革报记者提问"如何推介武平林改经验"的问题。

26日，省人大常委会副主任严可仕来武平县开展森林"一法一例"执法检查。

26—27日，省铁路建设发展中心主任史原增率调研组来武平县调研龙龙铁路项目建设。

27日，新华社经济分析师李涌一行来武平县开展"福建林改再出发"课题专题调研，并与部分林农代表进行座谈。

5月

4日，武平县首个村级文史馆在武东镇六甲村举办开馆仪式。

6日，武平县举行首批退役军人优待证发放仪式，现场为12名退役军人代表发放优待证。

9日，武平办理首例"碳汇补偿"案件。

13日，全省首个普惠型林业碳汇合作开发项目成功签约。

13日，国家铁路集团公司督察组一行来武平县检查龙龙铁路项目建设情况及新冠疫情防控工作。

17日，武平县万安捷文村获福建林业改革发展20年突出贡献集体。

18—19日，福建省委常委、省军区少将政治委员宋鸿喜一行深入武平县开展挂钩帮扶工作，并召开巩固脱贫攻坚成果同乡村振兴有效衔接工作推进会。省军区政治工作局主任时尽岭，省人防办党组书记、主任詹志洁，省教育厅一级巡视员陈明庆，省统计局党组成员、总统计师黄向晖，省退役军人事务厅副厅长陈浩，省投资集团党委副书记郑清华等陪同调研或参加会议。

25日，武平县公安局被授予"全国优秀公安局"荣誉称号。

28日，市委副书记、市长胡盛深入武平检查指导防汛抢险救灾工作，第一时间贯彻落实全省防汛工作视频会议精神，慰问灾区干部群众以及在一线抢险的官兵和公安干警。

28—30日，国家防总福建工作组深入武平县指导防范强降雨工作，并召开反馈会。

6月

2日，武平县"书香政协"委员书屋和助推公益书屋联系点揭牌仪式在梁山书院举行。

6—8日，人民日报、新华社、人民网、新

华网、央视网、福建日报、省广播影视集团、市融媒体中心等中央、省、市 10 余家媒体，纷纷聚焦武平、走"近"武平，开展"福建林业改革发展二十年——武平站主题采访活动"，并召开媒体见面会。

9 日，省委常委、组织部部长邢善萍来武平开展 2022 年省委省政府工作检查暨"两稳一保一防"督查活动。

9 日，本县决定从 2022 年起至 2026 年实施师范类教育人才定向培养招生计划，定向培养中小学教师，每年 30 名，指定福建师范大学、闽南师范大学、集美大学、泉州师范学院、龙岩学院培养，全日制师范类，学制四年。

14 日，市人大常委会主任詹昌建来武平县调研指导防汛备汛工作。

17 日，国家应急管理部救灾和物资保障司的王一鸣、刘伟一行来武平检查近期连续性强降雨防灾减灾救灾情况，省应急管理厅副厅长姚朝钟、救灾和物资保障处处长叶松景等相关负责同志参加。

16 日，"我有青山——武平林改 20 年"主题新闻发布会在龙岩人民会堂举行。

18 日，国家自然资源部地勘司司长于海峰、地质处处长牛力一行来武平调研指导地灾防治工作，南京地质调查中心地质安全评价室副主任孙强、省自然资源厅二级巡视员丁健等参加活动。

22 日，龙龙铁路（武平段）首榀箱梁架设成功，进入全线架梁阶段，标志着武平县境内龙龙铁路建设正式由线下工程转为线上工程施工阶段。

23 日，武平县首个政协委员联系点揭牌仪式在岩前镇大布村新农人众创空间举行。

24 日，原龙岩地委书记、省委组织部原巡视员郑霖率龙岩市直厅级老干部到武平县考察调研乡村振兴、县域经济社会发展等工作。

28 日，全省林业改革发展会议暨省级总林长会议在福州召开，作为全省四个市县代表之一，武平县委书记张丽华在会上就林改工作经验作了交流发言。

30 日，中央苏区东南屏障展览馆在永平镇帽村村举行开馆仪式。

7 月

4 日，武平闽粤界至长汀馆前段列入国家高速公路网规划，编号 G1535。

4—5 日，省委依法治省办成员林良灌一行来武平调研指导"全国法治政府建设示范县"创建工作。

7 日，全国人大常委会委员、全国人大监察和司法委员会副主任委员、台盟中央常务副主席李钺锋，全国人大华侨委员会委员叶双瑜，全国人大社会建设委员会委员郭军等 16 位全国人大代表，省人大常委会党组书记、副主任梁建勇，省人大常委会秘书长黄新銮等来武平县开展专题调研。

12 日，武平县公安局举行"全国优秀公安局"揭牌仪式。

15 日，武北区域联合派出所正式揭牌。

18—20 日，省发展和改革委员会副主任王忠带队，前往国铁集团发改部对接推进龙龙铁路武平至梅州段项目前期工作。

21 日，武平县在 2022 年国际显示技术大会（福州）上举行新显产业发展情况专场推介会。

22 日，武平县总工会为荣获"全国工人先锋号"的武平县宏源公共交通有限公司 1、2 路公交线班组举行授牌仪式。

24 日，市委书记余红胜赴武平县，调研落实习近平总书记重要嘱托，加快建设闽西革命老区高质量发展示范区各项重点工作，并主持召开党政领导班子成员座谈会。

24 日，龙岩市 2022 年"红古田"杯芙蓉李果王大赛、武平县第六届东留芙蓉李文化旅游节暨"全闽乐购　福见武平"商旅促消费活动启动仪式在武平县东留镇开幕。

27 日，著名歌唱家刘媛媛一行来武平为

"喜迎二十大"主旋律歌曲采风。

28日，省投资集团、福建铁路有限公司相关人员先后到武平站为综合开发用地项目、县工业园区企业开展调研。

29日，本县再次荣膺升级双拥模范县，实现五连冠。

8月

2日，北京交通大学"为人'闽'服务，我无悔"暑期社会实践团来到武平县城厢镇"客家桃源"尧禄村，开展"关爱留守老人"活动，为老人们送去关怀和温暖。

11日，2022年福建省第十七届运动会青少年部社会俱乐部组手球比赛在武平县开赛。

13日，武平县第二届紫灵芝采摘文化旅游节在全国林改策源地万安镇捷文村举行。

14日，由省工信厅、省财政厅、省教育厅、省总工会、团省委联合举办的第七届"创客中国"福建省中小企业创新创业大赛暨第五届"创响福建"大赛龙岩赛区决赛中，福建晶翔光电科技有限公司选送的"大尺寸光刻级氟化钙单晶产业化项目"获得企业组一等奖，并入围第五届"创响福建"大赛全省总决赛；武平县智芯生科创客团队选送的"基于AI定向的工业级细胞工程"获得创客组二等奖。

18日，武平县首家普惠性市级示范园——龙洲贝贝托育园开园。

19日，武平县公安局被命名为全国公安机关执法示范单位。

19日，武平职业中专的同学谢宇飞在2022年全国职业院校技能大赛中职组"制冷与空调设备组装与调试"比赛中，荣获该项目个人全国二等奖。

23日，武平县"梁野山下耕耘忙，稻花香里谱新篇"入选福建省科技厅科技特派员工作优秀案例。

23日，省水土保持工作站相关人员对龙龙铁路龙岩至武平段项目沿线弃渣场水土保持工作进行现场检查。

28日，武平百香果再次亮相于CCTV13新闻频道的新闻直播间。

31日，全县林业改革发展暨县级林长会议召开。

31日—9月1日，省人大常委会党组副书记、副主任庄稼汉一行来武平调研就业工作，市人大常委会党组书记、主任詹昌建陪同调研。

9月

3日，县总医院十方分院举行启用揭牌仪式。

3日，福建省第十七届运动会青少年皮划艇静水比赛，本县运动员获得1金1银3铜的优异成绩。

5日，武平籍运动员李盈在女子甲组500米双人皮艇比赛中摘得武平首金。

5日，武平县总医院40名援琼医疗队队员结束隔离，平安回家。

6日，西安君田环保科技有限责任公司丁庆博士一行来武平调研林业碳汇和水环境质量工作，为武平县生态文明建设提供智力支持。

6日，第六届全国农村创业创新项目创意大赛龙岩市选拔赛在武平县举行。

8日，县纪委副书记、监委副主任、一级主任科员钟发荣获中央纪委、国家监委嘉奖表彰。

10日，福建省第十七届运动会"圣象华宇杯"青少年赛艇比赛开赛，武平县张炜、廖林辉、廖朋辉等三位运动员参加首日比赛，分别在赛艇公开级、轻量级单人双桨4000米比赛中勇夺团体赛双金，廖林辉、廖朋辉，在该组比赛中分别取得个人成绩第一和第三的好成绩。

13日，县委召开十四届三次全会，动员全县上下争作示范、勇走前头，全力以赴建设武平老区苏区高质量发展示范区。

13日，武平县新型显示产业集聚区被确定为2022年省级数字经济核心产业集聚区名单，列入 2022 年省数字经济发展专项资金数字经济核心产业集聚区专项拟扶持项目名单。

13 日，2022 年福建省乡村振兴热度指数正式发布，武平位居县（市、区）综合排名全省前十，且蝉联综合排名全省"前十"。

13—14 日，市委文明办、市教育局组成联合检查考评组来武平检查考评 2022 年度未成年人思想道德建设工作。

14 日，武平县运动员廖林辉在女子甲组轻量级测功仪 2000 米项目中夺金。至此，福建省第十七届运动会水上项目（皮划艇、赛艇、激流回旋等）结束，武平县运动健儿共夺得 7 金 2 银 5 铜。

14—15 日，国家开发投资集团有限公司副总经理李程·丹增尼玛、国投集团党校（研修院）常务副校长曹玥，国投集团党群工作部副主任、团委书记张亮等一行来武平开展对口支援工作调研。

15 日，省委书记尹力一行深入武平调研，实地察看了新型显示产业园体验中心、希恩凯电子有限公司、"全国林改策源地"万安镇捷文村，详细了解产业发展、企业生产经营、文明创建、乡村振兴、林业改革等情况。

15 日，省委台港澳办主任林文生一行来武平县调研，考察对台工作开展情况。

15 日，龙岩市 2022 年"红古田"杯百香果果王大赛在武平县举行。

17 日，以"庆丰收 迎盛会"为主题的武平县 2022 年中国农民丰收节启动仪式在武平县城厢镇东岗村举行。

19—20 日，福建投资集团党委书记、董事长王非一行来武平调研，出席 2022 年福建投资集团基层党组织书记培训示范班开班仪式。

20 日，省应急厅督查指导服务组来武平开展"五个一百"安全应急保障提升工程指导服务。

20 日，武平县举行 2022 年东润公益基金会"东润启航"奖学金及"东润益师"奖发放仪式，对全县 100 名优秀教师和 600 名优秀学子进行奖励。

21 日，市委书记余红胜带队赴武平调研医改暨卫生健康工作，听取基层医务工作者对深化医改、推进"健康龙岩"建设的意见和建议，并检查督促新冠疫情防控工作。

21 日，省委宣传部一行来武平县调研新时代文明实践站建设、文明村镇创建工作。

22 日，武平钟亮生获全国"最美退役军人"称号。

23 日，厦门一中与武平一中签订对口帮扶签约仪式。

24 日，大禾镇举办主题为"喜迎二十大 永远跟党走 奋进新征程"的第二届红军文化旅游节。

28 日，武平县法院、县妇联举行"婚姻家庭纠纷诉调对接工作室"揭牌仪式。

29 日，省科协来武平核验 2021—2025 年度全国科普示范县创建工作。

10 月

1 日，武平县心月公园正式开园。

1 日，人民网《对话·新时代——书记访谈录》专访武平县委主要领导。

3 日，武平县桃溪镇新礤村举办"喜迎二十大 桃韵飘茶香"为主题的第五届茶文化商贸旅游节。

13 日，龙岩市市长胡盛一行调研龙龙铁路（武平段）及配套工程项目。

13 日，省地方金融监管局局长薛鹤峰一行来武平调研考察普惠金融、绿色金融等工作的推进情况。

18 日，省贸促会会长徐敏一行来武调研走访外资外贸企业。

18 日，省红十字会常务副会长黄玲一行来武平县调研红十字会工作和灾后重建工作。

20 日，省慈善总会常务副会长陈则生一行来武平调研"幸福家园"村社互助工程项目。

21 日，武平县中山镇郑家坪渠入选福建省第一批河湖文化遗产名单。

24日，武平兴贤坊传统文化街区入选2022年"全国非遗与旅游融合发展优选项目"名录名单。

24日，武平县城厢镇香樟社区获国家卫生健康委、全国老龄办命名为2022年全国示范性老年友好型社区。

11月

13日，武平灵芝以8.7亿元品牌价值荣登"2022中国灵芝区域品牌价值榜单"。

22日，学习贯彻党的二十大精神市委宣讲团宣讲报告会在武平举行。

22—23日，省财政厅副厅长陈强率队来武平调研国家级自然保护地综合治理与发展项目。

28日，武平县岩前镇伏虎村党支部书记、村民委员会主任钟海兵被民政部确定为全国优秀城乡社区工作者。

30日，捷文村上榜2022年"清新福建·气候福地"第二批气候康养福地。

12月

5—6日，专题讲述武平林改二十年历程的纪录片《我有青山》在中央广播电视总台央视农业农村频道（CCTV-17）《乡土中国》栏目首播。

6日，党中央、全国人大常委会、国务院、全国政协、中央军委在北京人民大会堂隆重举行江泽民同志追悼大会。武平县在家处级领导、广大党员干部群众怀着无比沉痛的心情收听、收看江泽民同志追悼大会，深切缅怀、悼念江泽民同志。

9日，中国共产党武平县第十四届委员会第四次全体会议召开。

11日，武平县启动"'大爱龙岩·福满武平'在行动"的活动。

11日，由福建省体育局主办的2022年福建省自行车联赛（武平站）暨武平县直机关企事业单位骑行健身活动在兴贤坊传统文化街区开赛，来自全省各地的58支车队，共249名选手参与本届赛事。

12日，中央全面依法治国委员会办公室下发《第二批全国法治政府建设示范地区和项目命名的决定》，正式命名武平为第二批全国法治政府建设示范县。

12日，本县大禾镇上湖村格氏栲古树群入选第二批"福建最美古树群"。

14日，省发改委重大产业和民生项目协调处对武平站交通枢纽一体化项目开展2022年度第五批省重点项目"双随机"监督检查工作。

15日，兴业银行武平支行正式开业，实现武平县大型股份制商业银行网点"零的突破"。

20日，中国人民政治协商会议武平县第十一届委员会第二次会议在县继续教育基地人民会堂开幕。

21日，武平县第十八届人民代表大会第二次会议在县继续教育基地人民会堂开幕。

21日，政协武平县第十一届委员会第二次会议圆满完成各项议程，胜利闭幕。

21日，"学习贯彻党的二十大精神，推动武平林改再出发"座谈会在武平县继续教育基地人民会堂举行。

21日，《中国林改20年：县域生态文明建设的武平实践》的发行和《我有青山》纪录片入选国史影像馆，被当代中国史农业系列永久收藏

22日，武平县第十八届人民代表大会第二次会议圆满完成各项议程，胜利闭幕。

29日，本县被确定为2022年"四好农村路"全国示范县创建单位名单。

概　述

·建置与自然地理·

【历史沿革】

武平历史悠久。据出土文物考证，早在6000年前就有人类在武平繁衍生息。夏商时，武平为扬州之域，周属七闽地，秦属闽中郡，汉时为南海王织封地，吴时改为建安郡。晋太康三年（282年），今武平境域属晋安郡新罗县地。唐开元二十四年（736年）置汀州后，设南安（今平川镇）、武平（今中山镇）二镇，隶属长汀。南唐保大四年（946年），并南安、武平二镇为武平场，场治在武溪源（今中山镇）。宋淳化五年（994年）升武平场为武平县。民国二年（1913年）废除府州制，以省统道，以道统县，武平属汀漳道。此后，武平先后属福建省第八、第七行政督察区。第二次国内革命战争期间，武平是中央苏区的重要组成部分，是中央苏区县之一。民国十八年（1929年）10月，武平县苏维埃政府成立，隶属闽西苏维埃政府。民国二十年（1931年）1月，武平的武东、武北地区与上杭联合成立杭武县苏维埃政府，隶属福建省苏维埃政府。同年12月撤销杭武县，武东、武北划归武平县。民国二十四年（1935年），红军离开中央根据地后，武平县苏维埃政府逐步停止活动。1949年5月，武平县县长练平宣布起义，成立闽西义勇军临时行动委员会武平分会。不久，国民党军队的残部窜扰并盘踞武平。中华人民共和国成立后，1949年10月17日，中国人民解放军第四野战军收复武平。1949年11月7日，武平县人民政府成立。武平先后隶属福建省第八专员公署、龙岩专区、龙岩地区、龙岩市。

【位置境域】

武平县位于福建省西南部，地处武夷山脉最南端，福建省最西端。地处北纬24°47′—25°29′，东经115°51′—116°23′，东邻福建省上杭，西接江西省会昌、寻乌，南连广东省蕉岭、平远，北靠福建省长汀，是闽、粤、赣三省结合部，素有"一脚踏三省，三省一日还"之称。随着永武高速公路（长深通道）和漳武高速公路的建成通车，武平已融入厦漳泉3小时经济圈和珠三角5小时经济圈。

武平县境域自宋淳化五年（994年）由场升县以来基本上没有变动。从中堡镇悦洋村至东留镇背寨村，东西宽53.9千米；从湘店镇湘湖村至岩前镇大布村，南北长77.3千米；总面积2638平方千米，占龙岩市总面积的13.76%。

【地形地貌】

武平属低山丘陵地貌，地势由西北向东南倾斜，北部中低山纵横，南部低山丘陵起伏。武夷山脉从长汀南部蜿蜒进入县境，形成西列与东列两条山脉。西列山脉行经大禾、东留等乡镇逶迤进入赣南，形成武平与江西省会昌、寻乌两县的天然分界线；东列山脉又称梁野山脉，主峰梁野山顶，分成梁野山、石径岭和龙嶂山三条山脉。龙嶂山脉行经武东、岩前、象洞等乡镇，南下广东省蕉岭县。武平县境内海拔千米以上山峰有梁山顶、高礤山、龙嶂崀等37座，最高峰梁山顶海拔1538米。武平县境内溪流纵横密布，水系发达，主要分为汀江、梅江和赣江三大水系。汀江水系流域面积1073平方千米，约占全县总面积的41%，涉及大禾、桃溪、湘店、永平、中堡、武东、十方等乡镇。梅江水系流域面积1359平方千米，约占全县总面积的54%，涉及平川、城厢、万安、东留、中山、民主、下坝、中赤、岩前、十方、象洞等乡镇。赣江水系流域面积142平方千米，约占全县总面积的5%，主要位于东留镇境内西部。流域面积大于50平方千米的溪河有27条，全县多年平均年径流量25.47亿立方米。

武平县境属亚热带海洋性季风气候，温暖湿润、四季分明、夏长冬短。

【自然资源】

武平自然资源十分丰富。境内森林覆盖率为79.7%，有263科1880种，大型真菌类93种。森林动物有4纲28目、73科、634种。森林动物资源方面，有两栖纲2目8科298种、爬行纲3目10科69种、鸟纲16目37科203种、兽纲7目18科64种，其中有小天鹅、白鹭、华南虎、金钱豹、梅花鹿、鸳鸯等国家保护野生动物；森林植物资源方面，有263科1880种，其中有南方红豆杉、银杏、水杉、钟萼木、半枫荷、青檀、巴戟等国家级保护珍稀植物和省重点保护野生植物。县境内水力资源丰富，理论蕴藏量11.63万千瓦，可开发利用发电装机容量8.87万千瓦。境内矿种有37种，其中非金属矿分布98处，金属矿分布80处。主要有铁、锰、铜、锌、锡、钴、金、银、镓、无烟煤、膨润土、瓷（石）土、石灰石、白云石、萤石；石英石、钾长石、黄铁矿、高岭土、水晶、饰石石材（辉长岩、辉绿岩、花岗岩、大理岩）等。这些矿种现已探明储量的有10余种。其中，无烟煤4700万吨；石灰石16400万吨；金银铜多金属矿中金（含伴生金）22.607吨、银（含伴生银）4184.65吨、铜9.71万吨；白云岩12000万吨；锰180万吨；膨润土1289万吨；萤矿石38万吨；饰面石材2500万立方米以上；石英石800万吨以上。矿泉水日出量160吨；地热水流量2.53升/秒。武平生态旅游资源独特，拥有国家级自然保护区梁野山、风景秀丽的狮岩石洞、灵洞西山、聚仙岩、下坝狮子山、丹井温泉等自然风景。

·行政区划·

2022年，武平县的村（居）委以上行政区划没有变更。全县设1个街道办事处，14个镇、2个乡，分辖16个居民委员会、209个村民委员会。全县行政区域面积263830公顷。

武平县行政区划表

乡镇（街道）名称	数量（个）	居民委员会或村民委员会名称	乡镇政府所在地
平川街道办事处	12	河东社区居委会、河西社区居委会、南门社区居委会、东城社区居委会、西城社区居委会、七坊居委会、红东居委会、西厢居委会、兴南居委会、城南居委会、北城居委会、西门居委会	平川街道教育路
中山镇	11	上岭、上峰、武溪、太平、三联、老城、新城、城中、阳民、龙济、卦坑	老城村

乡镇（街道）名称	数量（个）	居民委员会或村民委员会名称	乡镇政府所在地
岩前镇	17	灵岩、大布、将军、东峰、迳田、上墩、伏虎、三河、洋坑、宁洋、和安、龙井、双坊、峰贵、澄邦、杨梅、跃进烟场居委会	灵岩村
十方镇	19	十方、黎明、黎畲、三坊、白土、来福、中和、和平、处明、梅坑、鲜南、丘坑、集贤、叶坑、高梧、彭寨、熊新、乐畲、鲜水	十方村
中堡镇	21	岭头、下村、芳洋、远富、悦洋、联四、互助、朱坊、中堡、田坑、大绩、大坪、罗助、梧地、林坊、朝岭、章丰、新湖、新化、上济、乌石	朱坊村
桃溪镇	15	桃溪、新礤、亭头、田雁、新田、江坑、鲁溪、新贡、湘坑、洋畲、湘里、小澜、新华、新澜、湘溪	桃溪村
城厢镇	19	尧禄、云寨、东云、东岗、南通、始通、灵通、凹坑、汾水、长居、金桥、文溪、礤文、下东、上东、园丁、梁野居委会、碧水居委会、香樟居委会	平川街道七坊路
东留镇	18	大明、苏湖、桂坑、背寨、兰畲、龙溪、中坊、大联、永福、新中、小溪、黄坊、封侯、新联、新福、大阳、泥洋、南坊	大明村
武东镇	20	陈埔、三峙、张畲、黄埔、新东、教文、美和、六甲、丰田、袁上、东兴、上畲、五坊、川坊、四维、安丰、炉坑、远明、袁田、袁下	陈埔村
永平镇	15	帽村、塔里、中湍、杭背、梁山、瑞湖、田背、恬下、孔下、钩坑、岗背、唐屋、昭信、朝阳、龙归礤	帽村村
万安镇	6	小密、捷文、贤溪、上镇、五里、下镇	下镇村
象洞镇	11	光彩、洋贝、东寨、官坑、沾洋、联坊、富岭、新岗、中段、芹礤、太山	联坊村
中赤镇	7	育平、中赤、上赤、壮畲、万营、下营、平沿	中赤村
湘店镇	6	湘湖、湘洋、三和、七里、店下、尧山	尧山村
大禾镇	13	大禾、山头、坪坑、帽布、贤坑、上湖、邓坑、上梧、源头、龙坑、湘村、大礤、大沛	大禾村
下坝乡	9	下坝、大田、大成、石营、园丰、美溪、露冕、福兴、贵扬	下坝村
民主乡	6	民主、岭下、高书、高横、林荣、坪畲	民主村

·人　口·

【人口变动】

2022 年，全县年末总户数为 121551 户，总人口数 389691 人，比 2021 年减少 3728 人，其中男 203853 人，比 2021 年减少 1508 人，占总人口数的 52.31%，女 185838 人，比 2021 年减少 2220 人，占总人口数的 47.69%；男女比例为 109.7∶100；人口密度为 147.36 人/平方千米，2022 年末城镇人口 174990 人，比 2021 年减少 160 人。

·人民生活·

【城镇居民收入水平显著增加】

2022 年，县委、县政府进一步加大了对民生工程的扶持力度，出台了一系列改善民生的政策，同时积极扩大招商引资规模，不断发展壮大非公有制经济，努力增加就业岗位，拓展了城镇居民的就业渠道，为城镇居民就业和增收创造了条件，据本县 70 户城镇居民抽样调查资料显示：2022 年，本县城镇居民人均可支配收入为 43263 元，比 2021 年的 41255 元增长 4.9%，其中，占可支配收入大部分的工资性收入为 32394 元，比 2021 年的 31218 元增长 3.8%。

【城镇居民消费水平稳步提高】

2022 年，本县城镇居民人均生活消费性支出为 30195 元，比 2021 年的 28782 元增长 4.9%。

1. 食品烟酒消费增加，饮食结构优化。

随着城镇居民收入的增加和市场商品种类的日益丰富，城镇居民的食品烟酒消费水平得以迅速提高，在食品烟酒支出增加的同时，饮食结构也在逐渐优化，饮食消费上不但要求吃饱，而且要求吃好，高蛋白和保健食品消费有所增加，食品烟酒消费质量进一步提高，营养状况得到明显改善。据调查，2022 年，武平县城镇居民人均食品烟酒消费支出 10742 元，比上年同期增长 5.8%，占消费支出的比重为 35.6%；比 2021 年的 35.3% 上升 0.03 个百分点。

2. 衣着消费更趋于时尚、个性。

随着生活水平的提高，居民对衣着的关注程度越来越高，品牌多元化、服装时尚化，成为人们展示自我、体现个性化的象征。资料显示：2022 年，武平县城镇居民人均衣着消费支出为 1469 元，比上年同期增长 5.2%。

3. 居住支出不断增长。

受房地产市场宏观调控政策的影响，城镇居民购买房屋及装修房屋支出有所增加，据调查，2022 年，武平县城镇居民人均居住支出为 6382 元，比上年同期增长 3.4%。占消费支出比重达 21.1%。

4. 生活用品及服务支出不断增加。

随着城镇居民收入的不断增加，城镇居民购买力不断提高，因而居民用于生活用品及服务方面的支出不断增加。资料显示：2022 年，武平县城镇居民家庭生活用品及服务支出人均为 1549 元，比上年同期增长 4.3%。

5. 交通通信支出不断增长。

随着本县公共交通建设事业的快速发展和城镇居民家庭汽车拥有量的增加，利用节假日外出的人越来越多，带动交通支出增加。与此同时，随着信息产业的快速崛起，信息产品更新换代提速，极大地刺激了居民通信消费需求，居民通信消费保持较高的增长水平。据调查，2022 年，武平城镇居民人均交通通信支出为 4578 元，比上年同期增长 5.9%，占消费支出比重达 15.2%。

6. 教育文化娱乐支出不断增加。

在物质生活相对满足的同时，城镇居民精神文化生活不断丰富，文化娱乐支出日渐增加。休闲娱乐的需求提升是文娱服务支出不断增长的主要原因。一方面，城镇居民生活水平的提高、年休假制度的推行和黄金周假日概念的推出，为城镇居民外出旅游创造了条件。另一方面，新景点不断开发、农家乐等城市周边游逐渐升温，成为居民周末休闲的新宠。资料显示：2022 年，武平县城镇居民用于教育文化娱乐方面的支出人均为 2789 元，比上一年同期增长 3.3%。

7. 医疗保健支出不断增长。

由于生活水平的提高，人们保健养生的意识不断增强，保健器具、滋补保健品等支出强劲上升。据调查，2022 年，武平县城镇居民人均医疗保健支出为 2263 元，比上年同期增长 4.8%。

8. 其他用品及服务支出显著增加。

随着生活质量的提高，城镇居民更加注重对美的追求，装饰品和个人服务方面的支出不断增加。资料显示：2022 年，武平县城镇居民其他用品及服务支出人均为 423 元，比上一年同期增长 7.9%。

附表一

2020 年—2022 年武平县城镇居民人均可支配收入和消费结构变化表

单位：元

项目	2020 年		2021 年		2022 年	
	金额	比例（%）	金额	比例（%）	金额	比例（%）
人均可支配收入	37837		41255		43263	
人均生活消费支出	25681	100	28782		30195	
食品烟酒	8976	35	10152	35.3	10742	35.6
衣着	1207	4.7	1397	4.9	1469	4.9
居住	5501	21.4	6173	21.4	6382	21.1
生活用品及服务	1321	5.1	1485	5.2	1549	5.1
交通通信	4011	15.6	4324	15	4578	15.2
医疗保健	2403	9.4	2159	7.5	2789	7.5
教育文化娱乐	1917	7.5	2700	9.4	2263	9.2
其他用品和服务	345	1.3	392	1.3	423	1.4

【农村居民收入】

据全县 80 户农村住户调查资料显示：2022 年，全县农村居民人均可支配收入为 23310 元，比上一年同期增长 7.6%。

【农村居民工资性收入】

2022 年，全县农村居民人均工资性收入为 9012 元，比上年同期增长 7.0%，占农村居民可支配收入的比重为 38.7%。农村剩余劳动力实现了有效转移，越来越多的农民脱离了收益较低的传统农业生产经营方式，农村居民增收渠道进一步拓宽。

【农村居民家庭经营净收入】

2022 年，农村居民人均家庭经营净收入为 11460 元，比上一年同期增长 7.7%，占农村居民可支配收入的比重为 49.2%。农村家庭经营户的经营种类逐渐丰富，农村居民除了从事一产外，还有不少人从事建筑业、批零贸易业、交通运输业和各种社会服务业等，农村市场被进一步打开。

【农村居民转移净收入】

2022 年，农村居民人均转移净收入为 2750 元，比上一年同期增长 8.4%，占农村居民可支配收入的比重为 11.8%。近年来各项强农惠农政策的贯彻落实和社会保障制度建设的推进，如粮食直补、烤烟补贴、农机具购置补贴、城乡居民医疗保险、新型农村养老保险等的发放使得转移净收入成为农村居民收入增长的有益补充，为农村居民增收注入新动力。

【生活消费水平】

2022 年，全县农村居民人均生活消费支出为 16299 元，比上年同期增长 6.0%。人民生活水平有了量的提升和质的跨越，居民的消费理念发生了可喜的变化，消费结构渐趋合理，恩格尔系数（食品支出占消费支出的比重）为 41.2%。居民用于购房、旅游、教育、娱乐、医疗保健等方面的消费明显增多，追求发展型、享受型、保健型消费成为居民的时尚，消费追求从讲数量向求质量转变。

【膳食结构】

2022 年，农村居民人均食品烟酒支出为 6722 元，比上年同期增长 6.9%。经济的发展、社会的进步、生活节奏的加快，社会食品的不断丰富，为居民食品消费提供了更多的选择便利，人们餐桌上的膳食结构发生明显的变化。吃好、吃精、注重营养搭配、追求方便成为时尚，尤其是方便、营养、健康的绿色食品备受居民家庭的青睐。亲朋好友相聚、节假日改善生活到外就餐已成为趋势。各类干鲜瓜果、鲜奶等已成为居民家庭日常食品。同时，食用的粮食消费向多样化变化，副食及其他食品类则向多样化和低脂肪、高蛋白、多维生素的绿色健康食品发展。

【穿着消费】

2022 年，农村居民人均衣着支出为 511 元，比上年同期增长 11.3%。随着人们生活水平的提高和社会提供服装向多样化发展的潮流，人们更加注重个人仪容仪表，不再单纯注重价格的高低，而是更加关注实用、时尚和精品。追赶时尚已成为人们着装的主流。高档化、时装化、品牌化、个性化、多元化成为服装消费的一种潮流，也形成了一种文化。年轻人注重服装的新潮、时髦，突出个性化；中年人注重服装的质地、款式、讲求舒适度；儿童注重服装情趣，卡通，彰显色彩的斑斓；高薪阶层更是青睐于服装的品牌与档次，以显示富足和身份。

【居住条件】

2022 年，农村居民拥有房屋面积人均 79.2 平方米，98.8% 的农村居民住房建筑材料为钢筋混凝土或砖混材料。农村通公路、通电、通电话、通有线电视已接近全覆盖，农村居住配套设施不断完善。近年来乡村振兴战略的实施推动了农村人居环境整治和美丽乡村建设，不仅提升了村容村貌，还方便了农村居民的生活，改善了农村居民的居住条件。

【家庭设备】

随着农村居民收入的增加和消费观念的更新，农村居民家庭设备越来越全面，更新换代的速度也不断加快。家庭耐用消费品拥有量大幅度增加，2022 年，农村居民每百户拥有家用汽车 33 辆，摩托车 136 辆，彩电 123 台，电脑 30 台，移动电话 256 部，空调 103 台，电冰箱 109 台，洗衣机 90 台，热水器 115 台。

【交通通信】

2022 年，农村居民人均交通通信支出为 1870 元，比上年同期增长 8.4%。汽油、柴油价格相对稳定，交通与通信越来越便利，移动电话、摩托车、助力车、电动车、家用汽车等不断涌入农村家庭并不断更新换代。

【教育文化娱乐】

2022 年，农村居民人均教育文化娱乐支出为 1388 元，比上年同期增长 3.2%。在物质生活水平不断提高的同时，提升精神文化生活质量，这成为越来越多农村居民的选择。农村居民越来越重视文化教育，讲究文明生活的氛围已在广大农村日渐形成，学文化、学技术的意识不断增强，对子女和自身教育培训的投资越来越多。农村居民的文化娱乐生活也越来越丰富多彩，本县为加快旅游文化产业的发展，举办了各种充满文化艺术色彩的节庆活动，影响力和魅力日渐彰显，居民的周边游热情空前高涨。

【医疗保健支出】

2022 年，农村居民人均医疗保健支出为 1058 元，比上年同期增长 3.3%。随着农村居民生活质量的提高，人们防病抗病、养生保健的意识也逐渐增强，追求健康、崇尚保健，花钱买健康已成为消费共识，越来越多的人对养身保健、医疗保健品及服务保持了旺盛的需求。自发练气功、耍太极拳和跳广场舞等健身活动的人明显增多，人们不再是消极地为治病而去医院，而是积极进行预防保健。

·水　文·

【雨情水情旱情灾情】

雨情　据统计，2021 年全县总平均降雨量 1279.5 毫米，比常年同期偏少 421.2 毫米，比常年偏少 25%。1 月（0.0 毫米）、3 月（29.7 毫米）降雨量较常年同期异常偏少，4 月、7 月降雨量较常年同期显著偏少，2 月、8 月降雨量较常年同期偏少，其余月份基本持平。其中，1 小时极值降雨量 65.7 毫米，2 小时极值降雨量 76.5 毫米，3 小时极值降雨量 102.1 毫米，均为 2021 年 7 月 31 日降雨极值。

水情　2021 年降雨较常年明显偏细偏少，且时空分布不均，受此影响，全县主要河流未出现超警戒水位情况，主要河道水位均低于多年平均水位，全县水库蓄水量普遍偏少。2021 年，武平县 9 座小（一）型以上水库水源工程蓄水 1177 万立方米，约占正常库容 26%，城区供水形势比较严峻。

旱情　至 2020 年 10 月以来，受全县降雨持续偏少的影响，本县遭受自 1961 年以来最大旱情，全县农经作物受旱较严重，县城区居民生产生活用水受到较大影响。据 2021 年 6 月初旱情结束汇总统计，全县农经作物受旱面积 584 公顷，经济损失 791.5 万元；县城区干旱缺水率 61.5%，气象干旱等级达特旱，全县因旱饮水受影响人数达 55000 人。

灾情　2021 年，全县累计下沉干部 5362 人，转移危险区域易灾人员 202 人。全年主要受 5.28—6.4 持续降雨过程影响，全县普降暴雨，导致房屋坍塌 2 户、受损 5 间，道路中断 1 条 1 处，溜方 32 处约 730 立方米，路基淘空 2 处约 15 米，农作物受淹面积 60 亩，没有人员伤亡。

·高速公路·

【高速公路】

长深高速 G25（长春—深圳）武平段，途经武平十方镇、岩前镇（闽粤界），路线长29.5千米，于 2006 年 12 月 27 日开工建设，2009 年 9 月 29 日建成通车。

漳武高速 S40（招银港区—武平）武平段，起于武平十方镇三坊村，经城厢镇、平川街道、中山镇，终点在东留镇狐狸峡（闽赣界），与江西省寻全高速 S80（寻乌—全南）相接，路线长38.82千米，总投资 26.73 亿元，于 2010 年 6 月 29 日开工建设，2013 年 2 月 5 日十方至城关段建成通车，2015 年 10 月 30 日城关至东留狐狸峡段建成，武平境内全线通车。

·气　象·

【概况】

2022 年，武平县主要气候特征：年平均气温20.4℃，异常度为 0.7，属正常；年极端最低气温-0.8℃（12 月 19 日）；年极端最高气温38.5℃（8 月 23 日），破历史最高纪录；年内日最高气温≥35℃高温日数有 28 天，显著偏多；"23 型"秋寒出现在 10 月 7 日，属偏晚，"20 型"秋寒出现在 10 月 9 日，属偏早；年总雨量 1710.8 毫米，较常年偏多 1%，属正常；年雨日（日雨量≥0.1mm）149 天，属正常；日雨量 50 毫米以上 7 天，以 5 月 27 日 85.9 毫米为最大；年总日照时数 1729.1 小时，异常度为 0.0，属正常；上年度终霜日出现在 12 月 4

日，本年度初霜日出现在 12 月 19 日，无霜期352 天，年内霜日 4 天、结冰日 2 天。

2022 年，武平县天气形势复杂，气候年景较差，暴雨、强对流、寒潮、高温、干旱等灾害性天气强度偏强，因气象灾害造成的损失较多。具体表现：1. 短时强降雨频发，全县共出现 7 场次暴雨，降水呈现强度强、累积雨量大、影响范围广等特征，多项降雨指标打破历史同期纪录；2. 短时强降水、强雷电、短时大风和局地小冰雹等强对流天气发生频次较多，给农业生产造成一定影响；3. 高温天气强、持续范围广，多地高温突破历史极值；4. 前涝后旱，雨季降水集中，其中 5 月~6 月强降水集中期，给人们造成严重的影响；4. 气象干旱阶段性发生，持续时间长、程度高、影响范围广，给农业生产造成不同程度的影响；5. 全年暴雨、高温、干旱等灾害性天气，给林业种植、森林防火、水电行业和人民生活造成不同程度的影响。

【气温】

2022 年，平均气温为 20.4℃，异常度为0.7，与常年相比，属正常。从各季气温分布看，春季平均气温总体正常；夏季平均气温偏高，7月平均气温突破历史同期极值，8 月最高气温极值破历史极值，全年≥35℃以上高温日数达 28天；秋季"23 型"秋寒天气出现在 10 月 7 日，属偏晚；"20 型"秋寒天气出现在 10 月 9 日，属偏早；冬季年内最低气温≤0℃低温日数 1 天。

【降水】

2022 年，平均降雨量 1729.1 毫米，比常年偏多 4%（9.1 毫米），属正常；冬季降水偏多，春、夏、秋季均属正常，初冬偏少，但数次旱涝急转，暴雨和局地强对流频发；其中 5月 26~27 日出现持续性暴雨现象，十方镇 5 月26 日 22 时至 27 日 07 时出现突发性局地强降水，最大小时雨强达 61.2 毫米（自 2009 年以来历史排名第二），2 小时最大雨强达 120.1 毫米（超历史极值）、6 小时最大雨强达 196.9 毫米（超历史极值，出现时段 26 日 22 时至 27 日 04 时）、12 小时最大雨强达 205.7 毫米（超历史极值）、24 小时最大雨强达 206.4 毫米（超历史极值），极端性强降水引发的次生灾害造成人员伤亡 8 人；6 月 6～21 日出现强降水集中期，此次过程综合强度、持续时间、范围和最大过程降水量均达极端；本次暴雨过程持续长达 15 天，突破 1961 年以来最长纪录，过程累计雨量大，位居历史第二。

【日照】

2022 年，全县平均日照时数为 1729.1 小时，异常度为 0.0，与常年比较属正常。

【四季气候变化】

冬季（12—2 月）　平均气温 11.5℃，异常度为 -0.1，属正常，12 月属正常，1 月属偏低，2 月属显著偏低；降水量 245.7 毫米，与常年相比属偏多，冬季雨日 34 天，其中 12 月有 7 天、1 月有 8 天、2 月有 19 天，其中，12 月属正常，1 月属显著偏少，2 月属异常偏多；日照总时数 291.2 小时，异常度为 -0.6，属正常，其中，12 月、1 月日照正常，2 月日照偏少。

春季（3—5 月）　平均气温 20.3℃，异常度为 0.5，属正常，其中，3 月异常偏高、5 月显著偏低，春季最高极端气温 32.6℃（5 月 30 日），最低极端气温 6.2℃（3 月 8 日）；降水量 587.1 毫米，较常年偏少 6%，3 月正常、4 月显著偏少、5 月偏多；春季雨日共 51 天，其中 3 月 14 天、4 月 15 天、5 月 22 天；日照时数达 350.7 小时，异常度为 0.6，属正常，其中 3 月、4 月、5 月均为正常。

夏季（6—8 月）　平均气温 27.6℃，异常度为 0.8，属正常；其中 6 月 25.8℃，属正常；7 月 28.9℃（平历史同期最高纪录），属异常偏高；8 月 28.0℃，属正常；夏季极端最高气温 38.5℃，出现在 8 月 23 日，破历史最高

纪录；7 月 10～14、21～31 日出现连续性高温天气。降水量 640.5mm，较常年偏少 6%，属正常；其中 6 月降水量 446.0mm，较常年偏多 45%，属偏多；7 月降水量 41.2mm，较常年偏少 76%，属显著偏少；8 月降水量 153.3mm，较常年偏少 26%，属偏少；季内出现暴雨 2 场次，分别是 6 月 6 日和 8 月 3 日，其中 6 月 5～19 日，本县出现持续性强降水天气过程。日照时数达 529.7 小时，异常度为 0.0，属正常，其中 6 月属偏少，7 月和 8 月属正常。

秋季（9—11 月）　平均气温 23.4℃，异常度为 1.6，属显著偏高，其中 11 月异常偏高（破历史同期最高纪录），10 月正常，9 月偏高；秋季极端最高气温 37.8℃（10 月 4 日）破历史同期最高气温纪录。降水量 250.3 毫米，较常年偏多 23%，属正常，其中 9 月雨量较常年同期偏少 74%，属显著偏少；10 月雨量较常年同期偏少 98%，属异常偏少；11 月雨量较常年同期偏多 358%，属异常偏多。日照时数达 575.6 小时，异常度为 0.6，属正常，其中 9 月显著偏多，10 月偏多，11 月异常偏少。

【主要气象灾害】

2022 年，重大及异常天气气候事件有寒潮、暴雨、强对流、高温干旱等。主要灾害天气过程及灾情如下：

冷空气和低温阴雨

2022 年，先后出现多次强冷空气或寒潮现象，分别在 1 月下旬、2 月上旬和下旬、3 月上旬、12 月上中下旬。冷空气降温幅度及低温程度如下：

1. 1 月 29～31 日受强冷空气影响，出现低温阴雨天气，最低气温过程降温幅度达 6.3℃，31 日早晨最低气温 4.8℃，未收集到灾情。

2. 2 月冷空气活动频繁且势力强，1～3 日、8～10 日、18～23 日出现 3 次连续性低温阴雨天气，其中 18～21 日受较强冷空气影响，过程降温 9.0℃，日最低气温 2.9℃（21 日）。

3.3月7~9日受强冷空气影响，7日小雨，过程降温幅度12.6℃，最低气温6.2℃，未收集到灾情。

4.11月29日~12月2日受强冷空气南下影响，本县出现寒潮天气并伴有降雨，过程降温幅度达17.1℃，极端最低气温3.5℃，出现在12月2日。

5.12月17~22日受强冷空气影响，过程降温幅度10.0℃，极端最低气温-0.8℃，出现在19日，有霜和结冰。

6.12月24~25日受冷空气持续影响，极端最低气温2.5℃，出现在25日，有霜和结冰。

暴雨

2022年，暴雨日数为7天，其中3月1场、5月2场、6月1场、8月1场、11月2场，以5月27日85.9毫米为最大；5月26~28日以及6月6~21日持续暴雨过程给本县带来较明显灾情。主要暴雨过程：

1.3月22~26日本县出现持续性强降水天气，其中23日出现暴雨，日雨量为52.3毫米。

2.5月10~13日出现暴雨，局部出现大暴雨天气，据县防汛办统计，农作物受灾面积2547亩，损坏灌溉设施23处，冲毁拦水坝1处，直接经济损失210万元。

3.5月26~28日出现暴雨，局部出现大暴雨天气，以十方230.3毫米为最大，最大1小时降雨达61.2毫米，最大2小时降水120.1毫米，均出现在十方。据防汛办统计，全县共17个乡镇，56个村，14658人不同程度受灾，转移人口2072人，死亡人数8人，农作物受灾面积13200亩，直接经济损失7.37亿元。

4.6月6~21日本县出现持续性强降水天气，此次过程呈现持续时间长、累积雨量大、影响范围广、短时雨势强、区域叠加多等特点。全县17个乡镇累积雨量均超过400毫米，其中12个乡镇累积雨量超过500毫米，以桃溪镇651.8毫米为最大。据防汛办统计，全县17个乡镇，225个村，6547人不同程度受灾，直接经济损失2.4亿元。具体受灾情况：房屋倒塌202户345间，受损169户292间；交通道路中断77条，溜方、塌方529处6.9万立方米；水利设施损毁111处；电力线路中断46条；通信线路中断2条；农作物受灾面积11145亩，其中绝收面积1553.4亩，农业基础设施损坏596处；林业（种苗）受灾面积1.8亩。

5.11月22日起受高空槽、低层切变和低空急流共同影响，降水明显增多，其中24~25日普降暴雨，局部大暴雨，11月21日20时至26日08时17个乡镇站点雨量大于100毫米，以民主乡222毫米为最大。

雷雨大风等强对流天气

2022年，强对流天气主要是短时强降水、强雷电、短时大风和局地小冰雹，主要集中在4月、7月和8月，对农业造成一定的影响。造成较明显影响的强对流天气过程如下：

1.4月22~23日和26~27日本县分别出现明显强对流天气：22日午后武平、上杭、长汀部分乡镇出现7~9级雷暴大风，以武平中堡镇的19.6米/秒（9级）为最大。

2.8月29日受低层辐合影响，本县部分乡镇出现中雨到大雨，局部大暴雨，小时雨强以武东镇61.7毫米/小时为最强。

3.9月7日受低值系统外围偏东气流影响，本县出现大雨，并伴有强对流天气，累积雨量以武平民主乡63.4毫米为最大。10月4日受低层弱辐合影响，出现7~11级大风，极大风以十方30.8米/秒（11级）为最大。

干旱

2022年7月起气象干旱阶段性发生，持续时间少、程度高、影响范围广，每年先后出现夏旱、秋冬旱，本县各乡镇均受到不同程度影响。

1.受副热带高压控制影响，7~8月多阶段性晴热少雨天气，其中，7月7日~8月2日的连旱日数达27天，出现夏季中旱，8月上旬受降水影响，旱情缓解；8月11~23日的连旱日数达13天，出现夏季旱兆。

2.9月8日~11月21日连旱日数达75天，出现夏秋连旱，11月22日达到解除标准。

3. 2022 年 11 月 9 日～12 月 20 日日降水量 ≤2.0 毫米的连旱日数达 42 天，出现秋冬小旱，21 日干旱解除，未收集到灾情。

台风

2022 年，有影响的台风数量偏少，为近 10 年来首次未有台风直接登陆本省的年份，其中有 5 个台风（第 3 号暹芭、第 9 号马鞍、第 11 号轩岚诺、第 12 号梅花、第 22 号尼格）外围影响本省，对本县影响较轻。具体情况描述如下：

8 月 23 日、25 日受第 9 号台风"马鞍"外围环流影响，部分地区出现小到中雨，局部大雨，并伴有强对流天气，以下坝乡 31.3 毫米/小时为最强；平原站大风以武平站 21.5 米/秒（9 级）为最强，未搜集到灾情信息。

高温

2022 年，出现 35℃ 以上高温日数 28 天，与常年平均相比偏多。主要高温时段：7 月中旬、下旬和 8 月。季内极端最高气温 38.5℃ 出现在 8 月 23 日，突破历史极值。

·矿　产·

【矿产分布及储量】

武平处于华南褶皱带东部的闽西南拗陷带之明溪——武平拗陷，是煤、黑色金属、有色金属、非金属等重要矿产的有利成矿带。境内有 37 种矿种，有矿床、矿点、矿化点 178 处，其中非金属矿 98 处，金属矿 80 处。已探明储量或预测储量的主要有以下 10 余种。

金、银、铜多金属矿　主要分布在中堡镇的悦洋矿区，金 22.607 吨，银 4184.65 吨，铜 97106 吨。其中，武平紫金的悦洋银多金属矿（含龙江亭）已探明储量金金属量 13.2 吨（含伴生金），银金属量 1766 吨，铜金属量 94815 吨；武平三鑫矿业的青径矿区羊坡塘矿段银多金属矿勘探及外围详查探明银金属量 1558.8 吨，共伴生金金属量 5.267 吨，铜 2291.56 吨；中央勘查基金何屋铜矿探明银金属量 859.85 吨，伴生金金属量 4.14 吨。另外，中堡仙岩山、东留封侯、大禾乌山等地也在进行金、银多金属矿勘查。

无烟煤　分布在岩前、十方两镇，储量 4670 万吨。

石灰石　分布在岩前、十方、中堡 3 镇，储量 1.64 亿吨。现已建成二峰山石灰石矿，作为年产 400 多万吨大型水泥项目福建塔牌的矿石原料基地。

白云岩　主要分布在岩前境内，储量 1.2 亿吨，已经办理南北两个采区采矿许可证，为省重点项目坤孚镁合金深加工项目以及三宝冶金集团白云石粉及活性石灰石生产、路达超细脱硫剂等项目提供原材料。

膨润土　分布在中山镇和城厢镇，储量 1289 万吨，占全省的 80.44%。

钼矿分布在象洞乡十二排及下坝乡，初步探明储量 2590 多吨，预测资源量达 1 万吨以上。

锰矿　主要分布在岩前、十方两镇，储量 180 万吨。

萤矿石　分布在大禾镇和桃溪镇，储量 40.6 万吨。

高岭土（瓷土）　主要分布在中山镇、湘店镇和下坝乡，累计查明资源储量 1879.3 万吨。

石英石　主要分布在城厢、中赤、岩前、大禾等乡镇，估计远景储量在 800 万吨以上。

饰面石材　主要分布在东留、民主、中堡、武东等乡（镇），目前已发现有辉长岩、辉绿岩、花岗岩、大理岩，估计储量在 2500 万立方米以上。

地热（温泉）　分布在城厢镇下东村，为中温上升泉，流量为 2.53 升/秒，有硫黄味，见气体逸出。

中国共产党武平县委员会

·综　述·

【概况】

2022年，中共武平县委坚持以习近平新时代中国特色社会主义思想为指导，认真学习贯彻党的十九大、十九届历次全会和党的二十大精神，全面落实党中央决策部署和省委、市委工作要求，贯彻落实"疫情要防住、经济要稳住、发展要安全"的重要要求，有力有效应对新冠疫情、经济下行和"5·27"重大自然灾害等超预期因素影响，全县经济社会持续保持稳中有进、稳中向好的良好态势，成功获评第二批全国法治政府建设示范县、第二批全国科普示范县、首批全国自然资源节约集约示范县，被确定为2022年"四好农村路"全国示范县创建单位。

2022年，全县实现地区生产总值306.73亿元，增长4.6%；规模以上工业增加值增长1.8%；固定资产投资101.47亿元，增长3.5%；社会消费品零售总额159.53亿元，增长6.4%；实现财政总收入12.11亿元，其中地方级财政收入8.53亿元；城乡居民人均可支配收入分别达43263元、23310元，增长4.9%、7.6%。

【加强党的建设】

政治建设　深入学习贯彻落实习近平总书记重要讲话重要指示批示精神，坚定拥护"两个确立"，坚决做到"两个维护"；持续深化党史学习教育，扎实开展省委"提高效率、提升效能、提增效益"行动，大力弘扬"冲冲冲"和"实干实效实在"的工作作风，推动党中央决策部署和省委、市委工作要求落深落细落实；持续掀起学习宣传贯彻党的二十大精神热潮，召开县委十四届四次全会，深入学习宣传贯彻党的二十大精神和省委十一届三次全会、市委六届五次全会精神，审议通过《中共武平县委关于深入学习宣传贯彻党的二十大精神奋力谱写全面建设社会主义现代化国家武平篇章的决定》；举办县管干部学习贯彻党的二十大精神专题研讨班，县委常委班子带头进企业、进农村、进机关、进校园、进社区、进网络宣传宣讲，全力推动党的二十大精神在武平落地生根、开花结果。

思想建设　认真学习贯彻《中国共产党宣传工作条例》，做好新形势下党的宣传思想工作。2022年，召开县委理论学习中心组集中学习研讨18次50个专题，充分发挥武平故事会、音乐党课、微宣讲等宣讲载体作用，推动党的二十大精神走进基层、走进群众；严格落实意识形态"211"工作制度和"八个纳入"要求，加强阵地管控，审批备案各类报告会、研讨会等27场次，全年未发生重大网络安全事件。

组织建设　扎实推动基层党建工作提质增效，2022年，精心打造21个市级、48个县级党建示范点、联系点；深化"数字党建+宜家康养"近邻党建模式，新建6个社区居家养老服务照料中心；加快高素质干部队伍建设，先后选派近 800 名干部参与疫情防控、重点项目"百日攻坚""六大专项攻坚行动"等一线重点工作，选拔重用 42 名优秀年轻干部，激励干部担当作为；持续深化"梁野英才"集聚计划，优化"引才链"，共引进各类人才 67 名，认定 3 名本土培养的省级高层次 C 类人才。

作风建设　坚持严的基调，强化正风肃纪，扎实开展一体推进"三不腐"具体化试点工作，推进"五廉"工程建设，持之以恒纠治"四风"。2022 年，细化 16 项政治监督清单，开展深化林改、疫情防控、安全生产领域等专项监督 263 次，发现并推动解决问题 645 个；深入推进十四届县委巡察，对 4 个乡镇和 15 个县直单位开展常规巡察，全面完成涉粮巡察 5 个方面 18 个问题整改；召开"一把手"落实全面从严治党廉政集体约谈会 59 人次，建立健全制度 93 项。共处置问题线索 289 件，精准运用"四种形态"批评教育帮助和处理 403 人次，立案 118 件。

制度建设　严格落实《党委（党组）全面从严治党主体责任规定》，扎实推进全面从严治党主体责任检查及发现问题整改；制定完善《县委常委会议事规则》，自觉贯彻民主集中制，落实"三重一大"决策、请示报告等制度，严格执行发文前置审核制度；强化县委在县域范围内总揽全局、协调各方领导作用，支持和保证人大及其常委会依法履职、政府依法行政、政协充分发挥专门协商机构作用，扎实推进统一战线工作，注重发挥工青妇等群团组织和老干部作用，为武平高质量发展凝聚强大力量。

【改革开放深入推进】

书写林改发展新篇　深入贯彻落实习近平总书记对武平林改和捷文村群众来信的重要指示精神，大力宣传"敢为人先，接力奋斗"的林改首创经验，持续推动国家集体林业综合改革试验示范区建设，继续为全国林改探索新路、

提供样板。2022 年，圆满完成贯彻落实习近平总书记对武平林改作出重要指示 20 周年"十个一"系列活动：省委深改会专题听取本县林改经验汇报；建成"我有青山"主题馆；在省林业改革发展会议、集体林权制度改革 20 年座谈会上作交流发言；讲述武平 20 年林改的纪录片《我有青山》在央视农业农村频道《乡土中国》栏目播出，并入选中华人民共和国国史影像馆当代中国史农业系列，被永久收藏；召开"学习贯彻党的二十大精神，推动武平林改再出发"座谈会；《中国林改 20 年·县域生态文明建设的武平样本》发行。2022 年 9 月，时任省委书记尹力来武平调研，充分肯定本县深化林改取得的成效，提出要不断深化改革，继续写好林改篇章。推进机制创新，建成全省首个林业金融区块链融资服务平台，获评全国"两山银行"建设十大优秀案例之一，入选第三批全国林业改革发展十大典型案例和省优化营商环境典型案例之一；建立全省首个低碳社会创建信息管理平台，发行全省首张低碳金融创新产品"碳金卡"，签约引进全省首个普惠型林业碳汇合作开发项目。2022 年，本县被列为全省 20 个碳中和试点单位之一。激发经营活力，稳定林地承包经营，开展农民集体林地承包权依法自愿有偿退出和林业采伐制度改革试点，大力开展植树造林。促进林农增收，探索生态产品价值实现新路径。2022 年，建成林下经济示范基地 294 个、经营面积达 159.01 万亩，实现产值 44.32 亿元；武平灵芝以 8.7 亿元品牌价值荣登"2022 中国灵芝区域品牌价值榜单"；创建梁野山省级森林康养基地，建成全省最大的"森林人家"集聚区，全县森林人家达 112 家。

推进重点领域改革　持续推进教育强县、县域紧密型医共体建设和国企改革三年行动；在全省率先开展区域联合派出所警务运行模式改革并进行推广；推动农村建房审批制度改革。

拓展对外开放空间　用好用足国家支持革命老区振兴发展政策，积极推进国投集团对口

支援、省直部门挂钩帮扶、厦门思明区山海协作，与广州荔湾区、海珠区对口合作，获各类项目资金支持6189万元；用好用足国家支持革命老区振兴发展政策，策划项目108个、总投资577.68亿元；持续探索武台融合发展新路，成功举办第八届海峡两岸定光文化节。

【经济发展提质增效】

坚持大抓招商　持续开展"533"招商引资项目竞赛，精准绘制"产业地图""招商地图"，举办武平县（深圳）新显产业招商推介会。2022年，完成新签约项目58个，总投资149亿元；实现新开工项目52个、新竣工项目47个；深入开展"企业服务日""企业招聘日""招大商、跑市场、抢订单"等活动，实行"免申即享"、减税降费等惠企政策，全年新增减税降费1.01亿元。

坚持大抓产业　加快构建"3+N"现代产业体系，主攻新型显示、机械装备、新材料三大主导产业，以新型显示为首位的信息产业加快集聚，新引进中触智能显示等投资超10亿元的产业项目3个，新显企业总数达102家，产值突破60亿元。武平县显示模组及材料制造产业集群作为全省五个之一、全市唯一入选全国首批中小企业特色产业集群名单。武平县新型显示产业集聚区被确定为2022年五大省级数字经济核心产业集聚区之一，持续推进特色现代农业、不锈钢家居、文旅康养、培训研学、现代物流和建筑业等特色产业。2022年，接待游客536.84万人次，实现旅游收入35.19亿元；建筑业增加50.13亿元、增长9.2%。被确定为第三批国家农产品质量安全县创建单位；深入实施产业升级"八大行动计划"。2022年，全县新增企业主体931家、累计5533家，新上"四上"及房地产开发企业67家，产值亿元以上企业达63家；投入8.1亿元实施15个省重点工业企业技改项目，新增"上云上平台"工业企业11家；加快园区标准化建设，省级科技

孵化器三期、光电信息产业园和县工业园区污水处理厂（一期）等配套设施建成投入使用，县工业园区综合发展水平在省级脱贫县中排名第一，获评省级劳动关系和谐工业区；2022年，新增产业工人2873人。

坚持大抓项目　2022年，聚焦项目全生命周期，开展策划、征迁、报批、债券、落地和重点督办"六大专项攻坚行动"，打好打赢重点项目"百日攻坚"战役，100个县重点项目完成投资98.6亿元，年度投资完成率103%。建立"政策攻坚日""财力攻坚日"等机制，向上争取列入考核范围专项资金10.55亿元，比增28.3%。策划政府性投资项目136个、产业项目155个，重点项目入市库项目数全市第二，成功举办首届"星耀武平"星级项目评选活动，优秀项目策划评审获全市一等奖。文山中学、森林公园南侧地块等14个重点项目完成净地交付。2022年，获转移支付资金24.4亿元，同比增长23.2%，其中竞争性取得资金11.3亿元，同比增长37.5%；新增债券9.37亿元，同比增长95.4%，增幅全市第一。

【提升城乡面貌】

厚植绿色生态底色　坚持"生态立县"，深入打好蓝天、碧水、净土保卫战，2022年，城区空气质量优良天数比例达100%。县工业园区污水处理厂（一期）、岩前第二污水处理厂提升改造竣工投产，全县17个国省控断面综合水质均达到或优于Ⅲ类水质，生活垃圾焚烧发电项目建成运营。武平入选全国2022年水系连通及水美乡村建设试点县、2022年国家生态文明试验区补助资金项目名单、福建省综合性生态保护补偿实施县名单，在全省生态环境公众满意度调查中排名全市第一。

打造园林精品城市　坚持"板块式开发、均衡式配套、片区化更新"的城市建设理念，加快推进南部新城建设。2022年，制定出台《县城规划区村（居）个人建房管理办法》，河

东新村等 28 个老旧小区改造和 2 个背街小巷整治全面完成；实施革命老区城乡融合发展示范区（南部片区）建设，灵通溪水美乡村、崇文公园等项目开工建设，心月公园、平南路东段等项目建成投入使用；蓝花楹、黄花风铃木成为武平特色街景，兴贤坊传统文化街区入选全国非遗与旅游整合发展优选项目和第二批全省特色步行街。

全面推进乡村振兴　深入实施特色现代农业"851"工程，2022 年，实现八大特色产业全产业链产值 130.69 亿元、五大特色产品产值 19.04 亿元，新建高标准农田 2.26 万亩，新增补耕地 944.7 亩。推广"老家社区"便捷服务平台，深入开展"我在武平有亩田"等系列活动，"梁野山下耕耘忙，稻花香里谱新篇"入选福建省科技厅科技特派员工作优秀案例，中赤、十方 2 个新型城镇化集镇示范提升工程深入实施。"两治一拆"深入推进，完善房屋信息管理平台，加强农村新建房屋风貌管控，2022 年，启动省级"崇尚集约建房"示范县创建工作。环梁野山、环千鹭湖、环六甲湖三大乡村振兴示范片建成项目 34 个；大布田野音乐部落、园丁氧博士乐园、新礤茶寮露营等一批网红打卡点火热出圈，城厢镇荣获福建省"全域生态旅游小镇"，园丁村荣获福建省"金牌旅游村"，"春生夏长'乡'约大美武平之旅"入选全国乡村旅游精品线路。2021—2022 年武平连续两年乡村振兴热度指数综合排名全省前十。

【殷实民生福祉】

推进教育强县建设　实施城乡学校扩容提质四期工程，文山中学、红军小学（扩建）等一批学校开工建设或投入使用，新增幼儿园和中小学学位 1850 个；优化教育资源配置，高考本科上线率 70.5%，超全省平均水平 3.68 个百分点。武平一中被确定为全省科技高中（科技创新）特色定位项目。

加快健康武平建设　深入推进全国健康县建设工作，完善公共卫生服务体系，县医院荣登"中国医院竞争力·县级医院 300 强"，建成全省首家健康体验中心，县应急医疗救助中心、县总医院十方分院建成投入使用；全民健身活动蓬勃发展，武平运动员在省第十七届运动会上勇夺 10 枚金牌。

夯实社会保障基础　养老、医疗、失业、工伤、生育保险稳步扩面，城乡居民基础养老金从每月 155 元提高到 165 元；城厢镇香樟社区被命名为 2022 年全国示范性老年友好型社区，颐养家园被评为省级五星级养老院；全面落实稳岗稳工政策，累计发放各类就业补助资金 847 万元，新增城镇就业人员 2229 人。本县被确定为全省首个"幸福家园"村社互助工程试点县。

深化精神文明建设　开展"六大专项提升行动"，扎实推进第七届全国文明城市创建，打造"大爱龙岩·福满武平"精神文明品牌，推进长征国家文化公园、"百家大院"项目建设，县公共文化中心建成开放；21 家城区机关企事业单位内部停车场、学校运动场所向社会开放；县科技馆被列入第一批全国科普教育基地名单；城区 1、2 路公交线获评全国"工人先锋号"。

完善城乡基础设施　2022 年，龙龙铁路（武平段）正线工程完成 86%，全线完成架梁，武平站站房主体工程封顶，龙龙铁路武平至梅州段前期工作加速推进；武平闽粤界至长汀馆前段列入国家高速公路网规划。高林公路改造十方高梧至武东炉坑段实现通车；城乡供水一体化、百把寨水库等一批项目加快推进。

【提升平安底色】

抓好疫情防控　坚持"人民至上、生命至上"，努力扩大疫苗接种覆盖面，提升个人防护能力，开展"防控疫情·差你不行"主题行动。2022 年，统筹安排 8650 万元用于疫情防控工作，科学精准实施好新冠疫情防控优化措施，筑牢疫情防控安全屏障。

打赢防汛救灾战役　科学处置超"百年一遇""历史极值"的强降雨造成的重大自然灾害，以"红土同心·重建家园"行动为引领，统筹推进应急抢险救援、生产生活秩序恢复和灾后重建等工作，建成"同心园"小区安置房并交付安置群众。不断提升应急抢险救援能力，全力保障人民群众生命财产安全。

建设平安法治武平　深入推进市域社会治理现代化试点，统筹推进常态化扫黑除恶、电信网络诈骗、涉麻制毒等区域性突出问题治理，积极防范化解各类风险隐患。2022年，全县未发生重大安全生产事故，国务院联席办通报的八项数据库存总数长期保持低位，群众安全感满意度稳居全省前列。武平被确定为全省党建引领乡村治理试点县，2个乡镇、20个村入选省级乡村治理示范镇（示范村）名单。县公安局获评"全国优秀公安局""全国公安机关执法示范单位"。

·组织工作·

【推进铸魂工程，实施理论武装】

发挥"全国林改策源地"的独特优势，用好《闽山闽水物华新——习近平福建足迹》等鲜活教材和特色资源，引导党员干部满腔赤诚、满怀深情抓好理论学习，把党的二十大精神作为县、乡两级党校教育培训的必修课。2022年，采取集中轮训、专题培训、网络自学等形式，多形式、分层次培训干部3500人次，组建党的二十大精神宣讲团、宣讲小队，用好音乐党课、"武平故事会"、微党课、主题党日活动等宣传宣讲载体，不断把学习宣传贯彻引向深入、落到基层。

【树好正确导向，浓厚干事氛围】

坚持重实干、重实绩导向。2022年，先后选派近800名干部参与新冠疫情防控值班值守、防汛抗灾、重点项目"百日攻坚"、净地攻坚行动等一线工作，聚焦新冠疫情防控、政策攻坚、财力攻坚以及重点项目高质量落地攻坚"六大专项攻坚行动"等重点工作，嘉奖集体52个、个人166名，42名一线优秀干部获选拔重用。选优配强各级领导班子，注重选拔政治素质过硬、驾驭全局能力较强、抓班子带队伍能力较好的优秀干部担任乡镇（街道）党政正职及新一届县政府组成部门正职，统筹做好女干部、党外干部培养选拔工作，严管厚爱干部队伍，制订出台关于进一步加强县管职级干部日常监督管理的措施办法，有效激励干部尽责履职、担当作为。落实关心关爱政策措施，择优调任4名优秀事业干部进入公务员队伍，全县晋升三级调研员3名、四级调研员2名，事业管理岗位职员等级晋升七级职员15名、八级职员195名。

【夯实基层基础，推动基层党建】

扎实开展全省党建引领乡村治理试点工作，探索"一工程三引领"乡村治理模式、经验做法，2022年，在《八闽快讯》刊载。深入推进抓党建促乡村振兴，构建环梁野山、环千鹭湖、环六甲湖等16个跨村联建党组织，推动63个村党组织领办专业合作社、11个村引进企业运营实体项目，促进村集体经济增收和村民致富；深化近邻党建工作，实现小区"红色党支部、红色业委会、红色物业"全覆盖组建；加强和改进"两新"组织党建工作，每月定期开展"红耀武平·党企新时空·企业服务日"活动。2022年，选派26名县处级领导和87名县直机关党员干部兼任非公企业党建工作指导员，非公企业党组织覆盖率达92.3%，深化"红领行动·红耀武平"党建品牌建设，打造22个市级、47 个县级党建示范点、联系点。全市"深化红领行动，争当红土先锋"第三季度现场推进会在武平顺利召开。

【聚焦发展方向，落实人才支撑】

制定出台《武平县 2022—2023 年度紧缺急需人才引进指导目录》，绘制人才地图，引导人才向重点产业、重点项目和教育卫生等重要社会民生事业聚集。2022 年，共引进、认定各类人才 74 人，持续开展"我为武平作贡献·梁野英才立新功"系列活动，培育数字人才、农村实用人才和企业技能人才 1.3 万余人次。制定出台《武平县大学生创业园建设方案（试行）》《武平县青年农民创业园建设方案（试行）》，吸引王秀珍、王国春等近千名优秀青年返乡创业，开发数字乡村"老家社区"服务平台，引导带动村民和外出乡贤积极投身家乡建设。坚持事业留人、待遇留人和感情留人，对表现优秀、业绩突出的人才及时选拔任用，2022 年，为 386 名人才兑现专项补助 800 余万元，帮助解决 31 位人才子女就读、配偶就业、落户等"关键小事"。

【坚持从严从实，推动自身建设】

对照"讲政治、重公道、业务精、作风好"要求，2022 年，深入开展"三提三效"行动，围绕组织工作重点难点问题开展调研，精准施策。全面加强机关政治、思想、组织、作风、纪律建设，深化文明单位和模范机关创建活动，支持驻部纪检监察组开展工作，持续打造风清气正的政治机关。组工舆论宣传和信息化建设取得新成效，组织系统网络宣传工作位居全市前列，组工信息在全省排名较往年大幅进位。《林下紫灵芝栽培技术》电教片获第十六届全国党员教育电视片三等奖，1 名组工干部获评 2021 年度全国组织系统"十佳网宣员"，机关事务管理水平得到新提升。

·宣传思想文化工作·

【推动新思想落地生根】

抓实理论武装，强化思想引领 2022 年，年初制定下发《县委理论学习中心组 2022 年学习安排表》等文件，推进全县各中心组学习有序开展，县委理论学习中心组共举办 18 次 50 个专题的集中学习，并组织对 22 个党委（党组）进行巡听旁听，实现全覆盖。推进理论宣讲，营造良好氛围，依托武平县"福小宣"小蜜蜂岩讲家宣讲团，开展各种形式宣讲 1200 余场次。举办武平县"喜迎二十大，理论好声音"理论宣讲精品课视频评选活动，选送作品荣获全市视频评选一等奖。用好平台资源，加大供稿力度，强化学习管理，做好供稿工作，策划"我们的新时代"等系列专题，建立 70 多个党委（党组）全覆盖的学习和供稿管理组，总供稿数 479 篇，采用 165 篇。其中"我们的新时代"等率先供稿上稿，受到上级单位表扬。

【学习宣传贯彻党的二十大精神】

组织社会宣传 深入开展"强国复兴有我"群众性主题宣传教育，举办"喜迎二十大"主题文化文艺活动 170 余场，惠及 20 万余人次；持续刊播"党的二十大"海报、标语等，深入开展红色文艺轻骑兵"六进"活动，组织拍摄主题歌曲《领航》MV。策划新闻宣传，在各平台组织开设"喜迎二十大，奋进新征程""二十大时光""十年奋进看武平"等专题专栏，积极参与"非凡十年""福建新答卷""我们的新时代"等重大主题宣传，牢牢把握正确舆论导向。开展理论宣讲，充分发挥示范引领作用，县处级领导带头深入基层开展宣讲

30 余场次；组建县委宣讲团，分赴各乡镇（街道）、各单位开展宣讲 40 余场次；把党的二十大精神宣讲同习近平总书记在武平的"一本林权证""一条幸福路"等生动感人的故事结合起来，采用"武平故事会"、抖音网络视频等多种形式，不断推动党的二十大精神深入人心。

【巩固壮大主流思想舆论】

开展主题宣传　组织在各平台开设"'福'见武平"等专题专栏，"武平发布"微信公众号、视频号、抖音号实现点击量破 10 万的作品 15 件，驻央媒平台号破 100 万的作品 38 件，累计在中央、省、市主流媒体刊播武平新闻 148 条、242 条、1452 条，持续凝聚改革发展正能量。

加强重大主题宣传报道　以武平林改"20 个点、20 个人、20 个故事"为主线，进一步唱响武平"全国林改第一县"品牌，2022 年，累计在中央、省、市主流媒体刊播林改新闻 43 条、33 条、75 条；开展"红土同心·重建家园""5·27"重大自然灾害灾后重建宣传活动，积极做好"防控疫情·差你不行"主题行动宣传报道。

推进媒体融合　实施"党媒强基'582'工程"等一揽子项目，多篇作品荣获福建新闻奖一等奖、福建广播电视艺术奖公益广告三等奖等荣誉；县融媒体中心在全省县级融媒体中心提质增效工程评审中获评"全省优秀县级融媒体中心 30 强"第 5 名。

【巩固深化文明创建成果】

全国文明城市创建工作　印发《武平县全国文明城市创建"三个一"机制实施方案》等文件，组建督查组深入督查指导，下发整改通知书 200 份，下发整改通报等 29 份，做好创城网申材料收集整理工作。

打造"好人之城"品牌　推荐 2 人入选福建身边好人候选人名单、1 人入选全国"新时代好少年"推荐名单、13 人参评第四届龙岩市道德模范，评选第五届武平县道德模范 15 人；开展道德模范慰问活动，推动办理"道德礼遇卡"，营造崇德向善的浓厚氛围。

新时代文明实践工作　年初印发《武平县 2022 年新时代文明实践"文明武平·志愿同行"志愿服务系列活动方案》，募集新时代文明实践基金 580 余万元，组织先进模范开展党的二十大精神宣讲等活动 49 场次，受惠群众 5 万人次；开展"红耀武平·靓城有我"等文明实践活动 1700 余场，受惠群众约 40 万人次。

未成年人思想道德建设工作　积极推进"扣好人生第一粒扣子"主题实践教育活动，加强未成年人心理健康辅导工作，开展中小学"喜迎二十大·健康心征程"暨"心安疫线守护健康"活动 15 场次，中、高考心理拓展活动 7 场。

【推动文化事业和文化产业高质量发展】

红色资源和优秀传统文化保护利用　积极策划文物保护修缮项目，2022 年，争取各级文物保护专项资金 895 万元。推进长征国家文化公园项目建设，活化利用梁山书院，新建树德堂牌匾博物馆等展陈，新命名 21 处县级爱国主义教育基地。

实施文化惠民工程　积极开展"线上+线下"多种形式的文化惠民活动，2022 年，累计服务群众 7000 余人次，在梨园开展非遗节目展演 163 场次，举办"武平故事会"32 场次，受众 2900 余人，新增 2 家对外开放公益图书馆。

抓好"福"文化主题宣传　策划将"福"文化植入兴贤坊传统文化街区等项目建设，推动打造武平五福、"福"文化拍照打卡点等，2022 年，累计在 LED 屏幕投放"福"文化相关海报 220 余万次，张贴"福"文化相关海报 200 余张。

推动文旅深度融合　编制《武平县"十

四五"文旅康养产业发展专项规划》等文件，推进县公共文化服务中心等16个重大文旅康养项目，引入5家乡村旅游运营主体，推出"武平风物集"等"5"字头系列旅游文创产品及系列旅游线路，其中"春生夏长'乡'约大美武平之旅"入选全国乡村旅游精品线路。

【维护意识形态安全】

落细落实工作责任　严格落实意识形态"211"工作制度和"八个纳入"工作要求，印发《加强县委巡察意识形态工作责任制落实情况专项检查的实施方案》，累计对15个党委（党组）开展意识形态专项检查，开展意识形态专项督查，将结果纳入县对县直单位（乡镇、园区）绩效考评中，并由县委主要领导对连续两年排名靠后的党委（党组）书记进行意识形态约谈。

加强阵地管控　坚持完善阵地主管主办、属地管理制度，共审查备案各类报告会、研讨会等27场次。深入推进"扫黄打非"专项行动，出动执法人员650人次，检查各类文化出版经营单位130余家，查获各类非法出版物200余册，办理案件4起。

强化网络管理　组织开展网络安全检查工作，发出整改通知书18份，查删修改各类不规范表述错误信息106条，发现并妥善处置各类网络舆情信息32起，特别是妥善处置本县"5·27"暴雨灾情网络舆情，并作为舆情处置典型案例上报省委网信办。

【加强党对宣传工作的领导】

加强政治建设，深入贯彻落实《中国共产党宣传工作条例》（以下简称《条例》），全力推进武平县"宣传思想工作夯基提升年"活动，不断提升宣传思想战线政治判断力、政治领悟力、政治执行力，确保宣传工作始终坚持正确政治方向。强化监督检查，强化对全县各党委（党组）《条例》执行情况监督检查，对

《条例》实施情况开展专项调研，召开全县宣传系统全面从严治党工作会议，强化政治监督、做实日常监督。配强工作队伍，多措并举强化优秀年轻干部发现培养选拔力度，配齐配好乡镇（街道）宣传委员，锻造高质量宣传思想人才队伍。截至2022年年底，全县各乡镇（街道）宣传委员平均年龄36.6岁，大学及以上学历占94.12%，配备率100%，实现村（社区）党组织宣传员全覆盖。

·统一战线工作·

【坚持党对统一战线工作的领导】

2022年，县委常委会4次专题研究统一战线工作，认真落实县委统一战线工作领导小组工作规则，以"钉钉子精神"推动党的二十大精神和中央、省委、市委关于统一战线工作的决策部署在本县落地见效。进一步健全完善县委统一领导、统战部门牵头协调、有关方面各负其责的大统战工作格局。

【发挥优势服务大局】

组织引导统一战线广大成员聚焦县域发展战略、"1355"项目质量提升行动、"大抓招商、大抓产业、大抓项目"等工作大局，深入调研，建言献策。积极主动融入闽西革命老区高质量发展示范区建设，2022年，在全省率先成立了县级"新侨人才创新创业服务中心"，支持鼓励海外华侨、新侨人才到示范区投资兴业；推动武平与广州荔湾区、海珠区统一战线对口合作，签订框架协议，推动对口合作走深走实。

【深化"红土同心"品牌活动】

2022年，制定出台《武平县统一战线深化

"红土同心耀武平"党建品牌建设实施方案》，统筹统一战线资源力量，深入开展"万企兴万村""光彩事业""统一战线为武平一中百年校庆添光彩"等"红土同心"品牌活动，组织动员各商会（企业）为武平"5·27"重大自然灾害筹备物资，在防汛救灾和灾后重建工作中展现担当作为。2022年，全县统一战线共争取各类资金近200万元，助力"大爱武平"建设。

【推动民营经济发展】

推动落实县处级领导干部春节期间走访看望企业家、"百名干部挂百企"等活动，主动靠前服务，用心、用情、用力服务好民营企业，推动助企纾困政策落地见效；举办梁野民营企业家讲坛，成立涉企民商事纠纷调解中心，提振民营企业发展信心，着力优化营商环境，大力促进"两个健康"。2022年，福建省龙岩闽窖酒业有限公司等3家民营企业获评省级"食药同源"试点企业；星河电路（福建）有限公司董事长黄永强获评"福建省优秀企业家"称号；泉州武平商会、县客家商会如期完成换届，县青年商会再次获评"全国四好商会"。

【做好党外知识分子和新的社会阶层人士工作】

按照"凝聚起来、组织起来、发挥作用"的要求，加强对全县党外知识分子、新的社会阶层人士的思想政治引领，引导他们立足岗位履职尽责、展现风采。2022年，党外知识分子联谊会会员、武平一中王录臣老师获2022年龙岩教育系统嘉奖，武平一中钟玉芳老师获2022年龙岩市芳梅教育教学奖；副会长赖金锋的企业"晶翔光电科技有限公司"获福建省中小企业创新创业大赛企业组一等奖；新的社会阶层人士联谊会会员肖崇辉画作《青春绽放》入选"艺心向党"自由职业艺术家喜迎党的二十大主题作品展；新的社会阶层人士钟炎生等4人

入选首届"龙岩青年好网民"；党外知识分子联谊会、新的社会阶层人士联谊会完成换届。

【做实港澳台侨海外争取人心工作】

加强与港澳台侨海外武平籍重点社团、重点人士的沟通联系，团结年轻一代爱国爱港爱澳爱乡，坚决拥护"一国两制"、拥护党的领导，落实落细惠台政策措施，有效促进港澳人心回归、台湾民心认同、海外侨心凝聚。2022年，岩前均庆寺首次以民间形式成功举办第八届海峡两岸定光佛文化节暨世界客属祈福大典，深化武台民间交流，探索武台融合发展新路；落实散居贫困归难侨生活救助，开展侨情普查，做好归侨侨眷代表人士服务工作。

【党外代表人士队伍建设】

严格落实《中国共产党统一战线工作条例》和省委《实施意见》精神，加强与组织部门的沟通，加大党外干部的发现、储备、培养、推荐、使用力度。2022年，本县共配备党外副科级以上领导干部62人，其中党外县处级领导干部5名，党外正科级干部15名，2名党外干部担任县政府组成部门主要领导，1名党外干部担任县直部门主要负责人。持续推动落实县级党员领导联系党外代表人士工作，推动法院等部门聘请21名党外代表人士担任特约人员，支持开展参政议政、民主监督工作；做好无党派人士确认推荐工作，全县共有无党派人士91名；配合做好党外省政协委员的推荐工作。

【宗教中国化武平实践】

压紧压实县、乡、村三级宗教工作网络和乡、村两级宗教工作责任制，持续巩固深化宗教工作督查及其"回头看"反馈问题整改成果。2022年，围绕"解经、讲经、用经"中国化，在宗教界深入开展崇俭戒奢教育活动，大力弘扬勤俭节约、淡泊名利、清净庄严等优良传统，深化宗教活动场所"四进"活动，排查

整治宗教活动场所（民间信仰场所）消防、建筑等安全隐患。

【疫情防控工作】

按照"疫情要防住、经济要稳住、发展要安全"的要求，引导社会力量助力疫情防控、复工复产，重点做好宗教界、"外防输入"疫情防控工作。

·政　法·

【政治引领，把握政法工作方向】

坚持党对政法工作的绝对领导　坚定捍卫"两个确立"、增强"四个意识"、坚定"四个自信"、做到"两个维护"，不断提高政治判断力、政治领悟力、政治执行力，认真贯彻执行《中国共产党政法工作条例》及省委实施办法。2022 年，提请县委常委会研究政法综治、平安建设、政法队伍建设等重大事项决策部署12 次，县委政法委召开专题会议 21 次，统筹推进全县维护国家政治安全、防范社会风险、常态化扫黑除恶、平安建设以及新型电信网络违法犯罪、涉麻制毒等专项治理工作。

落实全面从严治党主体责任　按照《党委（党组）落实全面从严治党主体责任规定》，把管党治党纳入政法部门年度目标管理和干警岗位职责考评，县委政法委派员对法院、检察院、公安局拟提任干部进行考核、复核，2022年，共考核、复核 28 人。

强化科学理论武装　深入开展习近平法治思想学习宣传研讨实践活动，推动《反有组织犯罪法》《信访工作条例》《反电信网络诈骗法》等学习内容纳入各级理论学习中心组学习，开展《信访工作条例》宣传月活动，持续掀起大学习热潮。

【全力护航党的二十大】

推进维护国家政治安全攻坚　牢固树立底线思维，持续防范化解各类风险隐患，实现了党的二十大期间社会安定稳定。加强重大专案专项侦察、情报信息搜集和政治重点人员教育管控，严密防范和严厉打击敌对势力各种捣乱破坏活动；完善"1，3，5"分钟快速处置机制，切实形成全方位、立体化、多层次的防控体系。2022 年，全县未发生暴恐案（事）件。发挥平安武平、武平法院、武检之声、武平公安等政法新媒体作用，联合武平发布、梁野清风、梁野党旗红等党政新媒体，联动武平人网、武平生活等社会新媒体，促进政法、党政、社会新媒体相融合，全面宣传扫黑除恶、禁毒反诈、法规法纪、英模事迹等内容，讲好政法故事、传递政法声音。

矛盾纠纷信访积案化解　坚持和发展"新时代枫桥经验"，深化打造"园区枫桥"等一批武平枫桥品牌。2022 年，全县各级调解组织共排查调解各类矛盾纠纷 2978 件，调解成功2976 件，调解成功率 99.93%。国家信访部门交办第一批、第二批"治重化积"案件 37 件，均已申报办结。开展全县重点人、重点事大联动、大排查、大化解、大稳控工作，健全落实重点人员服务管理"八项机制"，全县自主摸排 2018 年以来曾扬言个人极端高危人员 12 名，均按"一人一策一专班""一事一档"管理，均平稳可控。需重点关注的老农技（机）员、老畜牧兽医、老接生员、已辞退的原林业局工作人员、退役军人群体、因违反计生政策被开除公职人员、民代幼等重点群体均已稳控到位。

公共安全领域风险攻坚　2022 年，全县道路交通事故四项指数三降一升，道路交通安全形势平稳。共开展宣传警示曝光 17 期，查纠各类交通违法 11.9 万余起，其中开展酒醉驾违法行为专项整治统一行动 320 次，查处酒醉驾591 起，开展道路交通安全隐患排查整治，完成省市县为民办实事项目隐患排查 17 处（其中省项目 4 处、市 4 处、县 9 处），完成率 100%。强化景区和非景区景点隐患风险排查，本县公共区域景区、非景区景点均为低风险点，共排查整改隐患 13 处。

治安突出问题整治攻坚　持续推动扫黑除恶常态化活动的开展，制定《武平县〈反有组织犯罪法〉学习宣传贯彻活动方案》，深入开展《反有组织犯罪法》宣传活动。深化打击治理电信网络诈骗犯罪工作，用好"市县一体化精准预警"机制和创建"无诈县城"活动，全力压降本地发案、强破案。2022 年，电诈发案 76 起比上年下降 15.55%，破案 40 起比上年上升 14.28%；"断卡"行动研判上级下发线索 121 条，核查 82 条，抓获 60 人；"断流"行动侦破组织他人偷越国（边）境案 21 起，打掉偷越国（边）境犯罪团伙 19 个，抓获犯罪嫌疑人 58 人；加强滞留境外人员劝返工作，已回流 50 人，国务院联席办下发的涉诈高危人员 336 人，已劝返 274 人；将 978 名涉诈重点人员列为法定不准出境人员。

开展打击整治养老诈骗专项行动　2022 年，开展进社区、进超市、进公园、进广场、进家庭宣传 686 场次，35.3 万人次，开展摸排 63 次，共接收 15 条举报电话，其中查否 12 条，3 条提供办案线索，核查中央政法委 12337 平台下发的举报线索 1 条（已办结）。全县共破获 50 起涉养老诈骗案件，打掉犯罪团伙 5 个，抓获犯罪嫌疑人 27 人，涉老诈骗案金额 239.4 万元，追赃挽损 220 万元，追赃挽损率 91.9%。各有关部门充分发挥职能作用，紧盯行业领域涉诈问题隐患，养老领域涉诈乱象得到有效整治。

保持对涉麻制毒严打高压态势　2022 年，全县共破获涉毒刑事案件 4 起，共抓获涉毒违法犯罪嫌疑人 18 人，起诉 15 人，查获吸毒人员 42 人（含吸食"笑气"嫌疑人 23 人）。全县未发生易制毒化学品、麻精药品流入非法渠道案（事）件，未发生吸毒人员肇事肇祸案（事）件，涉麻制毒窝点可防可控。

平安质效提升攻坚行动　深化平安县乡村三级联创，兑现 2021 年平安建设"3 个 10%"惠民激励政策，发放"3 个 10%"奖励金达 862.5 万元，受益群众近 14 万人。编织治安立体防控天网，连续 9 年将"雪亮工程"列入县委县政府办实事项目，建成联网视频监控探头 5471 路。2022 年，投入 324 万建设第十期"雪亮工程"工程暨"平安家园·智能天网"平安乡村建设。搭建综治中心实战平台，推行"综治中心+网格化信息平台+N"的工作模式，整合基层服务管理资源，投入 1363 万元建设综治中心，建成县级综治中心 1 个、乡镇（街道）综治中心 17 个、村级综治中心 225 个；构建社会心理服务体系，完善正面引导、心理疏导、危机干预三项机制，建成乡镇（街道）心理咨询室 17 个、村居（社区）心理咨询室 205 个、中小学校心理辅导室 44 个、心理健康教育特色学校 1 个、心理健康门诊 16 个、试点乡镇（街道）3 个。

推进落实市域社会治理现代化试点攻坚　全力配合做好试点创建验收评估工作，持续推进示范点改造提升。2022 年，以全国林改二十周年为契机，对全国林改发源地捷文村综治中心进行改造提升，以"一个中心、四个平台、八支队伍、四套机制"打造"捷文村青山理堂"。扩展"园区枫桥"，健全完善园区"职工法律服务一体化基地"，为 170 多家企业、近万名职工免费提供"一体化一站式"法律服务，实现化解矛盾"全响应"，维权维稳"零距离"，服务职工"高效率"。探索社会治理新机制，立足预防和保护职能定位，创造性开展未成年人保护工作，率先从"一个联盟、两支队伍、三项机制"入手，探索建立"1+2+3"未成年人保护工作新方法，取得明显成效，获市领导批示肯定。

【围绕中心，保障社会大局发展】

助推常态化疫情防控　组织动员广大干

警、基层网格员参与疫情防控，依托"综治中心+网格化+信息化"体系，充分利用综治网格化信息系统人口大数据筛查、群防群治等功能，2022年，动员全县2449名网格员、平安志愿者、综治协管员等群防群治力量联防联控。

积极参与防汛救灾工作　闻汛而动，充分发挥政法职能作用，及时统筹组织政法力量深入一线开展现场救援、群众转移、排查搜救等工作，妥善处置"5·27"重大自然灾害善后工作，实现灾后社会安定稳定。

优化法治化营商环境　制发《关于优化营商环境建立涉企府院联动常态化工作机制的实施方案》，落实"执破直通""法院资产处置+政府招商引资"机制，对15家企业采取"活封""活扣"、暂缓执行等措施，助力企业纾困解难。

以法治护航民生　完善法律服务体系建设，持续开展"法援惠民生"工作。2022年，全县共受理法律援助案件216件，法律帮助案件268件，法律咨询4407件，践行司法为民的宗旨，妥善处理涉奥华厨具、九和菌业、坤孚等系列欠薪纠纷，帮助418名农民工追回"血汗钱"1035.79万元，解决群众"烦薪事"。

护航重点项目攻坚　紧盯"重点项目百日攻坚"目标任务要求，强化执法司法力量配备，为攻坚行动提供稳定的社会环境。2022年，共有效化解8起地块权属矛盾纠纷，现场解决界址分歧12起，为23户征迁户解答相关政策法律法规，并对攻坚区域相关联的3起案件及时释法说理、审理推进。对推进重点项目攻坚中的违法行为进行依法查处，强制口头传唤多次堵路人员2人，受理故意扰乱单位秩序案1起。

【创新引领，深化政法领域改革】

执法司法制约监督　2022年，制定案件评查方案，针对执法工作满意率较低的永平派出所、桃溪派出所开展执法案件评查。严格落实院庭长审判监督管理职责、"四类案件"识别监管等制度，规范司法权力运行，每季度重点评查发改、信访等案件，严格审限扣延审批。

诉讼制度改革　加快一站式多元解纷和诉讼服务中心建设，建立涉企民商事纠纷调解工作机制。2022年，委托调解1677件，有效推进矛盾纠纷源头化解，新收诉讼案件同比下降12.15%。召开规范量刑专题联席会，落实"三项规程"、认罪认罚从宽制度，依法为3名被告人指定辩护人，审结认罪认罚案件73件93人。

数字政法建设　全面推行线上诉讼服务，2022年，网上立案419件、跨域立案21件，网上开庭261件；推进行政审批、交警、治安等业务"网上办""掌上办""一键办"等便民服务措施，2022年，"一趟不用跑"项目占比超过70%。有重点、有步骤积极推进智慧安防小区建设，按照分批次、分年度推广智慧安防小区建设工作要求，2022年，全县完成住宅小区智能安防建设任务数21个，完成率100%。县政府计划投资324万元，建设第十期"雪亮工程"暨"平安家园·智能天网"平安乡村建设。

全国法治政府建设示范县创建　2022年，深入实施法治武平，落实"一规划两方案"和"八五"普法规划，深化落实国家工作人员学法用法制度，加大全民普法力度，提升全民法治意识和法治素养。制定《武平县创建"全国法治政府建设示范县"实地评估迎评方案》，进一步细化争创工作指标任务。开设"法治武平·你我同行"法治政府示范创建宣传专栏，推进"法律明白人"实施工程，实施"八五"普法规划"一县一品"项目。2022年，获评"第二批全国法治政府建设示范县"。

【锤炼队伍，锻造忠诚担当的政法铁军】

坚持全面从严治党，持续巩固政法队伍教育整顿成果，教育引导政法干警深刻领会"两个确立"的决定性意义，不断提高政治判断力、政治领悟力、政治执行力。2022年，组织开展政法委员会全体（扩大）会议，传达学习贯彻党的二十大精神，举办政治轮训，深入学习贯彻习近平法治思想，动员全县政法干警和各乡镇（街道）政法委员、综治干部参加。全面提升政法干警能力素质，组织开展全县政法委员培训2次，进一步提升其履职能力；加强基层派出所建设，落实17名派出所所长进乡镇党委班子。2022年，共有64名社区民警进村居两委班子。不断锤炼政法队伍，推动政治生态持续向善向好，涌现出全国优秀公安局、全国公安机关成绩突出集体、"2022年—2024年"省级青年文明号、龙岩五四奖章先进集体等政法先进典型。

·机构编制·

【概况】

2022年，在县委及县委编委的正确领导下，县委编办坚持以习近平新时代中国特色社会主义思想为指导，深入学习贯彻党的十九大、十九届历次全会和党的二十大精神，认真贯彻落实党中央和省委、市委、县委决策部署，以实施"提高效率、提升效能、提增效益"行动为抓手，以塑造"实干实效实在"机关文化为载体，围绕中心、服务大局，持续巩固深化机构改革成果，扎实推进各项体制机制改革，不断优化机构编制资源管理，狠抓自身建设，各项工作取得明显成效。2022年12月，省委编办印发《关于乡镇（街道）机构改革"回头看"情况的通报》，对本县制订出台的相关工作机制予以通报表扬，县委编办还被市委编办评为"全市机构编制系统先进集体"和"信息报送工作突出单位"。

【落实机构改革、重大体制机制和职责调整】

做好机构改革"后半篇"文章　为进一步加强和规范部门职责管理，加快形成边界清晰、分工明确、权责统一、运转高效的政府职责体系，及时部署开展规范管理权责清单、做好动态调整工作。严格按照《福建省政府工作部门权责清单管理办法》要求，根据法律法规规章立改废释等情况，及时对县交通局、县应急局、县城管局等相关县直单位的权责清单进行动态调整。

持续深化综合行政执法改革　在县直层面，为深化应急管理和自然资源综合行政执法改革，2022年1月，以县安全生产监察大队为基础，组建县应急管理综合执法大队，机构规格升格为相当副科级事业单位。整合自然资源行政执法职责，规范自然资源执法机构设置，将县自然资源监察大队更名为"武平县自然资源综合执法大队"，并重新明确主要职责。在乡镇层面，2022年3月，制定印发《武平县乡镇（街道）综合行政执法改革工作方案》，扎实推进乡镇（街道）"一支队伍管执法"，积极推进赋权乡镇工作。按照省政府决定的赋权范围和省委编办《指导目录》，经几上几下征求县直有关部门和各乡镇（街道）意见，充分考虑放得下、接得住、管得好，在反复商讨研究基础上，2022年7月，形成赋权清单，其中赋予十方镇、岩前镇198项行政执法事项，赋予其他乡镇190项行政执法事项，切实提升基层社会治理能力和治理水平。

持续深化重点领域体制改革　2022年4月，对县司法局有关行政复议与应诉主要职责进行调整，对行政复议与应诉股主要职责进行调整，增设行政复议与应诉综合指导股，增核政法专项编制1名，调整优化县纪委监委派驻纪检监察组部分机构编制事项。2022年1月，撤销武平高新区纪工委，将新组建的武平高新区管委会纳入县纪委监委驻县工信科技局纪检监察组的监督范围，设立县纪委监委驻县卫健局纪检监察组；调整优化县公安局机构编制事项。2022年1月，撤销县公安局副政委领导职数1名，增核副局长领导职数1名。2022年8月，重新明确县公安局巡特警反恐大队主要职责，下设综合勤务中队、反恐中队、巡逻防控中队、特勤中队4个中队，并明确各中队职责。

有序推进县乡"属地管理"事项责任清单编制　聚焦与基层密切相关的自然资源、市场监管、生态环境、应急管理、城乡建设、综合执法、农业农村等领域，扎实有序做好县乡（镇、街道）"属地管理"事项责任清单编制工作，保障县乡（镇、街道）主体责任和配合责任，清晰明确、职责边界。

顺利将岩前镇列入市省定经济发达镇后备名录库　根据中央、省委和市委关于经济发达镇行政管理体制改革相关精神，按照《福建省深化经济发达镇行政管理体制改革考核评估机制（试行）》（闽委编办〔2021〕116号）各项指标要求和《中共龙岩市委编办关于2022年经济发达镇行政管理体制改革工作推进方案》工作安排，认真研究岩前镇行政管理体制改革方案，顺利争取市委编办将岩前镇列入本市省定经济发达镇后备名录库，并实施同步培育。

【持续优化机构编制资源配置】

为更好地落实党管媒体、党管新闻、党管宣传的要求，进行采编播发一体化全流程管控。2022年5月，将县广播电视发射台整合至县融媒体中心，并增核相当副科级领导职数1名，增设广播电视发射台内设机构。

为更好地服务全县项目开发和铁路建设，2022年5月，重新制定县项目服务中心和县铁路建设发展中心的"三定"规定，调整优化主要职责和内设股室，增核县项目服务中心和县铁路建设发展中心相当副科级领导职数各1名，并适当增核事业编制。

为全面推行林长制，进一步深化武平林改工作，2022年1月，设立县林长服务中心，核定事业编制6名、股级职数2名。

为加强知识产权保护和食品药品检验检测工作，2022年1月，增核县知识产权信息服务中心事业编制3名、股级职数1名，增核县质量计量检验检测中心事业编制3名。

为加强矛盾纠纷调解，助力平安武平建设，2022年4月，在县法律援助服务中心加挂"县矛盾纠纷多元调解联动中心"牌子，并相应调整职责，增核事业编制1名。

为加快推动以新型显示为重点的信息产业发展，2022年4月，在县军民融合项目服务中心加挂"县新型显示产业发展服务中心"牌子，并相应调整工作职责，增核事业编制3名。

为加强本县燃气管理工作，更好保障人民群众的生命财产安全，2022年8月，设立县燃气工作站，核定事业编制3名、股级职数1名。

为破解因经费自给导致该单位办公经费缺乏保障、人员流通渠道不畅等难题，更好服务"四好农村公路"全国示范县创建工作和全县公路建设发展，2022年1月，将县交通运输发展中心和县农村公路发展服务中心的经费渠道调整为财政核拨，共核定财政核拨事业编制38名，收回经费自给事业编制65名。

为推进福建广播电视大学武平工作站转型更名工作，2022年1月，增核福建广播电视大学武平工作站财政核拨事业编制5名。

为推动城区南部片区学校更加优质均衡发展，彰显学校的文化品牌与办学特色，2022年9月，将武平初级中学更名为"武平县实验中学崇文校区"，武平县城厢中心学校更名为"武平县教师进修学校第二附属小学"，武平县城厢中心幼儿园更名为"武平县启文幼儿园"。

主动抓好"小散弱"事业单位整改。按照优化协同高效的原则，大力整合撤并职能相近、职能弱化、规模较小的事业单位，优化事业单位布局，提升公益服务质量和水平。2022年1月，撤销职能弱化的县林业规划设计队；2022

年 3 月，将职能相近的县 12345 便民热线服务中心整合至县效能建设服务中心；2022 年 8 月，将县光荣院整合至县退役军人服务中心；2022 年 8 月，将规模较小的县新的社会阶层人士服务中心和县宗教事务服务中心整合设立县统战事务服务中心等。同时，结合实际，优化县政府办、县直机关党工委、公安局、行政服务中心管委会、统计局、民政局、供销社、档案馆、科协、侨联、残联、工商联等下属的 18 家事业单位的编制配备。

【不断提升事业单位登记管理】

全面完成事业单位法人年度报告公示 203 家，新设立登记 3 家，变更登记 43 家，注销登记 4 家，法人证书延期 22 家，年度报告合格率 100％；完成党政群机关统一社会信用代码初领发证 1 家、变更 45 家。做好市电子证照平台数据导入及日常维护和"互联网＋监管"相关工作，保证"事业单位法人证书"电子证照数据生成情况与网上登记管理系统一致。完成 2022 年事业单位法人"双随机，一公开"抽查核查工作，对县农村社会经济调查队、县水利水电工程移民发展中心、县铁路建设发展中心、县蓝天幼儿园、县委党校、城厢镇综合执法队等 6 家事业单位进行现场核查并公示，及时做好事业单位法人档案管理工作。设立登记、年度报告公示、变更登记及注销登记等工作完成后，及时整理材料，每件档案材料按时间顺序排放，并建立卷内目录，装订归档，妥善保管档案。

【保障经济社会发展用编需求】

以精细化管理为手段，严格规范机构设置、编制配备，并对其进行统筹谋划，积极盘活用好有限的编制资源，服务好全县发展和民生民心事业重点领域。全县累计使用 363 名编制用于机关事业单位招考（其中公务员和参公单位招考用编 40 名，事业单位公开招聘用编 104 名，中小学幼儿园新任教师招聘用编 150 名，

医疗卫生单位自主招聘用编 33 名，定向委培医学人才用编 30 名；县职业中专、县汉剧艺术传承保护中心公开招聘分别用编 4 名和 2 名）；使用 4 名编制用于县教师进修学校遴选；累计使用 57 名编制用于政策性安置。其中引进人才用编 50 名（"双十"人才用编 20 名、乡村振兴储备人才 20 名、工程类及信息产业类 10 名、退役士官安置用编 7 名）。为加大部门间编制资源统筹调剂力度，按照"严控总量、盘活存量"原则，建立"全县统筹、保障急需、动态流转、用后返还"的行政编制周转池，有力破解"空编未用"和"无编可用"并存的结构性矛盾，更好地发挥有限编制资源的使用效益，服务保障好经济社会高质量发展。

·精神文明建设·

【概况】

2022 年，全县精神文明建设坚持以习近平新时代中国特色社会主义思想为指导，认真学习贯彻党的十九大、十九届历次全会和党的二十大精神，以《习近平关于社会主义精神文明建设论述摘编》为根本遵循，全面落实中央文明办决策部署和省委、市委、县委工作要求，围绕中心、服务大局，在守正创新、砥砺奋进中保持精神文明建设积极健康向上的良好态势。2022 年，在市对县精神文明建设绩效考评中，本县位居全市前三，《武平：文明让城市更美好》一文被中国文明网刊播，武平县闽粤赣边农产品市场获评省三星级文明集市。

【价值引领，培育文明成果】

实施公民道德建设工程　为了打造"好人之城"品牌，全力推进公民道德建设。聚焦迎接学习宣传贯彻党的二十大重点任务，在推

动新时代文明实践中心（所、站），开展喜迎党的二十大主题实践活动170余场次，"小蜜蜂"理论宣讲队开展党的二十大主题宣讲活动300余场次；组织开展第五届武平县道德模范评选推荐活动，15人获评县道德模范，4人获评市道德模范，1人入选"福建好人"，五星级志愿者5名，四星级志愿者11名，三星级志愿者9名。依托主流媒体，多形式多角度开展各类先进典型事迹宣传，用典型事迹教育人、感召人、引导人；继续完善道德模范等先进典型帮扶礼遇制度，动员12家企业签订爱心企业单位联盟契约，明确道德模范、身边好人、星级志愿者就业创业等9项帮扶方式，举行庆典活动等7项礼遇方式，进一步营造德者有得、争当好人的浓厚氛围。

弘扬文明新风尚　深化文明风尚行动，广泛普及文明礼仪规范，推动全县各级各部门开展"我们的节日"主题活动200多场次；推动各单位开展"公筷公勺""反对浪费、厉行节约""文明旅游""文明交通"等文明实践活动。持续开展文明健康科普宣传，引导广大干部群众践行文明健康生活方式，不断加强农村精神文明建设，推动各乡镇（街道）开展移风易俗活动300多场次，持续推进乡风民风向善向好，举办"红耀武平心向党·移风易俗树新风"专题文艺汇演3场次。城厢镇园丁村、岩前镇大布村获评龙岩市移风易俗十佳示范点。

推进未成年人思想道德建设　强化实践养成，着力扣好人生第一粒扣子。2022年，利用传统节日"六一""七一"、国庆等时间节点，广泛开展"清明祭英烈""童心向党""向国旗敬礼"、学雷锋志愿服务等主题教育实践活动700余场次；组织开展"新时代好少年"评选、学习宣传活动，3人获评市"新时代好少年"，20人获评县"新时代好少年"；加强未成年人心理健康辅导，组织心理志愿者进校园活动。开展中小学"喜迎二十大，健康心征程"暨"心安疫线，守护健康"活动23场次；全面推进乡村"复兴少年宫"建设，与新时代文明实践中心（所、站）有机融合，注重活动阵地建设、师资队伍建设、活动项目设置，广泛开展校外阅读、手工制作、科普实践、非遗体验、主题研学等丰富多彩的实践活动。

【深化拓展，文明实践提质扩面】

建新时代文明实践阵地　积极整合各类优质资源，印发《关于组织开展县级新时代文明实践示范站评估的实施方案》，开展县级示范站评选活动，以点带面，推进新时代文明实践站规范化、标准化建设，巩固提升文明实践阵地，大布村、香樟社区实践站分别获评全省、全市最美实践站。

推进志愿服务常态化　健全志愿服务制度和工作体系，组建县全面深化拓展新时代文明实践工作专班，着力推进文明实践志愿服务常态化，积极开展"文明武平·志愿同行""我们的节日""红耀武平·靓城有我"等志愿服务活动，文明志愿者遍布大街小区，"志愿红"已成为武平一道亮丽的风景线。2022年，全县共开展各类新时代文明实践志愿服务活动1700余场次，受惠群众约40万人。

打造文明实践活动品牌　项目培育方面，聚焦着眼满足广大群众普遍性和个性化的需求，引导各志愿服务队精心设计服务项目，形成"成立项目—招募志愿者—实施项目—评估效果—优化项目"的志愿服务项目，实行闭环管理机制。培育"音乐党课""武平故事会""爱心义剪""阳光益读"等特色志愿服务项目30多个。加大创新力度，在探索文明实践基金社会化筹融资上持续发力，充分调动社会力量，助力新时代文明实践，壮大充实基金，现有资金487万元。

【常态长效，文明创建提质升级】

提升文明城市创建水平　强化组织领导，印发《2022年版全国文明城市测评体系操作手册（网上申报部分）任务分解表》，压实部门责任。2022年7月22日，召开全县创建第七届全国文明城市暨拓展新时代文明实践工作推进会，8月8日，召开第七届全国文明城市点题整治专题会议，进一步加强创城工作部署和存在问题的整改。落实常态化创建、督查机制，组建督查工作组深入背街小巷、农贸市场等实地测评点进行督查指导，全年发出整改意见书200份、整改通报12期；督促县直各单位深入社区小区开展创城工作，发出工作落实情况通报17期。提升网申材料质量，针对去年网申材料不达标项目占比大的情况，在中央文明办反馈后第一时间召开2021年度网申材料分析研讨会，对2021年网申材料进行了"回头看"，认真分析研判扣分原因，总结经验，及时组建网报材料专班，实行"一月一收集、一月一分析、一月一反馈、一月一提醒"工作机制，督促责任部门落实工作职责，下发情况通报5期，有序推进年度创城活动开展，确保网申材料规范性、时效性、常态化。推动提升城市品质，协调推动各部门加大城市建设力度，投入2.45亿元用于"智慧城市"建设；投入6亿元用于完善交通、管网等市政设施和提高教育、医疗、养老等公共服务水平；投入3000多万元用于改造28个老旧小区。持续开展市容市貌、交通秩序、社区小区、农贸市场、电线电缆、消防设施、公益广告专项整治行动，牵头开展市容环境"一月一整治"活动22次，劝离流动摊贩经营231起，纠正占道经营697起。印发《2022年武平县创建市级"星级文明集市"活动实施方案》，在省级"星级文明集市"创建中，武平县闽粤赣边农产品交易市场获评省级三星级文明集市。

打造"大爱龙岩　福满武平"精神文明品牌　聚焦"一老一小、一病一残、一弱一困"等社会弱势群体和困难群众，以爱心敬老、爱心护蕾、爱心就医、爱心助残、爱心扶弱、爱心济困等6大专项提升行动为抓手，扎实办好各项民生实事，增进民生福祉；牵头制定"大爱龙岩　福满武平"活动实施方案，凝

聚县直各部门单位力量，组织"大爱龙岩　福满武平在行动"集中活动，推动各部门开展"福满武平·敬老得福""福满武平·向阳花开""福满武平·救在身边"等志愿服务活动70多场次。

推进群众性精神文明创建　加强动态管理，激发创建积极性，持续深化文明村镇、文明单位、文明校园、文明家庭创建；做好193个申报县级文明单位、村镇、社区、校园创建指导提升工作；配合省、市文明办完成全国文明单位、村、文明校园先进校以及省、市级文明单位、村镇、社区、校园届期初评审核工作。2022年7月26日，召开文明村镇创建工作推进会，进一步提升文明村镇创建水平。

·机关党建·

【概况】

中共武平县委县直机关工作委员会（以下简称"县直机关党工委"）是中共武平县委的工作机关，核定机关行政编制5名，内设综合股、组织宣传股、群团股3个职能股，县直机关武装部、县直机关纪检监察工委（编制单列2名）设在工委。2021年5月，设立机关党建服务中心，根据机构编制调整，核定、增核财政核拨事业编制共4名。现有隶属于县直机关党工委的县直机关（系统）党委17个、直属机关党（总）支部41个，党员4704名。

【政治建设】

2022年，始终坚持把学习宣传贯彻党的二十大精神作为首要政治任务，县直机关各级党组织以"红土初心讲堂"、党务骨干培训班、专题宣讲为重点，积极开展"学习二十大　奋进新征程"主题党日活动；结合党建调研、片

区党建交流活动、上党课等形式深入县直单位、河西社区宣讲党的二十大精神 59 场次，持续掀起学习宣传热潮。深入学习贯彻习近平总书记关于机关党建的重要论述，撰写《遵循习近平总书记 7·9 重要讲话精神三年实践报告》；广泛宣传习近平总书记在武平留下的"一本林权证""一条幸福路"等故事，组织"福小宣"小蜜蜂岩讲家开展宣讲 1200 多场次、受众 8 万多人，抓牢抓实政治教育。创新学习宣传形式，通过举办音乐党课、"武平故事会"，传承红色基因，弘扬社会正能量。

【思想建设】

研究制定《理论学习中心组学习巡听旁听工作实施方案》，组建巡听旁听人员库。2022 年，深入县直各单位党组（党委）和科级领导班子理论学习中心组学习巡听旁听工作 22 场次。巩固拓展"两学一做"和党史学习教育成果，把习近平新时代中国特色社会主义思想和习近平总书记的重要论述、重要讲话精神作为理论学习的第一内容，把党的创新理论学习融入日常、抓在经常，推动理论武装走深走实，依托"红土初心讲堂"组织开展培训 23 场次，培训人数达 2360 人。指导督促县直机关全面落实意识形态工作责任制，推动党委（党组）及机关基层党组织主动开展党员干部思想动态调研。

【组织建设】

强化党组织标准化规范化建设，完善县直机关"三级四岗"党建责任清单，抓实党组织书记抓党建工作述职评议，严格执行机关基层党组织任期制度；加强党建交流，实行机关党建工作片区学习交流及干部挂钩制度，召开第三季度党建现场推进会暨机关党建工作调度会，通过片区联动、典型带动，有效推动机关党建互学互促、协同发展，2022 年，县直机关 5 大片区共开展机关党建片区交流活动 20 场次，高质量完成机关出席党的二十大代表推选工作。组织深入调研，开展机关党建工作、县直机关基层党组织党建活动经费调研，进一步规范党建经费管理和使用，推动机关党建各项工作落实落细。

【纪律建设】

坚持把党风廉政建设和反腐败工作作为机关党的建设的重要内容，与机关党建工作同部署、同检查、同落实，一体推进党风廉政建设和反腐败工作；对 6 个县直单位落实全面从严治党主体责任情况进行委托检查，发现问题 67 项并跟踪督促问题整改；举办县直机关纪检委员履职尽责业务培训班，进一步规范县直机关基层党组织纪检委员履职尽责。高频度、多方位、深层次开展廉政警示教育，严防"四风"反弹回潮。2022 年，机关各级党组织上廉政党课 206 场次，组织警示教育 400 余场次，覆盖面达 100%。联合县纪委监委、妇联等开展"树清廉家风·建幸福家庭"主题活动，引导广大领导干部家属积极参与清廉机关、家庭创建的活动，切实提升廉政教育实效和影响力。

【服务大局】

深化党建与中心工作深度融合，组建百名县直机关党员志愿服务队、331 支党员突击队，设立党员先锋岗 256 个，县直机关广大党员干部、党员志愿者参与疫情防控、防汛救灾、重点项目建设、文明城市创建等工作，为群众办实事 700 余项。以"建设让党中央放心、让人民群众满意"和"三个表率"的模范机关为目标，着力打造县检察院、县总工会等一批机关党建工作示范点、联系点，以先进典型示范带动机关党建工作水平整体提升；实施"党员回家"工程，持续开展"我为群众办实事"实践活动，2022 年，全县 4200 余名机关在职党员进社区回小区争当"创城先锋"，主动到社区小区服务，协调解决各类问题 312 个，用党建引领"微治理"，激发小区"大动力"，打造有温度的幸福武平。

【压实责任】

完善县直机关"三级四岗"党建责任清单，细化党建目管考评细则，开展党建工作绩效管理和党建目标管理考评检查工作，抓实党组织书记抓基层党建述职评议，压紧压实党建工作责任。强化党建提醒监督指导，发出党建提醒告知函25份，约谈党务干部4人。对16个党委、36个党（总）支部落实组织生活会制度情况进行专项监督检查。

【文明创建】

强化党建带群建，引领带动新时代工会、共青团、妇联、关工委及文明创建工作，积极参与"红耀武平·靓城有我"志愿服务活动，助推全国文明城市创建，深入践行社会主义核心价值观，广泛组织开展"我们的节日"系列主题活动，传承优秀传统文化，弘扬时代文明新风，落实关怀帮扶措施；组织开展困难党员职工慰问、无偿献血、募捐活动，持续动员机关党员干部职工积极参与"99公益日"爱心捐款活动，利用公益基金开展弱势群体和困难群众关爱慰问活动，在发展中保障和改善民生，助力"大爱龙岩·福满武平"精神文明品牌打造，营造积极向上、健康文明、帮扶互助的和谐社会氛围。

·老干部工作·

【概况】

截至2022年底，全县有离休干部25人，"5·12"退休干部12人，县副处级以上退休干部28人，离休干部遗孀89人。全县有离退

休干部党支部48个，其中，7个离退休支部被评为省级离退休干部"示范党支部"。

【组织建设】

政治引领　2022年，为68位离退休干部赠送党报党刊；充分发挥离退休干部党支部、老干部党校、老党员之家、老年大学、红土桑榆大课堂等主阵地的作用，组织引导各基层离退休支部开展"三会一课"、主题党日、网上报告会、送学上门等各种形式的学习，引导老干部把"两个确立"转化为"两个维护"的自觉行动。围绕迎接党的二十大胜利召开主题，开展"我看中国特色社会主义新时代"调研访谈1次，开展"建言二十大"征集活动1次，举办"喜迎二十大　奋进新征程"书法作品展1次。党的二十大召开当天，组织老干部集中收看开幕式，迅速引导广大离退休干部掀起学习党的二十大精神的热潮和热议，并将老同志的热烈反响在微信公众号择优编发3期。多措并举组织老同志学习中共中央办公厅印发的《关于加强新时代离退休干部党的建设工作的意见》。

党建提升　2022年，本局班子成员下沉到基层离退休干部支部指导调研工作，推进支部规范化建设，3个离退休支部获评省级离退休干部"示范党支部"；探索建立6个"红土先锋·银发驿站"、设立12个"红土先锋·银发服务点"，通过以点带面构建"离退休干部党工委+红土先锋·银发驿站+红土先锋·银发服务点"的工作格局，重点在家风家教、乡村振兴、志愿服务、精神文化养老、社区治理等方面引导老党员展现"银发"担当。1位老同志获评龙岩市第三届"十佳最美老干部"称号，2位老同志获评龙岩市第三届"优秀离退休干部"称号。

【发挥正能量】

深化拓展增添正能量　把深入学习宣传贯

彻党的二十大精神作为首要政治任务，组织开展系列喜迎二十大和学习二十大系列活动。2022年，召开座谈会4场，开展专题调研2次，拍摄微视频1部，征集书画作品1期，组织集中收看开幕式1期，在微信公众号编发老同志热议党的二十大的感想和体会3期，引导老同志抒发真挚情感，引导老干部传播好声音、增添正能量、做出新贡献。

为建设老区苏区贡献智慧和力量　赓续红色血脉，组建老同志宣讲团，10多位老同志在"武平故事会"开讲武平故事、红色故事。县关工委启动"青少年党史学习月"，组织老同志为青少年学生讲党史；深化"银龄行动"，向广大离退休干部发出关于低碳社会创建、疫情防控等倡议书，各离退休支部积极响应，纷纷组织开展各类志愿活动90余场。由老同志自发拍摄"老党员说反诈""防控疫情　差你不行"等宣传视频2部。用好"银发人才"，开展"建言党的二十大　献策武平新发展"活动，将收集到的老同志建言献策意见建议，呈阅县委县政府主要领导，为县委县政府研究决策提供参考。

【开展精准服务】

提升服务管理水平　深入践行以服务老干部为中心的发展思想，持续深化"我为群众办实事"的实践活动。2022年，慰问住院老干部33人次，开展"大调研大走访"专项活动1次，根据老同志反映实际，适当调整为居住城区的离休干部购买服务包和聘请家庭签约医生的服务内容，进一步提高服务内容的针对性、精准性。前往市直有关部门协调，解决本县离休干部在市二院就医付费问题，帮助多位异地安置的老同志报销住院费、门诊费等医疗费用。

加强阵地建设　不断满足老干部精神文化养老需求，围绕"老有所学"目标，根据老同志的兴趣特点，老年大学增设老年摄影、电子琴等课程；为扩大老年大学教育资源，在武平县颐养家园、县社区养老服务中心分别设立老年大学分校。老干部活动中心新建地掷球场投入使用，老干部活动中心不断创新活动载体，丰富活动内容，开设太极拳剑操、旗袍班、无人机班等兴趣小组，满足老干部多层次、多方面、多样化的精神文化需求。

【加强自身建设】

做到政治坚定　巩固拓展党史学习教育成果，严格落实班子理论学习、2022年实行每周四例行学习、支部"三会一课"等制度，推动习近平新时代中国特色社会主义思想落地见效。严格夯实"一岗双责"制度、廉政谈话制度，扎实把落实党风廉政建设主体责任抓紧抓好，强化党风廉政责任意识，促进干部职工切实履职。

改进工作作风　2022年，持续以钉钉子精神贯彻中央八项规定及其实施细则，持续整治"四风"，持续抓实形式主义、官僚主义问题综合整治，常抓各类经常性的学习教育，严格家教家风、党风廉政警示教育。深入推进"三提三效"行动，大力践行老干部局"实干实效实在"的工作作风，赴新罗区等兄弟县市参观离退休干部党建工作示范点，实地感受先进典型事例，提升党建工作水平。

·关心下一代工作·

【概况】

2022年，在县委的正确领导下，以习近平新时代中国特色社会主义思想为指导，认真学习贯彻习近平总书记对关心下一代工作的重要指示批示和党的二十大精神及中办国办〔2021〕46号文件、闽委办发〔2022〕9号、岩委办发〔2022〕7号通知精神，坚持"围绕中心，服务大局"的工作原则和"急党政所急、想青少年所需、尽关工委所能"的工作方针，按照县委和上级关工委的工作要求，持续发扬"冲冲冲"和"实干实效实在"的工作作风，深入实施"提高效率、提升效能、提增效益"行动，开拓创新、真抓实干，以理想信念、思想道德、传统文化、法治教育和"种子工程"为重点，充分发挥"十老"在教育引导和关爱保护青少年方面的优势作用，并取得可喜成绩。2022 年 7 月，本县关工委被省关工委确认为全省第二批省级"五好"基层关工委示范点。在全市"基层建设提升年"活动总结表扬会上，本县关工委荣获"优秀组织奖"，有 41 个基层关工委荣获市关工委"五好"关工委和先进集体荣誉称号，有 12 位同志荣获先进个人荣誉称号。

【青少年思想道德建设】

思想品德教育　积极开展喜迎党的二十大活动。按照县委和省、市关工委统一部署，积极开展"老少同声颂党恩、喜迎二十大"主题活动，以迎接党的二十大胜利召开的实际行动，推动传承红色基因教育深入开展，推动"铸魂工程"创新发展，引导青少年坚定不移听党话、跟党走。开展"传承红色基因"主题教育活动，围绕"青少年党史学习月"暨"青少年游基地、学党史"活动，充分发挥本县红色资源、红色教育基地的优势，开展好理想信念、思想道德和"四史三爱"教育，把传承红色基因和践行社会主义核心价值观融入"大手牵小手，永远跟党走""青少年党史学习月""青少年游基地、学党史"活动，创建第七届文明城市等系列主题活动内容，让红色基因、革命薪火代代传承。2022 年 7 月 22 日，县关工委在城厢镇梁野社区关工委举行全县"青少年党史学习月"暨"青少年游基地、学党史"活动启动仪式，将主题教育活动引向深入，讲好红色故事。2022 年，全县关工委、关爱工作团

（组）共组织 61 个宣讲报告团（组）、216 名"十老"宣讲员，进校园、进社区、进乡村宣讲闽西故事、武平故事、林改故事，为全社会尤其是广大青少年提供丰富的精神食粮和力量源泉。2022 年，全县关工委系统进村进校共开展宣讲活动 169 场次，其中红色故事 65 场，家风家训 55 场，开展"中华魂"（中华好家风）读书活动。2022 年本县送市征文比赛参评征文 30 篇，其中获一等奖 5 篇、二等奖 10 篇、三等奖 15 篇，3 名活动先进个人、5 名优秀辅导员受到市表扬。

【法制法治教育】

本县各级关工委、关爱工作团（组）扎实开展"关爱明天·普法先行"活动。认真履行法定职责，宣传落实好《未成年人保护法》《预防未成年人犯罪法》，使广大青少年学法、知法、用法、守法，提高法治意识，有效预防和减少青少年违法犯罪。2022 年，全县共开展普法宣讲 56 场，直接受教育青少年 41260 人，印发应知应行的法律法治知识资料 23600 份、"遵纪守法倡议书" 56000 份，组织参观"警示长廊""法治教育馆""法治巡回宣传展" 69163人，举行文艺宣传演出 156 场次，受宣传教育 26956 人。

【参与社会治理】

积极参与社会治理，全县各级关工委、关爱工作团（组）组织"十老"人员积极引导青少年参与全国"文明城市""平安武平"和"四零"村（社区）、学校创建活动，为青少年健康成长营造良好的社会环境。2022 年，全县 55 所中小学校连续保持在校学生"零犯罪"记录，225 个村（社区）有 193 个村（社区）无青少年违法犯罪。

【关心关爱青少年】

主动配合主管部门，对特殊青少年群体采

取"四落实"办法,做到一人一事一方案,对症下药解决实际问题,使结对帮扶工作落到实处。2022年,全县关工委、关爱工作团(组)有1055名"十老"人员与1055位青少年结成"帮扶帮教"对子,签订"老同志与青少年结对互动共进责任书"1055份,关爱"五失"青少年55人,其中帮教转化失足青少年13人,开展"关爱成长微心愿"活动。2022年6月1日,县关工委、关爱工作团在县教师进修学校附属学校举行"六一"节慰问困难留守儿童暨"微心愿"活动启动仪式,拉开全县开展"关爱成长微心愿"活动的序幕。2022年,全县"微心愿"活动共资助学生14人。积极开展纾困助学活动,全县关工委系统资助家庭困境大学生951人、120万元,资助中学生413人、31.7万元,资助小学生554人、10.76万元。城厢、中山、民主、下坝、十方、中赤、岩前、中堡、永平、武东、桃溪、大禾等镇村对在校优秀学生颁发奖学金,对困境家庭学生发放帮扶助学金。至2022年底,县、乡镇(街道)、村(居)三级关心下一代工作基金累计已达3790.88万元。

【农村青年创新创业与"种子工程"建设】

率先全市各县(市区)精心制定了《武平县关工委系统组织开展"百人帮村"助力乡村振兴活动的实施方案》,提出指导思想、目标任务和具体措施,得到了市、省关工委的充分肯定和高度点赞。组织帮村活动,2022年,按照"百人帮百村"助力乡村振兴需要,组建帮村团队。全县关工委系统组织以"十老"人员中农业技术人员66人为主体和农村青年创新创业"种子标兵"34人参加"百人帮村"助力乡村振兴服务团。遴选培育典型,注意遴选培育先进典型,做到及时发现、充分肯定、精心培育。

【基层基础建设】

2022年,按照闽关委〔2020〕2号文件的要求,继续实施"基层建设提升年"活动,及时做好乡村两级关心下一代工作领导班子成员的调整,落实常态化补充和退出机制,把好乡村两级关工委常务副主任任职"入口关",切实把政治上可靠、责任心强、经验丰富、威信高、热衷关心下一代工作的老同志加入领导班子和"十老"队伍中来,努力提升基层关心下一代工作组织领导班子和"十老"队伍的规范化建设水平。开展"基层建设提升年"活动,按照省、市、县委关于开展"三提三效"活动的要求,积极开展调研,及时了解和掌握了"基层建设提升年"活动的开展情况,发现问题,补缺补漏,并帮助基层解决实际问题。积极开展创"五好"基层关工委深化活动。对照武关〔2020〕8号文件逐条逐项查验,寻找差距,发现问题,及时补缺补漏,基本实现"基层建设提升年"活动目标。至2022年底,全县实有"五好"基层关工委260个,已占全县关工委组织总数311个的83.6%。开展评选表彰活动,2022年8月,县关工委在全县"基层建设提升年"活动总结表扬会上,表扬35个基层关工委为创建"五好"基层关工委,城厢镇等8个关工委为优秀组织奖单位。

·党校工作·

【突出主业主课,办好各类培训班次】

2022年,县委党校举办培训班次75期,培训学员6110人。其中举办县管干部进修班、中青年干部政治理论培训班等主体班次8期,培训学员258人。举办武平县新入职人员任职培训及廉政教育培训班,"讲好林改故事 传递武平声音"武平县政务讲解员综合素养提升班，武平县村（社区）党组织书记集中轮训暨党建引领乡村治理专题培训班，武平县乡镇（街道）、村（社区）妇联主席履职能力提升培训班，全县安全生产及应急管理专题培训班等专题班次 7 期，培训学员 1803 人。已承接福州市委统战系统信息宣传工作培训班、福建监狱系统公文写作培训班、厦门思明区总工会基层工会干部培训班、市直机关红土先锋党员突击队暨党员教育示范培训班等外培班次 60 期，培训学员 4049 人，培训人次 12488 人。

【发挥阵地作用，开展理论宣讲工作】

作为党的思想教育主阵地，县委党校承担着理论宣讲的重要任务。党的十九届六中全会以来，县委党校充分发挥理论优势、阵地优势，努力做好"党的十九届六中全会精神"的阐释，组建理论宣讲志愿服务队，组织教师深入基层、深入企业开展理论宣讲，讲好党的故事。2022 年，开展"六中全会精神"宣讲，有 30 余场次，受众党员干部 3000 余人次，取得良好的社会反响。

【致力科研兴校，推进理论创新工作】

县委党校深入贯彻"围绕中心，科研兴校"方针，加强科研管理工作，重视理论建设，发挥决策咨询作用，促进科研工作上台阶。2022 年，申报"乡村振兴视域下全域旅游发展路径探析——以福建省武平县为例""对基层党校（行政学院）心理课程设置的思考""深化集体林权制度改革，探索生态产品价值实现机制——以全国林改第一县武平为例"等市级课题 3 项。

【提升业务能力，打造精品特色学科】

县委党校把集体林权制度改革、生态文明建设作为办班培训的重点内容，积极打造生态文明特色学科。由县委党校牵头，对林改现场教学点讲解词进行不断的修改和完善，讲好林改故事、打造捷文示范点；由县委党校作为牵头责任单位，邀请中央党校龚维斌教育长担任顾问，由中国社会科学院和北京林业大学有关专家指导，福建省委党校、福建农林大学联合组成编撰委员会，编写出版《中国林改 20 年：县域生态文明建设的武平实践》一书，它是学习贯彻习近平总书记对武平林改重要指示 20 周年重要筹备项目之一和党校培训重要教材。报送《人不负青山　青山定不负人——武平林改及乡村振兴的经验与启示》课程，参加 2022 年全市校院系统精品课评选活动并获二等奖。武平县委党校在 2022 年龙岩市党校、行政学院（校）系统精品课评选活动中获县级党校组教学组织奖。

·党史和地方志工作·

【党建工作】

2022 年，党组理论学习中心组开展学习 26 次，组织集体学习研讨 6 次，党支部开展集中学习 16 次，现场参观 1 次，室党组召开党风廉政建设专题会 1 次，组织观看《零容忍》廉政电视专题教育片、开展领导干部职工廉政谈话 12 人次，党组书记上廉政党课 1 次，党组书记对新任的工会主席开展任前廉政谈话 1 人次，完善领导干部和各股室的廉政风险点台账。

创建"红耀武平·党史铸魂"特色党建品牌　成立党建工作领导小组，充分发挥史志部门"存史、资政、育人"的作用，坚持以"红耀武平·党史铸魂"特色党建品牌创建为抓手，依托武平是革命老区、原中央苏区核心区域的重要组成部分，以打造武平县"火红的世界"红色品牌为主线，深入整理挖掘福建省党政军机关最后战斗历程，着力打造永平帽村红色小镇等红色项目，将永平、桃溪、大禾、湘店等4镇串点连片，突出武平是拱卫中央苏区东南屏障的重要战略地位，持续推进武平县红色文化内涵挖掘整理工作，深化史志研究成果，将党建工作与史志业务工作紧密融合，不断提升党建工作水平。

【审核审读】

加强对全县史志领域出版物、纪念馆展陈、影像视频的审核把关，对本县各部门各单位需推送的党史故事、旧址资料及宣传册子等进行审读审核。2022年，对县纪委政治清风馆、中央苏区·武平革命历史纪念馆展陈、中央苏区东南屏障展览文稿进行审读审核把关，多次召开《红色安丰》《红色川坊》等红色文化系列丛书评审会，完成"中央苏区东南屏障"展陈馆展陈材料审核；完成组织部《党课开讲啦》选送讲稿、课件、视频《智勇双全、廉严并济的刘亚楼》的审核。

【史志宣传】

组建党史宣讲志愿服务队，宣讲队伍立足基层，2022年，深入平川街道西门社区、南门社区、七坊社区以及组织部、公安局、中山镇、民主乡等多个单位开展红色故事宣讲20余次，受众2000余人；结合"喜迎二十大　文明实践福多多"暨第二届"文明实践　快乐奉献"志愿服务全民行动，室领导带队在街心公园梁野文化广场摆摊设点，向广大群众赠送《武平中央苏区专集》《武平林改志》等武平党史方志书籍，让红色精神走进大众，丰富人民群众的精神生活。2022年，向省、市、县媒体平台推送信息36篇，其中被市级以上媒体平台采纳20篇，组织人员撰写学术研究论文2篇，进一步加强对武平红色文化的宣传力度。

【业务研究】

《中国共产党福建省武平县组织史资料》编撰工作　按照"尊重历史，求实存真"的原则和"广征、核准、精编、严审"的方针，全面、客观、准确地征集、编纂武平县党的系统和政权、军事、统战、群团系统及部分企事业单位的组织机构沿革和领导人的更迭情况，达到"存史、资政、育人"的作用。2022年，多次组织召开编纂工作部署会议，全力推动编纂工作，组织专人查阅档案、征集资料。

中央苏区福建党政军机关红军最后战斗历程课题研究工作　根据县委要求部署，由故事采写单项工作，提升拓展为故事和史料集整理两个方向，专门成立省、市、县三级专家工作组。2022年根据专题历史资料集研究成果，书稿主要内容分为综述、档案文献、回忆录、口述史资料、相关人物介绍等8个部分，全书共计23万余字，现已形成课题完结初稿，下一步拟选择出版社进行公开出版。《绝对忠诚》故事书稿根据史料集情况再次进行修改，分事件战役、英雄人物、附录3辑，共计7万余字。

持续推进红色文化内涵挖掘工作，根据县委常委会议纪要（武常〔2018〕26号）精神，本室牵头对武平籍5位开国将军故居及中共武平临时县委旧址等6处红色旧址组织党史专业人员进行专题挖掘、整理工作，2022年完成《刘亚楼将军故事集》《罗斌将军故事集》《蓝文兆将军故事集》《林伟将军故事集》《廖步云将军故事集》的文稿审核工作。

开展毛泽东与梁山书院课题研究　深入挖掘研究毛泽东与梁山书院的历史关联，通过丰富的资料还原红色历史的具体场景，系统阐述毛泽东在武平主持开展系列革命活动的历史意义，做好基础研究工作。本室与龙岩学院中央苏区研究院合作，成立"毛泽东与梁山书院"课题组，完成《毛泽东与梁山书院研究资料汇编》资料集，其因经费问题没有出版，暂作资料处理。

成立《红色桃溪》课题组，挖掘整理红色遗存史料，并向闽西广播电视报提供学术论文。2022年6月，红色文化周刊第26期第二版刊印《红色武北：火红的世界》一文，深入挖掘整理武北的红色革命资源，将武北在闽西革命老区中的特殊地位及重要作用——呈现，把武北"火红的世界"的历史光辉照进现实，用好盘活红色资源。2022年10月，组织有关人员前往大禾、永平、东留等地开展红色旧址群维修保护工作专题调研，督促各业主单位对项目点及时验收、结算，推动"火红的世界"品牌建设。

整理张宗逊在武平相关文史资料及革命旧址等　张宗逊在参与创建和巩固闽西中央苏区中，曾数次挥师挺进武平，留下诸多战斗的足迹，为武平苏区的建立和巩固作出不可磨灭的贡献。2022年6月，张宗逊的女儿张晓楠前来武平追寻先辈革命足迹，本室为其提供相关文史资料。

挖掘整理武平红色交通线已挖掘出从广东（松源）经过闽西武平到江西瑞金的交通线。2022年，深化本县中央红色交通线史迹的挖掘研究，补充完善福建（武平下坝）—江西（会昌罗塘、门岭、瑞金）红色商贸交通线相关史料。

整理编辑《福建红色文旅》相关材料2022年，本室根据省党史方志办编写《福建红色文旅》的相关要求，按照"红色闽西·古田会议永放光芒""红色闽西·红旗跃过汀江""红色漳州·中央红军攻克漳州""红四军在闽纵贯线""中央红色交通线""南方三年游击战争战略支点""毛泽东在福建""中共福建省委迁履纵贯线"等红色线路所蕴含的红色历史脉络，进一步挖掘红色资源价值，规划一条精品旅游路线，为助力乡村振兴发展服务。

《武平县年鉴2022》编纂工作　精心组织武平县年鉴编纂工作，着力提升征稿质量和编纂水平，突出武平地方特色，突出地情工具书的功能，做到"格式规范、记述准确、文字精练"，该鉴于2022年2月正式发文启动，经过收集资料、认真审稿、改稿等一系列工作，于2022年7月完成初稿总纂工作，至2022年9月底书稿送有关部门审稿，于2022年11月底与线装书局签订出版合同，按时完成"一年一鉴，公开出版"的省定目标任务。该书是一部地情资料工具书，旨在"资政、教化、存史"和"服务、科研、交流"方面，全面、系统、翔实地记载2021年武平县经济社会发展的情况，充分展示时代特征和地方特色。

《武平家训家风故事集》编纂工作成立《武平家训家风故事集》编纂工作专班，进行资料收集、整理，于2022年底形成样书。该书主要分为"家训"和"家风故事"两大部分，主要取材于武平各姓氏家（族）谱及《武平县志》和各级政府、有关部门表彰的先进人物的主要事迹，旨在通过记叙武平普通家庭、干部、群众的点滴故事，反映其好家风，反映武平好民风，向社会传播正能量。

·档案工作·

【档案馆藏资源业务】

县档案馆着力提升档案资源、档案服务、档案信息化和档案安全建设水平。

加大档案资源收集力度　坚持应收尽收，认真做好到期档案的接收进馆工作，丰富馆藏档案，并加强档案质量检查，提高进馆档案质量。2022年，认真做好全县脱贫攻坚档案14893卷和疫情防控档案2111卷的移交入馆工作。全年共接收了27个单位档案12926卷、57952件，电子目录185924条，资料73册，照片472张，视频档案25个。到期档案应接收全宗156个，已完成144个全宗档案的接收工作，接收率为92.31%。

提升档案利用服务能力　2022年，完成1997年以前档案1615卷的开放鉴定工作，提供档案利用902人次，利用档案原文10261件次，电话微信查档 140 人次，利用档案 359 件次。

抓好档案信息化建设　2022 年，投入 28 万元，对馆藏纸质档案进行数字化扫描，完成数字化扫描 68.6 万页，全年共接收数字化副本 100.6 万页。截至 2022 年底，馆藏档案已数字化扫描 108981 卷、558810 件，档案数字化率达到 82.67%。

提升档案安全保障水平　2022 年，市对县档案安全工作考评获得满分。建立档案馆安全日巡查制度，着力完善档案安全设施，把档案服务器机房的干粉灭火系统更换为洁净气体灭火系统，升级更换档案馆消防报警系统，配齐微型消防站设施等。举办档案消防安全培训及应急演练，进一步补充档案工作人员消防安全知识和提高消防应急处置能力。

【档案宣传工作】

围绕"6·9"国际档案日宣传主题——"喜迎二十大·档案颂辉煌"活动，县档案馆订购中国的世界记忆遗传宣传折页和"档案文化书签"，并印制其他法律法规宣传资料，同县档案局在梁野广场开展现场宣传咨询活动，普及档案基础知识，积极开展档案"六进"宣传活动。2022 年 9 月，通过送档案信息进社区、进校园等形式，在武平县职业中专学校、武平县刘亚楼红军小学和盛世鑫城小区等地举办武平县革命旧址专题展览，并分发宣传资料，全方位、多广度宣传档案工作，提高档案工作社会的影响力。积极撰写档案工作信息，向省市档案微信公众号投稿并采用 10 篇，档案宣传信息工作考评获全市第二名。

【支部党建工作】

2022 年 1 月，成立武平县档案馆党支部，认真落实党建主体责任，推动支部各项工作有序有效开展。提出着力"打造'五心'（"五心"指忠心向党、潜心学习、用心做事、贴心服务、精心创优）平台，争当管档先锋"党建品牌，制作党建品牌文化墙，丰富活跃支部党建文化氛围，强化党员教育，抓实抓紧党员干部学习教育，着力提高党员素质。在查档大厅设立党员先锋岗和特事特办岗，不断发挥基层党组织推动发展、服务群众、凝聚人心和促进和谐的先锋模范作用；坚持党建引领，推动事业发展，充分发挥党支部战斗堡垒作用，推动档案馆各项工作上升到新水平，特别是档案馆业务规范化建设、档案数字化建设等重点工作继续保持全市前列。

武平县人大常委会

·综　述·

【概况】

2022年，县人大常委会坚持以习近平新时代中国特色社会主义思想为指导，紧紧围绕迎接和学习宣传贯彻党的二十大精神这一主线，在县委的坚强领导下，按照县十八届人大一次会议的工作部署，全面履行宪法和法律赋予的职责，共召开常委会会议7次，听取和审议"一府一委两院"专项工作报告24项，开展调研11次、视察2次、执法检查4次、专题询问1次、满意度测评1次，作出决定、决议15项，任免地方国家机关工作人员72人，圆满完成各项任务，实现了良好开局。

【坚持党的领导，政治方向更加坚定】

强化党的政治建设　牢牢把握坚持党的全面领导这一最高政治原则，坚持用习近平新时代中国特色社会主义思想统揽人大工作，坚持把学习贯彻习近平总书记重要讲话重要指示精神作为常委会党组会议第一议题，深入贯彻落实习近平总书记来闽考察重要讲话以及对福建、龙岩工作和武平林改、捷文村群众来信重要指示批示精神，赓续老区苏区"听党话、跟党走"红色基因，坚定拥护"两个确立"，坚决做到"两个维护"，确保人大工作正确政治方向。

落实党的决策部署　深入学习贯彻习近平总书记关于全过程人民民主的重要论述，坚持和完善乡镇重大民生实事项目人大代表票决制，使全过程人民民主取得成效。紧紧围绕中央和省委、市委、县委重大决策部署开展人大工作，把党的要求落实到人大工作各方面全过程。主动呼应落实县委工作安排，组织机关干部参与创建第七届全国文明城市、疫情防控、"5·27"重大自然灾害防灾救灾和灾后恢复重建等重点工作，及时向全县各级人大代表发出倡议，动员各级人大代表在服务全县发展大局中走前头、作表率。常委会领导以身作则、率先垂范，牵头推进南部新城建设，牵头抓好"武平故事会"、县慈善总会、企业家联谊会工作，积极参与龙龙铁路武平段建设、企业招用工、政策攻坚、教育扩容、生活垃圾资源化产业园建设等重点工作，以冲在一线、干在一线的姿态展现人大担当作为。

履行管党治党责任　严格落实省委"八个坚定不移"、市委"四个坚持、三项纪律、三个原则"和县委"九个从严"的要求，切实履行全面从严治党主体责任，以党的建设引领保障人大工作创新发展。制定出台《武平县人大常委会党组思想政治工作分析报告制度（试行）》《贯彻〈党委（党组）意识形态工作责任制实施办法〉工作方案》，牢牢把握意识形态和思想政治工作的领导权。加强党风廉政建设，深入整改巡察、市对县全面从严治党主体责任落实检查反馈问题，支持驻机关纪检监察组履行工作职责，营造风清气正的政治生态氛围。

【助力高质量发展，加强监督工作】

推动经济平稳运行　坚决落实中央关于"疫情要防住、经济要稳住、发展要安全"的重要要求，开展2022年上半年计划执行情况调研、省市县重点项目推进情况视察，支持政府高效统筹疫情防控和经济社会发展工作，实施好重点项目高质量落地"六大专项攻坚行动"，推动经济社会发展保持"稳中求进、稳中向好"的良好态势。开展粮食综合生产能力建设情况调研，推动政府及有关部门坚决扛起粮食安全政治责任，精准落实国家粮食安全战略；开展全县安全生产工作情况调研，促使政府和有关部门更好统筹发展和安全，促进安全生产形势稳定向好。

增强财政保障能力　开展财政运行情况调研，提出的意见建议得到县委、县政府的高度重视，县委专题听取调研情况汇报，确定每月12日为"财力攻坚日"，落细落实财政增收节支任务清单，听取和审议预算执行和决算报告，审查批准2021年县级财政决算、2022年预算调整方案，加强和改进预决算的审查监督，推动政府科学细化预算、落实"过紧日子"的要求；听取和审议国有资产管理情况报告，助力国有企业落实"强经营"的改革要求，提升国有资产管理效率；听取和审议审计工作报告、审计查出问题整改落实情况报告，促使有关部门严格规范预算执行，提高政府资金使用绩效。

提升生态环境质量　持续关注水环境保护，在开展河长制工作情况调研的基础上，就河长制工作情况进行专题询问，常委会组成人员分别就城区雨污分流、农业面源污染、饮用水源地保护等11个方面的问题提出询问，在"一问一答"中帮助政府及有关部门找准问题、理清思路、优化举措，进一步推动《龙岩市实施河长制条例》在本县得到有效贯彻实施。结合创建第七届全国文明城市中期评估，开展《龙岩市城市绿化条例》执法检查，推动县政府在全市率先编制《武平县城市绿化导则》，进一步规范和提升城市绿化工作。听取和审议2021年全县环境状况和环境保护目标完成情况报告，推动入河排污口整治等突出环境问题得到较好解决。

提高民生福祉　开展县政府为民办实事项目，落实暨代表建议办理情况视察，推动平南路、心月公园、农村幸福院等为民办实事项目得到较好实施，代表反映较集中的高林公路改造提升、发展紫灵芝并加大宣传力度等意见建议得到有效落实；开展全县农村公路建管养运情况调研，提出的审议意见得到县委主要领导批示，全县农村公路建管养运水平持续提升，助力本县成功创建2022年"四好农村路"全国示范县。持续关注城区"停车难"问题，跟踪监督县城停车场规划建设与管理工作审议意见办理情况，推动县政府出台《武平城区机关企事业单位内部停车场对外开放实施方案（试行）》，2022年，全县21家机关企事业单位的500个停车位向社会开放。开展应急检测能力提升视察工作，促进食源性、水源性、职业病检测能力的大幅提升；开展退役军人服务保障体系建设调研活动，推动本县实现省级双拥模范县"五连冠"。

促进民主法治建设　开展破产审判工作调研以及归侨侨眷权益保护法、禁毒法和省禁毒条例、市文明行为促进条例的执法检查活动，促进政府及有关部门全面依法行政，助力本县成功获评第二批"全国法治政府建设示范县"，县公安局获评"全国优秀公安局"和"全国公安机关执法示范单位"。首次听取和审议县监委关于监察人员管理监督的专项工作报告，促进监察队伍建设规范化、法治化、正规化水平进一步提升，助力"清廉武平"建设。牵头推进民主法治领域的深化改革工作，在市对县年度绩效考评中获全市第一。加强规范性文件备案审查，共审查并备案规范性文件25件；清理县人大常委会关于人口与计划生育的决定2件。

常委会领导坚持定期接访群众、分类督办群众来信，2022年，接待3批来访人员，受理来信31件，有效维护社会稳定。

【依法行权，规范决定任免事项】

依法行使决定权 作出2022年政府债务限额和新增债券资金预算安排使用的决议，推动政府及有关部门制定措施办法，加强债务管理，依法依规举债，科学合理用债，督促政府债务"借得到、用得好、还得起"；作出开展法治宣传教育第八个五年规划的决议，进一步提升公民法治素养和社会治理法治化水平，营造全社会尊法学法守法用法的良好氛围。

规范行使任免权 始终坚持党管干部与依法任免有机结合，根据新形势新要求，及时将有关法律纳入任前法律考试内容，完善供职发言、颁发任命书、向宪法宣誓等制度，及时审议通过"一府一委两院"提出的人事任免议案，保证市委、县委人事安排意图的全面实现。修订《武平县人大常委会对政府工作部门开展工作评议的办法》，完善评议内容和程序，持续强化对政府工作部门人员的任后监督。

【加强代表工作，突出主体作用】

提升代表履职水平 2022年，将省、市、县、乡四级人大代表混合编成18个小组，更好促进代表相互交流。扎实做好代表履职服务网络平台建设，首次实现代表建议登记、签收、答复、测评等程序线上办理，为代表履职申报、学习交流等提供在线服务。坚持常委会组成人员联系代表小组和人大代表制度，指导和参与代表小组开展活动，密切与代表沟通联系，及时帮助代表解决实际困难。加强代表履职事迹宣传，展现新时代人大代表新风采，8名市、县人大代表事迹被省、市人大网和《闽西日报》、龙岩电视台等主流媒体报道。

丰富代表履职渠道 安排省、市、县人大代表列席县人大常委会会议，参加县委和"一府一委两院"组织的有关会议和活动，保障代表知情知政，发挥代表监督作用。组织开展"代表联系月"活动，225名县人大代表走访选民2621人，收集整理并转办选民意见建议99条。指导开展代表镇（乡）街道、际交叉视察，拓宽代表视野，增进工作交流。按照"十有三公开"要求规范建设代表工作室和代表联络站42个，组织各级人大代表进站入室开展活动，使其日益成为代表学习教育、集中履职、服务群众、宣传宣讲的重要阵地。

加强代表建议督办 2022年，将事关全县经济社会发展和人民群众切身利益的7件代表建议列入重点督办，实行对口督办、联合督办、跟踪督办、现场督办，以点带面推动代表建议加快办理，不断提升办理质效。注重闭会期间代表建议的收集和交办工作，县政府及时分解承办、答复代表；坚持市人大代表建议答复集中评议制，形成集体评价意见，推动市人大代表建议有效办理；回应人大代表和群众反映的酒驾醉驾案件办理问题，促进宽严相济刑事措施的全面准确实施。

【务实高效，加强自身建设】

加强机关党的建设 组织机关党员干部开展党的二十大精神集中学习、专题辅导、研讨交流等系列活动，迅速在人大系统兴起学习宣传贯彻党的二十大精神热潮，坚持不懈用习近平新时代中国特色社会主义思想凝心铸魂。巩固拓展党史学习教育成果，持续推动"我为群众办实事"活动走深走实。以开展"红领行动·红耀武平"特色党建引领"四个机关"建设，机关党建工作获得2021年度县对基层党组织党建目标管理考评二等奖；积极争取县委重视、关心，促成一次性解决14名县人大专委、常委会委室领导干部"人编脱节"问题；认真落实省委"三提三效"行动要求，引导党员干部树牢一线意识、强化一线站位，大力发扬"冲冲冲"和"实干实效实在"的工作作风，在全力以赴建设武平老区苏区高质量发展示范区中体现人大担当作为。

深化工作创新　坚持连续性系列化监督，实现监督效果的持续叠加。本届每年确定一个事关教育发展的监督议题，2022年，相继开展落实义务教育阶段学生"双减"政策、教师队伍建设情况调研，助推县政府出台《关于减轻中小学教师负担进一步营造教育教学良好环境的通知》，充实师资力量，提升教师待遇。实施代表建议办理"双督双询"机制，注重"提""办"沟通互动，强化督办合力，切实提高落实率和满意率。完善监督成果转化机制，先后对社区矫正工作等9项审议意见处理情况进行跟踪和评估，指导乡镇人大加强对重大民生实事票决项目的跟踪督办，监督成果更具实效。修订完善信息宣传和理论研究工作制度，及时总结提升实践创新成果，持续讲好"人大故事"，在市人大常委会组织开展的课题调研中，3篇文章获奖，在市人大系统"学习宣传贯彻党的二十大精神"知识竞赛中获第二名。

规范基层人大工作　坚持常委会领导和机关委室挂钩联系基层人大工作制度，指导基层人大按照《武平县乡镇人民代表大会主席团工作规范》《武平县街道人大工作委员会工作规则》和"1479工作法"开展工作，基层人大工作进一步规范化、制度化；坚持乡镇（街道）人大主席（工委主任）列席县人大常委会会议、乡镇（街道）人大干部跟班学习制度，提升基层人大干部整体能力和水平；优化乡镇（街道）人大工作绩效考评，激发基层人大守正创新、主动作为；桃溪成立监督协调理事会，组织代表对重大民生实事票决项目实行全程监督；平川创立"12345"工作法，打造全过程人民民主的"平川模式"。

加强沟通联系　主动接受省、市人大常委会的指导，密切与省、市人大常委会进行联系，积极配合省、市人大常委会开展调研视察、执法检查、立法调研等活动21次；加强与长汀、上杭等周边县（市、区）人大常委会的沟通交流，取长补短，推动工作。

【召开县十八届人民代表大会第二次会议】

2022年12月20—22日，武平县第十八届人民代表大会第二次会议在县继续教育基地召开。本次会议应到代表222人，实到代表206人，请假16人。

会议听取和审议县长于海做的县人民政府工作报告、县人大常委会主任刘演昌做的县人大常委会工作报告、县法院院长陈英棠委托副院长黄甲有做的县人民法院工作报告、县检察院检察长陈智雄做的县人民检察院工作报告。审议武平县2022年国民经济和社会发展计划执行情况与2023年国民经济和社会发展计划（草案）的报告、2022年财政预算执行情况和2023年财政预算（草案）的报告。表决通过了《关于武平县人民政府工作报告的决议》《关于武平县2022年国民经济和社会发展计划执行情况与2023年国民经济和社会发展计划的决议》《关于武平县2022年财政预算执行情况及2023年财政预算的决议》《关于武平县人民代表大会常务委员会工作报告的决议》《关于武平县人民法院工作报告的决议》和《关于武平县人民检察院工作报告的决议》。

会议期间和闭会期间共收到代表建议171件。

【武平县人大常委会领导名单】

2022 年武平县人大常委会领导名单

姓　名	职务	性别	出生年月	籍贯	任职时间（年月）
刘演昌	主　任	男	1967.06	武平	2021.12—
王民发	一级调研员	男	1962.6	武平	2022.01—2022.08
修金华	副主任	女	1964.5	武平	2016.12—
梁昌和	副主任	男	1971.11	武平	2016.12—
陈永荣	副主任	男	1968.8	武平	2021.12—
刘开锦	副主任	男	1970.3	武平	2021.12—
陈晓玲	二级调研员	女	1962.10	武平	2020.06—2022.11
丘善辉	三级调研员	男	1963.12	武平	2021.07—
聂耀洪	三级调研员	男	1962.9	武平	2022.01—2022.08
	二级调研员				2022.08—2022.10

【武平县第十八届人民代表大会常务委员会委员名单】

（按姓名笔画排列，共 22 名）

王加荣	王灵生	王国权	方　斌	邓占通
叶荣晶	兰加庚	兰耀明	肖方明	吴闽霞(女)
何胜荣(女)	陈秀兰(女)	陈启明	林永芳(女)	林益和
钟亿生	钟香梅(女)	洪炳东	高锦平	曹珍书
赖东兴	赖茂增			

【武平县第十八届人民代表大会财政经济委员会组成人员名单】

主 任 委 员：刘开锦

副主任委员：兰耀明

委　　　员：（按姓名笔画排列，共 5 名）

兰道雄　肖方明　钟建川　钟香梅(女)　赖东兴

【武平县第十八届人民代表大会社会建设委员会组成人员名单】

主 任 委 员：陈永荣

副主任委员：高锦平

委　　　员：（按姓名笔画排列，共 5 名）

王加荣　邓占通　李荣生　陈启明　修光华

【武平县人大常委会内设机构负责人名单】

机构名称	职务	姓名	任职时间（年月）
办公室	主任	林益和	2021.11—
	副主任	曾繁安	2014.12—
		陈秀兰(女)	2016.11—2022.02
		钟才汉	2022.08—
人事任免代表联络工作委员会	主任	王加荣	2021.11—
	副主任	钟建英(女)	2016.07—2022.02
		赖丽花(女)	2022.12—
监察和司法工作委员会	主任	陈启明	2021.11—
	副主任	兰德联	2016.11—
财经工作委员会	主任	赖东兴	2021.11—
	副主任	刘生聪	2021.11—
农村工作委员会	主任	肖方明	2016.11—
	副主任	修美玉(女)	2016.11—2022.04
教科文卫工作委员会	主任	钟香梅(女)	2021.11—
	副主任	刘达椿	2021.11—
城市建设环境保护工作委员会	主任	邓占通	2021.11—
	副主任	钟亿生	2016.07—
侨台工作委员会	主任	吴闽霞(女)	2016.11—
信访室	主任	张贵盛	2016.11—

【各乡镇（街道）人大主席团主席（工委主任）名单】

乡镇（街道）名称	姓名	任职时间（年月）
平川街道	黄旺贵	2021.07—
城厢镇	赖志声	2021.12—
万安镇	王永东	2016.12—
东留镇	程文盛	2021.12—
中山镇	钟清泉	2021.01—
民主乡	洪文	2021.12—
下坝乡	钟银秀(女)	2021.12—

续表

乡镇（街道）名称	姓　名	任职时间（年月）
中赤镇	钟满雄	2021.12—
岩前镇	周庆平	2021.01—2022.08
	王建平	2022.09—
象洞镇	罗煜琦	2021.12—
十方镇	黄桂有	2016.12—
武东镇	邱瑞生	2021.01—2022.06
	李思洪	2022.09—
中堡镇	钟晓文	2021.12—
永平镇	蓝荣玉	2019.09—
桃溪镇	王占宏	2021.12—
大禾镇	谢小兰(女)	2019.09—2022.08
	林　军	2022.09—
湘店镇	陈小健	2019.09—2022.12
	何　英(女)	2022.12—

【福建省第十三届人大代表武平代表名单】

（按姓名笔画排列，共3名）

钟亮生　　　　　温晓红(女)　　　　　廖卓文

【龙岩市第六届人大代表武平代表名单】

（按姓名笔画排列，共42名）

于　海　　　　王国权　　　　王琼荣(女)　　　王新宝　　　　危建芳

刘开文　　　　刘启标　　　　刘庚明　　　　刘演昌　　　　李达武

李财林　　　　李雄昌　　　　杨　溢　　　　邱大武　　　　邱　平

邱珉潇(女)　　谷百丽(女)　　张丽华(女)　　张亮春　　　　陈文怀

陈永荣　　　　陈俊雄　　　　林华英(女)　　林兴发　　　　林红强

林培权　　　　卓先发　　　　钟礼义　　　　钟　明　　　　钟素兰(女)

钟莉梅(女)　　信远川　　　　饶正德　　　　饶石金　　　　符兆书

曾蔚兰(女)　　温晓红(女)　　谢娜琼(女)　　蓝启和　　　　蓝福生

赖富香　　　　潘映忠

【武平县第十八届人民代表大会代表名单】

（按姓名笔画排列，共 222 名）

县　直（15 名）

马文秀(女)	王灵生	方　斌	许培炜	张石生
张滨强	陈冬梅(女)	陈圣文	林富春	钟礼义
黄大福	黄梅平(女)	曾昭友	谢慧云(女)	赖秋红(女)

平川街道（20 名）

王小群	王新红(女)	叶荣晶	兰善忠	李雄辉
何胜荣(女)	林永富	林华英(女)	林秀招(女)	林盛发
钟志斌	钟燕红(女)	信远川	饶平添	徐伟勤
黄旺贵	曾冬英(女)	赖平荣(女)	赖东兴	蓝善雄

城厢镇（16 名）

王加荣	兰道雄	朱雪承	李德雄	陈龙霞(女)
陈永荣	钟文云	钟正东	钟秀英(女)	钟晋城
钟添华	钟琳莉(女)	钟富正	谢尚海	蓝启和
赖志声				

万安镇（6 名）

王永东	池上坤	钟太平	钟晶平(女)	梁昌和
谢祥光				

东留镇（13 名）

兰加庚	刘湘榕	李荣生	肖　鹏	邱鹏翔
何世珍(女)	李志荣	陈富中	林超鸿	钟茂钦
钟添英(女)	程文盛	曾芳秀(女)		

中山镇（10 名）

王春凤(女)	王继正	兰巧英(女)	邬广勤	刘跃平
罗富兴	钟香梅(女)	钟清泉	洪炳东	赖东武

民主乡（5 名）

于　海	兰成来	肖荣秀(女)	洪　文	钟　玮

下坝乡（6 名）

邬茂福	邱雄盛	林能彬	钟银秀(女)	赖茂增
赖斌龙				

中赤镇（6 名）

钟满雄	修光华	傅晓晖(女)	童昌辉	谢胜祥
谢富春				

岩前镇（20 名）

王建平	王国权	王锦添	吕德洪	刘有金
刘　娟(女)	刘演昌	练国法	钟奇普(女)	钟海兵

曹珍书	梁小红(女)	梁永金	曾茂香(女)	曾艳萍(女)
曾新富	曾赠贤	温伟红	温建丽(女)	魏丽明

象洞镇（9 名）

冯胜进	兰耀明	何雪梅(女)	陈永发	林永芳(女)
罗煜琦	钟福永	童军裕	谢文平	

十方镇（21 名）

兰玉英(女)	朱礼萍	刘春华(女)	肖方明	肖　峰
肖培义	陈秀兰(女)	林占荣	林伟萍(女)	林良秋
林禄庆	林燕英(女)	林耀文	钟城辉	修金华(女)
聂观东	黄桂有	曾飞宏	蓝伟明	赖富香
熊友招(女)				

武东镇（17 名）

石英连(女)	石林珍	朱天林	刘凤荣(女)	李思洪
吴翠英(女)	陈启明	陈俊雄	林中炎	林育华
林培权	林燕添	钟亿生	钟永成	饶启荣
饶金灿	温胜德			

中堡镇（15 名）

王民发	石小琴	石永兰(女)	石胜彪	石晓荣
兰金阳	刘扬兰(女)	李永达	陈优兆	林华英(女)
林荣添	周民光	周金明	钟晓文	徐顺光

永平镇（11 名）

兰菊凤(女)	吴林涛	郑福华	郑德凤	饶红秀(女)
钟幸福	高锦平	黄清平	蓝荣玉	廖水秀(女)
魏文清(女)				

桃溪镇（16 名）

王占芸	王占宏	邓占通	兰家标	李五秀(女)
李建亨	李雪连(女)	李跃萍	吴闽霞(女)	何华利
张如虎	张福昌	林　丹(女)	钟建川	童尚连
赖宝菇(女)				

大禾镇（10 名）

王美香(女)	邓群标	刘开锦	刘勇铭	江禄全
林　军	林益和	蓝如禄	蓝益宏	潘春锦

湘店镇（6 名）

刘秋金(女)	刘桂英(女)	刘锦荣	刘　靖	张丽华(女)
钟东阳				

武平县人民政府

·综 述·

【概况】

2022年是党的二十大胜利召开之年，也是新一届县政府工作的开局之年。一年来，武平县全面贯彻落实习近平新时代中国特色社会主义思想，认真学习贯彻党的二十大精神，按照"疫情要防住、经济要稳住、发展要安全"的要求，在省、市和县委的正确领导下，40万武平儿女有力有效应对新冠疫情冲击、经济下行压力加大和"5·27"重大自然灾害等超预期因素影响，县域发展经受住重重考验，"稳"的基础更加扎实，"进"的动能更加强劲。据统计，2022年实现地区生产总值306.73亿元，增长4.6%，固定资产投资增长3.5%；财政总收入12.11亿元，其中地方级财政收入8.53亿元；城乡居民人均可支配收入分别达到43263元、23310元，分别增长4.9%、7.6%。

【综合实力】

招商情况 持续开展"533"招商引资竞赛活动，完善招商宣传视频和投资指南，绘制新显产业招商地图，举办武平（深圳）新显产业招商推介会，实现新签约项目55.5个，固定资产总投资23.99亿元，其中5亿元以上项目9个、新显项目26个，实现新开工项目33个、

新竣工项目32个。强化产业落地平台建设，省级科技孵化器三期、光电信息产业园一期竣工投入使用，新型显示产业园实现开工建设。提标改造岩前第二污水处理厂，建成匠心园职工宿舍楼、县工业园区污水处理厂（一期）等配套设施。县工业园区在全省23个省级脱贫县中综合发展水平考核评价排名第一，并成为福建省工业（产业）园区标准化建设试点园区。

产业发展 "武平县显示模组及材料制造产业集群"获评为国家中小企业特色产业集群，"武平县新型显示产业集聚区"获评省级数字经济核心产业集聚区。投资超10亿元的中触智能显示、天塑光电等产业项目落户本县，企业总数达102家，产业链条加快延伸。与天马微电子建立常态化沟通机制，与京东方、新大陆等龙头企业开展"手拉手"活动，促成8家企业成为省内新显产业龙头企业的合格供应商，岳凯科技、希恩凯电子分别被列入国家、省重点产业链供应链"白名单"。紫金龙江亭铜金矿成功取得采矿权证，并启动基建建设；华润机制砂、大禾萤石矿等项目实现投产。新增2家一级资质建筑企业，全县115家建筑企业（含县外企业在武设立的分公司）纳税增长35%。兴业银行进驻武平，市场主体持续壮大，新登记内资企业931户、个体工商户3348户，新增规上工业企业16家、规上服务业企业8家、资质以上建筑业企业7家、限额以上批零住餐企业28家。新增纳税户1765户，纳税千万元以上"金娃娃"企业12家。

项目投资 聚焦项目全生命周期，开展"六大专项攻坚行动"。14个"老大难"项目

实现净地交付。获批项目建设用地 1405 亩、林地 2793.6 亩，启动竹篙塘城区公墓地建设，国道 205 线十方高梧至丘坑段实现开工建设。建立"政策攻坚日"和"财力攻坚日"机制，共向上争取专项资金（列入考核范围）10 亿元，增长 20%。100 个县重点项目超额完成年度投资计划。龙龙铁路武平段完成正线工程量的 80%，武平人民的"高铁梦"触手可及。漳武高速十方互通及接线工程（高林公路）高梧至炉坑段完成路面工程，元旦前实现通车。城乡供水一体化项目有序推进，完成城区第二水厂和十方集镇水厂扩建工程。百把寨水库实现开工，美子坑水库完成大坝主体工程建设。新建 316 座 5G 基站，实现 5G 信号乡镇全覆盖。110 千伏悦洋变电站二期扩建项目实现开工建设，完成 110 千伏城关、岩前等 14 座变电站升级改造。

创新动能　新增国家高新技术企业 18 家、省"专精特新"中小企业 3 家、省级科技小巨人企业 6 家、"上云上平台"工业企业 16 家。龙业光电等 41 家企业通过省级科技型中小企业评价。希恩凯电子成为县内首家全省数字经济领域"瞪羚"创新企业，培育合信创展为全县首个省级新型研发机构，金时裕电子获评省级企业技术中心，金普达电子等 4 家企业入选省级新一代信息技术与制造业融合发展项目。伊普思实业、唯正智能 2 家企业产品入选省级"首台（套）"重大技术装备名录。星河电路被列入第一批省工业和信息化重点新产品推广目录。投入 9.16 亿元实施 17 个省重点工业企业技改项目，实现"老树发新枝"。

拓展空间　建立与国家开发投资集团对口支援系统化工作机制，争取 1460 万元无偿援助资金，在武设立"国投集团党员教育基地"。加强与省直帮扶单位对接，争取 2359 万元资金支持。深化山海协作，争取 1800 万元资金支持，与思明区共建山海协作创新中心，共创"山系思明·海纳武平"协作机制品牌，联合开展旅游推介活动。对口合作迈出实质性步伐，

与广州海珠区、荔湾区确定结对关系。签约引进来自粤港澳大湾区产业项目 30 个，占全县签约引进项目的 57%。累计培育 12 家跨境电商企业，完成交易额 3000 万美元。武台民间交流持续加强，成功举办第八届海峡两岸定光文化节。

【城乡面貌】

城市建设　加强县城规划管理，出台《县城规划区村（居）民个人建房管理办法》。南部新城加快崛起，沿河西路三期完成主体工程建设，平南路东段建成通车，灵通溪水美乡村、崇文公园等项目开工建设。基本完成丰平路主体工程建设，结合实施东门片区雨污分流，改造提升红东路、双福路、安东路。河东新村等 28 个老旧小区改造和 2 个背街小巷整治全面完成。心月公园建成并对外开放，建成 5 个城市口袋公园。兴贤坊入选全国非遗旅游街区和全省特色步行街。21 家城区机关企事业单位的 500 个内部停车位向社会开放，缓解城区"停车难"的问题。城区 1、2 路公交线荣获全国"工人先锋号"。全国首创智能头盔、有桩还车、配备头套的共享助力车绿色出行模式。

乡村振兴　守好粮食安全底线，下拨粮食生产扶持资金 4260 万元，新建高标准农田 2.26 万亩，新增补充耕地 682.32 亩。五大地标性特色农产品实现初级农产品产值 19 亿元。紫灵芝种植面积达 2.8 万亩，成为全国最大紫灵芝生产基地。抢抓"食药物质"管理试点契机，成功培育 3 家紫灵芝精深加工企业。武平灵芝以 8.7 亿元品牌价值荣登"2022 中国灵芝区域品牌价值榜单"。新增省级示范家庭农场 9 家、省级农民专业合作社示范社 4 家、省级"一村一品"示范村 5 个、市级农业产业化龙头企业 8 家。实施中赤、十方集镇提升示范工程，完成 89 个村"两治一拆"整治任务，成功创建 15 个"绿盈乡村"。大布田野音乐部落、新礤茶寮露营等又一批乡村旅游打卡点火热出圈。城厢镇荣获福建省"全域生态旅游小

镇"，园丁村获评省级金牌旅游村。"春生夏长'乡'约大美武平之旅"入选全国乡村旅游精品线路。推进"五大基地"建设，累计接待游客 528 万人次。武平连续两年位居福建省乡村振兴热度指数全省前十。

生态环境　投入 11.007 亿元，实施 41 个生态环保攻坚战役项目，建成韩江上游梅江防洪工程 12.5 千米。完成 2 条中小河流治理，实施 5 条安全生态水系建设；建成首个风箱树异地补植复绿基地；启动第一批 9 个乡镇、30 个村农村生活污水治理。捷文水库水质安全保障主体工程基本建成。在 5 个乡镇开展全域垃圾干湿分类试点，生活垃圾焚烧发电项目成功投产运营。完成水土流失治理面积 4.6 万亩。8 条省控小流域断面综合水质均达到Ⅲ类水标准，县级及乡镇集中式饮用水源地水质达标率均为 100%。城区空气质量保持全省前列，优良天数比例为 100%。武平被纳入福建省综合性生态保护补偿区域。

【民生事业】

社会保障　与民生密切相关的支出占一般公共预算支出的七成以上，14 件为民办实事项目较好完成。严格落实脱贫攻坚"四个不摘"要求，5466 户脱贫户稳定脱贫。累计投入 5184 万元用于"5·27"重大自然灾害灾后重建，建成"同心园"集中安置小区。全面落实稳岗稳工政策，发放各类就业补助 847 万元，新增城镇就业 1712 人。投入 7000 万元用于特困人员救助供养和城乡低保补助。养老、医疗、失业、工伤、生育保险稳步扩面，城乡居民基础养老金每月从 155 元提高到 165 元。

公共服务　投入 8650 万元用于疫情防控工作，未发生规模性本土聚集性疫情。县应急医疗救助中心建成投入使用，县医院成为全市首个国家综合服务能力推荐标准县级医院。继续实施基础教育扩容提升工程，小兰、永平、下坝、岩前中心幼儿园和附小集文校区宿舍楼

等项目竣工投入使用，新增公办幼儿园学位 810 个、小学学位 1040 个。实验中学、实验幼儿园均实行集团化办学，全面推行县管校聘改革制度，"远学张桂梅、近学阙硕龄"师德师风教育成效明显，全县高考本科上线率 70.5%，超全省平均水平 3.68 个百分点。本县入选全国科普示范县创建名单。持续开展客家戏剧联盟展演交流活动，基本建成智慧体育公园、公共文化服务中心。新增市级非遗文化项目 8 个。武平运动员在省第 17 届运动会上勇夺 10 枚金牌。县直机关企事业单位骑行健身活动火热开展。县融媒体中心入选"全省优秀县级融媒体 30 强"第五。福康老年公寓完成主体建设，武东、中堡乡镇养老院提升为区域性养老服务中心，完成 169 个农村幸福院建设，走在全省前列；建成 11 个长者食堂，为留守老年人提供暖心服务；颐养家园被评为五星级养老院。香樟社区成功入选全国示范性老年友好社区；本县被确定为福建省首个"幸福家园"村社互助工程试点县，顺利蝉联省级双拥模范县"五连冠"。

社会治理　第七届全国文明城市创建工作有序推进，开展"红耀武平·靓城有我"志愿服务活动。平安武平建设深入推进，矛盾纠纷排查化解机制有效落实，食品安全形势向好，安全生产专项整治 3 年行动顺利收官，全年未发生较大及以上安全生产事故。在全省率先开展农村区域联合派出所警务改革，县公安局荣获"全国优秀公安局""全国公安机关执法示范单位"，群众安全感满意度稳居全省前列。2 个乡镇、20 个村荣获省级乡村治理示范镇、村。武平被确定为全省党建引领乡村治理试点县。

国防动员、人防工作持续加强。人事、统计、计生、民宗、外侨、气象、地震、农机、移民、档案、方志、工会、妇女儿童、青少年、老年人、关心下一代、残疾人、慈善等工作取得新进步。

【政府效能】

深入学习贯彻党的二十大精神，纵深推进

全面从严治党，忠诚拥护"两个确立"，坚决做到"两个维护"。深入实施"提高效率、提升效能、提增效益"行动，推动各项工作取得新成效。开展事业单位管理岗位职员等级晋升工作，激励干部勇于担当作为。持续深化"放管服"改革，推行容缺受理、并联审批、"拿地即开工"项目预审等制度。在全市首创标准厂房分割销售模式，进一步盘活国有资产。坚持"企业服务日"活动，帮助企业解决具体问题 96 个。顶格落实惠企政策，新增减税降费 8346 万元，办理增值税留抵退税 9004 万元，9418 户次市场主体享受政策红利。牢固树立过"紧日子"思想，深入推进零基预算改革和预算管理一体化试点，"三公"经费支出下降 1.2%。人大代表建议、政协委员提案办结率均达 100%。开展综合行政执法体制改革，下放第一批乡镇行政执法赋权事项，编制县乡属地管理事项责任清单，推进乡镇（街道）一支队伍管执法，成功创建全国法治政府建设示范县。

【林改工作】

圆满完成林改 20 周年系列活动，建成"我有青山"主题馆，在全省林业改革发展会议暨省级总林长会议上作典型经验介绍，捷文村荣获福建林业改革发展 20 年突出贡献集体，讲述武平林改 20 年历程的《我有青山》纪录片亮相央视，武平林改影响力、引领力不断扩大。林业金融区块链平台获评全国"两山银行"十大优秀案例，并纳入全省优化营商环境典型经验做法。建立全省首个低碳社会创建信息管理平台，发行全省首张低碳金融创新产品碳金卡，本县被列为全省林业碳中和试点单位，签约引进全省首个普惠型林业碳汇项目。启动国家储备林建设，开展农民集体林地承包权依法自愿有偿退出和林业采伐制度改革试点工作。林下经济科教馆获评全省优秀科普教育基地。创建省级森林城镇 2 个、省级森林村庄 6 个、省级森林康养基地 1 个，共有森林人家 112 家，保持全省第一。

·发展与改革工作·

【经济运行】

深入开展"产业发展年"活动，推动全县经济持续稳定增长。2022 年，实现地区生产总值 306.73 亿元，增长 4.6%，增速全市第五。其中，第一产业增加值 38.73 亿元，增长 0.9%；第二产业增加值 124.34 亿元，增长 4.7%；第三产业增加值 143.66 亿元，增长 5.8%。三次产业结构比为 12.6：40.6：46.8，固定资产投资增长 3.5%，增速全市第六；其他营利性服务业营业收入（错月统计数据）增长 33%，增速全市第二。

【项目攻坚】

围绕"一个全生命周期"，聚焦"三大攻坚重点"，实施"六大专项攻坚行动"，推行"五项工作机制"，全力以赴推进重点项目落地见效。武平县天塑光电 PC 光学材料产品生产项目等 48 个项目实现开工建设；武平伊普思空气净化设备生产项目等 45 个项目实现竣工；100 个县重点项目完成投资 98.61 亿元。2022 年一季度获得市对县"五个一批"项目正向激励综合考评第二名。成功举办"星耀武平"星级项目（首届）评定活动，15 个项目获评星级项目。

【营商环境】

企业设立登记到竣工验收阶段由法定时间 480 个工作日压缩至 44 个工作日，减税降费、融资支持、惠企政策等力度不断加大。编制《武平县行政许可事项清单（2022 年版）》。归集各类信用信息 20 多万条，进一步发挥信用在创新监管机制、提高监管能力和水平方面的基础性作用。

【生态文明】

坚决遏制"两高"项目盲目发展。投入11.007亿元实施41个生态环保攻坚战役项目，建成韩江上游梅江防洪工程12.5千米，完成2条中小河流治理，实施5条安全生态水系建设。城区空气质量保持全省前列，优良天数比例为100%，武平被纳入福建省综合性生态保护补偿区域。建成"我有青山"主题馆，林业金融区块链平台获评全国"两山银行"十大优秀案例，并纳入全省优化营商环境典型经验做法；建立全省首个低碳社会创建信息管理平台。2022年本县被列为全省林业碳中和试点单位，签约引进全省首个普惠型林业碳汇项目。

【社会事业】

加强基础教育、医疗卫生、养老服务、社会服务、文化旅游、就业和社会保障等基础设施的投入，加快推进基本公共服务体系建设。新增公办幼儿园学位810个、小学学位1040个；县应急医疗救助中心建成投入使用；完成169个农村幸福院建设，建成11个长者食堂。本县被确定为福建省首个"幸福家园"村社互助工程试点县；建成智慧体育公园、公共文化服务中心；新增市级非遗文化项目8个。全面落实稳岗稳工政策，发放各类就业补助847万元，新增城镇就业2230人。城乡居民基础养老金每月从155元提高到165元。

【苏区振兴】

深入推进"对口帮扶"工作，分别获得国投、省投捐赠1460万元和590万元，支持民生事业项目，对接国投在武平挂牌"党员干部教育培训基地"，对接省投来武平培训，帮助武平中标国家电网的工会康养旅行套餐；加强与省直帮扶单位对接，推动落实省军区20个帮扶事项和其他省直部门4个帮扶事项；深化山海协作交流，共同打造"山系思明·海纳武平"山海协作品牌，积极争取对口帮扶资金1800万元；统筹推进与广州市及海珠区、荔湾区对口合作和大湾区产业合作试验区武平园区建设。

【粮食物价】

严格落实地方党委政府粮食安全责任制考核任务，做好地方储备粮油存储及粮油市场保供稳价工作；强化市场价格监测预警，做好每旬福建省价格监测预警信息数据的采集、审核和上报；做好疫情防控等突发价格异常波动事件应对工作，开展疫情防护用品市场价格巡查工作；制定县城区机动车停放服务收费、县妇幼保健院停车场机动车停放服务收费标准、全县义务教育阶段学校课后服务性收费政策，调整非居民用天然气最高销售价格。

·武平县项目服务中心·

【概况】

根据《中共武平县委办公室、武平县人民政府办公室关于印发〈武平县项目服务中心职能配置、内设机构和人员编制规定〉的通知》（武委办发〔2022〕5号），武平县项目服务中心的职能配置、内设机构和人员编制规定经县委机构编制委员会办公室审核、审定后，武平县项目服务中心是武平县人民政府直属事业单位，机构规格相当正科级，归武平县发展和改革局管理。核定县项目服务中心事业编制11人，正科级领导职数1名（主任）、副科级领导职数2名（副主任），股级职数4名（内设机构各1名），分别是综合股、开发储备股、协调推进股、评审监测股。现有在职在编领导2人，一般干部7人，劳务派遣人员1人。

【项目谋划】

2022 年，全县共谋划项目 196 个，完成全年任务 120 个的 163.33%，其中市级评审入市库 31 个，完成市级任务 26 个的 119.23%，谋划入市库项目数全市第二。武平县全自动数字智能显示产业基地建设项目被评为优秀策划项目一等奖，连续二年蝉联全市一等奖。全年落地转化率 67.7%，近两年入市库项目开工率 50.9%，居全市第一名，市对县绩效考评项目谋划部分居全市第一名。开展项目策划专项攻坚行动，成功举办"星耀武平"星级项目评选 PK 大赛，在"喜迎二十大，冲刺下半年"重点项目高质量落地攻坚行动中做出突出贡献，县项目服务中心分别被武平县委县政府及龙岩市委市政府给予"集体嘉奖"。

【重点项目建设】

围绕项目全生命周期，以"六大专项攻坚行动"为战术安排，聚焦"三大攻坚重点"，建立"五项攻坚机制"，全力推进重点工作。2022 年，全县 100 个重点项目全年完成投资 98 亿元，占年度计划的 100.82%。其中，36 个省市重点项目全年完成投资 68.5 亿元，占年度计划的 109%；全年实现开工项目 58 个，实现竣工项目 48 个。重点项目"六大专项攻坚"，列入市攻坚 19 个重点项目，综合考评居全市第三名；市"五个一批"综合成绩，荣获第一季度正向激励第三名，奖金合计 15 万元；市"五比一看"中的项目竣工居全市第三名。

·民政工作·

【概况】

2022 年，县民政局以习近平新时代中国特色社会主义思想为指导，在服务大局做好兜底保障"一老一小"全面推进乡村振兴上展现民政担当、体现民政作为。2022 年度，市对县绩效指标综合考评总分在全市排名第一。全市"幸福家园"村社互助工程项目现场会在武平召开，武平县慈善总会进行典型经验交流发言。武平县作为福建省首个"幸福家园"村社互助工程试点县，全县各村居全部完成互助基金的认领，成为全国唯一在平台完成认领率达 100% 的全覆盖县，为此收到中华慈善总会的祝贺函。2022 年 7 月，被县委县政府授予创建全国文明城市工作优秀集体；第七次全国人口普查工作成绩突出，11 月，获龙岩市政府通报表扬；11 月，荣获 2022 年福建省全民科学素质网络竞赛优秀组织单位；2022 年度荣获国家部委级表彰"全国优秀城乡社区工作者""全国社会救助工作先进个人"各 1 人。

【兜底保障】

2022 年 5 月起，城乡低保标准由每人每月 596 元提高至 796 元，农村低保人均补助每人每月提高至 444 元，城市低保人均补助每人每月提至 461 元。截至 2022 年 12 月 31 日，全县有农村低保 5428 户、9032 人，城市低保 152 户、247 人，特困供养对象 1156 人，全年累计发放城乡低保补助金 4630 万元、特困供养资金 1830 万元、物价临时补贴 188.6 万元，实施临时救助 2067 户，支出救助金额 442 万元。市对县社会救助发展成效指标绩效考评全市第一。

【养老服务】

2022 年，完成武东、中堡两个农村区域性养老服务中心项目主体工程建设、10 个农村幸福院、7 个长者食堂、147 户适老化改造建设项目。福康老年公寓项目如期竣工，新增养老床位 164 床；开展 3 期共 307 人次养老护理员技能培训；发放养老护理员入职和在职补贴 3 万元；评定三星级农村幸福院 81 个，申报四星级、五星级农村幸福院 24 个；完成农村幸福院民办非登记 80 个。举办"喜迎二十大、银龄颂党恩"为主题的庆国庆、迎重阳文艺晚会，累计动员 50 余家社会组织开展重阳节敬老活动。截至 2022 年 12 月 31 日，享受 80~99 周岁高龄补贴对象 11245 人，全年累计发放高龄补贴 755.5 万元；百岁老人 31 人，全年累计发放营养补贴 11.46 万元。全县养生养老产业实现产值 52 亿元；市对县城乡养老服务发展指数指标绩效考评全市第二。

【儿童福利】

出台《武平县未成年人保护委员会关于加强未成年人保护工作的实施意见》《2022 年未成年人保护工作实施方案》。举办儿童主任、儿童督导员业务能力提升培训 17 场次；持续在十方镇、岩前镇开展农村留守儿童关爱保护和困境儿童保障工作示范点活动；组织开展"童心向党、不忘党恩""喜迎二十大、同心护未来"未成年人保护宣传主题活动 60 余场，打造全社会共同关心、关爱、关注留守儿童工作新格局。积极开展困难学生和事实无人抚养儿童及孤儿专项救助帮扶活动，全市首创为城乡低保家庭非义务教育阶段的在校困难学生和生活困难事实无人抚养儿童及孤儿给予每人救助 1500 元，累计发放 70 万元帮扶资金。截至 2022 年 12 月 31 日，全县有农村留守儿童 1092 人、享受孤儿待遇 14 人，事实无人抚养儿童 143 人，2022 年，发放孤儿和事实无人抚养儿童基本生活费 214.3 万元。

【政权建设】

夯实基层治理基础，及时组织、指导村（居）民委员会开展建章立制工作，修订完善村规民约（居民公约），制订《武平县社区工作者职业体系建设管理办法（试行）》。扎实开展清理整治村（社区）办公场所牌匾清理规范专项行动，清理了 20 项不应由村（居）委

会出具证明事项，配合组织部门完成离任村（居）主干养老补助资金的审核工作。2022 年，累计发放离任村主干养老补助资金 178 万元。

【社会事务管理】

开展国家地名信息库数据质量建设行动工作，全面审核完成地名信息 3043 条，积极做好中山镇申报福建省地名文化遗产"千年古镇"工作，完成城厢、中山、中赤、十方、武东、永平、万安、东留等 8 个乡镇，6 条 73.3 千米的乡级界线联检工作。2022 年，办理结婚登记 1303 对、离婚登记 609 对，补结婚证 465 对，补离婚证 50 本，登记合格率达 100%。加大殡葬宣传力度，持续开展安葬、安放设施违规建设综合整治专项行动，规范殡葬管理；巡查发现违建坟墓苗头 38 起，全部得到及时制止。县政府启动项目迁坟安置墓区建设项目（一期），一期总投资 2360 万元；新建成 27 个村级公益性骨灰楼堂，文明救助取得成效，全年共救助 67 人。

【社会组织管理】

举办"五社联动聚合力、社工服务暖基层"社会工作主题宣传活动，进一步深化"僵尸型"社会组织专项整治行动，列入异常名录 8 家、注销登记 10 家，限期整改 6 家。县民政局、发改局、市场监管局联合开展行业协会商会乱收费专项清理整治"回头看"工作，未发现违规收费问题。办理成立登记社会组织 27 家、注销登记 15 家，办理变更事项 33 件。截至 2022 年 12 月底，全县社会组织 302 家，其中社会团体 146 家，民办非企业单位 153 家，基金会 3 家。

【政务服务能力】

积极推动"五减五提升"工作，办理承诺件 18 件、即办件 208 件，"即办件"占比提升至 100%，比 2021 年提升 0.61 个百分点；"一

趋不用跑"事项占比提升至 93.70%，比去年降低 4.48 个百分点；事项办理时间压缩 95.22%，比去年提高 0.14 个百分点。平均跑动次数 0.06 趟，平均材料数减至 2.09 项，平均办理环节数减至 2.00 个，全流程网办率达 96.55%，比去年提升 1.4 个百分点。

【自身建设】

推进全面从严治党　通过充分发挥"关键少数"领学促学作用，严守党的政治纪律和政治规矩、严肃党内政治生活、严格落实意识形态工作责任制等抓手，始终把加强党的政治建设摆在首位，牢牢把握政治机关的鲜明本色，把政治建设作为机关党建的第一要务，落实到党的建设全过程各方面，牢固树立责任意识，严格落实主体责任。充分依托党组会议、党组理论学习中心组、"三会一课""主题党日"及学习强国学习平台等，持之以恒地抓好干部职工的思想政治学习和教育。严格落实全面从严治党和党风廉政建设"一岗双责"，领导、检查、督促分管部门全面从严治党和党风廉政建设，形成齐抓共管的工作合力。民政宣传创新发展讲好民政故事，市级以上媒体采用稿件 60 余条，"种田得谷、敬老得福""近邻党建、宜家康养"武平特色养老服务品牌，《福建日报》《闽西日报》等主流媒体先后进行报道。重视来信来访和群众诉求答复，2022 年，累计办理信访件 12 件、12345 平台诉求件 51 件，人大代表建议 12 件，政协委员提案 8 件，按时办结率为 100%。答复满意率 100%。重大决策落实、社工人才、干部队伍建设、行政执法、安全生产、文明创建、"八五"普法等工作有序开展。

·人力资源和社会保障工作·

【概况】

2022 年，在县委、县政府的正确领导和市人社局的精心指导下，武平县人社局坚持以习近平新时代中国特色社会主义思想为指导，深入学习宣传贯彻党的二十大精神，切实保障和改善民生，全面做好稳就业保就业、织密社会保障安全网、构建和谐劳动关系、推进人才人事等各项工作，为全方位推动高质量发展贡献人社力量。本局连续 2 年在省人社系统业务技能练兵比武中取得好成绩，2022 年，团体成绩位列全省第一，获县级团体奖一等奖。劳动保障监察大队获评 2022 年全国清理整顿人力资源市场秩序专项行动取得突出成绩单位。

【就业工作】

2022 年，新增城镇就业 1712 人，失业人员实现再就业 543 人，就业困难人员实现就业 138 人。积极为企业和劳动者搭建劳务供需平台，每月 21 日在人社局一楼开展"企业招聘日"，促进劳动者就业，缓解企业用工压力。2022 年，共举办线上、线下招聘会 15 场，参会企业累计 287 家，发布岗位数累计 13837 个，来访人员累计 49237 人。2022 年，本县新增产业工人 3184 人。推动职业院校与企业开展跟岗、顶岗实习，组织 74 名县职专学生在龙岩金时裕电子有限公司、星河电路（福建）有限公司等企业实习。发放春节一次性稳定就业奖补 22 家企业、82.47 万元；发放一次性吸纳就业补贴 4 家企业、12 人、1.992 万元；发放一次性用工服务奖补企业 10 家、84 人、4.2 万元；发放创业带动就业补贴企业 4 家、12 万元；审核发放一次性创业补贴 2 人、1 万元；审核发放 605 家企业稳岗返还 298.8 万元；发放 2021 年度"以工引工、高技能人才生活补贴"等奖补 29.26 万元（其中以工引工奖励 376 人、18.8 万元）；发放 43 家企业一次性扩岗补助金 12.45 万元，惠及高校毕业生 83 人，有力促进企业稳工稳岗及劳动者就业创业。积极开发公益性岗位，共安置就业困难人员 214 人，发放公益性岗位补贴 314.53 万元，社保补贴 131.22 万元。开展老人照护、家事服务、保育师等工种培训，组织培训人员 1334 人。举办马兰花网络创业培训 3 期；举办互联网营销师培训、初创企业经营者培训各 1 期。本局推荐 5 个创业项目参加第五届"中国创翼"创业创新大赛龙岩市选拔赛，梁野久谣农业科技、希恩凯电子两家企业分别获得一等奖、三等奖，其中梁野久谣农业科技还被推荐参加省赛并获得三等奖。成功举办第一届乡村振兴暨闽西服务业职业技能大赛武平县选拔赛。

【完善社会保障体系】

2022 年，企业职工基本养老保险在职参保人数为 48585 人，同比增长 5.31%；工伤保险参保企业 3101 家，参保缴费职工 45529 人，同比增长 9.81%；失业保险参保职工人数 21544 人，同比增长 5.1%；发放失业金 4606 人、520.0343 万元、失业补助金 1470 人、113.6527 万元。2022 年，机关事业养老保险共有 215 个参保单位、12751 人参加，其中在职 8299 人，离退休人员 4452 人（其中离休 19 人，退休 4433 人），参保率 100%；城乡居民养老保险参保人数 19.54 万人，参保率达 99.99%。2022 年，共发放养老金 5.88 万人、12668 万元。城乡居民基本养老保险基础养老金、企业职工养老保险待遇、机关事业单位退休人员月人均分别增加 10 元、116.36 元、274 元。

【人才人事工作】

结合本县社会民生事业发展和"516"产业体系发展需要，绘制人才地图，引导人才向重点产业、重点项目和教育卫生等重要社会民生事业聚集。自"梁野英才"聚集计划实施以来，截至 2022 年，累计引进 413 人，依托专家工作站、人才工作室等平台，以"师带徒"方式培育后备骨干人才 300 多人。开展 2022 年度公开招聘中小学幼儿园新任教师 147 人、武平职专学校紧缺急需专业教师 4 人；开展 2022 年度自主公开招聘紧缺急需医学类专业高校毕业生 8 人；考核招聘 10 名期满"三支一扶"人员到乡镇事业单位工作；其他事业单位公开招聘工作人员考试招聘 88 人。农村实用人才培养成效显著，2022 年，全县农村实用人才有中级职称 38 人，初级职称 50 人，人数均位列全市第一。事业单位人事管理股预审医疗卫生专业类高级职务评审 47 人；预审中小学教师正高级职务 3 人，高级职务 99 人，中级职务 118 人；其他事业单位预审送评正高级职务 1 人、高级职务 25 人、中级职务 19 人；预审企业高级职务 11 人，中级职务 147 人。预审中级农村实用人才 26 人，通过市级评审 15 人；工程类初级职务任职资格评审通过 71 人，非公有制企业系列初级职务任职资格评审通过 95 人，初级农村实用人才评审通过 35 人，农业系列初级职务评审通过 1 人，办理大中专（研究生）毕业生确定初级专业技术职务 119 人。

【稳定劳动关系】

积极开展欠薪案件线索"月月清"行动，及时高效处置欠薪问题线索，推进落实工资支付保障制度。2022 年，协调处理在建项目各渠道信访投诉问题线索 42 件，涉及人数 103 人，为农民工追回拖欠工资 51.56 万元，获赠企业员工致谢锦旗 2 面。由于行政处理、处罚流程周期相对长、程序多，而集体欠薪事件农民工数量多，情绪激动不易安抚。本局在处理相关事件时，创新探索基层调解、仲裁确认、法院执行"三步曲"高效处置欠薪事件模式。2022

年，共处理各类欠薪案件 404 起，涉及人数 789 人，金额 671.1 万元；受理劳动争议案件 248 件，涉案人数 648 人，涉案金额约 2982.65 万元；审结案件数 251 件，其中以裁决方式结案 119 件，调解、撤回结案 132 起，结案率 100%，调解率（含案外）70%，终结率 57.4%；受理工伤案件 240 例，认定工伤 226 起。

【落实主体责任】

坚持用习近平新时代中国特色社会主义思想武装头脑，把学习宣传贯彻党的二十大精神作为当前和今后一个时期的首要政治任务。2022 年，开展党组理论学习中心组学习 22 次，落实"211"工作制度和"八个纳入"要求，重抓"e 龙岩"和 12345 诉求件办理，及时解决人社领域群众反映强烈的问题。办理 12345 和"e 龙岩"诉求件、信访件 949 件，满意率 99.9%。召开落实全面从严治党主体责任、党风廉政建设专题会各 2 次，推动主体责任落细落实。以高度负责的精神和严肃认真的态度接受县委巡察组的巡察，针对巡察反馈问题，从严从实、不折不扣推动整改落实，已完成整改问题 41 个，对 6 名相关责任人作出处理，挽回损失 2.426 万元，健全完善制度文件 4 个。

·自然资源工作·

【规划引领与服务】

根据自然资源部、省自然资源厅发布相关政策划定永久基本农田、生态保护红线、城镇开发边界三条控制线，2022 年，已编制完成总体规划初稿，启动北部片区控规和城市设计编制工作。启动编制土地征收成片开发方案 14 个，其中通过省政府批复 8 个，正在报批 6 个。根据《武平县乡镇国土空间规划及村庄规划编制三年行动实施方案》，启动 15 个乡镇国土空间总体规划编制工作，编制 48 个村庄规划，实际完成编制 55 个，其中 50 个已获上级批复。认真组织审查项目规划，共组织全县项目设计方案初审 42 个（其中 13 个设计方案分六批次上报县规委会审查），其中房地产项目 6 个、工业项目 11 个、政府投资项目 25 个，个人建房（危旧房改造）设计方案审查 121 户。

【用地保障】

用地报批　本局认真研究对策，积极争取省、市部门支持。截至 2022 年年底，省厅对本县项目用地计划指标"应保尽保"，2022 年，组织上报用地报批总面积 1893.6145 亩，其中上报城市的 16 个批次均获批，用地报批面积 336.4455 亩。3 个单独选址项目用地报批用地面积为 1557.169 亩，获省政府批复 2 个（大绩水厂、国道 G205 线武平十方高梧至丘坑段公路工程项目），用地面积为 1068.399 亩；获国务院批复 1 个（新建龙岩至龙川铁路龙岩至武平段工程《武平县》），用地面积为 488.77 亩。完成编制并已通过省政府审查土地征收成片开发方案 8 个。

国有建设用地供应计划管理　县政府印发《武平县人民政府办公室关于下达 2022 年经营性用地出让计划的通知》（武政办〔2022〕4 号），按计划出让经营性土地 12 宗。2022 年，共出让土地 18 宗（经营性土地出让 11 宗、工业用地 7 宗），划拨土地 15 宗，共实现土地出让基金收入 5.0754 亿元。

处置闲置土地　2022 年，本县闲置土地处置任务量 21 亩，全年共完成闲置土地处置 94.33 亩，超额完成处置任务。

【补充耕地工作】

永久基本农田核实整改补足工作，以"三调"耕地图斑为基础认真组织开展永久基本农田核实整改补足工作，初步划定本县永久基本农田面积 279730.6 亩，其中原永农保留面积 236878.3 亩，补划永农面积 42852.3 亩。2022 年，市政府下达本县补充耕地任务 500 亩，其中水田 250 亩，旱改水任务 150 亩。截至 2022 年年底，共新增耕地 682.32 亩，超额完成市政府下达任务。

【矿山监管】

矿产资源开采日常监管 2022 年，重点组织人员对各矿山提交的交换图进行审查，掌握矿山开采动向，委托福建省 121 地质大队对地下开采矿山临近边界区域的巷道和密闭等重点区域进行不定期的实地巡查检查，确保及时发现和制止矿山越界违法开采行为；认真组织开展全县矿山超层越界 GNSS 专项检查工作，委托福建省 121 地质大队完成矿山 GNSS 外业检查和地下开采矿山井下测量工作，未发现超层越界开采行为；督促矿山完成矿业权人勘查开采信息公示系统矿产资源开采年度信息填报与公示，并完成抽查矿山的实地核查工作；完成矿产资源储量动态监测"三率"考核。

矿业经济发展 2022 年，全力协助武平紫金矿业龙江亭铜矿探矿权转采矿权，5 月取得采矿权证。配合武平三鑫矿业采矿权与探矿权资源整合工作，解决资源接续问题，满足扩大生产需求；积极协调处理岩前盛丰石矿白云岩矿南采区堆放大量弃土和废石的问题，加大南采区、北采区的开发力度，推进猪仔垄石灰石矿资源的开发利用，加大下游用矿企业的矿石供应。城厢文溪矿区建筑用花岗岩矿机制砂项目整体正式投产。协调推进大禾萤石矿、下坝高岭土矿基建工作，尽快达产增效；推进岩前澄坑水泥用石灰岩矿项目找矿突破，推算矿区内资源量可达 1.18 亿吨；推进武平三鑫空白区、福建塔牌与盛丰石矿交界处空白区、象洞光彩砖瓦用砂岩等矿业权出让处置工作，保障本县重大项目和民生建设供应需求。

武平县第四轮矿产资源总体规划（2021—2025）编制工作 2022 年，加强与编制单位福建省 197 地质大队的沟通联系，因地制宜，科学合理设置和利用矿产资源，细化规划管控措施，推进矿业规模化、集约化发展，强化政府对矿产资源开发与保护的宏观调控和监督管理，推进县第四轮矿规编制工作。县第四轮矿规于 2022 年 3 月经市自然资源局批准，8 月经县政府印发实施。

组织成立武平县矿业协会 2021 年 6 月 19 日，经县民政局同意挂牌成立武平县矿业协会，为龙岩市首家县级矿业协会。2022 年，组织召开矿业协会成员会议，选举产生会长、副会长和监事长，成员涉及矿山企业 20 家、矿产品加工企业 10 家和地质队 1 家等，共 31 家单位。

【项目审批】

全面实行"一家牵头、一个窗口、一张表单、一套机制、一份指南"的"五个一"审批模式。2022 年，已将全部事项的审批时限压缩至法定时限的 20% 以内，并实行全流程网办。全部事项即办件占比高达 89.19%，平均缩短时限比率高达 94.91%，共办理行政审批事项 560 件，绿色通道办件 72 件，告知承诺办件 27 件，办理质量、效率明显提升。

【不动产登记服务】

2022 年，总登簿量 35858 本，办理不动产权证书 12440 本、不动产证明 6434 本、查询查档 9434 人次，绿色通道办件 70 件，容缺办件 28 件，邮寄送达 27 件，上门服务 6 件，延时服务 761 件。推行商品房项目"交房（地）即交证"、不动产抵押登记全程网办、二手房转移登记一件事套餐。一般登记业务办理时间压缩至 3 个工作日以内，实际平均办理时间 0.08 天，当日办结率达到 96.9%。2022 年，共办理"交房即交证"1729 件、"交地即交证"17 件、全程网办抵押业务 5589 件、一件事套餐 416

件；截至 2022 年底，累计解决各类历史遗留问题 1422 件。

【用地执法监察】

开展法律法规宣传　2022 年，充分利用"4·22"世界地球日、"5·12"防灾减灾日、6 月安全生产月、"6·25"全国土地日、"8·29"测绘日、"12·4"宪法日等开展自然资源法律法规宣传，开展形式多样的整治专项行动宣传活动，有效遏制违法占用土地、非法勘查开采矿产资源行为，进一步规范土地矿产资源管理秩序，促进土地矿产资源的合理利用。

执法检查　2022 年，发现并制止各类违法占地行为 90 余宗，做到早发现、早制止、早报告、早处置，加大打击力度，对自然资源违法行为始终保持高压态势，对经制止后继续实施违法的行为，共配合乡镇（街道）政府开展依法拆违行动 6 次，拆除违法建筑 31 宗，面积 8000 余平方米。

专项行动　扎实推进打击非法违法采矿专项行动。2022 年，联合相关部门开展打击非法采矿专项行动 5 次，依法打击取缔象洞镇、东留镇等 7 处非法稀土矿点，对 5 宗符合立案条件的非法开采稀土行为依法进行立案调查，并已依法移送公安机关侦查，有效做到第一时间发现，第一时间打击，把非法采矿行为制止在萌芽状态。通过持续保持高压打击的态势，有效遏制非法采矿复燃趋势，稳定矿产资源开发的管理秩序，保障矿产资源健康有序发展。

·生态环境保护·

【概况】

2022 年，武平生态环境局始终坚持以习近平生态文明思想为指导，扎实推动全县生态环境保护各项工作并取得较好成效。2022 年度公众生态环境满意率为 95.06%，居全市第一。市对本县党政领导生态环保目标责任书考核结果保持优秀等次。

【大气环境质量】

县城区空气质量综合指数为 1.86，同比下降 0.06（指数越小表示空气质量越好），空气质量排名全市第二、全省第十三；优良天数比例为 100%，优级天数比例为 87.4%。

【水环境质量】

全县流域考核断面水质总体良好，与上半年相比，水质稳中有升，年度水环境质量考核排名居全市第三。国控主要流域下坝园丰电站断面除 4 月、10 月份水质为 Ⅳ 类（溶解氧不达标）外，其余月份均达标。8 个省控主要流域断面除 2 月份九驳桥断面水质为 Ⅳ 类和小溪桥 Ⅴ 类外，其余均达标，8 个省控小流域断面除 2 月份远坑桥断面为 Ⅳ 类、8 月份承德桥 Ⅴ 类、12 月份太平桥 Ⅳ 类外，其余断面水质均达标。县城区饮用水源水质、农村"千吨万人"集中式生活饮用水水源地及乡镇集中式饮用水源水质达标率为 100%。

【土壤环境质量】

污染地块（福建省武平县德兴化工有限公司）"三防三控"等风险防控相关措施已基本到位，完成现场治理以及效果评估报告的编制等相关工作，通过土壤污染治理与修复效果评估，已退出污染地块管理目录。新增 8 家土壤污染环境重点监管企业，均完成土壤污染隐患排查、土壤和地下水监测等工作，推进农村生活污水治理，5 个被列入省为民办实事农污治理项目的村庄已完成工程建设，完成 5 个初级版绿盈乡村、10 个中级版绿盈乡村和 6 个高级版绿盈乡村创建和命名工作。

86.16 万元。

【中央、省环保督查】

认真梳理两轮中央和两轮省级环保督察、市委专项巡察等 18 项突出环境问题清单。截至 2022 年底，18 项问题清单已完成整改 14 项。两轮中央和两轮省级环保督察交办的信访件已全部整改到位，第一轮中央环保督察涉及本县的 12 项问题和第一轮省委省政府环保督察反馈的 28 项问题，均已整改到位并销号；第二轮中央环保督察涉及本县的 6 项共性问题均已完成整改，完成市级验收 1 项，县级验收 5 项。第二轮省生态环境保护例行督察反馈的 9 项问题完成市级验收 3 项，县级验收 1 项，正在推进县级验收 4 项，正在整改 1 项。

【项目谋划】

贯彻"绿色"发展理念，严把"两高"项目准入关口，狠抓生态环境项目谋划。重点策划全省首个工业园区污水零直排试点项目［武平县工业园区污水处理零直排整治工程、中山河全流域水环境综合整治工程、中堡河流域（中堡镇）水生态环境综合治理工程、武平县岩前工业区企业地下水环境状况调查评估和武平县受污染耕地安全利用等项目］。截至 2022 年 12 月底，共策划生态环保项目 13 个，累计争取省级以上生态环保专项资金 7402.9 万元。

【环境执法】

开展"清水蓝天""静夜守护""水质提升执法攻坚""环境安全隐患排查整治三年行动"等专项执法检查行动，充分利用在线监控、视频监控等科技手段，不断提升监管效率。2022 年，累计出动执法人员 3968 人次，办理行政处罚案件 41 起，罚款金额 293 万元。尤其是针对水环境存在的问题，按照市生态环境局统一部署，大力开展为期 2 个月的提升水环境质量执法攻坚行动，共摸排养猪场 176 家，要求立行立改或限期整改 46 家，累计处罚 10 家，罚款

【生态环保攻坚】

结合本县实际，坚持问题导向、目标导向、结果导向，紧紧围绕空气质量改善、水环境治理、土壤安全等问题，努力完善生态环境基础设施建设。2022 年，县生态环保攻坚战役谋划实施 41 个生态环保攻坚项目，完成投资 11.007 亿元，占年度计划投资的 105.37%。

· 审计监督 ·

【概况】

2022 年，县本级共完成审计（调查）项目 31 个（其中财政审计 7 个、领导干部经济责任审计和自然资源资产审计 10 个、政策落实跟踪审计 4 个、政府投资审计 7 个、企业审计 1 个、其他专项审计或审计调查 2 个）。通过审计发现问题金额总计 44103 万元，其中违规金额 926 万元，管理不规范金额 43177 万元。非金额计量问题 241 个，提出审计建议 106 条，促使被审计单位制定和完善内部制度 2 项，有效服务经济社会发展大局。

【党对审计工作的领导】

坚定党对审计工作的领导　2022 年，全面落实中央审计委员会和省委审计委员会、市委审计委员会在审计领域重大工作的决策事项、工作部署和要求，从计划立项、工作方案、现场实施、质量把控、审计报告、整改落实、成果运用等各环节强化审计全过程管理，确保党对审计工作的集中统一领导，深入贯彻落实到审计工作全过程各环节。协助召开县委审计委员会会议 3 次，传达学习中央、省委、市委审计委员会相关会议精神，以及全国、全省审计

工作会议精神，县委审计委员会听取全县审计工作情况汇报，认真审议年度审计项目计划、听取年度审计结果报告和整改情况报告。严格执行重大事项请示报告制度，及时落实县委审计委员会主任批示指示意见，第一时间转交责任股室及被审计单位进行跟踪落实，大大提升审计成果运用质效，按要求向市委审计委员会、市委审计委员会办公室报送情况报告、工作动态等相关材料。

深入政治理论学习 巩固深化党史学习教育，充分利用党组理论学习中心组的示范带头作用，2022年，开展党组理论学习中心组学习13次，结合工作实际开展研讨交流13次。深入学习贯彻党的十九届六中全会和党的二十大精神，坚持以导促学、以研促学，在职党支部制定"一月一学习"制度，确保党的十九届六中全会和党的二十大精神入脑入心；结合党支部主题党日活动，组织党员干部前往武东镇林默涵故居、林伟将军故居、廖步云将军故居、县博物馆中央苏区（武平）历史陈列展览馆等开展现场教学2次，推动政治理论学习教育常态化、多样化。

抓实机关党的建设 以培育"红领行动·红耀武平·清风审计"党建品牌为抓手，着力打造"依法、文明、智慧、廉洁、实力"审计队伍，用好"党建+"模式，统筹推进以政治建设为统领的机关党的各项建设。2022年，组织党支部开展集中学习18次、上党课3次，坚持党建赋能，开展党建工作专题会议2次，推动党建工作和审计中心、重点工作深度融合发展，相互促进，提升审计监督成效。推进全面从严治党，印发《中共武平县审计局党组关于印发2022年全面从严治党及党风廉政建设工作意见的通知》，召开2次党组会议，专题研究部署全面从严治党工作，紧紧围绕全面从严治党这条主责主线，高标准推进，严要求落实，把全面从严治党向纵深推进。

抓好政策宣传工作 印发《中共武平县审计局党组意识形态工作责任制实施方案》《中共武平县审计局党组落实意识形态工作责任制逐级约谈工作制度》，按照"2111"制度要求，局党组专题研究政治宣传工作2次、开展综合分析1次，将政治宣传相关内容纳入党组中心组学习2次，总结2022年政治宣传和宣传工作并向上级党委书面报告，并在党内通报。实行"一把手"负总责，班子成员各负其责，定期分析研判政治宣传工作领域情况，对重大事件、重要情况中的苗头性倾向性问题，有针对性进行引导，确保每个党员干部在路线方向上不迷失、政治理论上不糊涂、关键时刻不失语、重大问题不缺位。

【预算执行审计】

围绕实施全面预算绩效管理，对2021年度县本级财政预算执行、决算草案和其他财政收支情况开展审计，对县教育局、自然资源局、民政局等3个部门开展预算执行情况审计，延伸审计其部分下属单位，促进被审计部门及所属单位上缴结余资金及利息760.37万元。提交的"同级审"结果报告得到县人大常委会的充分肯定，为宏观管理决策提供参考。

【政策跟踪审计】

围绕县委经济工作部署，开展绿色经济、数字经济和文旅康养经济领域财力保障和政策落实情况跟踪审计。2022年，派出4个审计组，抽查40家单位、35个项目，涉及财政资金1395338.91万元，为推进本县实现大力发展绿色经济、整合提升文旅经济、培育壮大数字经济提供审计服务和保障。

【经济责任审计】

围绕促进权力规范运行，2022年，开展县民政局等8个单位主要领导干部任期经济责任审计，对县自然资源局局长、大禾镇党委政府主要领导开展生态环境保护责任履行情况审计工作，开展1+X专项督查单位12个。积极探索巡审结合模式，联合县委巡察办对县民政局局长开展巡审结合式的经济责任审计，及时出具经济责任审计结果报告和资源环境责任审计意见，为促进领导干部履职尽责、担当作为、廉洁用权和确保令行禁止发挥重要作用。

【民生领域审计】

为树立过紧日子的思想，进一步加强本县公用经费支出管理，按照县委县政府会议要求，对本县公用经费支出情况进行调查摸底，提出具体措施。通过教育费附加专项资金审计，摸清2019—2021年度本县教育费附加总体规模，促进县财政、县教育主管部门加强教育费附加筹集、分配、使用的监管。开展2017—2021年粮食领域风险防控（粮食购销）专项审计，助力保障粮食安全，开展卫生健康转移支付补助资金（直达资金）专项审计，进一步规范管理使用中央财政转移支付卫生健康项目资金。

【投资项目审计】

2022年，对南环路道路工程建设项目、环城西路项目（城厢镇上东村新屋下至平川镇红东村吊鱼坑公路改建工程）等2个政府投资项目开展竣工决算审计，深入项目一线，审查12家单位，涉及投资额7398万元，审计过程重点关注基本建设程序、概算执行、建设成本、项目建设管理、征地拆迁等，揭示和反映政府投资建设项目概预算管理、基本建设程序等方面存在的突出问题和薄弱环节，并持续跟踪审计发现问题的后续整改，推动加强公共投资管理和堵塞漏洞，提高政府投资效益。对政府性投资项目委托中介机构进行结算审核的项目进行抽查审计，全年派出5个审计组，抽查5家单位、5个项目，涉及投资额1044.2万元，审计过程重点关注项目招投标的合规性、项目管理情况和项目预算、结算审核情况等，并持续跟踪项目审计发现问题的后续整改。在审计中，核减项目投资7.5万元，揭示和反映政府投资

建设项目在建设过程中资料保存管理不规范、竣工图把关不到位、合同执行不力等方面存在的重大风险隐患、突出问题和薄弱环节，要求抓好整改，加强公共投资管理和堵塞漏洞，提高政府投资效益。

【内部审计】

为贯彻落实县委县政府《关于进一步加强内部审计工作的意见》，2022年2月，对县直有关单位发布《关于开展2021年度内部审计工作绩效考评的通知》，并成立3个考核小组，对县财政局、交通运输局、自然资源局等23个县直单位内部审计工作开展情况进行绩效考评。主要采取单位自评、现场考评、综合评分三种方式开展绩效考评工作。通过内审绩效考评工作，加强对内部审计工作的指导和监督，更好地整合内部审计资源，实现国家审计与内部审计优势互补，减少审计监督盲区，更好地实现审计的覆盖面。

【强化审计整改】

2022年，在县十八届人大常委会第四次会议上，听取和审议《关于2021年度县本级预算执行及其他财政收支的审计工作报告》，县人大常委会认为审计机关依法履行审计监督职责，以预算执行审计为主线，认真开展2021年度县本级预算执行和其他财政收支审计工作，在规范预算执行、提高政府资金使用绩效等方面提出针对性的审计意见和整改建议，充分发挥审计"免疫系统"的功能作用。依托审计委员会及其办公室的组织协调优势，整合监督资源，形成监督合力，有效推动审计整改成果转化为治理效能。对审计查出问题的整改落实，实行编号管理、跟踪督促、情况反馈、整改销号的闭环工作机制。通过整改，在审计工作报告反映的80项问题中，70项已完成整改。收回各类财政资金790.48万元，拨付滞留资金1209.04万元，采纳审计建议38条，制定完善

制度 5 项。

【依法行政审计评价】

加强全县权力运行的制约监督，规范行政执法行为，促进行政机关依法正确履职，在行政执法单位主要领导干部经济责任审计时，对其财政收支、财务收支以及有关经济活动中依法行政情况进行审计监督，并作出审计评价。努力营造公平正义的行政执法环境，切实增强人民群众的安全感、获得感和满意度。

【审计队伍建设】

不断提升审计机关党组和班子的组织力、凝聚力、战斗力，落实县委"九个从严"的要求，持之以恒正风肃纪，严格执行中央八项规定精神、落实审计"八不准"工作纪律和"四严禁"工作要求，不断充实壮大审计队伍。2022 年，补充 4 名专业人员，从乡镇选调 2 名会计人员充实到审计队伍；公开招聘 2 名会计专业的劳务派遣人员来协助审计工作。审计机关队伍扩大的同时不断加强审计干部的专业素养，培养责任意识和担当精神，着力建设一支信念坚定、业务精通、作风务实、清正廉洁的高素质专业化审计干部队伍。

·市场监督管理·

【疫情防控】

组织领导　严密部署落实，高频次召开专题推进会，优化工作流程。2022 年，市场监督管理局把县城区划分 7 个片区，局机关干部职工分成 7 个工作小组，由局科级干部任组长，亲自挂钩片区督查落实从业人员核酸检测情况等实地情况，全局干部下沉一线，采取"地毯式"摸排掌握本局监管的餐饮、外卖、棋牌室、药店、奶茶店等从业人员"一手"资料，不断提升分区分级差异化精准防控水平。

业务培训　召开专题培训会，结合本局疫情防控重点任务，组织全员培训，学习交流《新型冠状病毒肺炎防控方案（第九版）》《关于进一步优化新冠疫情防控措施科学精准做好防控工作的通知》等内容，持续提升应急处置能力，确保各项优化防控措施及时、精准、有序、稳妥。

抓好重点　2022 年，确保核酸检测频次，对餐饮、外卖、棋牌室、药店、奶茶店从业人员等重点人群"台账式动态管理"，督促核酸检测 3279 人次。切实发挥药店"哨点"作用，推动药店疫情防控措施落到实处，加强药品及防疫用品监管，重点检查疫情防控相关"四类"药物、医用口罩等防疫物资，对落实疫情防控措施不到位的 2 家药店开展约谈，督促企业严格遵守经营质量管理规范，确保来源可追溯。严格落实餐饮行业防疫要求，加强防疫及食品安全工作宣传，加大执法力度，召开全县大型及人流量较大的餐饮服务单位负责人落实疫情防控责任会议，加强员工管理、用餐管理、经营场所环境清洁消毒等工作，采取口头警告、批评教育、劝导等方式督促做好疫情防控工作，对多次劝导仍不整改的 6 家餐饮店列入"黑榜"并在"武平发布"进行曝光。

产业招商　2022 年，成功引进、签约一个平台经济企业，龙岩市谊香特色果业发展与精深加工项目和龙岩市味醇厚中央厨房营养餐集中配送项目已认定，在本县 43 个参评单位中位列第十八名。

【职能作用】

壮大市场主体　2022 年，本县新登记各类市场主体 4302 户，其中新增内资企业 931户、新增个体工商户 931 户，同比增加 2.71%，新增个体工商户 3348 户，同比增加 7.98%。2022 年，新增农民专业合作社 23 户，新办食品经营许可 481 本，食品生产加工小作坊核准证 9 本，二类医疗器械备案 13 本，三类医疗器械核发 4 本，医疗器械网络销售信息备案 3 本。钟林芳同志在"一件事"套餐系统实操竞赛中获评"龙岩市政务服务技能竞赛优胜个人"。2022 年，第二、四季度审批窗口获评行政审批服务质量"红旗窗口"，2022 年 12 月被表彰为 2022 年"诚信文明服务窗口"。

保护知识产权　2022 年，专利授权 597 件，其中发明专利授权 19 件，实用新型专利授权 527 件，外观设计专利授权 51 件，有效发明专利 161 件，每万人发明专利拥有量 5.71 件，高价值发明专利 43 件，每万人高价值发明专利拥有量 1.52 件。全县商标注册申请 802 件，取得注册证 590 件，截至 2022 年底，全县有效注册商标总量达 5579 件，增长 10.3%，取得地理标志证明商标总量达 19 件，居全市第一名。

坚持信用监管　采用多种形式，积极宣传引导督促各类市场主体及时公示 2022 年度报告。2022 年，本县内资企业年报率 93.50%，居全市第二名；个体年报率 97.44%，居全市第二名；农专年报率 94.22%，居全市第四名。做好经营异常名录管理，将未按规定公示年报和无法联系的 1126 户市场主体列入经营异常名录。开展"双随机、一公开"抽查监管，2022 年，共抽查市场主体 547 户，牵头跨部门双随机抽查企业 246 户。

帮助企业降本减负　创新融资模式，有效盘活企业所拥有的发明专利、实用新型专利以及外观设计专利。2022 年，利用优质专利获得专利质押贷款授信额度 2840 万元，获得质押贷款 2253.24 万元。

【落实监管责任】

落实食品药品"四个最严"要求　开展食品生产领域及流通的安全监管，深入开展校园食品安全守护行动，深化餐饮食品安全专项整治。2022 年，选取 2 家参与省级、11 家参与市级餐饮服务"明厨亮灶"示范候选单位，切实保障公众用药用械用妆安全，加强医疗器械生产、经营、使用的监督管理，检查药械经营企业、使用单位共计 746 家。

对特种设备安全监察　组织开展特种设备专项整治，2022 年检查使用单位 117 家，完成任务 100%，发出特种设备监察指令书 62 份，办理特种设备相关案件 5 件。截至 2022 年年底，全县在用在册特种设备 2066 台（套），无超期未检设备，设备定期检验率 100%，管道单元检验率 100%。

工业产品认证监管　做好认证检测监督管理工作，对非医用口罩、电线电缆等重点工业产品生产企业进行专项检查；对电动自行车、消防产品、儿童玩具等产品开展强制性产品认证专项检查。2022 年，本县未发生涉及市场监管领域的安全事故。

【践行"执法+服务"理念】

民生领域价格监管　开展重点时段重点领域市场价格监管，规范价格收费行为，2022 年未发现有价格违法行为。加强化肥市场价格监管工作，宣传引导经营者规范价格行为，未发现串通涨价、哄抬价格等违法行为。持续深化粮食市场秩序专项整治，做好粮食市场价格监管。开展教育收费专项整治工作，组织督促辖区 154 所学校和学科类校外培训机构开展自查，自查率 100%，检查 30 个教育收费单位，立案查处 1 起违规收费问题。

查处违法违规行为　强调包容审慎柔性执法，开展"净化市场护民生"专项行动，定期召开执法形势分析会，建立执法情报信息共享机制，对办案机构查办的案件、发现的案源线索及时进行通报。2022 年，共立案查处各类违法违章案件 358 件，结案 343 件，罚没款 400.76 万元。在打击养老诈骗工作中，全市率先查办养老诈骗案件 1 起，配合县公安局立案养老诈骗案件 3 起，得到市场监督管理局的充分认可。

民生计量检测 强化民生计量监督，维护公平交易秩序，2022年，检查加油机41批次，发现逾期未检的加油机8台，合格率96%；检定企事业单位各类器具4813台（件），出具检定证书或报告3000余份，减轻经营者经济负担约90万元，进一步维护市场公平交易秩序。

投诉举报维权 推进12315与12345"e龙岩"并轨双运行，实行市场监管系统各类各渠道投诉举报统一受理、统一分流转办、统一反馈答复。2022年，共办理12315投诉举报件469起、12345诉求件222起，来人来信来电投诉举报38起，诉转案5起，为消费者挽回经济损失14.4万元。

【工作亮点】

2022年，武平县市场监督管理局在疫情防控工作中受到县级嘉奖。在市对县绩效考评工作中，知识产权发展保护指数和打击侵权假冒工作成效排名全市第一，新登记法人企业增长率排名全市第二，食品、药品安全满意率排在全市中上游位置。

·应急管理局·

【概况】

2022年，县应急局成功应对超百年一遇的大暴雨引发的群发性山体滑坡自然灾害及以"9.30"大禾帽布村为中心的2.7级地震，克服新冠疫情对安全生产带来的各种困难和挑战。武平县生产安全事故发生1起、死亡1人，分别同比下降75%、80%；县防指先后启动防汛防台风Ⅳ级响应3次，提升为Ⅲ级响应、Ⅱ级响应各2次；县森防指发布高森林火险橙色预警信号6次、黄色预警1次、禁火令4次。

2022年9月，武平县应急管理局受龙岩市委、市政府嘉奖，为"2021年度落实安全生产目标责任成绩突出集体"。

【防风险保安全】

2022年，武平县应急管理局印发《武平县"防风险保安全迎二十大"安全生产集中攻坚行动实施方案》，突出抓好"三个百日攻坚"（自建房、燃气、道路运输安全）、"四个重点防范领域"（矿山、消防、工贸、工程施工）和"五项当前重要工作"（安全生产大检查、森林防灭火等工作），严防各类生产安全事故发生。从9月1日至10月底，县安办对危化、煤矿、非煤矿山等九大重点领域，制定周工作计划进行清单式推进，压紧压实行业、属地、主体责任，制作7期工作周报。

【安全生产检查】

2022年，为贯彻落实全国全省安全生产电视电话会议精神，武平县应急管理局制定下发《武平县安全生产大检查工作方案》，紧盯煤矿、非煤矿山、道路交通等重点领域和薄弱环节开展安全隐患大排查、大整治。全县成立检查组723个，督导检查2054次，检查单位2315家，督导问题687个，排查隐患1871处，已整改1871处。为切实发挥县属国有企业安全生产模范带头作用，2022年7月中下旬，对县属三大集团14家国有企业开展安全生产检查工作，发现问题隐患79条，已全部完成整改。

【强化安全生产主体责任】

创新通过"十个一"措施积极推进企业主要负责人落实主体责任，提升企业主要负责人安全生产第一责任人意识。全县116家规模以上企业签订《企业安全生产承诺书》。通过印制5000份《安全生产明白卡》、举办新修订《安全生产法》知识竞赛、举办"安康杯"等活动，约800人参加活动。

【建设安全文化主题公园】

2022 年，福建省"五个一百"应急提升工程武平县滨河安全文化公园 9 月 29 日顺利开园。武平县滨河安全文化公园是福建省"五个一百"安全应急保障提升工程重要内容之一，是 2022 年省委、省政府为民办实事项目。武平将安全文化公园选址定为滨河公园，通过改造提升，在公园内对应建成"五个一"，其中安全文化公园增设安全生产、公共安全、防灾减灾、应急救援 4 个体验区，将福建省统一的 LOGO、IP 形象"安安"及"应急蓝"色调运用延伸。公园内设置各项安全标识牌、宣传栏、安全小品及各种互动体验设施；在公共安全区安装宣教联播系统，固定时间播放以安全为主题的节目，让市民在休闲、健身、娱乐中，切身感受、体验，在潜移默化中接受安全教育，使市民增强安全意识、提高应急能力，达到寓教于乐的宣传教育效果。

【安全隐患举报奖励】

2022 年，武平县创新五个"1+1"安全隐患举报奖励机制，研究印发《武平县安全生产事故隐患和非法违法举报奖励暂行办法实施细则》，进一步规范安全生产事故隐患和非法违法行为举报奖励工作流程、举报范围和奖金发放，创新安全隐患举报奖励 5 个"1+1""武平模式"，市安办在全市发文推广。2022 年，全县共受理办结安全生产隐患举报件 66 件，发放奖金 1.1 万元。

【燃气安全百日攻坚】

2022 年，制定《武平县城镇燃气安全监管会商工作机制》，按照建立"一周一会商一行动"工作机制，及时解决燃气安全监管工作遇到的困难和问题，组织成员单位分片分批进行安全检查。燃气安全百日攻坚以来，召开 7 次会商会，开展 7 次集中行动，查扣"黑气"钢瓶 288 个，非法存储钢瓶 53 个，行政立案 5 起，结案 2 起。通过开展联合会商和集中行动，进一步凝聚各部门燃气安全监管合力。

【防汛抗旱能力】

2022 年，全年共做好 4 轮强降雨过程的防御防范，先后启动 Ⅳ 级响应 3 次，提升为 Ⅲ 级响应、Ⅱ 级响应各 2 次。召开防汛部署会、视频调度会、指挥部会商会 38 次；下发防汛文件、明电 39 份，发出指挥部工作令 152 号，点对点指挥调度 79 次，发出点对点预警指挥调度函 15 份，防洪调度令 21 份。累计组织防汛专家组会商 110 次，发出 110 期会商意见；累计下沉干部 64925 人次；累计转移安置人员 5159 人次。最大限度减少灾害损失，始终把握防汛工作主动权，建立完善四项防汛工作机制，即建立"12345"防汛机制，构建"四向四化"防汛指挥体系，出台"八个一律"防汛纪律硬措施，规范灾后重建机制，全面提升防汛救灾应急能力水平。

【森林防火灭火】

2022 年，围绕森防重心，突出重点区域，把握重点时期，管住重点人群，抓住重点环节，县森防指共发布高森林火险橙色预警信号 6 次、黄色预警 1 次、禁火令 4 次。出动宣传车 1200 余辆，发送短信、微信等 8 万余条，张贴、发放宣传标语 5200 余条，设卡 500 余个，出动干部 10000 余人次。深入推进森林火灾风险隐患排查治理，严管野外火源，狠抓依法治火，劝阻野外用火 900 余次，刑事处罚 1 人，行政处罚 12 人、罚款 7600 元。不断提高野外火源管控能力，力争不着火、少着火；严格落实 24 小时值班值守和火情核查制度，完善处置流程和工作机制，严格执行森林火灾报告制度，确保应急值守工作规范高效。重点时期认真组织明察暗访，专项行动方案 47 个，派出检查组 49 个、1530 人，确保隐患早发现早整治，确保防控措施落地生根。

【强降雨导致灾情】

2022年5月下旬，本县连续遭受两轮强降雨袭击，其中，5月26日午夜至27日凌晨，十方镇突发集中强降雨，3小时、6小时雨量超"百年一遇"标准，24小时降雨量超"历史极值"，引发群发式山体滑坡，造成重大自然灾害；6月5日以来，全县遭受新一轮持续性强降雨袭击。据统计，全县17个乡镇（街道）、225个村居、21205人受灾，房屋倒损552户、1715间（倒塌297户737间，受损255户978间）；农作物受灾1624公顷，其中绝收485公顷；农田基础设施损毁1653处；道路中断88条，溜方、路基掏空、路面损毁1129处；水利设施损毁408处，堤防损坏1123米；通信设施损坏183处；电力设施损坏193处；直接经济总损失10.62亿元。

【"9·30"地震】

据中国地震台网正式测定，2022年9月30日0时20分在武平县大禾镇帽布村发生2.7级地震，震源深度8千米，震中位于北纬25.40度，东经116.05度。未造成人员、财产损失。

【"12345"防汛工作机制】

充分考虑灾害发生的各种可能，2022年，武平县进一步统筹全县各方资源，夯实灾前防汛工作基础，力求把工作"抢"在前。探索建立"12345"防汛工作机制，即健全"1个指挥体系"，健全完善防汛指挥体系，制定防汛应急处置流程图和突发重大险情灾情应急处置流程图，进一步明确应急处置组织机构、方法步骤、责任单位和应力资源；强化"2项技术支撑"，融合气象、水利、消防、公安信息平台，实现了实时查看点位雨水灾情和视频连线一线现场功能。建立气象、水利、应急、自然资源、交通运输等防汛专家团队，每两小时滚动会商，为防汛指挥决策提供有力技术支撑。上墙"3张作战挂图"，制作防汛指挥图、道路交通图、河流水系图并挂图作战，全面直观掌握全县道路、河流、水库、山塘、避灾点、转移路线、应急队伍等重要信息，提高了统筹全局和指挥调度的能力。织好"4大防控网络"，织牢责任体系网，全面落实防汛行政首长负责制，织牢县包乡、乡包村、村包户到人的"横向到边、纵向到底"的防汛网格责任体系；织密巡查排查网，加密巡查排查监测易涝点、地灾点、高陡边坡、危旧房及临山、临河重点区域，建立台账，做到心中有数，及早防范；织清隐患处置网，实行隐患处置清零闭环，对巡查排查出风险隐患第一时间撤离人员，果断采取封控、设立警戒标识、隔离栏等硬措施进行快速处置，及时消除危险；织快灾情报送网，严格执行灾情报送制度，规范灾情报送表格，指定县、乡、村专人报送并每两小时报送一次，确保险情灾情报告及时、准确、全面，为救灾减灾决策提供依据。整合"5类应急队伍"，整合消防救援队伍、民兵应急队伍、武警官兵队伍、乡村抢险队伍和社会救援队伍等五类106支、2807人防汛应急队伍，建成精干高效、各有专长的综合应急救援队伍。

【防汛措施】

为有效解决应对险情时易出现的"一盘散沙、一团乱麻"的情况，武平县出台"八条一律"防汛硬措施，压紧压实防汛责任。汛情险情一律提前预警，全县上下高度警觉，全面做好监测预警，对汛情险情一律要求提前分析预判。建立专家会商机制，每两小时滚动会商，第一时间通过电话、微信、短信、视频等方式提前预警预报、点对点调度，促使干群提高警惕，落实防范，应急力量一律靠前预置。全县各级各类应急抢险队伍和物资提前预置至风险等级较高区域，确保一旦出现险情灾情，可第一时间就近出动抢险救援，争取最佳救援时机。

指挥调度一律令行禁止，凡涉及抢险救援工作部署第一时间下发《指挥部工作令》，不讲条件、不谈困难、不打折扣，一律执行到位。县乡干部一律下沉一线，县乡干部按照防汛应急响应相应级别，第一时间进驻乡村指导督导防御工作，重点做好"五查""六抓"工作。易灾人员一律应转尽转，严格落实网格化工作机制，对地质灾害点、低洼地带、山洪易发区、危旧房、高陡边坡等危险区域人员一律转移，在危险未解除前转移人员一律不得回流。危险区域一律排查到位，充分利用白天停雨间隙黄金期，组织力量做好巡查排查监测，一律摸排山边、水边50米内风险隐患点并组织转移，分类安置，及时消除安全隐患。风险隐患果断处置，对巡查排查出风险隐患点，一律第一时间先转移避险，第一时间采取硬隔离措施封控，第一时间应急处置险情，排危除险，确保安全。县乡村三级干部职工及驾驶员在防御强降雨期间一律不得饮酒，确保始终以战时状态做好防汛工作。

【防汛指挥体系】

为提高防汛指挥调度能力，确保突发应急事件"看得见、叫得应、管得好"，2022年，武平县投入200多万元新建应急通信无人机中队可视化调度平台，配备167部应急卫星电话通信设备，建好气象预警、启动响应、灾情汇总、紧急救援、抢险救灾、灾后处置、总结评估等防汛应急处置流程，全过程项目化、导图化，明确紧急汛情包括断电、断路、断网的应急处置方法、步骤与救援力量，构建方向高效化、纵向流程化、横向清单化、靶向精准化"四向四化"指挥体系，实现防御和抢险救灾工作规范化、制度化，全面提高指挥调度能力。进一步强化防汛基础信息集成，采用"防汛指挥图、道路交通图、河流水系图"等进行挂图作战，通过图像化一目了然展示全县道路、河流、水库、山塘、避灾点、转移路线、应急队伍等重要信息，为指挥部提供分析研判、指挥调度和统筹全局的精准方向，确保防汛工作取得更高效的"战"果。

【灾后重建】

2022年，出台《关于开展干部职工挂钩帮扶灾后重建户专项行动的通知》，对每一户灾后重建户都确定一名乡镇干部与县直单位干部挂钩帮扶，协调解决重建户在重建过程中的具体困难和问题。提供集中安置区安置、分散重建安置、城区存量房安置、城区一手商品房安置四种安置方案让全县109户灾后重建户选择。2022年，集中重建户30户，集中安置于十方镇三坊村"同心圆"小区，该小区总投资约7300万元，规划建设集中安置栋房93栋，分两期实施，一期建设49栋，截至2022年12月31日，109户重建户中选择"同心园"小区集中安置30户；选择进城购房24户；分散重建户55户。

·统计管理·

【概况】

2022年，武平县统计局始终坚持以习近平新时代中国特色社会主义思想为指导，落实党的十九大、十九届历次全会和党的二十大以及中央、省、市、县经济工作会议精神和习近平总书记对统计工作的重要指示批示精神，围绕县委、县政府的中心工作，全面加强党对统计工作的领导，扎实有序推进各项工作。2022年，被省统计局、省人普办评为福建省第七次全国人口普查突出贡献集体，3人被评为福建省第七次全国人口普查突出贡献个人，获市政府公务员嘉奖1人，通报表扬3人。

【编印统计资料】

累计编制《武平统计》76 期、《闽粤赣省际武平统计月报》12 期、《武平统计摘要——2022》《武平统计年鉴——2022》《2020——武平县人口普查年鉴》等各种统计资料。

【统计基层基础建设】

持续推进《武平县人民政府办公室关于加强统计基层基础建设的通知》贯彻落实，推动县政府出台《武平县人民政府办公室关于印发〈武平县联网直报"四上"企业统计基础规范化建设考核奖励办法（试行）〉的通知》《武平县人民政府办公室关于进一步加强统计工作的通知》，健全完善统计基层基础建设机制，通过联系协调县委编办、县人社局、县财政局等相关部门和各乡镇（街道），有力夯实政策落实、队伍建设、职称统筹、工作保障、村级补助、业务培训、绩效考核、台账建设、数据质量、统计法治、名录库核查等统计基层基础工作。2022 年，下拨 26.78 万元给乡镇（街道）用于办公设备更新及改善统计办公条件，各乡镇（街道）均按文件要求设置统计岗位，214 个村居（含 209 个村和 5 个村改居）统计员补贴由县财政按月发放。通过统计年报、定期报表以及统计台账培训工作分专业对企业统计人员、乡镇（街道）和部门统计人员培训，确保全县基层统计人员每年接受 2 次以上培训，全面提高业务水平。

【各类普查、统计调查】

2022 年，县统计局在及时、准确地完成年报和定期报表的同时，按照国家、省、市统一布置，完成规模以下服务业调查、规模以下工业抽样调查、限下商业抽样调查、工业生产者价格统计调查、农作物播种面积和产量调查、主要畜禽监测调查、城乡住户调查、劳动工资抽样调查、劳动力调查和人口变动情况抽样调查等各项调查工作。

第七次全国人口普查工作　2022 年，按照本县第七次人口普查工作总体安排，做好人普年鉴编印、人普工作先进人选推荐评选等各项工作。做好普查数据的公布，编制印发《2022——武平县人口普查年鉴》，为全县各级各部门相关工作开展提供全面的数据参考；做好省、市七人普突出贡献集体和个人推荐、县七人普通报表扬集体和个人评选工作。

规模以下服务业抽样调查　执行国家统计局制定的调查方案，反映规模以下服务业基本情况、生产经营状况等发展情况。2022 年，规模以下服务业调查全县抽中样本单位 8 家。

规模以下工业抽样调查　执行国家统计局制定的调查方案，2022 年，个体工业抽中调查网点 3 个村（居）委会，目录企业 12 家，非目录企业 4 家。用调查结果推算全县规模以下工业总量。

限额以下贸易业抽样调查　了解全县限额以下批发和零售业，住宿和餐饮业商品销售规模、营业状况及运行情况，为准确把握消费品市场形势、国内需求和客观经济走势，制定经济社会发展政策和为发展规划及国民经济核算提供科学、准确的调查依据。2022 年，抽中 3 个村（居），共调查企业 2 个，个体户 38 户。

城乡住户调查　执行国家统计局福建调查总队制定的调查方案，抽取 15 个样本点，其中在城镇居民 7 个点、70 户调查户，农村居民 8 个点、80 个调查户。2022 年 11 月底顺利完成新一轮住户调查大样本轮换工作，12 月正式开展新一轮调查户记账工作，轮换后全县共抽取 15 个样本点，其中在城镇居民 8 个点 80 户调查户、农村居民 7 个点 70 个调查户中，开展调查户收支、居住情况及耐用消费品拥有量调查，每月根据调查户的记账资料汇总计算城乡居民可支配收入和消费支出情况，为党政领导提供决策依据。

工业生产者价格统计调查　为了解工业生产者价格变动情况，编制工业生产者价格指数。2022 年，本县开展工业生产者出厂和购进价格调查，抽中 30 家出厂企业，37 个规格品，5 家购进企业，5 个规格品，用以测算工业发展速度、工业总产值和工业增加值的速度。

农作物播种面积和产量抽样调查　2022 年，持续在全县被抽选的 15 个调查村、45 个样方内开展早稻、中稻、晚稻等农作物播种面积和产量调查，调查方式是利用卫星遥感、无人机航拍、手持移动终端等采集样本数据，推算全县的早稻、中稻、晚稻播种面积和产量情况。2022 年 4 月起，根据省调查总队通知，整理收集抽样框资料、抽选样本套和样方，最终在城厢、武东、中堡、十方、下坝、岩前、东留、中赤、桃溪、中山 10 个乡镇的 14 个样本村内开展新一轮为期 5 年的农作物抽样调查样本轮换工作。

主要畜禽监测调查　根据国家统计局《关于开展主要畜禽监测调查的通知》（国统字〔2008〕28 号）和《福建省畜牧业统计调查报表制度》精神，从 2008 年起开展主要畜禽监测调查工作。2022 年，武平县主要畜禽监测调查对象是国家抽中农户和生产单位，共 105 户，其中大型养殖户 12 户，整村调查样本 20 个，通过入户调查、录入汇总、评估与分析等，推算全县主要畜禽存栏、出栏数。

劳动工资抽样调查　为及时、准确地搜集、整理法人单位从业人员人数及工资总额等方面的资料，为政府监测、调控工资分配格局、进行决策提供数据，为国民经济核算和社会保障制度提供可靠资料。2022 年，本县抽中 122 家样本单位，进行劳动工资抽样调查。

劳动力调查　为及时、准确地反映城乡劳动力资料、就业和失业人口的总量、结构和分布情况，为政府准确判断就业形势、制定和调整就业政策、改善宏观调控、加强就业服务提供依据。2022 年，本县共抽中 6 个调查村（居），每村（居）抽选调查户 16 户，进行劳动力调查，其中每月 50% 的样本进行轮换。

人口变动情况抽样调查　作为第七次人口普查工作的延续，为准确把握人口状况、及时了解人口变化趋势，2022 年，本县抽中 18 个村（居），共抽选 720 户调查户进行人口变动情况抽样调查。

【统计法治化建设】

夯实依法行政基础　不断加强习近平总书记关于统计工作重要讲话重要指示批示和中央印发关于统计工作的《意见》《办法》《规定》《监督意见》精神以及统计法律法规学习宣传贯彻，提请县委、县政府组织 3 场学习。组织各乡镇（街道）和发改、工信科技、商务等部门分管领导、统计人员学习。县局通过党组理论学习中心组、干部职工集中学习、"三会一课"等形式，开展学习 6 场次；开展对相关部门、乡镇（街道）党委（政府）办事处违反统计法行为的全面清查工作，将统计法律法规列入县委党校领导干部年度培训课程，切实提升领导、干部的统计法律意识；认真组织开展"9.20"统计开放日和"12.4"宪法宣传日系列活动，利用短信、微信、宣传栏、LED 屏等各种载体，认真开展形式多样的统计法和统计知识宣传活动，不断提升统计法律法规和统计知识的群众知晓率。全面贯彻落实全省、全市法治工作会议精神，结合本县实际，实施统计执法预告制度，每年抽取部分单位作为统计监督检查的对象。2022 年，共安排 58 个单位进行"双随机"监督检查，立案查处统计违法案件 6 起，并处罚金 2 万元。成立统计督察整改工作领导小组，明确整改措施、整改时限、责任股室和责任人，逐条逐项抓好整改落实，扎实开展统计造假不收手不收敛问题专项纠治工作，围绕"四个必查"和"三个一批"工作重点，开展专项纠治。

提升统计监督质效　建立健全部门数据质量责任体系和数据质量管理体系，细化明确数据质量管理岗位职责、防控措施，对数据波动较大的企业和单位及时开展核查，组织各专业人员深入"四上"企业，对发现的问题及时深入一线，了解掌握企业的实际经营情况，对部分不达标企业及时进行退库；做好联网直报平台数据审核，及时按照国家、省、市统计局要求，做好"四上"企业日常数据质量查询的答复、专业自查退回及深入企业一对一培训指导等工作。充分运用大数据和有关部门行政记录，加强与税务、市场监管、电力等部门的资料数据比对，做好主要指标基础数据和关联数据协调性、平衡性、合理性审核，提高统计数据准确性。推动县政府出台《武平县联网直报"四上"企业统计基础规范化建设考核奖励办法（试行）》，加强联网直报企业统计基础规范化建设，增强统计人员工作责任心，提升统计业务水平，夯实源头统计基础数据质量。

·信访工作·

【概况】

2022年，武平县信访工作坚持以习近平新时代中国特色社会主义思想为指导，深入贯彻落实党的二十大精神和习近平总书记关于加强和改进人民信访工作的重要思想以及习近平总书记对信访工作的重要指示批示精神，贯彻落实第九次全国信访工作会议精神和全国、省、市信访局长会议精神以及中央、省、市关于信访工作的决策部署要求，牢记"为民解难、为党分忧"的政治责任，立足全县社会稳定大局，以做好全国"两会"、北京冬奥会和冬残奥会、党的二十大信访稳定工作为主线，深入学习宣传贯彻《信访工作条例》，深入开展"信访突出问题治理年"行动，全力推进"治重化积"专项工作，持续抓好风险隐患排查和信访事项化解工作，不断提升信访工作质效，全力维护社会和谐稳定。

2022年，全县信访总量917件、1496人次，件次上升46%，人次下降52%。其中，来信114件，同比件次下降34%；来访93批，同比批次上升26%；网上信访708件，同比件次上升87%。进京越级上访3批、3人次，无进京集体访，无进京到非接待场所上访；赴省上访14批、16人次，无赴省集体访，无赴省到非接待场所上访；到市上访9批、46人次，其中到市集体访2批36人次。

【信访工作机制】

县委县政府高度重视信访工作，县委县政府主要领导多次听取信访工作情况汇报，县委常委会、县政府常务会先后5次专题研究信访工作，县委、县政府4次召开专题会议对重点问题、重点人员进行会商研判。县委理论学习中心组和县政府党组专题学习习近平总书记关于加强和改进人民信访工作的重要思想和习近平总书记对信访工作的重要指示批示精神以及《信访工作条例》。

学习宣传贯彻《信访工作条例》 全县各级各部门深入开展《信访工作条例》学习宣传贯彻活动，在全社会营造办事依法、遇事找法、解决问题用法、化解矛盾靠法的良好环境，《信访工作条例》成为各级各部门做好信访工作、规范信访秩序的根本遵循。

信访工作联席会议制度 进一步整合基层工作力量，积极探索矛盾纠纷多元预防调处化解机制，推进信访工作与社会治理在基层深度融合、高效联动。全县乡镇（街道）全部建立信访工作联席会议制度，并实体化运行，同时，常态化落实县、乡、村三级排查机制，第一时间掌握矛盾纠纷，第一时间依法依规化解，从源头上减少信访问题发生。

落实"四门四访"机制 推动每月15日、每周一县领导定点接待来访群众和每月10日乡镇（街道）主要领导定点接待来访群众制度规范化、常态化，充分发挥各级领导统筹协调督促信访事项化解的作用，推动矛盾纠纷和信访问题在基层得到有效解决，防止上行。

规范信访工作秩序　制定出台《关于武平县规范信访秩序专项行动实施方案》《武平县信访违法行为处置实施办法》《县委县政府机关大院异常上访处置预案》，进一步规范信访工作秩序，有效遏制信访违法行为，引导群众依法理性反映诉求，维护群众合法权益，全力推动信访秩序持续向好。

落实信访工作责任制　进一步压紧压实属地属事责任，切实把问题解决在基层，化解在属地，严防信访上行、风险外溢。对因工作不到位、责任不落实引发严重后果的，特别是对中央和省、市信访联席办交办事项出现重大问题或风险隐患排查化解不到位，导致重点人员失控的，严肃倒查问责。

【信访保障】

在2022年全国和省市县"两会"、党的十九届七中全会和党的二十大、北京冬奥会和冬残奥会、数字中国峰会以及省市县党代会期间等重要敏感节点，认真落实省委、市委、县委部署要求，全力以赴做好信访稳定工作，实现"三个不发生"工作目标。

【化解信访积案】

深入开展矛盾纠纷信访积案大化解暨信访突出问题治理年行动，推动全县信访态势持续平稳向好，把信访突出问题解决在基层，把重点人员吸附稳定在属地。2022年，共排查交办信访突出问题6批、82件，全部实行县领导包案，按照"三到位一处理"要求，逐件制定和落实化解方案。2022年，化解71件，国家交办的37件"治重化积"案件全部申报办结，市交办的4件信访积案全部化解。

【规范信访业务】

业务规范化建设常态化开展基础业务规范化自查自纠，着力提高初信初访办理质效，对发现的问题，第一时间提醒督促责任单位落实整改。同时，实行信访情况季度通报制度，对重点信访事项提出意见建议，推动问题及时有效化解。

业务指导培训　建立健全信访业务跟班学习制度，对新任职的信访工作人员实行跟班学习和点对点指导培训；建立县信访局科级干部挂钩联系乡镇（街道）制度，结合实施"提高效率、提升效能、提增效益"行动。深入挂钩乡镇（街道）开展信访工作专题培训，推动《信访工作条例》有效贯彻落实，全面提升乡村信访工作能力和水平。

推进"最多投一次"机制，通过创新信访工作模式，提高规范化、信息化、专业化水平。对初次反映的非涉法涉诉信访事项，第一时间回应、依法办理，推动合理合法的投诉请求一次性化解，群众对信访工作满意度进一步提高，信访重复率明显下降，实现提质增效工作目标。2022年，武平县"最多投一次"非涉法涉诉类信访事项307件，一次性办结率96.4%。

【创新源头预防】

开展信访评理工作　大力弘扬新时代"枫桥经验"，充分发挥红土先锋信访评理室作用，推动群众诉求化解在早、化解在小、化解在基层。2022年，全县通过信访评理累计调处矛盾纠纷342起，化解339起，化解率99.12%。

发挥信访志愿服务队作用　积极借助社会力量参与信访工作，信访志愿服务队在信访知识宣传、民情民意收集、来访陪同接待、协助纠纷调解、结对扶贫济困等方面发挥积极的作用。特别是每月15日主要领导接访日，信访志愿者在主动参与来访陪同接待、矛盾纠纷化解等方面取得明显成效，对实现多元社会力量助推信访矛盾化解进行有益探索。

创新"园区枫桥"服务模式　县总工会以推进"园区枫桥"试点建设为契机，在县工业园区建设职工法律服务一体化基地，积极探索构建和谐劳动关系创新做法，形成"维权一体化、调解多元化、资源共享化、服务普惠化"的"四化"工作法，助力矛盾纠纷多元化解，实现小事不出厂，大事不出园（区），进一步优化营商环境。有关经验做法分别在中工网、《福建法治报》《闽西日报》、长安网等多家媒体刊登转载。

【疫情防控】

抓好疫情防控工作，进一步完善疫情防控风险排查和应急处置措施，将工作重心从事后处理转移到事前排查化解上来。要求各乡镇（街道）把疫情防控排查与信访隐患排查相结合，及时发现并处理纠纷，把矛盾解决在当地，防止发生大规模人员聚集或大范围流动。

引导群众开展线上信访　积极引导群众通过网上投诉、来信、来电等方式反映诉求，减少群众不必要的出行，降低疫情传播风险，使信访更便捷、更高效；由专人负责办理，确保"件件有着落、事事有回音"，切实维护群众合法权益。

办理涉疫信访事项　对涉及疫情防控的信访事项重点关注，严格按照"四个第一时间""六个及时"的要求快速高效办理。2022年，累计办理涉疫信访事项26件，全部化解办结。

落实防控措施，坚持把疫情防控工作贯穿于接待来访工作的全过程。接访大厅门口张贴场所码，安排专人负责督促来访群众正确配戴口罩、测体温，查验健康码和行程码、扫场所码、一米线等防疫措施，倡导群众当好自身健康第一责任人，每周至少进行一次核酸检测。

【党建信访】

履行从严治党主体责任　认真落实领导班子全面从严治党"第一责任人"和"一岗双责"责任制，进一步形成"主要领导负总责、分管领导亲自抓、股室人员具体抓"的工作格局。局党组书记与党组成员签订党风廉政建设责任书，定期听取党组成员对所分管领域党风廉政建设工作落实情况的汇报。分管领导与各股室负责人签订党风廉政建设责任书，对分管股室进行督促指导，进一步推进党风廉政建设各项工作任务落地落实。

发挥党建引领作用　坚守为民情怀，持续培育"红耀武平·信访为民"的党建品牌，通过设立来访接待岗、政策宣传岗、评理促和岗、应急处置岗、扶贫济困岗等5个党员先锋岗，以红土先锋信访评理室、信访志愿服务、心理咨询服务为抓手，促进党建工作与信访业务深度融合，让党旗飘扬在信访一线，让党员行动在信访一线。践行"为民解难、为党分忧"职责使命，化解信访突出问题，维护群众合法权益，促进社会和谐稳定，以实干实效实在奋力推动武平县新时代信访工作高质量发展。

·武平县退役军人事务局·

【概况】

武平县退役军人事务局系武平县政府工作部门，内设综合股（含政策法规与行政审批股）、优抚褒扬和军休服务管理股、移交安置和就业创业股，下属县退役军人服务中心（加挂县光荣院牌子）、县烈士纪念设施保护中心2个事业股级单位。截至2022年12月31日，共有在编14人，在岗13人（1人驻村任第一支部书记）。

2022年7月，武平县被评为省级双拥模范县，顺利实现"五连冠"。象洞、永平、湘店三个乡镇服务站被评为"省级百家红色退役军人服务站"。本县退伍创业先锋钟亮生获"全国最美退役军人"和"全省最美退役军人"称号。2022年度武平县退役军人事务工作在市对县"退役军人工作成效"绩效考评中位列第二名，政务信息宣传考评获全市系统第二名。

【党建引领，加强队伍建设】

落实从严治党主体责任　坚持把全面从严治党工作与退役军人事务工作同部署、同落实、同检查、同考核。做好党风廉政建设和反腐败工作，2022年，累计开展廉政谈话20人次，严格落实宣传工作责任制，共结合退役军人事务工作开展宣传工作研讨2次，确保宣传工作责任制落到实处，做好支部换届选举工作，认真落实"三会一课"制度，确保基层党组织的凝聚力、战斗力有效增强。

建设学习型队伍　严格落实理论学习中心组学习制度、"三会一课"等相关制度。2022年，共开展党组理论学习中心组学习12次，组织党员参加支部学习12次，领导干部上党课4人次。参加市局举办的业务知识竞赛，获全市系统三等奖。发挥党员先锋模范作用，在职党员组成党员先锋队，积极参与民主防汛和国道358线下坝、岩前健康服务站值班值守工作。

【突出服务保障】

服务保障体系建设　2022年，依托各乡镇（街道）退役军人服务站，通过各村、社区工作人员核实人员信息，对全县所有退役军人进行信息采集，共采集近6500份。以落实县人大审议退役军人保障体系建设的意见为契机，重点打造永平、十方、岩前和云寨村退役军人服务站建设示范点，抓好省级红色退役军人服务站创建工作，象洞、永平、湘店三个乡镇服务站进入全省百家行列，做好退役军人档案工作，对全县1万份左右的退役军人档案进行数字化规范整理。

落实优抚褒扬与军休服务措施　全面落实优抚抚恤补助政策，2022年，发放优抚对象2362人的各类抚恤补助金共计3473.55万元。全县受理优待证申领约6704件，市、县两级审核通过率超过90%，成功制卡并发放到位6206张。全面落实军队离退休干部和军队退休士官服务管理工作；全面加强烈士纪念设施管理保护，武平县人民政府办公室印发《关于将东留革命烈士之墓等15处烈士纪念设施列为乡（镇）保护管理烈士纪念设施的通知》（武政办〔2022〕48号），明确有关乡镇分级管护责任。积极组织参加全省八闽英烈讲解员大赛和全市红色故事讲解员大赛，本县选送的朱月华分别获全省专业组三等奖和全市专业组一等奖。廖舒姝获全市红色故事讲解员大赛志愿组二等奖。

推进移交安置和就业创业　做好2022年度7名转业士官安置工作。2022年8月，按照"阳光安置"的要求，为他们提供9个乡镇事业岗位、4个央企、1个省企供选择，5人安置至乡镇事业单位、2人安置至央企。2022年，顺利接收95名自主就业退役士兵，10月8日，举办退役士兵返乡欢迎会暨适应性培训班，发放2021年自主就业退役士兵的地方经济补助金378.42万元和2021年政府安排工作退役士兵待安置期生活费4.26万元。2022年，共为105名退役军人办理免费继续教育的身份确认，8月份联合县人社局举办一期网络创业培训班，共有29名退役军人完成线上及线下为期7天的培训课程。与县人社局、县残联等单位共同举办4场招聘会，协助市局举行1场退役军人及随军家属专场招聘会。

思政工作　充分发挥典型示范引领作用，组织开展"2020—2021年度武平县最美退役军人"评选活动，共评选出8名"最美退役军人"。本县退伍创业先锋武平县梁野仙蜜养蜂专业合作社理事长钟亮生获全省"最美退役军人""全国最美退役军人"称号。3户退役军人家庭获2022年县"最美家庭"，1户退役军人家庭获2022年龙岩市"最美家庭"。全县共有35名"兵支书"、125名退役军人进入村两委，组织6名优秀"兵支书"参与市级"高素质农民退役军人村支书"培训班，为乡村振兴赋能。做好常态化联系退役军人工作，在春节、八一期间等重要时间节点，积极开展走访慰问退役军人活动，合计发放慰问金 39 万余元，积极推动 5 家企业成为龙岩市关爱退役军人协会创始单位会员。做好困难退役军人临时救助工作，2022 年共审核 17 人，发放救助资金 11 万元。

【打造省级双拥模范县】

创建省级双拥模范县　2022 年，解决武警武平中队官兵就近医疗及体检、经费结算等问题，推进武警武平中队周边围墙重建工作，所需经费由地方保障。2022 年 7 月，武平县成功蝉联"省级双拥模范县"五连冠，本局优抚褒扬股负责人李金平被评为福建省爱国拥军模范。

拥军优属定期更新完善双拥和国防教育宣传展板，设立双拥示范街，在城区各路段的护栏广告增设宣传展板 336 条，县内各车站、医院、银行等各类公共场所在显著位置设立"军人优先"服务标志。2022 年 5 月 6 日在全市率先举行军人优待证首发仪式，于海县长等县领导为 12 名首批成功申领优待证的退役军人代表颁发优待证。积极对接爱心企业，提供优待证专享服务，2022 年，全县有县医院、梁野山景区等 8 家单位提供优待服务。建立荣誉激励机制，对武平籍现役军人在部队荣立三等功及以上的按部队立功奖励标准进行对等配套奖励，共为 26 名立功人员发放奖励金 5.2 万元。春节、"八一"等重要时间节点，县领导带队赴省军区、市军分区、驻武部队开展慰问活动，营造浓厚的拥军氛围。

军地共建　2022 年，联合开展"喜迎二十大·永远跟党走"红色文化进军营活动和以"赓续红色历史血脉　巩固军政军民团结"为主题的社会主义核心价值观主题教育活动；举办"强国复兴有我"建军 95 周年军民联欢晚会；参加福建省"爱我人民爱我军·八闽鱼水情"第三届双拥书画展活动，本县有 1 副书画作品入选。

·公共行政服务·

【概况】

2022 年，全县入驻中心行政审批单位 32 个：县发改局（含粮食局）、教育局、工信科技局、商务局、公安局、民政局、城市管理局、卫健局、司法局、财政局、人社局、自然资源局（含不动产登记中心）、生态环境局、住建局、交通运输局、农业农村局、林业局、水利局、应急管理局、市医管中心武平管理部、住房公积金管理中心、税务局、市场监督管理局、消防大队、气象局、档案局、梁野山自然保护管理局、外侨办、文体旅游局、新闻出版广电局、残联、烟草局。便民服务单位 5 个：武平水务公司、中明天然气有限公司、龙岩汇和印章制作有限公司、广电网络、供电公司。

税务局、公安局出入境、交管大队、婚姻登记中心等单位因为保密、场地等原因，无法入驻县中心的全部或部分事项，在原单位设立分中心并全部进驻。

2022 年，县级中心共办结审批办件 341724 件，当日办结率 99.63%，办理提速率 100%；延时服务 2265 次、绿色通道办件 798 件、告知承诺办件 1345 件、惠企政策兑现资金 31393.58 万元（免申即享 29970.14 万元）；各便民缴费单位为 287895 人次，提供缴费服务，群众非常满意率 100%。

【全面从严治党】

加强政治理论学习　把深入学习宣传贯彻习近平新时代中国特色社会主义思想作为政治理论学习的主题主线。2022 年初制定党员学习计划，依托"学习强国""三会一课"，采取自学、集中学习、领导讲课、学习研讨等灵活多样的形式，学习内容涵盖习近平经济思想、习近平总书记关于党的百年奋斗重大成就和历史经验。关于全过程人民民主，关于完整准确全面贯彻新发展理念、习近平谈治国理政（第四卷）、闽山闽水物华新——习近平福建足迹等内容，教育引导广大党员干部职工用习近平新时代中国特色社会主义思想武装头脑、指导工作、推动实践。2022 年，本中心的两个支部共组织集中学习 40 余次，开展专题学习研讨 10 场次。

党风廉政建设和反腐败工作　制定《武平县行政服务中心管理委员会深化窗口作风建设优化营商环境整治工作方案》《武平县行政服务中心管理委员会开展一体化推进不敢腐、不能腐、不想腐具体化工作方案》，从服务意识、服务效率、不依法行政、违规办事、违反工作纪律等方面查找问题，促进中心工作人员作风大提升、大转变；制定《武平县政务服务清廉大厅建设"梁野清风·五廉工程"工作方案》，营造风清气正、干事创业的浓厚氛围，为全方位推动高质量发展营造良好投资环境。2022 年，本中心召开党风廉政会议 2 次，节前廉政谈话提醒 45 人次，严格落实政务服务"好差评"制度体系，群众非常满意率达 100%。

【学习贯彻党的二十大精神】

2022 年 10 月 16 日，组织全体党员干部观看党的二十大开幕式，通过工作例会、党员大会、支委会、主题党日活动等方式学习传达党的二十大精神，掀起深入学习宣传贯彻党的二十大精神热潮，撰写学习心得 34 篇。各党支部组织开展"党章传诵、党徽闪光、党旗飘扬"主题党日活动，引导广大党员在传诵党章中强化党性、争做先锋，将学习贯彻党的二十大精神融入工作学习的方方面面，进一步推动党的二十大精神在闽西革命老区落地落实。

【疫情防控、精神文明】

常态化抓好中心人员动态防疫检测和防疫物资保障，压实"四方责任"，严格落实"扫（验）码、测温、戴口罩、不聚集"和定期通风清洁消毒等防控措施。印发《新冠疫情应急处置工作预案》（修订），统筹做好中心疫情防控、场所安全、后勤保障等各项工作，全年未发生聚集性疫情。广泛开展"保护景区环境、助力文明创城""保护环境、关爱自然""文明交通志愿行""无偿献血、奉献爱心"和扶贫等精神文明系列活动。2022 年，共发放宣传资料 200 余份，献血 1000 多毫升，捡拾垃圾 10 余公斤。同年 7 月被县委县政府授予 2021 年度创建全国文明城市工作优秀集体。

【深化"互联网+政务服务"】

积极采取预约办理、网上办理和快递服务相结合的审批服务方式，推进全程网办工作。2022 年，全县共 6327 项政务服务事项全部进驻福建省网上办事大厅，其中县直部门 1736 项、乡镇 4591 项，实现进驻网上办事大厅事项和事项可网上办理比率均达到 100%。做好电子证照库、电子档案库数据对接，2022 年，证照目录发布 31 个单位、439 类证照，其中证书 182 类，批文 257 类，电子证照同步生成并入库率为 100%，调用电子证照次数 20162 次，电子档案生成比率为 100%。本县配制的 18 台 e 龙岩自助一体机，可通办龙岩 373 项、海南 472 项、广西 36 项、哈尔滨 61 项、郑州 41 项、四川 17 项、重庆 20 项、湖北 141 项、云南 193 项事项。

【推进政务服务工作】

大力推动市"提高效率、提升效能、提增效益"，对调研发现涉及本县 25 项行政审批服务问题进行整改，对标对单，倒排工作进度，强化结果导向，实现整改到位，整改率达到 100%。

开展"一业一证"改革　2022 年在超市、药店、母婴用品店、餐饮店、旅馆业领域等企业试点"一业一证"改革，申请企业自愿选择"一业一证"服务，只需提交一套材料到一个受理窗口，窗口工作人员将印有许可证件信息二维码的营业执照（即"一照通"营业执照）一次性发放给申请企业，实现"一业一证"在区域内、行业内的互认和应用，实现更深层次、更加便利的"证照同办"，共办理31家企业。

"一件事一次办"集成套餐服务 推进政务服务事项集成化办理，按照"一次告知、一表申请、一套材料、一窗受理、一网办理"的要求，梳理高频事项实现"一件事一次办"。2022年，新增16个"一件事"套餐，线上共实施40个"一件事"套餐，办理1142个办件。

推动更多政务服务"跨省通办""省内通办" 除落实省级要求跨省通办事项135项、异地代收代办事项37项外，中心管委会主动加强与周边省份县市联系，积极探索建立政务服务合作机制。和江西省会昌县政务服务中心、广东省平远县政务服务中心签订跨省通办协议，分别有21项事项实现通办。2022年，"跨省通办"共办理4108个办件。

【推动工程建设项目审批】

落实容缺受理、并联审批制度、清单制和告知承诺制、拿地即开工承诺预审制度，实现入园项目区域评估数字化管理、成果共享。制定《入园项目租赁标准厂房审批流程图》和《拿地即开工项目审批流程图》，加强项目前期指导，召开项目联审会议，推进本县项目建设，促进审批提速。落实"拿地即开工"审批改革，制作工程建设项目"拿地即开工"审批流程图，采取并行、预审的方式办理，出具预审意见，办好立项到开工的所有审批事项，缩减审批时限，加快建设速度，目前有6个项目实现"拿地即开工"审批。2022年，"一张蓝图"统筹项目实施62件，办理工程项目552个，并联审批办件800件，落实区域评估成果

78个，告知承诺办理审批事项263件，规范中介和市政公用服务的项目21个。

【推进村民建房审批服务】

推行农村村民建房审批"四个一"工作法（即"一个套餐式办理、一张流程图、一本服务指南、一个示范点"），按照"一免、二减、三代办、四到场"的做法，切实破解农村村民建房关键掣肘和体制机制问题，实现审批时间由法定时限20个工作日减少到3个工作日。提供材料由原来2个事项、15个材料缩减到一件事6份材料；跑动次数由7次缩减到1次，提高群众满意度，推动村民建房审批标准化、规范化、便利化。相关改革经验被市行政服务中心管委会、市深改办等部门采纳、吸收并在全市交流会上推广。

【实现服务一体化监管】

深化"好差评"制度 注重窗口工作人员业务基础培训，全面开展线上线下政务服务"好差评"工作，实现各窗口、分中心、乡镇便民服务中心全覆盖，落实"好差评"月通报制度，督促办事窗口及时发现问题，及时整改。2022年，群众非常满意率100%。率先在政务大厅设置"办不成事"反映窗口，推行"窗口无否决权""首问责任制""一次性告知"等制度，及时梳理、解决、反馈办事群众反映的问题、诉求，使"办不成的事"向"办得成的事"转变，得到群众一致好评。

【开展评优创先活动】

深入开展"红旗窗口""服务标兵"和行政审批服务"五比"竞赛活动（比效率、比效能、比效益、比精气神、比满意率）评优创先活动；打造"红领行动·红耀武平"党建品牌，不断激发窗口服务人员和广大党员干部干事创业的激情。2022年，共评选红旗窗口27个、服务标兵37人次、党员先锋岗8个、诚信

文明服务窗口 7 个。2022 年 6 月，3 个县直窗口、1 个乡镇综合便民服务中心被县总工会评为"五一先锋岗"荣誉称号，8 名工作人员被评为"金牌员工"。武平县行政服务中心住房和城乡建设局窗口荣获省"五一先锋号"荣誉称号。本中心获 2022 年全市政务服务技能竞赛优胜集体第一名。

中国人民政治协商会议武平县委员会

·综　述·

【概况】

2022年，武平县政协及其常委会坚持以习近平新时代中国特色社会主义思想为指导，认真学习贯彻党的十九大、十九届历次全会和党的二十大精神，充分发挥专门协商机构作用，扎实履行政治协商、民主监督、参政议政、凝聚共识职责，聚焦全县中心工作和重点任务，主动担当作为，为武平老区苏区高质量发展示范区建设贡献政协智慧和力量。

【巩固共同思想基础】

落实重大政治任务　2022年，把迎接党的二十大、学习宣传贯彻党的二十大精神作为贯穿全年工作的主线。党的二十大召开前，组织政协委员和机关干部开展系列活动，举办新委员培训班，编发理论学习资料，进行专题研讨交流，前往中央苏区东南屏障展览馆开展党史学习教育，不断巩固团结奋斗的共同思想政治基础。党的二十大召开期间，组织机关干部集中收看开幕会盛况，在"武平政协"微信公众号刊发各界别委员对大会报告精神的认识和学习体会，营造浓厚的学习氛围。党的二十大召开后，把学习宣传贯彻大会精神作为首要政治任务，召开政协党组会议和常委会会议，及

时安排部署，把学习宣传贯彻不断引向深入，团结引导政协各参加单位、全体委员和政协工作者，深刻领会"两个确立"的决定性意义，增强"四个意识"、坚定"四个自信"、做到"两个维护"。

强化思想理论武装　坚持"第一议题"制度，及时跟进学习习近平总书记最新重要讲话、重要文章和重要指示批示精神，着力抓好常态化学习制度。2022年，组织党组理论学习中心组、常委会会议、机关支部会议、委员小组集中学习48次，切实增强学习实效、夯实思想根基。落实习近平总书记关于全国政协开展委员读书活动的重要指示精神，在梁山书院成立"书香政协"委员书屋，扎实推进"书香政协"建设。

坚持党的全面领导　自觉在县委领导下主动负责、协调一致开展工作，严格执行请示报告制度，年度工作要点和协商计划及时报县委审定，重要协商成果及时送县委县政府决策参考，重大会议活动邀请县党政领导参加。发挥政协党组在政协工作中把方向、管大局、保落实的领导作用，把坚持党的领导贯穿政协履职全过程，确保中央和省委、市委、县委对政协工作的部署要求，并得到有效落实。

【服务发展大局】

积极作为　始终树牢"一线"理念，增强"一线"意识，在全县中心工作主战场发挥政协优势、展现政协作为。2022年，县政协班子成员积极参与全县重点工作、重点项目、重点

工程，分别承担县重点项目高质量落地攻坚、武平一中百年校庆、工业园区扩园、紫灵芝产业发展、龙岩市粤港澳大湾区驻点招商等相关任务。政协委员、机关干部积极投身疫情防控、全国文明城市创建、"大爱龙岩·福满武平"建设、防汛救灾及灾后恢复重建等工作。

出谋划策 2022年，围绕促进本县矿产业健康发展开展专题调研，调研报告得到县委主要领导批示，指出"县政协紧紧围绕全县发展大局，深入调研、务实建言，该《报告》对进一步做大做强矿产品精深加工，推动绿色矿山建设等方面提出富有建设性的意见建议"。围绕改善城乡人居环境推进乡村振兴，开展整治弱电网线乱象专题协商工作，县委张丽华书记就协商报告作出批示并专门组织有关单位召开座谈会，于海县长参加专题协商会议，与委员共商对策，提出工作要求。随后，县工信科技局出台《武平县城市地下管线管理办法（试行）》等文件，省、市、县级乡村振兴试点村扎实推进清理整治工作。围绕灵芝"食药同源"试点工作开展专题视察，县委主要领导要求将该课题列入明年政府与政协专题协商会议议题，开展专题协商，把视察成果转化为推动产业发展的具体措施。围绕推进乡村振兴、优化营商环境，组织开展培育乡村运营"新农人"、辅导企业上市等专题调研，就乡村振兴人才培养、推动企业转型升级等方面协商议政，许多建议被相关部门采纳。

献计出力 针对本县电动自行车集中充电基础设施建设工作开展专题视察，县委主要领导就视察报告作出批示，指出报告很有针对性，要求县政府分管领导牵头组织相关单位认真研究推进，县城管局等部门采取措施，推动县城小区电动自行车集中充电点建设和管理，2022年，完成新建充电位400个。针对培育壮大全县社会救援力量，由县政府主要领导点题，县政协主动承担课题任务，深入一线调查研究，从政府扶持、社会支持、自身建设等3个方面提出意见建议，助力应急救援体系建设；针对

教育、医疗、养老、社会治理等事关民生的热点难点问题，开展"合理使用民间教育基金""城乡医保事业发展""公共场所配备使用AED（自动体外除颤仪）""百岁老人现状调查""法律援助"等专题调研视察，提出有针对性的意见建议，增进民生福祉。

【提高经常性工作成效】

提高提案工作质效 2022年，县政协十一届一次会议以来，收到提案177件，立案145件，从中遴选"推动我县新型显示产业健康发展"等8件事关全县经济社会发展和民生热点难点的提案作为重点督办件，由县政府、县政协领导牵头督办。坚持提案"双向评议"，开展政协提案办理工作考评，推动提案办理工作落细落实，提案办复率100%，委员满意率96.55%，一批群众关心、委员关注的问题得到有效解决。

深化民主监督实践 围绕创建全国科普示范县开展监督性视察，注重精准监督。助力创建工作深入推进，2022年，本县成功入选2021—2025年度第二批全国科普示范县创建名单。积极探索民主监督有效路径，注重机制创新，会同县纪委监委建立政协民主监督与纪委监委专责监督贯通协调工作机制，从12个方面协作配合展开监督，拓宽监督渠道，强化监督的实效性，注重多元监督。推荐委员担任特约监察员、司法听证员，参与征兵、执法监督、行风评议等工作。2022年，组织政协委员参加全国法治政府示范县创建工作座谈会、检察院听证会等50余人次。

注重反映社情民意 2022年，向县委县政府报送社情民意信息5期、12条，每期均得到县委或县政府领导批示，助推群众"急难愁盼"问题得到解决。《关于武平县青少年运动员城区就读问题的建议》，县政府分管副县长对此问题进行专题研究并提出解决方案；《关于加强河滨公园假山安全和卫生管理的建议》，

促成河滨公园假山周围安装围挡，并加强保洁频次；《关于在项目工程建设中做好古树大树名木保护的建议》，推动县绿化委员会印发《武平县古树大树名木保护管理方案》，使社情民意"小信息"发挥出沟通党政，联系民心的"大作用"。

抓好新闻宣传工作　强化政协宣传阵地建设，通过微信公众号、"武平智慧政协"等平台推送党的创新理论、政协工作动态、委员履职情况等内容，讲好政协故事，展现委员风采。2022年，发布履职动态信息69条，推出《委员风采》11期，政协微信公众号关注量、阅读量显著增加。积极向上级政协投稿，被采用20多篇（次），其中《武平首个委员联系点揭牌》信息在《人民政协报》刊发，扩大武平政协影响力。

【浓厚团结民主氛围】

丰富凝聚共识载体　创新党课形式，以红色历史为基石、以红色歌曲为媒介，以《百年回望，心声向党》为主题开展音乐党课，宣讲党的十九届六中全会精神，将音乐艺术与凝聚共识有机结合，引导干部群众感党恩、听党话、跟党走。2022年，举办音乐党课6场次，现场对象涵盖人大代表、政协委员，机关干部和基层群众等2000余人。建立5个委员联系点，积极发挥宣传党的政策、联系委员和界别群众的平台作用，推进协商民主向基层延伸。开展"书香政协"助推"公益书屋"五年建设行动，2022年，组织33名政协委员，以捐款捐书、读书分享等方式，结对帮扶岩前、十方公益图书馆等5家乡村公益图书馆，助推公益图书馆建设。

深化互动交流合作　2022年，强化上下联动，认真对接省、市政协在武平开展的调研视察等活动，多次应邀赴省、市政协汇报武平政协工作，其中机关党建、委员管理等方面的创新做法得到省政协充分肯定。坚持乡镇（街道）政协工委负责人列席县政协常委会会议制度，乡镇（街道）政协工委积极配合县政协调研视察等履职活动，发挥延伸触角作用。强化统战功能，加强与新阶联、各人民团体、异地武平商会及社会各界人士的联系沟通，努力构建多渠道合作、多形式参政的良好格局；强化联络联谊，接待湖南张家界市永定区、南平市顺昌县政协等13批次省内外政协来武平考察交流，就林下经济、乡村振兴等工作进行深入交流。加大对县客联会的工作指导，发挥客联会与各地客家团体的联谊交流作用。

发挥文史功能作用　坚持把文史资料书刊办成宣传政协工作、展示武平形象的有效载体，讲好武平故事，开展向周边县（市、区）政协及部分外出乡贤、公益图书馆、社区（村）赠送《话说兴贤坊》等文史资料活动，发挥政协文史资政育人、团结联谊的重要作用。2022年，编撰出版《梁野山下重晚晴——武平百岁老人纪事》文史专辑，擦亮生态底色，展现本县宜业宜居宜养的优良环境，为打造孝老敬老的大爱武平营造良好氛围。

【坚实履职尽责基础】

引导委员队伍积极向上　加强委员履职管理，出台委员管理办法，实行委员履职量化考评，坚持履职"双向选择"机制，激励委员尽职尽责。2022年，委员们主动参加调研视察、协商议政、民主监督等活动达500多人次，创新委员管理方式，把208名政协委员编入专门委员会，在此基础上成立33个委员活动小组，建立以专委会为依托、以委员为主体的委员履职新机制。广大委员在本职岗位和政协工作中担当责任，助力武平全方位推进高质量发展，涌现出如2022年度全国"最美退役军人"钟亮生等一批优秀政协委员。

持续加强自身建设　深入实施"提高效率、提升效能、提增效益"行动，以政协常委会建设为重点，进一步规范常委会履职程序、优化常委会会议流程，实行常委轮流重点发言制度，活跃议事氛围，提高会议协商建言成效。转变机关工作作风，在办文办事办会、调研视察协商、建言资政聚力等方面提升成效，着力塑造"实干实效实在"机关文化，推进模范机关和省级文明单位创建工作。

【专题协商】

关于整治弱电网线乱象改善城乡人居环境的专题协商调研报告　为改善城乡人居环境，探寻整治弱电网线乱象的有效途径，助力文明城市创建与美丽乡村建设，根据县政协2022年度工作安排，5—7月份，县政协组织部分政协委员和相关部门负责人成立专题调研组，采用现场察看、听取介绍、走访、召开座谈会等形式，深入平川街道、武东镇、六甲村、大布村等地进行调研，并在县政协召开由县工信科技局、县住建局、县自然资源局、平川街道、电信、移动、联通、广电等单位与部门负责人参加的座谈会，调研组认真听取前期弱电整治改造的经验总结，仔细分析存在的问题，并为后续的整治工作提出切实可行的意见建议。

【调研视察】

1. 关于武平县"2021—2025年度全国科普示范县"创建工作情况的视察报告

2. 关于武平县城住宅小区电动自行车集中停放充电点建设和管理情况的专题视察报告

3. 关于武平县城乡医保情况的视察报告

4. 关于灵芝"食药同源"试点工作情况的视察报告

5. 关于武平县法律援助情况的专题视察报告

6. 关于武平县社会救援组织建设情况的专题调研报告

7. 关于本县辅导企业上市工作的调研报告

8. 关于发挥教育基金作用助推教育强县建设情况的调研报告

9. 关于武平县96周岁及以上老人情况的调研报告

10. 关于培育乡村运营"新农人"为乡村振兴添活力的调研报告

11. 关于本县矿产业发展情况的调研报告

【2022年闽粤赣边三省十县（区）联系协作交流】

武平政协交流材料：《发挥政协优势　助力武平老区苏区融入粤港澳大湾区振兴发展》

主要内容：1. 抢抓历史机遇，积极投身融入大湾区振兴发展主战场。2. 发挥政协优势，为推动融入大湾区振兴发展贡献力量。发挥组织平台的优势，发挥智力密集的优势，发挥资源广泛的优势。3. 围绕深度合作以更高水平，助推融入大湾区振兴发展意识。力促龙龙铁路建设，助推新显产业发展，深度融合文旅项目。

【社情民意】

1. 关于制止未经检验检疫生猪产品上市，巩固生猪定点屠宰的建议117条

2. 关于打击学校周边店铺向学生租赁手机行为的建议

3. 关于提升高新区（十方园区）基础建设改善营商环境的建议

4. 关于武平县青少年运动员城区就读问题的建议

5. 关于加强老旧小区改造等民生工程施工管理的建议

6. 关于禁止在森林公园钓鱼，杜绝触电事故的建议

7. 关于尽快确定全县乡村公益书屋牵头管理部门的建议

8. 关于加强河滨公园假山安全和卫生管理的建议

9. 关于要求对城厢南通路（原农民街）破旧道路修复提升的建议

10. 关于在项目工程建设中做好古树大树

名木保护的建议

11. 关于加强农村公厕日常管理的建议

12. 关于打造兴贤坊成为武平客家文化传承示范区的建议

【重点提案】

1. 关于推动我县新型显示产业健康发展的建议

（提案人：李芃薇）

2. 关于继续加强百香果育苗基地建设的建议

（提案人：象洞镇政协工委）

3. 关于切实解决乡村公共服务项目"重建设，轻管理"的建议

（提案人：舒健　邱丽雪）

4. 关于解决农村电线电缆乱搭乱拉现象的建议

（提案人：朱冬梅（中山））

5. 关于整治移动、电信、联通等公司网线杂乱问题的建议

（提案人：万安镇政协工委）

6. 关于加快县城老城区弱电线路改造的建议

（提案人：卢发兴）

7. 关于整治农村地区电杆线缆的建议

（提案人：中赤镇政协工委）

8. 关于推进城区电动自行车消防安全综合治理的建议

（提案人：吴玉文　曾秀芳　兰燕梅　罗荣文　石少雄）

9. 关于改善武平县丰平路到东门市场路段交通状况的建议

（提案人：何才茂）

10. 关于公共场所装备 AED 及普及正确使用的建议

（提案人：林小满）

11. 关于统筹规划建设村级公益性公墓或骨灰楼堂的建议

（提案人：钟亮生　肖荣生　县政协提案委）

【提案办理先进单位】

武平县教育局

武平县财政局

武平县住房和城乡建设局

武平县农业农村局

武平县文化体育和旅游局

武平县城市管理局

【政协武平县第十一届委员会第二次会议召开】

中国人民政治协商会议武平县第十一届委员会第二次会议于 2022 年 12 月 19 日至 12 月 21 日在武平县城召开。

会议审议通过县十一届政协常委会工作报告和提案工作报告，听取并讨论县政府工作报告和其他报告。会议对上述报告表示赞同并提出意见建议。

会议期间，全体委员以饱满的政治热情、高度的社会责任感和强烈的使命情怀，围绕全县经济社会发展的重大问题和事关群众切身利益的实际问题，深入协商讨论，积极建言献策，广泛凝聚共识，提出许多有价值的意见建议，展现新时代政协委员的责任担当。会议圆满完成各项任务，是一次团结民主、求实奋进的大会，是一次凝心聚力、共谋发展的大会。

【政协武平县第十一届委员会常务委员会组成人员名单】

主　　席：王云川

副 主 席：石登峰　林杭英　蓝启银
　　　　　林福远

秘 书 长：周建福

常务委员：石如玉　兰立文　刘　辉
　　　　　刘　熹　刘绍远　刘桂鑫
　　　　　李凤英　李兴东　李黎明

连聪香　肖荣生　肖崇辉
吴晓明　陈新添　林志华
林培锋　罗荣文　周维美
钟天明　钟汉林　钟贵斌
钟雄生　钟锦宁　徐维锋
高宗泉　曹达华　韩志英
曾福泉　温新华　谢文强
蓝国荣　赖宪平　赖桂瑢
廖树华　缪天全

【政协武平县第十一届委员会内设机构负责人名单】

机构名称	职　务	姓　名
办公室	主　任	周建福
提案委员会	主　任	徐维锋
	副主任	莫遵福
经济科技与台港澳侨联络委员会	主　任	刘绍远
教育卫生体育委员会	主　任	肖荣生
	副主任	陈小健
文化文史和学习委员会	主　任	李兴东
	副主任	刘如珍
社会法制委员会	主　任	温新华
	副主任	刘宇平
农业和农村委员会	主　任	林志华

【各乡镇（街道）政协工委主任名单】

平川街道政协工委主任：陈智威
　　　　　　　副主任：钟庆荣
城厢镇政协工委主　任：练国华
　　　　　　　副主任：钟志云
万安镇政协工委主　任：赖志承
　　　　　　　副主任：钟富英
东留镇政协工委主　任：王盛德
　　　　　　　副主任：石添寿
中山镇政协工委主　任：谢　琪
　　　　　　　副主任：何雪珍
民主乡政协工委主　任：魏燕玉
　　　　　　　副主任：赖晓斌
下坝乡政协工委主　任：许敏湘
　　　　　　　副主任：林树连
中赤镇政协工委主　任：邱隆辉
　　　　　　　副主任：余钦茂
岩前镇政协工委主　任：钟永英
　　　　　　　副主任：何剑翔
象洞镇政协工委主　任：汤文斌
　　　　　　　副主任：曾晓敏
十方镇政协工委主　任：陈　榕
　　　　　　　副主任：郑新平
武东镇政协工委主　任：钟园昭
　　　　　　　副主任：钟佳林
中堡镇政协工委主　任：游铖杰
　　　　　　　副主任：兰长平
永平镇政协工委主　任：赖炳生
　　　　　　　副主任：申豫闽
桃溪镇政协工委主　任：修其润
　　　　　　　副主任：石细生
大禾镇政协工委主　任：肖东方
　　　　　　　副主任：朱雪鸣
湘店镇政协工委主　任：钟德富
　　　　　　　副主任：饶惠华

中国共产党武平县纪律检查委员会
武平县监察委员会

·综　述·

【概况】

2022年，中国共产党武平县纪律检查委员会、武平县监察委员会（简称县"纪委""监委"，下同）在市纪委监委和县委的正确领导下，深入学习贯彻习近平新时代中国特色社会主义思想，全面学习贯彻党的十九大、十九届历次全会和党的二十大精神，坚决贯彻落实中央纪委、省纪委和市纪委全会部署，忠实履行党章和宪法赋予的职责，围绕中心大局充分发挥监督保障执行、促进完善发展的作用。深入推进党风廉政建设和反腐败斗争，坚定不移建设武平政治生态绿水青山，有力服务保障武平闽西革命老区高质量发展示范区建设。

【推动政治监督具体化精准化常态化】

围绕中心，强化政治监督协助县委制定出台《做严做实一线监督，保障武平县建设闽西革命老区高质量发展示范区的实施方案》，通过"一季度一主题""室组地"联动监督、下沉一线监督等方式，确保党中央决策部署和上级任务要求在武平落地见效。持续深化林改监督，围绕"林业产业化怎么做""单家林农怎么办"等5项监督重点，开展监督检查67次，发现8方面53个问题，党纪政务处分10人，推动建章立制3项。坚持在县委统一领导下，聚焦大事、要事、难事，迎难而上、冲锋在前，在疫情防控中成立6个常态化督导组，紧盯责任落实、跟踪管控等重要内容，开展监督检查923次，发现问题824个，推动立行立改578个；查处疫情防控不力、失职失责等问题43起，61人，织密"三省门户"疫情防控监督网。在防汛救灾中，全体纪检监察干部冲在一线，紧盯隐患排查、人员转移等重点环节跟进监督、实地监督，及时转移风险隐患地居住群众1711人，有力保障人民群众生命财产安全。在重点项目推进中，运用"周督办、周报告"机制，一线督办、"挂旗作战"，推动19个市重点攻坚项目提速超20%；在乡村振兴、文明城市创建、安全生产等重点工作中既督战又参战，开展监督检查1096次，推动有关问题整改604个，形成专项监督报告11份，得到县委、县政府主要领导批示肯定。

聚焦"关键少数"，压实政治责任　加强对"一把手"和领导班子监督，实行廉政（作风）警示函制度。2022年，分批次对乡镇和县直单位"一把手"开展全面从严治党廉政集体约谈88人次，督促加强党员干部日常教育监督管理；实行县纪委监委领导班子挂钩督导工作机制，指导和支持乡镇纪委和派驻纪检监察机构强化同级监督；各纪检监察机关报请党委

（党组）召开党风廉政建设专题会议281次，参加监督单位民主生活会109次。严把选人用人政治关和廉洁关，规范审慎回复党风廉政意见883批、8025人次，提出否定意见12人次。

紧盯部门职责，做实"强组"监督 强化实化派驻纪检监察机构监督职责，督促派驻机构逐一制定精、准、实的年度监督计划140份，季度监督清单560份，运用"嵌入式""蹲点式""点题式"监督方式，推动驻在单位部门贯彻落实习近平总书记重要指示批示精神、党中央重大决策部署和省、市、县委工作要求；主动约谈"关键少数"354人，针对落实主体责任的薄弱环节及监督检查发现的突出问题下发纪检监察建议18份，实现有形监督向有效监督转变。

【标本兼治，发挥一体推进"三不腐"综合效应】

坚持有案必查、有腐必惩 2022年，全县纪检监察机关共接收信访举报381件次，其中检举控告类217件，处置问题线索309件，共立案审查调查124件。其中科级案件14件，给予党纪政务处分125人，留置2人，移送检察机关审查起诉4人。牵头召开县委反腐败协调小组会议4场次，坚持受贿行贿一起查，对市纪委监委指定管辖4起留置案涉及51名行贿人，批评教育、责令其具结悔过26人；注重纪法情理融合，运用监督执纪"四种形态"批评教育帮助和处理410人次。第一种至第四种形态分别占68.5%、22%、2.4%、7.1%。

深化一体推进"三不腐" 2022年，在全县全面推行一体推进"三不腐"具体化工作，推动全县各单位细化制定具有个性化、区域化、行业化特点的工作方案和具体化责任清单，做实以案促改、以案促治，针对查处的29件重点行业、重点领域案件，召开案后整改专题会议9场次，撰写案件剖析材料5份，发出纪检监察建议书25份。督促推动解决行政执法

不规范、干部管理"宽松软"等突出问题，完善制度机制31项，做深查办案件"后半篇文章"。坚持精准审慎问责，落实"三个区分开来"，严肃查处诬告陷害行为，及时为8名党员干部澄清正名，激励干部正确履职、大胆工作。

打造"武有清风"廉洁文化品牌 扎实推进"梁野清风·五廉工程"建设，建成全县廉洁文化示范点"清风馆"；打造刘亚楼将军故居、中山镇百家姓文化园、武平"我有青山"主题馆等廉政文化教育基地；加强反腐倡廉宣传教育，组织开展廉政警示教育课72场3562人；用好"梁野清风"一网一微平台，打造"小武说纪"纪法教育宣传品牌，讲好武平党风廉政建设故事，85篇文章及素材被中央、省级媒体采用刊发；举办"树清廉家风·建幸福家庭"主题活动，向乡镇（街道）党政、县直单位主要领导和家属发出《家庭助廉倡议书》150余份，推动廉洁文化融入家风家教。

【正风肃纪，整治群众身边腐败和不正之风】

纠治"四风" 坚持严的基调，锲而不舍落实中央八项规定及其实施细则精神，开展分领域、分地域、分行业纠"四风"工作；落实"一县一清单"工作要求，紧盯重要节点，深入开展纠"四风"专项督查160批次，查处享乐主义、奢靡之风问题22起，批评教育帮助和处理26人。持续解决不担当不作为问题，深入项目一线、村企一线、群众身边开展作风专项整治活动，共查处形式主义、官僚主义问题41起，批评教育帮助和处理76人；坚持"纠""树"并举，持续落实"两正两反"通报机制，发出通报16期32人，以优良党风政风引领社风民风持续向好。

用心解决群众"急难愁盼" 坚决纠治教育医疗、养老社保、生态环保、食品药品安全等领域腐败和作风问题；持续开展扫黑除恶常态化暨四大行业整治督导检查工作，共查处

群众身边腐败和作风问题 23 起，批评教育帮助和处理 50 人。用好"领题问效"和"三比三看"工作机制，对群众反映强烈的 21 个"急难愁盼"问题开展"点题整治"，解决群众诉求 1204 个，公布整治成果 13 批次，推动职能部门建章立制 6 项。生猪养殖业污染整治成效明显，各流域考核断面水质全面好转；监督推动小区公共收益管理、老旧小区改造等工作成效被中央纪委和省纪委宣传报道；持续推进粮食购销领域腐败问题专项整治，共查处涉粮问题 8 件 16 人，推动职能部门完善制度规定 10 条。

推动监督下沉落地 深化运用村级微权力"互联网+监督"平台，加强对村集体"三资"监督，主动公开村财政收支、村级工程建设项目等信息 34994 项；督促各乡镇及时整改数据、更新不及时、信息录入不全面等问题 497 个，有力保障群众的知情权、参与权、监督权，涉及村干部信访举报同比减少 64.5%；制定《武平县村（居）干部廉洁履职负面清单》，明确 22 条负面清单内容，开展村级纪检委员履职培训 18 批、714 人次，加强对村干部特别是"一肩挑"人员的监督；深入开展"四访"活动和"双化解双促进"专项行动，县纪委监委班子带头包案化解"三多"重复信访举报 10 件；纪检监察干部深入田间地头走访群众 2401 户，解决群众反映问题 29 个，让群众切实感受到监督就在身边。

【政治巡察，彰显全面从严治党利剑作用】

夯实巡察工作基础 深入开展巡察机构"能力作风建设年"活动，搭建"巡察微课堂"交流研讨平台，邀请党务、审计、财务等部门 8 名师资库成员，开展培训 3 批、165 人次，提升巡察干部精准发现问题的能力。选配党务、审计、财务、税务等领域优秀党员干部 216 名，充实县委巡察工作人才库；完善纪委监委、组织部门、巡察机构"三方会商"模式，与审计、信访、财政等部门建立协作机制，收集掌握被巡察单位线索处置、信访举报等有关材料 56 条。

全面开展政治体检 研究制定《中共十四届武平县委巡察工作规划》，完成对 11 个县直单位、4 个乡镇单位常规巡察，其中第一轮巡察发现问题 380 个，边巡边移边处问题 32 个，移交问题线索 5 条，向有关部门提出意见 3 条，向被巡察单位提出整改建议 41 条。深化村级巡察，统筹推进"巡乡带村"，巡察结果实行"一乡一报告、一村一清单"，梳理形成 41 份村级清单共 987 个问题；扎实推进信息化建设，创新"码上监督"方式，设立微信扫码反映问题平台，累计收到干部群众线上反映问题 28 件，占比 73.68%，均已处置完毕，群众参与巡察监督积极性明显提升。

巡察整改和成果运用 建立巡察整改和成果运用"三个三"工作机制，成立整改督导组，对第一轮 13 个被巡察单位整改情况开展督导和集中会审工作，督促整改完成问题 331 个，推动完善各类规章制度 113 项，挽回损失 66.25 万元，追责问责相关责任人 138 名。总结整改典型做法 6 条，21 篇宣传文稿被市级以上媒体刊载。对十三届县委巡察和十四届县委第一轮巡察指出的问题进行系统梳理，归纳出 9 类、49 种共性问题，形成共性问题清单，开展集中整治，全县 82 个单位对照自查自纠问题 736 个，均整改完成。

【锻造忠诚干净担当的纪检监察队伍】

以政治建设铸魂 县纪委常委会始终坚持以习近平新时代中国特色社会主义思想为指导，把学习宣传贯彻党的二十大精神作为首要政治任务，列入纪委常委会"第一议题"、理论学习中心组"第一专题"、支部"第一党课"，引领带动全县纪检监察干部把"两个确立"真正转化为"两个维护"的实际行动。巩固拓展"梁野清风讲坛"常态化学习机制，打造"圆桌式""小分队"学习交流平台，开展主题研学23场、1369人次；不断加强机关党的政治建设，严格落实党建工作责任制，深化"梁野清风"党建品牌创建；纪委常委会牵头开展21项重点课题调研，其中2篇被中央纪委采用刊载，带动纪检监察系统大兴调查研究之风。

以专业建设强基　持续开展"三提升三坚守"队伍建设活动，健全完善《中共武平县纪委常委会工作规则》等制度10余项。规范案件数据统计和报送工作，常态化开展案件质量评查，不断提高纪检监察工作规范化、精细化水平；深入开展乡镇纪委书记履职交流活动，实行"室组""组组"协作补位机制，选派18批20人次协助省、市纪委监委工作；调配30批31人次到县纪委监委机关跟班学习、参与巡察工作和一线办信办案，提升执纪执法业务能力水平；11名干部获全国、省、市、县表彰嘉奖。

以严管厚爱固本　出台《关于进一步加强全县纪检监察干部自我监督管理措施（试行）》，全覆盖建立135名纪检监察干部个人廉政档案，严格执行个人有关事项报告、请托说情登记报告、个人重大情况请示报告制度，严格守好办案安全、案件质量、干部廉洁三条底线；依法依规、稳妥有序实施监委向县人大常委会报告专项工作，主动接受人大监督；关心爱护纪检监察干部，常态化开展谈心谈话、廉政家访，真诚为干部解决后顾之忧。

人民团体　群众团体

·武平县总工会·

【概况】

2022年，全县各级工会坚持以习近平新时代中国特色社会主义思想为指导，紧扣迎接宣传贯彻党的二十大精神这条主线，深入贯彻落实习近平总书记关于工人阶级和工会工作的重要论述，以及来闽考察重要讲话精神和对武平林改、捷文村群众来信重要指示批示精神，按照县委和上级工会部署要求，聚焦县委县政府中心工作和群众"急难愁盼"问题，认真履行工会工作职责，为助力统筹疫情防控和经济社会发展、推动新时代武平工运事业发展，发挥重要作用。

【把握正确政治方向，推动政治理论入脑入心】

加强思想政治引领　通过党组理论中心组、党支部"三会一课"等形式，及时跟进学习宣传贯彻党的二十大精神。2022年，结合"我为群众办实事"活动，举办宣传宣讲报告会、开展"劳模讲党史"等主题宣传教育10次，推动党的创新理论进园区、进企业、进学校，不断夯实广大职工共同奋斗的思想基础；紧紧围绕县委发展大局，积极主动抓好舆论宣传和工作导向，及时全面发出《倡议书》，制作宣传视频，在服务经济社会发展、疫情防控宣传工作、助推各类创建工作、维护社会安定稳定、促进乡村振兴发展等方面主动融入、广泛参与，积极做出工会贡献，真正做到"县委有号召，工会有行动"。

发挥党建品牌效应　坚持以县委"红领行动·红耀武平"党建为统领，持续打造"红耀武平·情暖职工"党建品牌。创新"1234"工作机制，发挥党建示范引领作用，推动机关党建与工会业务的深度融合。通过"支部共建、党员互动、理论联学"创新形式开展结对共建活动，丰富党支部活动形式，搭建党员交流平台，创新和激发党组织活力。2022年，共组织集中学习研讨会22场次，召开支委会16次、党员大会9次、党员集中学习会议18次、党员领导干部上党课4次，开展"讲好林改故事，助推绿色发展"等主题党日活动12场次。县总工会荣获2021年度县直党建目管考评二等次，连续四年取得县对县直单位目标管理考核排名靠前，并获优秀等次。

抓好政治思想工作　持续优化"党建长廊"建设，打造"新时代职工大学习讲堂""新时代文明实践劳模精神特色点""劳模事迹展馆"，2022年，举办各类讲座、培训12场次。发挥"武平工会"微信公众号、视频号和"武平工小妹"抖音号等意识形态阵地作用，牢牢掌握劳动领域政治思想工作的主动权、主导权。

【紧扣服务发展大局，团结动员职工建功立业】

助推经济社会发展 持续落实好"六稳""六保"工作，全额返还135家小微企业工会经费124.4万元，助推小微企业稳发展、稳就业。深入推进职工疗休养示范基地创建，扩大职工疗休养基地影响力，助力文旅经济发展。2022年，武平县怡养度假酒店共接待县外职工疗休养团队39家单位、1105名职工；发挥派驻上赤村第一支部书记作用，推动村级党建、集体经济、帮扶济困、社会事业等各项工作；组织5批次劳模到挂钩镇村开展特色农业种养殖技术讲座；下拨村级帮扶资金10万元，助推乡村振兴；及时深入挂钩村抓好疫情防控、禁毒、反诈宣传等工作。

引导职工建功立业 紧扣本县"516"产业体系，以"建功十四五，奋进新征程"为主题，深入实施职工技术创新工程，开展劳动技能竞赛、技术开发、技术革新、技术攻关、岗位练兵、师徒帮带、技术比武等活动。2022年，开展"百万职工五小创新大赛"项目征集活动，共征集报送项目124个，其中获奖项目10个，获二等奖项目5个：木质连接件榫头加工工艺、自动防焊曝光台框模组及曝光机、一种胶合板切边整形设备、含硫金银矿的载体浮选装置、设有旋转式的不锈钢化妆品收纳柜。获三等奖项目5个：适用冷水泡茶的新型矿泉水瓶内塞、矿山用圆锥破碎机给料装置、用于宠物屋的定时消毒装置、矿井用水泵预警装置、成型底板打磨装置。推选的武平县宏源公共交通有限公司公交车队1、2路公交线获为全国"工人先锋号"荣誉称号，全县获得省"工人先锋号"2个：武平金岸物业管理有限公司保安、保洁部，武平县市民服务中心县住房和城乡建设窗口，省"五一劳动奖章"武平移动分公司李翠芳，"省五一劳动奖状"1个：新洲（武平）林化有限公司，市"五一先锋岗"9个：武平县公安局巡特警反恐大队、国网武平县供电公司不停电作业班、茂增木业研发部（原茂发胶合板厂第一车间）、龙岩海圣科技有限公司生产部、武平县职工服务中心窗口、武平县疾控中心检验科、武平县岩前中心卫生院护理组、武平县平川街道西门社区党群服务中心、龙岩金时裕电子有限公司钻孔车间。市"五一（数字）工匠1个"，市"五一（数字）能手2个"。

劳模服务管理 认真落实县政府《武平县各级劳动模范管理和服务暂行办法》，加强劳模服务和管理。2022年，为全县174位在档健在劳模办理意外伤害补充保险，为44位县级劳模派送生日礼物，为全县各级劳模安排每人1000元进行健康体检，重大节日走访慰问各级劳模36人次，落实各级劳模免费乘坐公交车和县内旅游景区门票免费事项。推荐申报福建省示范性劳模和工匠人才创新工作室、龙岩市示范性劳模工作室各1个。

【抓实维权服务，保障职工队伍和谐稳定】

创新职工维权机制 充分发挥"园区职工法律服务一体化基地"作用，持续推动"园区枫桥"协调机制创新。2022年，基地共调处劳动纠纷16件，涉及职工350多人，帮助农民工追讨欠薪560多万元。2022年7月，在全省工会"园区枫桥"机制建设推进会上作典型经验交流发言，得到省总参会领导的充分肯定。武平县工业园区职工法律服务"一体化"基地荣获首届福建省工会改革创新项目入库项目。10月，县总工会荣获2017—2020年度龙岩市平安建设成绩突出集体。

维护职工合法权益 2022年，积极开展"春风行动""尊法守法·携手筑梦"服务农民工公益法律服务行动等活动，加强法治宣传教育，广泛宣传《工会法》《中华人民共和国劳动法》《女职工劳动保护特别规定》等有关法律法规，发放宣传材料 2000 余份，引导广大职工学法、懂法、守法，提升职工利用法律武器维护自身合法权益的能力。有效发挥职工维权 110、劳动争议调解室等作用，充分运用"一函两书"，确保职工队伍和劳动关系和谐稳定；大力开展集体协商"要约行动"活动，发放要约 226 份，惠及职工 2 万余人，树立 2 个行业、1 个区域、2 个企业集体协商典型、集体协商建制率动态达 85% 以上，县总工会积极组队参加龙岩市集体协商大赛并获三等奖；共处理 12345 便民平台诉求件 4 件，发出劳动法律监督提示函 5 份；完善、规范基层工会职代会制度，向上级工会推荐 10 份优秀企业职代会提案；组织开展"安康杯"竞赛和"安全生产宣传月"活动，开展职业病防治知识讲座、"送健康进基层"女职工健康知识讲座等，加强广大职工维护合法权益的意识。

提升帮扶服务实效。持续抓好"四送"工程品牌，2022 年，"春送岗位"提供就业岗位 2000 余个；"夏送清凉"慰问重点企业、重点项目工地等 85 家，惠及职工 8100 人（含农民工 6300 人）；"金秋助学"为 20 名困难职工子女发放助学金 5.5 万元；"冬送温暖"对煤矿工人、货车司机、公交司机、公路养护工、公交驾驶员、水电抢修工、公安干警、交警、城管、外卖配送员、快递员、护工护理员、保安员、环卫工人等 10 多个特殊行业 776 名一线职工及 29 名困难职工进行"两节"慰问，发放慰问金 21.87 万元。继续抓好职工医疗互助活动，全县共有 29449 名（其中女特病 7546 名）职工参加医疗互助活动，筹集医疗互助金 189 万元。2022 年，为 2296 名职工支付医疗互助金 189.3 万元，为 32 名女职工发放女特病补助 14.4 万元，为 54 名职工发放大病补助金 20.2 万元；举办 2 个职工子女暑托班，服务职工子女 76 名。组织四期 118 名职工参加县级疗休养示范班，发动 57 个基层工会，共计 898 名一线职工参加疗休养活动；为 500 名新业态劳动者购买 5 万元的人身意外伤害保险。同时，

做好防汛期间走访慰问因强降水受灾较严重的十方、城厢、中赤、中堡等 4 个乡镇和县供电公司、移动公司、电信公司、公路分局、交通运输局、交警大队、公安局、消防大队、应急管理局、农业农村局等 10 个单位在防汛期间坚守岗位的一线职工及受灾职工 624 人，发放慰问金 20 万元。"课后服务"关爱行动，为农村留守儿童、一线教职工等发放慰问金 3 万元；"六一"进企业，开展"六一"进企业慰问困难职工子女活动，为 33 名儿童发放书包等节日礼物是 6600 元，共计发放各类慰问金 23.66 万元。

【增强工会宣传实效，提升职工文化生活品质】

提升宣传品牌质量　高度重视品牌创建及宣传媒体作用的发挥，持续打造"会声会摄"宣传品牌。2022 年，拍摄《谢谢你！让武平更有温度》《武平工小妹：带你了解新修改〈工会法〉》系列、《党的二十大精神在身边·劳模工匠"微宣讲"》《党的二十大精神在工会·劳模工匠这样说》系列、《梁野之光·光之所向》系列、《劳动创造美好生活，致敬每一个劳动者》《2022，"娘家人"的温暖足迹》《肖琳娴个人风采》《李光连个人风采》等视频 16 期，其中《梁野之光·光之所向》系列短视频的《教师节》作品在"学习强国"平台发布，《科技特派员——林香燕》作品获全国农垦渔业畜牧系统职工短视频大赛三等奖。"武平工会"视频号和"武平工小妹"抖音号累计发布视频 95 条，阅读量约 120 万，点赞量 7 万。县电视台《武平新闻》开设五一"劳动者风采"专栏，集中展播本县钟礼义、赖瑞平、李翠芳、罗建平、钟金龙、武平 1、2 路公交线等 6 名劳动者风采。

深化工会志愿服务　积极开展文明单位创建工作，助推全国文明城市创建活动，广泛开展"红耀武平·靓城有我""志愿新风·福满

"梁野"志愿服务等活动 15 场次。2022 年，参与职工达 500 余人次。组织干部职工和各级劳模参与"99 公益日"捐款活动筹款 4243 元、"博爱武平·救在身边"自动体外除颤器（AED）专项募捐活动筹款 2.04 万元。

推进职工文体活动　以"党的二十大"为主线，组织开展"中国梦·劳动美——喜迎二十大　建功新时代"职工系列活动，还开展赛暨作品展、全县职工象棋大赛、"培育好家风""魅力巾帼'妆'饰美丽"女职工职业妆容培训等主题读书活动，举办"送健康·进基层"女职工健康讲座、武平/上杭青年职工交友活动等 6 场次，共计 2 万余人参加。2022 年，选派肖琳娴、李光连 2 人参加市总工会举办的"中国梦·劳动美——喜迎二十大　建功新时代"龙岩市讲好苏区工运故事职工演讲比赛，其中来自县博物馆的肖琳娴同志荣获比赛一等奖，红军小学李光连老师荣获最佳人气奖，县总工会荣获优秀组织奖。

【夯实工会基层基础，推进工会自身建设】

服务阵地建设　积极构建服务职工平台，不断提升服务职工能力和水平。大力推进城区户外劳动者服务站（休息室）和环卫工人"爱心驿站"建设，推动县政府出台《武平县城区户外劳动者服务站（休息室）建设实施方案》，建设户外劳动者休息室 3 个。大力推进职工之家创建活动，2022 年，对大禾、万安、民主、税务局等基层工会加大资金补助并指导完成职工之家阵地建设，指导县公路事业发展中心工会完成金桥服务区"共享司机之家"建设，争取省总工会资金 30 万元，在桃溪中心学校和武东中学建设山区学校"共享职工之家"，为山区一线教职工提供精准化服务。

基层组织建设　坚持党建带工建"353"工作机制，重点抓好规上企业和新就业形态群体建会、入会，推进党工一体化建设。在抓好日常建会基础上，对本县 2021 年新增的 976 家纳税户和社会组织进行调查摸底，并对符合条件的企业进行集中攻坚建会，做到应建尽建。2022 年，全县新增独立建会 34 家，发展会员 1371 人。抓好 2021 年度非公企业工会主席绩效补贴考核工作，为 14 家考核合格的非公企业工会主席发放绩效补贴 21360 元，有效提高非公企业工会主席的积极性。

干部队伍培养　注重班子团结和干部队伍建设，做好工会干部的培训等工作，通过以会代训，组织基层工会干部参加省、市、县业务培训班等形式，不断提高工会干部队伍素质。2022 年，组织乡镇（园区）工会主席、非公企业工会主席等 18 人参加省、市总工会举办的线上、线下培训班。

财务督查管理　强化工会财务管理，依法履行监督职能。持续开展工会系统"1+X"专项督查工作，进一步压紧压实各级基层工会，落实中央八项规定精神和工会财务制度责任。2022 年，对 29 个基层单位开展"1+X"专项督查，提出整改建议 64 条，落实整改意见 60 条，整改率 94%。通过审查审计和专项督查，促进各级基层工会经济活动规范运行。

统筹抓好其他各项工作　以法治、平安、和谐、服务为主题，努力从源头上化解矛盾，消除各种不稳定、不和谐因素，积极开展平安综治等各项宣传活动，平安综治、信访维稳、机关效能、精神文明、保密档案等工作得到全面有效落实。县总工会荣获 2021 年度县委县政府绩效考评优秀等次，被龙岩市关心下一代工作委员会授予"五好"基层关工委，县总工会撰写的《做优做强工会维权服务品牌》荣获 2022 年度福建省工会理论研究优秀论文评审优秀奖。

·共青团武平县委员会·

【概述】

2022年，共青团武平县委员会（简称"团县委"，下同）以习近平新时代中国特色社会主义思想为指导，坚持围绕中心、服务大局，找准工作的结合点、着力点，团结带领全县广大团员青年在建设闽粤赣省际宜居宜业宜旅的生态文明示范城市和老区苏区振兴发展先行区、打造有温度的幸福武平的火热实践中建功立业。

2022年1月，获中共龙岩市委宣传部、中共龙岩市委市直机关工作委员会、中共龙岩市委教育工作委员会、中共龙岩市国资委委员会颁发的龙岩市"传承红色基因　喜迎百年华诞"学习强国知识竞赛优秀组织奖。3月，获中共龙岩市委网信办、共青团龙岩市委颁发的"2021年度龙岩市广电网络杯网络安全公益短视频大赛"优秀组织奖；4月，获中共武平县委、武平县人民政府颁发的2021年度武平县平安武平、法治武平建设先进集体；8月，获东润公益基金会颁发的东润公益"最美乡村100个感动瞬间"全国短视频大赛最佳组织奖。

【人事变动】

2022年6月，赖超平因工作调动离任团县委书记职务；2022年11月起，由林锦任团县委书记职务；2022年11月，赖丽花因职务变动离任团县委副书记职务；2022年11月，刘远锋离任团县委副书记（挂职）职务、任团县委副书记职务；2022年11月，张辉礼任团县委副书记（挂职）职务。

【政治建设】

党史学习教育　依托专题宣讲、集中学习会、主题党日等方式，深入开展"喜迎二十大、永远跟党走、奋进新征程""青春心向党　建功新时代""争做新时代好队员"等学习教育活动，举办红色故事诵读比赛、梁野青年大讲堂、故事分享会、青年交友联谊会、朗诵沙龙等活动百余场，潜移默化传承红色基因。扎实推进"我为群众办实事"主题实践活动，立足本委实际，结合青年需求，按时保质完成关爱重点青少年群体、助力青年创新创业行动等"我为青年办实事"项目。有针对性地制定年度团干部培训计划，开展团内继续教育培训，引导各级团干部原原本本读原著、认认真真学党史，自觉用习近平新时代中国特色社会主义思想武装头脑、推动工作。

加强团属阵地工作　切实担当起巩固和扩大党执政的青年群众基础的政治责任，将工作责任制纳入团组织业务指标考核体系；依托新媒体平台，整体推进微信、微博、抖音等团属网络阵地建设，打造强黏性共青团组织。2022年，"青春武平"微信、微博、抖音、视频号等新媒体平台发布各类信息800多篇，阅读量达68万人次。视频号累计发布47个视频，累计播放量超10万。

【提升青少年思想政治引领的针对性、实效性】

学习载体　坚持线上线下同频共振，线下聚焦"培养社会主义建设者和接班人"这个根本任务，开展10余场推进会、交流座谈会、分享会，深入学习宣传贯彻党的十九届六中全会和党的二十大及省、市、县党代会精神，组织开展"喜迎二十大、永远跟党走、奋进新征程"主题活动6场。线上以"青年大学习""红领巾爱学习"为平台，开展主题学习活动50余期，累计覆盖团员青年、少先队员50万人次，在当代红土地青少年中深植爱党、爱国、爱社会主义的情感。

主题活动　持续开展"青年五四奖章"

"两红两优"等评选活动，选树一批社会认可、青年满意的先进典型。2022 年，全县各级团组织、青年社会组织获得省级以上表彰 4 人次、5 个集体，市级表彰 12 人次、9 个集体。开展少先队"红领巾争章"活动，12 名少先队员、8 个集体获"红领巾奖章"三星章，2 名少先队员获"红领巾奖章"四星章。

宣传引领　发动本地青年网红"武平稻悠悠""朱彬彬"拍摄园区招用工公益宣传片《可以家乡，何必远方》，全网点击量 50 多万；开展"绿动青春　低碳先锋"线上活动，呼吁市民践行绿色低碳理念，激活"碳金卡"、使用"碳积分"，吸引 3.6 万人参与；在"青春武平"开设《梁野青年故事》专栏，发布武平青年在乡村振兴、科技创新、疫情防控、防汛救灾、产业发展等方面拼搏奋斗的典型事迹 13 期。

【引领广大团员青年在高质量发展中发挥生力军和突击队作用】

发挥助推文旅深度融合的氛围烘托作用　在兴贤坊梨园开展青年朗诵沙龙、演讲比赛活动，指导县青年朗诵协会推出《梁野青声》栏目，引导青年讲好武平故事，已发布 90 余期。联合文旅部门定期在梁山书院开展"武平故事会"活动，讲好武平故事，得到广泛好评，有力增强武平兴贤坊历史文化街区的人文氛围；将"来武平　我氧你"政务讲解品牌作为青年成长锻炼和展示武平形象的平台，做好政务讲解员队伍日常管理工作，建好动态名单库，制定重要来宾讲解工作"点单、派单"制度，坚持"以练为战、以战促训"机制，举办"讲好林改故事　传递武平声音"综合素养提升班，承担政务讲解活动 10 余场。组建捷文村"我有青山"主题馆讲解小分队，目前已讲解 10 余场次。

参与社会治理引领示范　把志愿服务引申到高质量发展各方面、各领域。打造东城社区省级"青春社区"示范点，引导社区青年深度参与社区"共建共治共享"，累计服务群众 1500 余人次。充分利用"志愿汇"APP，联合多部门推出"红耀武平·靓城有我"志愿活动品牌，牵头建立一支 160 多人的青年创城志愿服务队，同时动员各乡镇成立青年志愿服务队，合计人数达 860 名，做到"团组织一吹哨、大批青年志愿者来报到"。引导青年朗诵协会、青商会、梁野社工、大爱社工、微尘社工等团属青年社会组织，积极参与开展家园清洁、秩序维护、文明劝导等志愿服务活动。2022 年，全县各级团组织共开展志愿服务活动 300 余场，累计志愿时长为 3 万小时。

助力乡村振兴　优化省级众创空间——"智农青创"人才互动交流与创新创业平台服务，设立武平县大学生创业园及武平县大学生创业指导中心，吸引 10 名青年网红主播入驻直播基地。充分发挥青年电商人才的智力优势，开展"青耘福建""团团助农""中国青年年货节"直播带货活动 18 场，销售额 45 万元，累计观看达 90 万人次。承办龙岩市"乡村课堂"云上创业青年直播电商培训系列活动，联合县残联举办残疾人电商专题培训班，覆盖青年达 150 人。举办 2022 年高素质农民培训班，全县 17 个乡镇（街道）种养殖专业户、家庭农场经营者、农民合作社带头人、返乡涉农创业者等 120 人参加。

提供社会服务职能　加强共青团志愿队伍建设，依托"志愿汇"APP，招募培训千余名青年志愿者，累计实施春运暖冬、植绿护绿、文明创城等学雷锋志愿服务活动 1000 余场，组建 28 支疫情防控青年突击队投身疫情防控工作，组建 48 支青年突击队投身防汛救灾、疫情防控、两治一拆等急难险重工作，募集 10 万元防汛救灾、抗疫防护慰问物资投入一线，组建 10 支重点项目百日攻坚"青年突击队"，动员广大团员青年积极投身重点项目第一线，为高质量发展增添"青春动力"。

【服务青少年成长发展】

服务青年创新创业　扎实推进《中长期青少年发展规划（2016—2025）》实施，联合人力资源和社会保障局等多家单位，累计举办7场专场公益性招聘活动，吸引200多家用人单位、3000余名青年参与招聘活动。开展"青春同行·校企联手"、大学生实习"扬帆计划"活动。2022年，在本县党政机关、园区企业等征集776个岗位，吸引实习大学生报名近千人，投递简历达2011人次，正式上岗302人，其中"双一流"学子67余名。建立省外"双一流"建设高校武平籍学子信息库，收录省外"双一流"高校学子信息150余条。开展"家燕归巢·筑梦梁野"活动，组织返乡大学生实地感受家乡变化，激发学子反哺家乡的热忱；推荐10余名创业青年参加福建省"创青春"大赛，推荐王秀珍进入第九届"创青春"中国青年创新创业大赛评委库。

回应青年急难愁盼　主动对接东润公益基金，积极争取北京东润公益基金会，成功将武平列为全省首个奖助地区，从2022年起每年出资50万元在本县实施"东润益师奖""东润启航奖学金"两个项目，覆盖100名教师和600名学生。开设"社区青春行动·七彩假期"暑期公益课堂，覆盖10个社区，700余名儿童受益；开展2022年希望工程·圆梦行动，共筹募资金45.5万元，资助贫困大学新生78名，在读大学生16名；依托"圆梦微心愿""爱心温暖包""青联希望小屋"等项目，动员社会各界参与青少年公益慈善事业。2022年，筹集爱心善款14.2余万元，受助学生600余人。

搭建青年发展平台　搭建青年交流学习平台，举办青年人才公益培训主题沙龙、"扬帆计划"座谈会、高素质青年农民电商专题培训班等，受益人群达5000余人；举办学习交流座谈会、故事分享会、朗诵沙龙等活动10余场，有效提升青年交流质量，拓宽青年学习成长路径。

【从严治团抓长抓实】

扩大非公和社会组织团组织建设，延伸团组织工作手臂　持续扩大对青少年的组织覆盖和活动覆盖面，加大提升团属社会组织孵化培育力度，完成非公企业团组织建设73家，社会组织团组织建设30家，不断扩大团组织的覆盖面。强化本县团干部和少先队辅导员队伍建设，举办专题培训，开展年度量化绩效考核，压实党建带团建工作责任，塑造"实在实效实干"工作作风，打造一支让党放心、青年满意的团干部队伍。

深化县域共青团基层组织改革，提升团的引领力、组织力、服务力　深化县域共青团基层组织改革工作，是党中央书记处赋予共青团的重要政治任务，是全面深化共青团改革的重要内容。紧盯改革任务，对标团省委细化的18项改革监测指标和党委政府满意度、青年获得感2项改革评价指标，争取以县委名义下发至武平县共青团改革方案，扎实推进县域共青团基层组织改革；借县域共青团基层组织改革东风，重点推动成立县直机关团工委和教育系统团工委，实现党政机关、事业单位、国有企业、学校（含幼儿园）等传统领域团的组织覆盖；争取县委组织部（非公党工委）支持，加强对"两新"组织和各类新兴领域青年群体的组织覆盖；改进团员教育管理机制，结合本县实际，选取1~2所中学重点打造团校示范点，落实推优入团、积分入团、评议入团制度，规范团员档案管理，实现团员档案合格率100%，线上依托"智慧团建"系统实现团员电子档案规范化管理，线下将团员档案纳入学籍档案一同保管、转接。

提振干部队伍"精气神"，打造政务服务生力军　大力加强基层团干部配备使用，优化考核方式，实行动态管理，团县委从日常工作推进、业务平台处理和急难任务完成情况三个工作维度，对基层团干部开展日常考核评分。严格落实"基层团组织书记述职评议考核"工作要求，按时召开年度基层团组织书记述职评议会，并将年度述职评议情况向同级党委进行反馈，既提高基层党委对团的工作重视程度，又营造出团内干部互相学习、比学赶超的良好氛围。

·武平县妇女联合会·

【概况】

2022年，是党的二十大召开之年，是向着第二个百年奋斗目标进军的关键之年。面对新形势、新任务、新要求，县妇联坚持以习近平新时代中国特色社会主义思想为指导，深入学习贯彻党的十九大、十九届历次全会和党的二十大精神，按照县委县政府和市妇联的部署和要求，全面从严治党，始终把妇女儿童的发展体现、落实到工作中，做好引领服务联系工作，充分发挥桥梁纽带作用，以妇女群众需求为导向，发扬"冲冲冲"的工作作风，聚焦聚力抓好思想政治引领、服务中心大局、家庭文明建设、维权关爱服务和妇联改革创新工作，扎实推进"我为妇女儿童和家庭"办实事活动，不断开创妇女儿童事业新局面。2022年3月22日，县妇联联合县检察院、民政局、教育局开展的"武平县建立'1+2+3'未成年人保护工作新方法"刊登在龙岩改革财经工作简报上，并得到副市长廖深洪的批示："武平县'1+2+3'做法好，请市民政局、市未保办游东同志阅研"。本县妇女维权工作连续四年在全市绩效考评中获得第一名。东留镇黄坊村妇联组织建设改革案例已被选定列入福建省基层妇联组织建设改革创新案例汇编。县妇联荣获市级文明单位、县优秀班子等荣誉称号。2021年度县对基层党组织党建目标管理考评获先进奖，党组织书记抓基层党建工作述职评议考核等次为优秀，促进"两纲"实施、加强家庭家教家风建设、"美丽庭院"创建等多项工作走在全市前列。

【强化思想政治引领】

打造思想引领网络宣传新格局　开设"巾帼大学习""一起学金句""巾帼小蜜蜂宣传""我奋斗·家国美"、家庭家教家风、妇女儿童维权、"防控疫情·差你不行"等宣传栏目，依托全县260多个"一呼百万"好姐妹工作群联络矩阵网络广泛转发宣传，引导广大妇女理解并接受党的创新理论，进一步增强对党的基本路线、基本方略的政治认同、思想认同和情感认同，引领广大妇女坚定不移听党话、跟党走。

开展"少年儿童心向党"系列活动　举行"童心向党"文艺展演暨2022年"新时代好少年"颁奖仪式，为2022年度龙岩市"新时代好少年"、武平县"新时代好少年"获奖学生代表颁奖。联合团县委、县教育局举办"童心向党　筑梦起航"、武平县"艺林杯"现场绘画大赛，切实引导少年儿童树立"强国复兴有我"的坚定信念。

学习宣传贯彻党的二十大精神　2022年10月16日，组织机关全体干部职工及最美家庭、巾帼志愿者等优秀妇女代表20余人，在县妇联会议室集体收听收看党的二十大开幕会直播，通过"梁野女声"公众号及时转发党的二十大召开相关资讯，对全县妇联系统组织收听收看情况和各界妇女群众热议分期在公众号进行发布，并充分利用全县260多个"一呼百万"好姐妹微信工作群转发宣传，迅速掀起党的二十大精神学习宣传贯彻热潮。武平县妇联组织"巾帼小蜜蜂"宣讲小分队，深入民主乡高横村、高书村、民主乡中心幼儿园及中堡镇，开展学习宣传贯彻党的二十大精神"福小宣"

岩讲家在乡村宣讲活动，向妇女群众宣讲党的二十大精神，切实推动党的二十大精神在广大妇女中入脑入心、落地生根，飞入千家万户。其间，县妇联组织宣讲小分队成员赴民主乡高书村开展优良传统教育，参观"红四军入闽第一村"纪念馆，认真聆听宣讲员的讲解，重温革命精神，与高书村的干部群众一起学习党的二十大精神，大家纷纷表示要传承红色基因，赓续红色命脉，坚守为民初心，为凝心聚力建设"大爱武平"贡献力量。2022年11月2日，县妇联召开党组理论学习中心组（扩大）会议，全体干部职工参加，传达学习党的二十大和党的十九届七中全会、二十届一中全会精神以及省委、市委、县委常委会（扩大）会议精神，研究部署初步贯彻意见。11月30日，县委宣讲团深入县妇联机关等4个单位开展学习贯彻党的二十大精神宣讲活动，县委常委、副县长张雅静常委从"新时代十年实现了什么样的伟大变革、靠什么实现了伟大变革""推进什么样的党的理论创新，怎样推进党的理论创新""坚持和发展什么样的中国特色社会主义，怎样坚持和发展中国特色社会主义"等6个方面对党的二十大报告的主要内容和重大成果进行深入解读，对党的二十大报告中的新提法、新观点、新要求做系统全面的宣讲阐释，对县妇联全体参会人员深刻领会和准确把握党的二十大精神具有很强的针对性、指导性和启发性。

【围绕中心服务大局】

助农志愿活动　实施"碳汇科技助农巾帼行"，2022年，组建一支12人的女科技特派员联盟小分队，为基地提供技术指导等服务，引导广大农村妇女懂科技、用科技，为推动产业发展和乡村振兴贡献巾帼力量。

妇女培养计划　针对企业招用工难和宝妈找工作难的矛盾问题，协调吉信德企业、城厢镇香樟社区召开社区全职妈妈座谈会，为有就业意向妇女牵线搭桥。2022年，共组织30多名妇女前往县工业园区吉信德企业参观学习，进一步提升妇女素质。

"美丽庭院"创建活动　积极助力乡村振兴、人居环境整治，推进"美丽庭院"创建活动，鼓励全县妇女群众以家庭为切入点，促进家庭文明，让院内院外美丽舒适，以家庭"小美"聚合乡村"大美"，有效改善人居环境。2022年，创建278户县级"美丽庭院"示范户、250户市级"美丽庭院"示范户，创建城厢镇南通村、万安镇五里村"美丽庭院"示范带（片）2个。

"巾帼护河"环境整治活动　2022年，组织全县17支"巾帼护河"志愿服务队近280名巾帼志愿者做好河道保洁工作。开展"巾帼护河"活动计34场次，303人参加活动。

巾帼文明岗创建活动　2022年，全县各单位申报创建全国巾帼文明岗2家、省级巾帼文明岗1家、市级巾帼文明岗1家、县级巾帼文明岗4家。

移风易俗树新风活动　围绕"强国复兴有我　红耀武平心向党"主题，联合相关部门举办"兰夜七夕·兴贤有约"首届七夕汉服文化节、"爱在七夕·相约千鹭湖"优秀青年交友联谊活动，引导广大青年树立正确的婚恋观、家庭观，弘扬移风易俗、婚事新办社会新风，大力弘扬中华优秀传统文化，增强广大群众的文化自信，引导广大家庭厚养家风正气，凝聚合力推动移风易俗活动深入开展。

【家庭家教家风建设】

开展寻找"最美家庭"活动　2022年4月，联合县委文明办开展寻找武平县"最美家庭"活动，共同揭晓27户县级"最美家庭"和5户绿色家庭。择优推荐本县共有5户家庭荣获市级五好家庭、"最美家庭"荣誉，6户家庭荣获省级五好家庭、"最美家庭"及绿色家庭荣誉。

开展家庭教育公益大讲堂专题讲座　联

合县委文明办、教育局开展"立德树人·从家出发"武平县家庭教育公益大讲堂活动,全年共举办12场家庭教育专题讲座。

召开家庭教育工作联席会暨加强家庭家教家风建设工作推进会 2022年5月,召开家庭教育工作联席会暨加强家庭家教家风建设工作推进会,县委文明办、检察院等单位分管家庭教育工作领导就发挥部门职责做好家庭教育工作现场交流发言,县妇儿工委办联合县妇联向全县广大家庭发出学习贯彻习近平总书记关于注重家庭家教家风建设重要论述的倡议。

【保障妇女儿童权益】

婚姻家庭纠纷预防化解工作 各级妇联执委积极配合妇女维权专业化队伍和"春蕾安全员"工作队伍,常态化开展基层婚姻家庭纠纷大排查、大化解和困境儿童走访建档工作。2022年,共走访重点家庭88户300余人次,排查出婚姻家庭纠纷风险42例;走访留守(困境)儿童100余人次,累计建档119户;有效处理来信来访来电19件,全部实现化解稳控,为平安武平建设营造良好的社会环境,打通联系服务妇女群众"最后一公里"。

组建家事调解员队伍 以党建为统领,建立巾帼维权工作室和婚姻家庭纠纷诉调对接工作室,在全县17个乡镇(街道)建立妇女儿童维权工作站和婚姻家庭纠纷调解室,联合县法院印发《关于加强婚姻家庭纠纷案件诉调对接工作的意见》的通知,组建一支包含法官、律师、法律志愿者和妇女工作者家事调解员、调查员队伍。运用家事辅助人机制,2022年,共选任26名家事辅助人,常态化开展基层婚姻家庭纠纷大排查、大化解和困境儿童走访建档工作,构建相对完善的维权网络。

开展"三八维权月"宣传活动 2022年3月3日,牵头组织县委宣传部、县委文明办、总工会、团县委等单位在梁野文化广场开展以"志愿新风·福满梁野"为主题的学雷锋志愿服务集中活动,共发放妇女维权有关法律法规宣传材料2000余份,吸引众多市民前来体验咨询,得到社会广泛好评。

提升维权队伍法律素养 2022年,组织全县乡镇(街道)、村(居)妇联主席开展"法律明白人"、《与法同行·共护未来》《人民调解的方法及技巧》《基层妇联组织维权工作手册》八字维权工作法等法律法规知识培训,通过培训进一步提升基层妇联领头雁政治能力、维权工作能力、服务群众能力。

新"两纲"学习宣传与贯彻落实 以新"两纲"颁布实施为契机,宣传实施新"两纲"的意义和各项目标任务及党和政府有关妇女儿童的方针政策,扩大社会知晓面,营造全社会关心、关注和积极参与妇女儿童事业发展良好氛围。加强领导和督促检查,逐级落实责任,层层抓好落实,妇儿工委各成员单位根据新"两纲"提出的各项目标任务,结合部门职责和部门发展规划,制定本部门贯彻落实新"两纲"的具体方案,并抓好落实。2022年,完成全县的妇女儿童发展纲要编制工作。

【巾帼关爱行动】

贫困妇女儿童救助 持续开展"两癌"贫困妇女、"贫困母亲""春蕾计划"等贫困妇女儿童救助工作。母亲节期间,向全县各机关单位、全体市民发起"母亲健康1+1"公益募捐活动。2022年,筹集善款15.79余万元,发放"两癌"救助金17.5万元,救助30名"两癌"困难妇女;发放"贫困母亲"救助金7.6万元,救助"贫困母亲"75人;争取省市妇联春蕾助学金4.3万元,资助贫困学生8人;招募数十名"爱心妈妈"加入"恒爱行动——百万家庭亲情一线牵"爱心毛衣编织活动,为新疆民族家庭的儿童编织毛衣及围巾近50件,积极营造全社会关心、关爱、支持妇女儿童事业发展的良好氛围。深入民主乡和万安镇开展"把爱带回家"慰问困境(留守)儿童活动,为 174 名儿童送上童鞋，传递政府和部门对儿童的温暖与关爱，为本县广大儿童撑起一片爱的天空。

"关爱女性健康" 2022 年，制定下发《中共武平县委办公室武平县人民政府办公室关于开展"女性安康保险"惠民活动的通知》，2400 余名女性购买"女性安康保险"。争取中国人寿保险公司支持，为 110 名易返贫妇女和 10 名抗疫一线社区妇女免费购买女性安康保险，慰问抗疫一线护士和贫困妇女 6 名，并为每人送上慰问金 500 元。

【妇联组织建设破难行动】

提升妇女儿童服务水平 强化阵地建设，充分发挥阵地作用，促进服务妇女儿童软实力的提升。2022 年，县妇女儿童活动中心项目升级改造已完成，内设有妇女之家、青年之家、儿童之家，青少年校外活动中心公益教室、多功能教室、培训宣传室、档案室、烘焙室以及书法、绘画、围棋、象棋、钢琴、古筝、二胡、吉他等文化艺术室，是一家集教育培训、文化宣传活动、娱乐健身等为一体的综合性妇女儿童活动场所。

提升女干部能力素质 2022 年 3 月，为进一步提升基层妇联领头雁政治能力、调查研究能力、群众工作能力，组织 17 个乡镇（街道）妇联主席进行业务培训。6 月，联合中山百家姓合作社举办高素质农民食用菌培训班，9 月，为进一步提升妇联执委及新一届基层妇联干部的综合素质和履职能力，更快适应新岗位，发挥引领服务联系妇女作用，联合县委组织部、县委党校在县继续教育基地举办全县新一届乡镇（街道）、村（居）妇联主席履职能力提升培训班，共 240 人参加。

着力夯实组织基础 2022 年，分层级对新当选的 2652 名执委进行履职培训，引导执委把荣誉视为责任，珍惜机会、发挥优势、积极履职、大胆创新与实践。在各级妇联办公场所，

公布妇联组织和妇联干部队伍信息，公布各执委的工作任务和履职清单，全县妇联执委通过"五亮"形成一张妇联执委工作网，覆盖广大妇女群众。2022 年，全县共建立"一呼百万"微信群 243 个，覆盖妇女群众近万人。

【党的建设】

强化政治理论武装 以习近平新时代中国特色社会主义思想为指导，抓好机关党员干部的政治理论学习，贯彻落实上级关于理论学习中心组的各项制度及有关要求，制定下发《中共武平县妇女联合会党组理论学习中心组 2022 年重点学习内容》，依托党组中心组、"三会一课""学习强国"、福建干部网络学院等理论学习平台，认真学习习近平总书记在省部级主要领导干部学习贯彻党的十九届六中全会精神专题培训班开班式上的重要讲话精神，学习《闽山闽水物华新——习近平福建足迹》等四部图书，召开党组理论学习中心组（扩大）会议，开展学习贯彻党的二十大精神专题研讨活动。2022 年，共开展集中学习 27 次、专题研讨 11 次、上党课 4 次，提高党员干部的理论学习水平。

全面从严治党 坚持把党的政治建设摆在首位，把全面从严治党融入妇联工作各领域全过程。2022 年 7 月、12 月，召开两次全面从严治党暨党风廉政建设和反腐败工作专题会议。传达学习上级有关会议精神，通报典型案例，总结党风廉政建设工作，并部署下一阶段工作，进一步筑牢党员干部廉洁自律思想底线。2022 年，线下共组织学习廉政知识 5 场次，接受廉政教育洗礼共 54 人次，开展一对一廉政谈话 8 人次，集体廉政谈话 27 人次，开展警示教育 7 场次。

·武平县科学技术协会·

【概况】

2022年，县科协在县委、县政府的正确领导下，在省、市科协的有力指导下，认真贯彻县委、县政府和上级科协的决策部署，认真履行科协"四服务"职能，以"红耀武平.科普有我"为抓手，主动作为，扎实工作，不折不扣完成市科协下达的工作任务。成功创建2021—2025年度第二批全国科普示范县，获2022年福建省全民科学素质网络竞赛优秀组织单位。县科技馆和"我有青山"主题馆被评为福建省优秀科普教育基地，县科技馆被评为全省科技馆联合行动优秀组织单位、全国科普教育基地。

【科普工作】

成功创建全国科普示范县 县委县政府高度重视科普工作，将习近平总书记"把科学普及放在与科技创新同等重要的位置"等关于科普的重要指示精神在基层落地生根，形成"三动一参与"（党政推动、部门联动、企业互动、全民参与）科普工作机制，深入实施"三提三效"行动，发扬"实干、实效、实在"的作风，强化组织领导，突出工作重点，打造创建品牌，营造浓厚氛围，全力推动高质量创建工作。县科协主动作为，强化担当，发挥牵头作用，密切联系协调各相关单位，严格按照验收测评指标，逐条逐项落实到位，成功创建2021—2025年度第二批全国科普示范县。通过创建活动，形成以县科技馆为龙头，构建"六馆三廊一园"的科普场馆联盟，打造科普教育基地网红打卡点。

科技馆扩改建项目 利用免费开放补助资金改扩建科技馆230平方米，增加前沿科技展区、碳中和展区，改建序厅，扩大科技馆面积和新增15件展品，进一步完善和丰富武平县科技馆展教资源，确保科技馆有效、有序运行。

制定《武平县"十四五"全民科学素质行动规划纲要实施方案》 根据《龙岩市"十四五"全民科学素质行动计划纲要实施方案的通知》（岩科素质领〔2022〕1号）精神，结合本县实际，制定《武平县"十四五"全民科学素质行动规划纲要实施方案》，并让各乡镇（街道）及全民科学素质成员单位实施。

开展"全国科技周""全国科技工作者日""全国科普日活动"等系列活动 开展以"走进科技，你我同行"为主题的科技周活动；开展专家进乡入村科普活动；开展慰问科技工作者活动；开展以"喜迎二十大，科普向未来"为主题的"全国科普日"活动。

参加各项科技竞赛 积极组织青少年参加国家、省、市等单位举办的青少年科技创新大赛、青年科普创新实验暨作品大赛、机器人竞赛。在竞赛活动中，共获二等奖6个，三等奖6个。黄春信老师获省十佳优秀科技辅导员荣誉，其作品《重走红色交通线 共筑乡村振兴梦》是主题创新实践活动方案和陈伟光老师的作品《鹭趣—武平中山河国家湿地公园鹭科鸟类大搜索》被推荐进入全国大赛。

参加志愿服务 成立县级科技志愿服务队，动员相关单位共同参与，2022年，科技志愿者注册人数1049人，开展相关志愿服务活动31场。

全民科学素质网络竞赛活动 为推进公民科学素质提升，贯彻落实习近平总书记关于"科学普及和科技创新同等重要"的指示精神，县科协组织发动全县上下参加2022年福建省全民科学素质网络竞赛活动。据统计，2022年，全县有20.07万人参与此项活动，比2021年增加119.5%。

【科普大篷车活动】

进校园，举行科普教育活动 16 次，2022 年活动受益人数达 1.21 万余人；进乡镇，科普大篷车变身"防疫科普宣传车"，前往各乡镇开展疫情防控科普宣传，利用车载横幅、音响的流动宣传模式，将防疫要求传播到千家万户，让疫情防控宣传"声"动起来，受益群众 8 万余人；进企业，通过现场宣传、车载广播、发放宣传册等方式，宣传安全生产知识，受益群众 0.6 万余人。

【科协队伍建设】

2022 年，经县委编委会研究，在原基础上增核 2 名科技馆财政核拨事业编制，现有事业编制人员 2 名，公开招聘 2 名工作人员，聘用 6 名劳务派遣人员，县科协的科普工作能力得到全面提升。

【助力经济高质量发展】

巩固"三长制"试点成果，团结引领广大基层一线科技工作者服务创新驱动、乡村振兴，武平县涌现出曾华、何锦标、钟红华、熊高晖等一批优秀基层科协"三长"工作先进个人，服务省级以上学会服务站创新平台建设。成功创建福建武平县优达农业开发有限公司和永灵生物科技有限公司 2 家省级学会创新驱动服务站；积极培育梁野欢黄金果合作社科技小院；鼓励支持相关企业加强与原院士专家团队联系，持续与院士专家团队保持创新项目合作。福建省喜浪农业科技发展有限公司与谢华安院士团队签订新的合作项目，取得新的成效。助力乡村振兴，举办百香果、仙草和优质稻栽培技术等 3 期新型人才素质提升培训班，受益人数达 1000 余人，开展学术交流与课题调研。积极推荐全县优秀科技工作者的先进科技事迹和成果。2022 年，涉及农业、医疗、教育等领域科技工作者的 30 篇优秀论文参加龙岩市科协学术交流。

向市科协上报 2022 年度重点调研课题《关于武平县乡村振兴村庄规划推进情况的若干思考》。

·归国华侨联合会·

【概况】

2022 年，县侨联坚持以习近平新时代中国特色社会主义思想为指导，全面学习宣传贯彻党的二十大精神，认真学习贯彻习近平总书记关于群团工作和侨务工作的重要论述，围绕"三提三效"，团结凝聚广大归侨侨眷和海外侨胞，聚力建设武平老区苏区高质量发展示范区，尤其在服务新侨创新创业方面取得新成效。成立全省首个县级新侨人才创新创业服务中心，得到省、市侨联的充分肯定。

【政治建设，党建引领】

加强侨界思想政治引领 抓好党的二十大精神的学习宣传，推动党的二十大精神进基层、进侨企、进侨户，团结引领侨界群众听党话、跟党走。在党的二十大召开期间，组织本县侨界群众、侨资企业、基层侨联收听收看党的二十大开幕会，并征集感想感言，侨胞邓小生、侨资企业新洲（武平）林化有限公司执行董事兰新光、城厢镇侨联主席聂才英等 3 位同志的感言在福建省侨联网站发布。2022 年 12 月 2 日，省侨联党组成员、副主席张瑶来岩前镇东峰村开展党的二十大宣讲活动，东峰村村民小组代表、党员群众近 30 人听取宣讲。

讲好侨界故事，传递好声音 2022 年 9 月 16 日，以组织全市侨联系统"一县一主题"活动为契机，举办以"砥砺创业路，殷殷桑梓情"为题的微讲坛，讲述本县新华侨华人艰难创业路以及创业成功后反哺家乡的桑梓情怀，引导归侨侨眷和海外侨胞传播中国好声音、武平好故事。党的二十大前夕在县博物馆举办为期10天的"百年荣光——闽西华侨百年贡献"图片展，广泛宣传侨胞在各个历史时期的重要贡献以及当代侨界先进人物的典型事迹，传播正能量。

弘扬中华文化　组织本县高中生参加"第二十三届世界华人学生作文大赛"，39名参赛学生中，共有8名学生获奖，其中一等奖1名，二等奖4名，三等奖3名。

【聚焦中心，服务大局】

服务项目建设　围绕县委、县政府中心工作，持续抓好"中国侨商投资（福建）大会"本县上台签约项目（竹材综合加工建设生产项目）的跟踪服务，及时了解项目进展情况，协调解决项目推进中碰到的困难和问题，推动项目落地见效。9月27日，举行试生产仪式，该项目实现武平竹产业深加工项目"零"的突破。

汇聚侨资侨智侨力　认真开展本县侨界重点人士、侨界高端人才摸底调查工作，初步建成本县侨界重点人士、侨界高端人才信息库，至2022年年底，已入库侨界重点人士11人、侨界高端人才39人。积极做好福建省新侨人才联谊会个人理事和福建省侨界党外代表人士推荐工作，推荐新加坡国立大学教授谢建平为福建省新侨人才联谊会个人理事，推荐蓝伟光、林斌、钟安良、钟联胜4位同志为侨界党外代表人士，有效促进更多侨资源要素汇聚武平，为本县经济社会发展提供侨界人才、智力储备。

创新创业服务　深入贯彻落实《闽西革命老区高质量发展示范区建设方案》，为本县新侨创新创业搭建沟通交流平台，县侨联发挥职能作用，协助筹建成立武平县新侨人才创新创业服务中心。2022年11月23日，服务中心成立大会暨第一届理事会在新洲（武平）林化有限公司召开，推选钟联胜为理事长、王其华为副理事长、邓小生为秘书长。12月1日，省侨联党组成员、副主席张瑶一行5人前来调研考察服务中心，对服务中心的成立给予高度赞誉。2022年12月15日，举行服务中心揭牌仪式，县委常委、统战部部长参加揭牌仪式并讲话。

【以人为本，助侨惠侨】

关心关爱侨界特殊群体　开展"侨爱心·光明行"活动，组织本县100名白内障患者前往龙岩华厦眼科医院施行免费复明手术。中秋节前走访慰问海外重点侨在武眷属58人，发放慰问金1.74万元，送上党和政府的关怀，让因为疫情不能返乡的海外侨胞安心在国外工作、生活。抓好"双联系"（联系基层、联系群众）工作，协同省侨联机关第三支部在岩前镇东峰村开展"党建聚侨心·双联双帮"专项行动，建设东峰村华侨主题公园，为东峰村25户归侨侨眷发放慰问金和"侨爱心包"。实施贫困侨救助，为3户贫困侨发放救助资金7200元。认真做好老侨联工作者、老归侨、散居社会困难归侨侨眷的慰问工作，共走访慰问老侨联工作者1名、老归侨代表1名、困难归侨眷3名，发放慰问金2500元。

涉侨维权联动机制　建立与检察院、法院等部门的涉侨维权联动机制，健全完善涉侨重大信访案件的会商、协商制度，规范涉侨纠纷诉调衔接程序，依法维护广大侨胞侨眷合法权益，协助处理侵犯归侨侨眷权益的突出问题。

侨法调研工作　2022年9月6日，深入基层侨联、侨资企业开展《中华人民共和国归侨侨眷权益保护法》贯彻实施情况调研，推动《中华人民共和国归侨侨眷权益保护法》更好地贯彻实施，切实维护广大归侨侨眷合法权益。

疫情防控常态化　坚决贯彻党中央和省、市、县常态化疫情防控的决策部署，开展"暖侨行动"，做好海（境）外返武重点侨胞的联络接待工作。通过微信、网络平台积极向海（境）外侨胞推送健康服务信息、防疫新规定，做好防疫政策的宣传解释，传递抗疫正能量。

深入新洲（武平）林化有限公司等侨资企业了解疫情防控措施落实情况，助力企业防控疫情、发展生产。积极参与县疫情防控外防输入工作，选派1名干部参加武平高速出口健康服务站疫情防控值班，选派1名干部到县疫情防控应急指挥部参与为期3个月的疫情防控工作。

【创新模式，内外沟通】

深化海外联谊联络，坚持"两个并重"和"两个拓展"，推动"两个建设"，依托"互联网+"平台，联合境外社团共同开展"云端"网络互助活动。春节前夕开展"云端"网络拜年活动，送上新春祝福，传递家乡亲情。在柬埔寨福建总商会举行第四届理（监）事会换届及会刊发行仪式期间，县侨联发去贺信表示祝贺。邀请蓝祎虹、邓小生2位侨胞参加第九届世界龙岩同乡恳亲联谊大会。持续做好"迎进来"联络联谊，2022年，接待新西兰客家商会副会长陈金华、加拿大福建工商联合总会常务副会长钟联胜等侨胞。

【不断学习，提升能力】

选派1名科级干部参加2022年第2期县管干部进修班培训学习。按照《中华全国归国华侨联合会章程》和《基层侨联组织工作条例（试行）》要求，促进基层侨联"一提升、两完善"。2022年11月22日，召开平川街道红东社区第二次归侨侨眷代表大会，选举产生红东社区侨联第二届领导班子，选举钟辉生同志为主席、李晓鹰同志为副主席、李添新同志为秘书长。11月24日，召开万安镇第二次归侨侨眷代表大会，选举产生万安镇侨联第二届领导班子，选举王如平同志为主席、朱安康同志为副主席、李冬梅同志为秘书长。11月25日，召开城厢镇第二次归侨侨眷代表大会，选举产生城厢镇侨联第二届领导班子，选举聂才英同志为主席、兰新光、钟李君同志为副主席、刘秀荣同志为秘书长。

·武平县工商业联合会·

【召开工商联（总商会）换届大会】

2022年，召开县工商联（总商会）第九次代表大会。市委统战部副部长，市工商联党组书记蒋海鸿到会祝贺，对武平工商联五年来的工作给予充分肯定，强调做好新形势下工商联工作。县委书记张丽华在会上致辞，并就加快新时代民营经济发展和做好工商联工作提出要求。大会听取并审议通过陈秀兰代表第八届执委会作的工作报告。选举产生新一届县工商联（总商会）领导，选举产生主席1人，副主席8人，总商会执行会长1人，总商会副会长9人。

【理想信念教育】

学习宣传贯彻上级会议精神　组织干部职工及民营经济人士收看党的二十大开幕会盛况，采取谈体会、写心得等形式，引导广大民营经济人士认真学习领会党的二十大报告；召开学习党的二十大精神专题研讨会议，力求工商联干部职工真正在学懂弄通做实二十大精神上当好排头兵；通过在商会微信群及时发送大会动态等相关信息，让广大会员第一时间了解大会盛况、把握精神。宣传栏张贴宣传二十大会议精神；组织干部职工参与"学习强国"学习平台系列专项答题，检验和巩固学习成果。2022年年初，利用县工商联换届契机组织民营经济企业家学习党的十九大六中全会、省第十一次党代会、市第六次党代会精神。

开展庆祝建党101周年系列活动　组织机关干部集中、自学《闽山闽水物华新——习近平福建足迹》，并进行学习体会研讨。书记带头讲授《中国共产党百年历程中的自我革命》专题党课和廉政微党课——违法违纪典型案例警示教育，组织党员开展重温入党誓词的活动，唤醒先进意识，增强党性意识。

举办梁野民营企业家讲坛　为加强企业家创业成功经验的交流分享，营造尊重和激励企业家干事创业的社会氛围，讲好本县民营企业家故事，促进非公经济健康发展和非公经济人士健康成长，结合2022年对非公经济人士理想信念教育，2022年8月，举办梁野民营企业家讲坛，增强县工商联的凝聚力和向心力。

【发挥工商联桥梁纽带作用】

优化营商环境　坚决贯彻习近平总书记关于支持民营经济发展的重要讲话和指示精神，深入开展干部入企服务常态化活动，传递政策，助力企业保增稳产，全方位扶持企业发展壮大。与县人社局、县总工会、县企联三方四部门成立劳动关系协调领导小组，保障企业和企业职工的权益，构建和谐劳动关系起到积极的作用；与县法院联合举办建立涉企民事纠纷调解工作机制，分别制定《关于建立涉县域企业民商事纠纷调解工作机制的协议》《关于建立涉非公有制经济主体民商事纠纷诉调衔接机制工作实施意见》，并在工商联挂牌成立诉前调解室；与县司法行政机关建立联系协作机制；与县公安局经侦大队形成"警企财会"联动机制，及时宣传经济犯罪预警和反诈骗信息，开展护企帮企"点对点"服务；与县税务局、县青年商会一同开展"春雨润苗"政策暖心活动，县工商联与税务局将继续建立"春雨润苗"行动定期沟通机制，强化协同配合，搭建好工商联、税务部门和企业沟通交流平台。

招商引资工作　开展以商招商，充分利用县内外商会资源优势，积极宣传武平县工业项目招商引资优惠政策，要求各异地商会积极宣传招商引资政策，促进各地企业来武平投资。

开展"万企兴万村"活动　根据市委统战部等7部门文件精神，制定《武平县委统战部等六部门关于"万企兴万村"行动实施意见》《中共武平县委统战部等六部门关于印发2022年龙岩市武平县"万企兴万村"行动工作计划的通知》。并成立武平县"万企兴万村"行动领导小组，各项工作有序开展：以企业和商会为帮扶方，以全县重点乡村振兴村为帮扶对象，以签约结对、村企共建为主要形式，采取"一企（会）帮一村"等方式，突出精准要求，突出工作实施，有针对性地开展行动；深入企业（商会）宣传发动，大力组织企业（商会）参与行动，引导企业（商会）充分发挥自身优势，因企因村制宜，采取差异化的措施进行帮扶；加强与参与帮扶单位的沟通联系，做好在当地开展帮扶工作的企业（商会）服务体系工作，协调企村关系，跟踪了解帮扶进展情况，确保数据真实准确；督促企业（商会）在帮扶中诚信守法，尊重市场规律，保护生态环境，保护贫困群众切身利益。

做好民营企业职称评审工作　用心用情用力做好民营企业职称评审工作，举办民营企业职称评审培训会，组织民营企业具体业务人员参加培训，特邀专家到会指导，为职称评审工作打下坚实基础。

【为构建和谐社会分忧助力】

助力防疫抗疫　武平驰援泉州医疗队员凯旋后，县女子商会、客家商会分别前往隔离酒店开展慰问活动，为这些白衣天使们送上鲜花以及慰问金，感谢他们为泉州疫情的稳定做出巨大的无私奉献。

开展送爱心活动　县青年商会持续走进特教学校开展"关爱折翼天使传递温暖爱心"活动，为特殊学校捐赠一台洗衣机，并为孩子们送去各种喜爱礼物。

结对帮扶百名困难学子公益活动　2022年，正式启动"武平县千名爱心企业家结对帮扶困难学子，助推有温度幸福武平暨武平县客家商会结对帮扶百名困难学子"公益活动。县客家商会筹集100万元，用于首批150名困难学子为期三年的"一对一"帮扶行动。

开展防汛救灾工作 2022年，县青年商会、广告企业商会，龙岩远勤建设、茂增木业向灾区捐赠生活物资；县总商会湘店镇分会向湘店镇防汛一线送上防汛物资，广州市福建武平商会发动在广州的武平乡贤、商会会员募捐4万余元帮助十方镇中和村灾后重建。

开展"红耀武平·靓城有我"活动 县工商联组织县青年商会、广告企业商会、客家商会、女子商会分别开展"红耀武平·靓城有我"志愿服务日活动，增强广大市民文明意识，卫生意识，携手共建文明城市。

【加强机关自身建设】

建立完善长效学习机制，使机关学习制度化、常态化；制定学习计划，通过集体学习、交流研讨和自学，不断加强对政治理论和业务知识的学习，着力提高工作能力和监督水平。强化内部监督管理，严格签到制度和请销假制度，组织干部职工签订了保密承诺书，严格遵守各项规章制度和法律法规。加强自身作风建设，按照"政治引领好、队伍建设好、商会发展好、作用发挥好、工作保障好"的"五好"标准，紧紧围绕"两个健康"主题，克难奋进，担当作为，紧盯工商联政治建会、团结立会、服务兴会、改革强会工作总目标，围绕中心、服务大局，创新工作举措，推动经济社会高质量跨越式发展。推行"脚底板工作法"，加强调查研究工作，锻造干部职工求真务实，勇争一流的工作作风，在新型"亲清政商"关系中发挥示范作用。

【2022年荣誉】

2022年度福建省红十字会"99公益日"优秀爱心单位。

·武平县文学艺术界联合会·

【概况】

2022年县文联在县委、县政府的坚强领导下和上级业务主管部门的大力支持下，紧紧围绕全县工作大局，认真履行"联络、协调、指导、服务"工作职能，团结引领全县广大文艺工作者克难奋进、开拓创新，围绕迎接、学习、宣传、贯彻党的二十大这一主线，围绕助推地方发展、助力乡村振兴，积极开展各项文艺活动，营造良好的文化氛围。福建文艺网、龙岩文艺、文旅龙岩公众号、《闽西日报》等媒体相继推出本县文联文艺报道15篇，对本县文联工作取得的成绩进行宣传报道。

【完成省市重点项目文化植入等各项工作任务】

2022年，武平县文联紧紧围绕县委、县政府中心工作，积极参与省市重点项目百家大院文化品牌树立、心月阁公园等文化植入活动，做好乡村振兴赋能、武平故事会、武平每周一歌、客家美食宴评选参赛等工作。2022年，心月阁公园文化植入已经基本完成，全力投入百家大院文化品牌打造工作。围绕赋能乡村振兴，组织作家协会、诗词协会、楹联协会、摄影家协会，举办美丽乡村文艺采风创作活动20多场次；组织美术家协会深入乡村采风写生，用画作讲述乡村振兴故事；大力宣传农村发展的大好形势，热情讴歌经济建设取得的辉煌成就，助力"百日攻坚"行动，推动重点项目建设。

参与创建全国文明城市工作，参与全县防疫工作，抽调一名工作人员参与防疫指挥部工作；抽调工作人员参与东留健康服务站、十方高速口排查工作。防汛工作中，文联挂钩永平镇昭信村，在2022年的防汛工作中，文联组织全体干部协助当地党委、政府完成驻村排危、值班值守等各种防汛工作任务。

积极策划生成项目向上争取资金。2022年报送的武平县兴贤坊梨园——闽西汉剧传习文艺示范基地荣获2022年福建省委宣传部、福建省文联联合命名的新时代特色文艺示范基地，省文联专门下拨20万元资金扶持。

【扎实有序开展系列主题文艺活动】

围绕"礼赞新时代·奋进新征程"等党的二十大主题，推出"武平系列"丛书。2022年，县文联浓墨重彩打造《摄影家镜头下的武平》《画家笔下的武平》《作家笔下的武平》《如画武平》"武平系列"丛书，组织摄影家协会会员从年初开始深入各乡镇开展美丽乡村采风，以诗歌配照片的形式，在文联综合性季刊《南海文苑》推出专辑《摄影家镜头下的武平》（美丽乡村）。从2021年4月份开始，组织美术家协会会员开展采风写生活动，推出多个主题（生态景点、美丽乡村、非遗文化）等写生与创作活动，取得一系列成果，涌现一大批接地气、有生气的作品。《画家笔下的武平》收集了20多位画家或美术工作者120多幅作品，作品艺术表现形式多样（中国画、油画、钢笔画），题材内容丰富（山水画、人物画、花鸟画），方向多样（创作、写生等），省文联副主席王来文亲笔题字，省文旅厅副厅长吴新斌亲自作序，是本县第一本美术画册，社会反响良好。《作家笔下的武平》征稿启事发出后，收到来自湖南、江西、河南、河北、四川等全国各地作家的123篇文学作品，分外地作家和本地作家笔下的武平两部分，编辑出版后，得到市、县领导的高度肯定。武平第一本自然风光摄影画册《如画武平》推出后，受到社会各界的好评。

举办以"喜迎二十大召开"为主题的系列主题文艺活动，为全面展现本县民族器乐演奏艺术、举办本县首场民族器乐演奏会，表达全县文艺工作者坚守初心、坚定不移听党话、感党恩、跟党走，满怀信心奋进新征程的决心。2022年7月20日晚，在武平县兴贤坊梨园成功举办"喜迎二十大，艺心永向党"民族器乐演奏会，传统音乐与客家风情相互辉映，别有一番畅游"客家文化"的特殊情调。开展"喜迎二十大"书画、诗词大赛和作品展，一得书画社联合县总工会举办"中国梦·劳动美——喜迎二十大　建功新时代"全县职工书画大赛暨作品展活动；书法家协会举办"喜迎二十大·奋进新征程'金秋杯'"书法展；县诗词协会举办"喜迎二十大·诗颂新武平"诗词创作比赛；县民间文艺家协会举办"喜迎二十大·奋进新征程"古筝演奏表演；二十大召开后，县文联组织美术家协会在线上举办"庆祝二十大胜利召开"美术作品展。

【推广"福"文化，讲好"福"故事】

春节期间组织开展系列以"福"文化为主题的丰富多彩的文艺活动。围绕打造"福文化"，春节期间，县文联组织县书协、一得书画社举办"送福进万家"义务书写春联、送春联活动20多场次。县戏剧家协会在春节期间，围绕"福文化""福见武平"主题，开展系列文艺演出，春节期间线上新春云展播、线下梨园展演惠及约1.5万人，丰富人民群众春节期间的精神文化生活。县楹联家协会举办新春咏联会，县戏剧家协会每周三、五、六在兴贤坊传统文化街区梨园常态化开展公益惠民演出活动，2022年，共演艺100多场（含街头艺术表演），吸引大量戏剧爱好者。

【精心组织文艺精品创作】

实施文艺作品质量提升工程，多措并举引导文艺精品创作。在县文联的组织引导下，各协会会员创作大量的优秀作品，2022年，总计

300 多篇作品在市级以上报纸杂志上发表、在各级赛事、展览等活动中获奖、在各类网络平台展播。其中，邱云安的散文《小城小吃》发表于《光明日报》、诗歌《我喜欢这秋天》发表在《北京文学》、诗歌《桃花岛》《百香果的天空》发表在《福建日报》，还在《生活创造》《诗词报》《速读》《福建法治报》《海峡品牌》等发表诗歌散文作品。王继峰、张自贤、林永芳、钟卫军、刘友和、陈彩琼、林东祥、王丽、吴小光等会员作品在《杂文选刊》《福建日报》《福建法治报》《文汇报》《闽西日报》《鄂州周刊》《扬子晚报》《江苏经济报》等报刊上发表。李国潮的专题摄影《上刀山下火海》（一组 10 幅）刊登在《汉语世界》英文杂志，向全世界讲述中国故事，他拍摄的《中国最美小鸟落户武平》获福建新闻奖三等奖，《家园》《红豆杉与山椒鸟》《雪山行》等 3 幅作品入选"红色古田生态龙岩魅力梅花山"全国摄影大展（国展不评等奖）。黄梅平的《流莹飞瀑》入选"红色古田生态龙岩魅力梅花山"全国摄影大展（国展不评等奖）。修永清的《我和春天有个约会》入选"红色古田生态龙岩魅力梅花山"全国摄影大展（国展不评等奖）。县诗词协会多名会员在各级报刊发表诗词作品，参加各地诗词创作征文获得多个奖项，与厦门知青联合开展"诗词年"创作联谊活动，编辑发表《梁野诗词》微刊 30 期。县楹联家协会蓝伟文作品在《中国楹联报》发表；平川诗社文发添、李顺仁等作品在《中国楹联报》等报刊发表；县美协李亦华、刘汉兴等会员画作在福建省第九届工笔画展中获优秀奖。

【队伍建设】

有序推动文艺家协会换届工作，完成民间文艺家协会、平川诗社换届选举工作，把政治硬、能力强、素质高、专业精的人才充实到领导班子中。民协吴桥荣、徐桂荣 2 人加入中国民间文艺家协会，一得书画社刘炎盛加入中国书法家协会，截至 2022 年底，本县国字号会员达到 36 人，新增一批省、市会员。

·武平县残疾人联合会·

【概况】

2022 年，在县委、县政府的坚强领导和市残联的精心指导下，县残联较好完成县委、县政府决策部署和省、市残联的工作任务。2022 年，首次组建成立五个残疾人专门协会，圆满完成县、乡两级残联换届，残疾人家庭无障碍改造、残疾人就业创业和居家托养项目等全面完成，梁野残疾人慈善基金会开展公益慈善项目 15 个（次），残疾人的幸福感、获得感显著提升，有力促进残疾人事业全面发展。

【组织建设】

提升政治本领　认真抓好习近平新时代中国特色社会主义思想的学习贯彻，团结带领党员干部增强"四个意识"、坚定"四个自信"，捍卫"两个确立"，切实增强党员干部政治意识，提升政治能力，恪守政治本色。

营造干事创业氛围　始终重视抓好党风廉政建设和反腐败工作，2022 年，召开两次专题分析会，制定《县残联一体推进"三不腐"具体化工作实施方案》。认真分析排查各项工作的廉政风险点，落实防范风险点的具体股室、责任人，进一步筑牢廉政风险防线，促进干部职工更好履职尽责、干事创业。

【社会保障】

残疾人脱贫攻坚成果　落实防止返贫动态监测和帮扶机制。2022 年，共筛查已脱贫残疾人 1632 人，其他因灾、因病、因突发事故等造成基本生活出现困难的残疾人 19 人，对纳入重点监测的 3 户残疾人家庭给予 1000 元发展生产资金和物资帮扶，落实科级领导挂钩等帮扶措施，全县未发生残疾人规模性返贫致贫情况，在全县开展"我为残疾群众办实事"实践活动。组织动员全县科级以上干部 960 多人挂钩生活困难残疾人 1260 多户，为防止残疾人脱贫户返贫、致贫起到较好实效；开展困难残疾人"漏保""漏救"排查工作，配合民政部门做好困难残疾对象排查工作，全累计推送新办证重度残疾人（含精神、智力三级）238 条信息数据，经县民政部门核查，163 名残疾人新纳入低保，15 名残疾人获得临时救助。

残疾人兜底保障举措　深化"一户多残"残疾人家庭生活困难补贴制度工作机制，2022 年，为符合条件的 499 户 1065 名残疾人发放补助金 62.59 万元。残疾人"两项补贴"调整提升，每年全县领取困难生活补贴和重度护理补贴的残疾人分别有 4589 人、4354 人；落实托养服务项目，为 177 名符合条件的困难残疾人和 19 名机构托养残疾人提供托养补助，发放补助资金共计 47.6 万元；认真落实市级"扶残助学"和省级"大学生圆梦行动"项目，为 5 名符合条件的残疾人大学生或低保户残疾人子女申报市级扶残助学补助 1.2 万元；为 25 名符合条件的残疾人大学生或低保户残疾人子女人申报省级"大学生圆梦行动"项目补助 15.2 万元。

残疾人风险防范水平　2022 年，为全县 10859 名残疾人办理每人 30 元意外伤害保险，年度累计理赔 46.85 万元，理赔率达 143.8%。认真落实残联疫情防控行业主体责任，指导残疾人服务机构和残疾人集中就业机构（企业）及时有效落实疫情防控政策要求，全县残疾人服务机构在疫情防控政策优化前未发生疫情感染等事件，切实保障残疾人安全健康。

【教育就业】

养蜂带动就业典型　2022 年 5 月，万安镇石燎阁养蜂专业合作社带动残疾人养蜂就业典型，成为全省残联系统新就业形态龙岩就业现场会武平参观学习考察点，养蜂带动残疾人就业得到省、各设区市残联领导充分肯定。

落实就业扶持政策　认真实施"扶持贫困残疾人就业创业"项目，完成 86 名农村困难残疾人就业创业项目审核认定，发放补助资金 34.7 万元。积极鼓励残疾人灵活就业、自主创业，落实好扶持残疾人就业创业"1+6"政策，发放扶持残疾人就业创业"1+6"政策社会保险补助金 55.58 万元，惠及残疾人 133 人。

加大就业援助力度　开展残疾人就业援助月专项活动，积极宣传残疾人就业招聘信息，摸排有就业意愿符合就业年龄残疾人家庭 38 户，登记有就业意愿残疾人 52 人；组织残疾人专场招聘会 3 场，共有 89 余家企业提供多种职业技能岗位超过 101 个；帮助有就业意愿的残疾人实现就业 13 人，帮助残疾人享受专项扶持政策 86 人。

就业实用培训形式　农村实用技术培训和职业技能培训有新亮点。2022 年，共举办电商、烘焙等农村实用技术 3 期，共有 145 名残疾人参训；推荐 21 名残疾人参加龙岩市残联举办的 2022 年短视频制作等职业技能培训，推荐 11 名残疾人参加龙岩市第四届残疾人职业技能竞赛。

重度残疾人增收新渠道　为切实增加重度残疾人和精神、智力三级残疾人增收渠道，2022 年，县残联策划"光伏助残·携手奉献"公益项目，由残疾人慈善基金会、新能源设备有限公司、杭兴村镇银行等共同开展"光伏助残·携手奉献"慈善公益项目，基金会和新能源设备公司为符合发展光伏发电项目的残疾人提供 5000 元补助，杭兴村镇银行提供低利率的银行贷款。截至 2022 年底，有 3 户残疾人安装光伏发电机组。

【康复服务】

提升残疾人康复服务能力　落实《残疾

预防和残疾人康复条例》，深入实施残疾人精准康复服务行动。2022年，为766名残疾人提供康复服务，基本康复服务率达100%；为全县264名肢体、听力等残疾人提供基本型辅具适配补贴审核认定，发放补贴资金33.39万元，辅具服务率为100%。

残疾儿童、少年康复服务项目 加强对康复机构实施康复过程进行事中、事后监督。2022年，受理229名残疾儿童、少年康复救助审核工作，发放救助资金202.41万元；配合市残联等对本县5家儿童、少年康复协议管理机构进行考核评审工作，有4家医院获得相关类别康复协议管理机构资质。

社区辅具综合服务中心 2022年，积极动员有关人员，开设康复辅助器具租赁维修回收综合服务中心1家，成为首家辅具租赁维修回收服务站，为残疾人、老年人、伤病人提供辅具租赁、维修、回收等服务126人次，进一步拓宽本县辅助器具服务的范围。

辅具适配整村推进工作 2022年，完成10个村辅具适配整村推进工作，组织辅具服务机构进村开展辅具评估、适配、训练指导等工作。

【维权工作】

残疾人维权渠道 2022年，共接办残疾人信访16人次，12345市政府信访平台转办件22件。12345便民服务和12385残疾人热线平台的及时查阅率、办结率、满意率全年均100%。无残疾人进京上访、越级上访、闹访等事例，答复办理县政协委员提案2件，未发生群体性上访和越级上访事件。

无障碍环境建设 2022年，与联通武平公司共同推广专为残障人士定制的"畅爱"系列产品，帮助220余名视力、听力残疾人用户实现信息沟通无障碍。投入22.79万元完成81户重度残疾人家庭无障碍改造任务，超额完成市残联下达任务，残疾人满意率达100%。市政

无障碍环境提升三年行动项目进展顺利，截至2022年，完成4处市政无障碍环境提升项目。

办证服务 全面落实残疾人证"跨省通办"、残疾人新办证"一件事"的办证业务流程，完善网上办理相关业务规范，新办残疾人证651人。截至2022年底，全县持证残疾人共有10948人，同时，组织评残医生进村入户评残办证便民服务活动，为全县72名长期卧床、行动不便患者办理残疾人证。

【宣传文体】

残疾人事业宣传 进一步加强残疾人事业宣传力度，充分利用残疾人慈善基金会微信公众号和市残联微信公众号宣传优势，2022年，残疾人在线官网发稿22篇，基金会公众号报道23篇，市残联微信公众号推送报道19篇。持续推进"就业宣传年"宣传工作，紧扣主题发布报道4篇，完成30户残疾人文化进家庭"五个一"项目，完成2022年市残联微信公众号优秀新闻作品参评工作，上报的作品喜获一等奖。

残疾人日间照料中心和"爱心助残驿站"建设 2022年，在万安镇建设残疾人日间照料中心和"爱心助残驿站"建设，投入建设资金30多万元，为基层困难残疾人提供康复训练、爱心助餐、辅助就业、文化娱乐等各类志愿服务，截至2022年年底，已服务残疾人32人，安置残疾人就业2人，切实打通服务残疾人"最后一公里"。

残疾人"十四五"保障和发展规划 在深入调研和广泛听取多方意见的基础上，制定出台《武平县"十四五"残疾人保障和发展规划》，为今后残疾人事业发展明确方向，提供遵循。

【其他重点工作】

积极参与县经济工作主战场，争取资金和财力攻坚 争取中央、省、市残疾人事业经费572.66万元，完成县任务数的125.6%。参

与县财力攻坚行动，完成残保金收入390.08万元，比增32.6%。

主动参与重大自然灾害战役，助推残疾人受灾户重建家园 县主要领导积极参与2022年县"5.27"重大自然灾害事故处置组工作，较好较快地处置"一户三亡"户善后工作，及时向省、市残联汇报残疾人受灾户情况，争取省市重建家园资金14.2万元，为10户残疾人重建家园和2户残疾人家庭修缮受灾房屋提供资助，帮助1家残疾人创办企业恢复生产。县残联、残疾人慈善基金会及时对全县房屋严重受灾的10户残疾人家庭给予2000元慰问金、受灾严重的残疾人创办企业给予4000元慰问金，及时把县委、县政府和社会各界的关心、关爱送到位。

落实市、县关于帮扶重度残疾人等弱势群体部署要求 2022年，配合县委、县政府出台《在全县开展"我为残疾群众办实事"实践活动的实施方案》，为巩固残疾人脱贫攻坚成果，助推县委、县政府"大爱龙岩·福满武平"新时代精神文明品牌建设起到较好实效。

发挥梁野残疾人慈善基金会作用 2022年，基金会全年募集资金及物资共计215.24万元，开展"青春暖夕阳·关爱促和谐""扶残助学·圆梦校园""扶残助残·有你有我""天灾无情·人间有爱"等15个（次）慈善公益活动项目，投入公益活动资金及物资193.67万元，惠及全县2657名（次）残疾人。在第32次全国助残日期间，开展残疾人农产品、手工艺品展销，关爱随班就读残疾儿童，送教上门；开展慰问残疾人康复服务机构和生活困难残疾人家庭等扶残助残系列慈善公益活动。

·武平县红十字会·

【县"红十字"系列活动】

无偿献血志愿服务活动 2022年1月6日至10日，县红十字会联合卫健系统开展了以"热血送暖，为生命接力"为主题的"无偿献血和造血干细胞捐献采样登记"活动。来自卫健系统的党员干部、志愿者共195人捐献了自己的"一腔热血"，献血量达64350毫升。活动期间，有4名志愿者还进行了造血干细胞捐献留样登记。

世界防治结核病日宣传 2022年3月24日，县疾控中心红十字社区志愿服务队志愿者分别在武平一中、二中、三中，实验中学、武平职业中专学校等开展以"生命至上，全民行动共享健康，终结结核"为主题的第27个"世界防治结核病日"宣传活动。活动期间，志愿者们通过开展防治结核病知识讲座、有奖问答、猜谜互动等形式向广大师生传播普及结核病防治政策和知识。

世界地贫日宣传 2022年5月8日，县妇幼保健院红十字社区志愿服务队志愿者围绕"关爱地贫儿，一起向未来"的主题开展线上直播，宣传普及地贫干预项目相关政策以及防治知识，倡导全民参与，坚持以预防为主，防治结合的原则，引导公众强化个人健康意识和责任，加强地贫防治。

世界急救日主题宣传 2022年9月10日是第23个"世界急救日"，为倡导"人人学急救，急救为人人"的公益理念，推动本县红十字应急救护工作创新发展。在2022年世界急救日期间，县红十字会围绕"终身学急救，救护伴我行"的主题，结合为民办实事项目工作实际，分别在武平二中、武平三中、实验中学开展了3期持证救护员培训班。

世界艾滋病日主题宣传　2022年12月1日，县妇幼保健院红十字社区志愿服务队志愿者在城区梁野文化广场开展了以"共抗艾滋共享健康"为主题的第35个"世界艾滋病日"宣传活动。活动现场，志愿者们通过悬挂横幅、摆放展板、发放宣传资料、设立咨询服务台等形式让广大市民了解艾滋病、正视艾滋病，从而更好地遏制艾滋病的传播和蔓延。

国际志愿者日志愿服务　2022年12月5日，县红十字会联合卫健系统在城区梁野文化广场开展以"携手志愿、团结至善"为主题的第37个"国际志愿者日"宣传活动，活动现场，志愿者们通过为过往群众义诊、普及应急救护知识、宣传健康教育知识等形式进一步弘扬"奉献、友爱、互助、进步"的志愿者精神。

《红十字会法》和"三献"知识宣传　2022年，县红十字会组织志愿者深入社区、学校、农村、机关、企事业单位等通过"爱心慰问、送医下乡、进社区送健康、应急救护'六进'"等形式开展62场次以"学习贯彻《红十字会法》，宣传无偿献血、造血干细胞捐献、人体器官和遗体捐献以及眼角膜捐献"知识为主要内容的宣传服务工作。2022年，全县无偿献血2935人次，献血量达58.7万毫升，其中有10名志愿者进行了造血干细胞留样登记，有192名志愿者在中国人体器官捐献志愿登记管理平台进行了人体器官和遗体捐献登记。

【捐助、关爱弱势群体】

自动体外除颤器（AED）专项募捐　2022年1月7日，县红十字会联合县直机关党工委、县委文明办、县卫健局等7个单位发起"博爱武平　救在身边"自动体外除颤器（AED）专项募捐活动，县委主要领导专门作出批示并带头捐款，全县上下形成浓厚的爱心捐赠氛围，活动期间共募集捐赠资金72.17万元。

红十字博爱送万家　2022年1月20日至29日，县红十字会联合卫健局、妇幼保健院、河东社区、河西社区等单位组织志愿者分别走进平川、城厢、中山、岩前、象洞、永平等9个乡（镇）开展"红十字博爱送万家"活动。活动期间，志愿者们分别走访慰问部分城乡低保对象、重度残疾人、建档立卡脱贫户（已脱贫继续享受政策）、因病致困家庭、"三献"困难家庭等355户困难家庭，为他们送去价值15万余元的慰问金和慰问物资，让他们切身感受到党和政府以及社会各界的关怀与温暖。

慰问麻风病康复者和麻防志愿者　2022年1月24日，县红十字会组织志愿者前往市皮肤病防治院麻风病康复村，看望并慰问12位麻风病康复者和2位麻防志愿者，给他们送去慰问金和慰问物资，并致以节日的问候。

"99公益日"募捐　2022年9月7日至9日，县红十字会联合县委统战部、县直机关党工委、县委文明办、县总工会、县工商联、县国资金融中心发起了"99公益日"，我们一起"'爱'过年·红色闽西"项目公益募捐活动，活动期间共有10362位爱心人士积极参与捐款，共募集善款17.24万元（其中，爱心人士钟雄生个人捐赠1万元，获得省红十字会荣誉表彰），募集资金同比上一年度增长53.24%。

接收其他社会捐赠资金　2022年，接收厦门市中久路桥设计有限公司捐赠资金5万元，接收爱心人士王斌锋、钟银莲捐赠资金各0.2万元，共5.4万元，用于本县红十字人道救助工作。

【开展"红十字博爱周"活动】

世界红十字日主题宣传　2022年5月8日，县红十字会组织志愿者在城区梁野文化广场开展了以"生命教育，人道伴行"为主题的第75个世界红十字日宣传活动，活动通过向过往群众普及应急救护知识、传授应急救护技能、宣传《红十字会法》和"三献"知识等形式，弘扬"人道、博爱、奉献"的红十字精神。5月8—15日，桃溪中学通过校园广播、国旗下的讲话、召开主题班会等形式开展生命教育活动，让同学们在体验中领悟和掌握敬畏生命、保护生命的知识技能，增强学生积极、向上的人生观；县第二实验小学通过开展红十字生命健康安全知识讲座的形式弘扬红十字精神，传播红十字文化，在孩子幼小的心灵中播下人道的种子；下坝中心学校围绕"生命教育，人道伴行"主题，通过召开主题班会等形式开展生命教育活动，引导学生尊重生命、珍爱生命、保护生命，为学生塑造积极向上的生活态度和正确的人生观、价值观；县实验小学运用体验式、互动式教学方法，通过开展防震减灾疏散演练暨红十字创伤救护演示的形式增强广大师生的防灾避险意识。

【应急救护知识普及与技能培训】

2022年，县红十字会联合卫健、公安、教育等11个部门制定《武平县落实龙岩市2022年为民办实事"培训救护员和配置AED"项目实施方案》并组织实施。2022年，共举办红十字救护员培训班39期，全县新增持证救护员1537名；组织招标采购自动体外除颤器（AED）15台，于2022年10月29日完成安装验收并投入使用。

2022年5月11日，县红十字会在新华书店举办了以"关爱生命　救在身边"为主题的应急救护知识普及活动。活动现场，授课老师通过现场讲解、模拟演示、互动交流、实操训练等形式为该企业的18名参训员工传授应急救护技能。6月17日，县红十字会走进县教师进修学校附属学校，为该学校九年级的70名师生开展应急救护知识普及活动，授课老师围绕心肺复苏术、气道异物梗阻急救法，常见急症及意外伤害的应急处置等向参训师生普及急救知识。6月27日，县红十字会走进东留水库电站，为该公司的20名员工开展应急救护知识普及活动，普及现场，参训员工认真听讲，积极参与技能实操训练，并纷纷表示，学习和掌握一定的应急救护知识和技能，在遇到突发事件和意外伤害事故时，就能够沉着冷静应对。8月26日，县红十字会走进武平华润矿业有限公司，为该公司的23名员工开展应急救护知识普及活动。针对该公司的行业特点，授课老师围绕创伤救护（止血、包扎、固定、搬运）四项技术，采取理论讲解与实操训练相结合的方式展开教学，普及现场师生互动，气氛热烈。

【体验式生命教育】

2022年，武平县中小学生社会实践基地学校依托县红十字生命教育体验馆，通过灵活有效、寓教于乐的教学方法组织实施红十字体验式生命教育活动，引导学生们尊重生命、珍爱生命，为他们塑造积极向上的人生观和价值观。据统计，2022年，该校全年开展生命教育活动29场次，受益8000余人。

【救灾抗灾】

及时上报灾情，争取上级支持　2022年"5·27"重大自然灾害发生后，县红十字会第一时间收集灾情信息，通过中国红十字会灾害管理平台上报灾情，得到了省、市红十字会的大力支持和帮助，接收市红十字会下拨的防汛救灾物资一批，价值人民币46.17万元人民币，调拨至县防汛抗旱指挥部。接收市红十字会下拨的救灾储备物资66份（价值人民币2.1万元），接收省红十字会下拨的救灾资金1.5万元，购买物资分配给十方镇、中赤镇、城厢镇176户受灾群众。

开展防汛救灾募捐　积极开展防汛救灾募捐活动，2022年，共募集资金155.50万元，及时拨付定向捐赠资金137.36万元（其中十方镇政府123.91万元，十方镇中和村8.46万元，城厢镇政府5万元）。上缴财政国库非定向捐赠资金 18.14 万元（统筹用于全县防汛救灾工作）。

【常态化疫情防控】

按照县委、县政府和省、市红十字会的工作要求，积极配合党委、政府做好常态化疫情防控工作，做好依法接收社会捐赠工作。用规范、公开、透明的管理机制赢得捐赠方的信任；用严谨、细致、高效的工作理念，将社会爱心传递到疫情防控第一线和最基层。县红十字会2022 年，累计接收疫情防控定向捐赠资金 6.85万元人民币，累计接收定向疫情防控物资折合人民币 29.33 万元，所接收的款物全部拨出。

【2022 年荣誉】

2022 年 11 月，本县红十字志愿者林桥华同志荣获中国红十字会总会"会员之星"的荣誉称号。

·武平县计划生育协会·

【全面从严治党】

思想政治建设　持续巩固拓展党史学习教育成果，认真学习习近平新时代中国特色社会主义思想，坚持思想建党、理论强党，深入贯彻落实党的十九大及历届全会精神和党的二十大精神，坚决拥护"两个确立"，坚定做到"两个维护"。认真开展党组理论中心组学习，严肃党内政治生活，坚持不懈用党的创新理论武装头脑、指导实践、推动工作。

全面从严治党　认真贯彻学习十九届中央纪委六次全会和省纪委十一届二次全会、市纪委六届二次全会、县纪委十四届二次全会精神，认真贯彻落实《党委（党组）落实全面从严治党主体责任规定》。坚持落实中央八项规定精

神不动摇，以钉钉子精神纠"四风"、树新风；认真落实县委"九个从严"要求，坚持抓住"关键少数"以上率下，扎实开展警示教育；注重集中性教育和经常性教育结合，教育引导党员干部知规矩守底线，巩固提升计生协会风清气正的良好政治生态；坚持不敢腐、不能腐、不想腐一体推进，全面推进从严治党。

【疫情防控】

县计生协会在做好本单位疫情防控工作的同时，深入疫情防控一线，主动下沉到挂钩乡镇岩前镇开展带班值班工作，组织志愿者配合开展核酸演练等，助力全县疫情防控工作，保障人民群众健康。

【推动协会改革发展】

承担调研任务　2022 年 3 月 17 日，市计生协会党组书记、常务副会长赖李林等一行来本县开展计生协会"六项重点任务"调研。5月 11 日，省计生协会党组成员、专职副会长陈友茂，省委编办二级巡视员余晖，省卫健委二级调研员黄则贤一行来本县开展计生协会组织服务大局转型发展情况专题调研。7 月 15 日，市计生协会党组成员、专职副会长、秘书长兰欣英一行来本县开展"推进生育友好城市建设贡献协会力量"专题调研。

完成换届选举　2022 年 1 月 13 日，县计生协会召开第七次会员代表大会，市人大常委会原副主任、市计生协会会长冯添桂，县领导林艳、修金华等参加会议。会议选举产生县计生协会第七届理事会会长、常务副会长、副会长、常务理事及秘书长。县政协副主席林杭英当选新一届县计生协会会长。

【助力健康武平建设】

抓住主题，抓住主要时间节点，开展丰富多彩的集中宣传活动。2022 年 5 月 27 日，县计生协会联合卫健等相关单位开展以"建设健

康促进县·喜迎党的二十大"为主题的宣传宣讲义诊志愿服务活动,推动构建新型婚育文化,进一步促进人口长期均衡发展与家庭和谐幸福。活动通过开展健康知识讲座、发放健康包、现场专家问诊、《民法典》知识有奖问答等群众喜闻乐见的形式,传播新型婚育观念,倡导健康生活方式,促进人口长期均衡发展。此次活动接受群众咨询约300人次,发放相关宣传资料1000余份,义诊服务对象300人,发放健康包200个,惠及群众500余人,深受广大群众的欢迎,使群众积极参与计生协会系统二十大氛围营造和学习宣传活动。本县报送的书法、绘画、摄影三件作品均入选省计生协会等部门举办的"喜迎党的二十大"书画摄影作品展,积极培育典型,本县曾细萍家庭成功入选省、市、县2022年"健康家庭"示范户。

【为民服务】

2022年元旦春节两节期间,争取省市县三级慰问资金4.05万元,共慰问计生困难户54户,让他们感受到党和政府的温暖。投入幸福工程滚动资金181万元,帮扶45户幸福母亲发展生产,提升家庭发展水平。投入保费75.16万元,为全县15523户农村计生家庭保驾护航;投入省市县三级配套资金18万元,实施生育关怀、安居工程;帮扶3户计生困难家庭新建房屋,让他们住有所居、圆安居梦;争取省市县三级资金13.7万元,帮助47名农村困难计生家庭学生圆大学梦;争取省级资金6万元,新建平川街道东城社区省级"心理慰藉援助中心",为计生特殊家庭开展心理慰藉、交流联谊、志愿服务等暖心关怀活动,提升计生特殊家庭成员生活质量和生命质量;投入3.8万元,开展失独家庭走访慰问实现全覆盖活动,为计生特殊家庭办理疾病和意外住院补贴险,每人每天150元,为全市最高标准。

【开展家庭健康促进行动】

开展儿童早期发展工作　2022年,投入18万元,新建平川街道西门社区、城厢镇香樟社区等2个省级"向日葵亲子小屋",巩固4个亲子小屋,充分发挥县儿童早期发展指导中心的专业资源优势,通过孕妇学校、科普讲座、亲子活动、网络直播、宣传倡导等方式,助力增强基层农村家庭婴幼儿照护、科学育儿能力,为农村婴幼儿健康成长营造良好社会环境,为实施"三孩"生育政策、促进人口长期均衡发展营造良好氛围,提振生育水平。据统计,2022年,开展儿童早期发展转型能力培训1次,开展科普知识讲座19场次,亲子活动42场,发放《育儿宝典》2000本,宣传品3000份,服务家庭2000余户。

青春期健康教育　2022年,投入9.5万元,在全县逐步普及基础上提质增效。新建桃溪中心学校项目点,巩固3个项目点,开展师资培训1场,举办青春期及生殖健康、心理健康科普讲座24场次,开展"青春健康—沟通之道"家长培训活动21场次,服务家庭1万余户。

推广"健康知识进万家"　截至2022年底,村居(社区)协会秘书长、小组长100%加入"健康小程序"健康指导员队伍。"健康知识进万家"小程序绑定居民覆盖面达80%,绑定人数7.8万户。

【开展计生家庭法律维权】

依托计生家庭法律援助工作站(点),开展以案说法、以案说德、以案说责和热情接访、主动下访"三说两访"活动。2022年,受理法律援助案件41件,调解民事纠纷205起,协调维护计生户合法权益6件,接受法律咨询344人次,挽回经济损失2.6万元,举办法治讲座6场次,服务233人次,开展法治宣传、法律咨询17场次,服务1000人次,主动接访8人次,下访5人次。

政　法

·公　安·

【彰显武平公安队伍忠诚本色】

强化党建引领　坚持以常态化学习教育为先导，充分发挥县局党委理论学习中心组学习的示范带动作用，把学习教育同解决实际问题结合起来，切实让学习教育成果转化为工作动力和成效。坚持从严治警坚决扛起全面从严管党治警主体责任，坚持从严管理队伍，落实从优待警措施，确保队伍绝对忠诚、绝对纯洁、绝对可靠。紧盯"车枪酒赌毒密网"等问题，对易发领域及队伍管理中暴露出的隐患风险点开展排查整治，开展遵守《内务条令》评比竞赛活动，使全警养成严格规范工作、学习、生活秩序的高度自觉品。

强化执纪监督　精准运用监督执纪"四种形态"，特别是在用好"第一种形态"上下功夫，注重抓早抓小、防微杜渐。从严从实从细落实督察工作，对督察发现问题，实行每周通报，次周落实整改，清单式销号管理。

强化宣传励警　充分挖掘在大庆安保、疫情防控、打击犯罪、服务民生等工作中涌现出的先进典型，传播公安好声音，树立武平公安警队良好形象。2022年共18个集体和76个个人获得县处级以上表彰表扬，其中县局获评"全国优秀公安局""全国公安机关执法示范单位"两项国字号荣誉，法制大队获评"全国公安机关成绩突出集体"。

【捍卫国家政治安全】

强化反恐维稳　关注人员管理，对关注滞留人员全部按照相关规定在期限内开展访查管控，未出现漏管失控问题。督导检查重点目标单位39家，发现问题并发出整改通知书28份，至2022年底前的涉恐风险隐患均已整改完毕。完善"1，3，5"分钟快速处置机制，切实形成全方位、立体化、多层次的防控体系，快速反应率100%，群众满意率98.39%。

强化反邪、宗教安全保卫　开展邪教人员动态摸底排查工作，落实人员分类管控，及时发现不稳定因素；巩固基督教私设聚会点治理成果，对不稳定因素进行排查；坚持"外防渗透、内防复辟"，严防境外会道门向大陆渗透，防止会道门在境内死灰复燃。

强化网络安全　对全县关键信息系统和网站等检查58次，下发整改通知书17份，处罚单位13家；严格落实7＊24小时网络巡查制度，加强对网络谣言和有害信息的查处力度，做到第一时间发现、第一时间落地、第一时间处置。共上报《互联网信息》7期，《网络舆情专报》24期，发现处置违法信息648条（其中涉疫舆情信息5条）。2022年，全县未发生重大网络安全事件。

【力保社会大局平稳可控】

强化疫情防控　2022年，县公安局党委

成立疫情防控专班，积极履行好疫情防控职责，抓好重点环节、重点工作，不折不扣、抓紧抓实抓细各项防控措施；"三公（工）一大"专班全面按照"快、准、严、实、细"要求，充分依托公安大数据、"情指勤舆"一体化实战化作用，有力做好流调溯源工作，配合相关部门筑牢疫情防控安全屏障，保证疫情防控工作有序推进。

排查化解矛盾纠纷隐患　持续落实常态化矛盾纠纷排查化解机制，以"创建枫桥式公安派出所"为契机，推广"五五调解法"，着力防范和化解各类矛盾纠纷。2022 年调解矛盾纠纷 259 起，调解成功率 92.17%，未发生重大复杂矛盾纠纷，未发生民转刑案件，未发生个人极端暴力案事件。

强化重点人员稳控　开展全县重点人、重点事大联动、大排查、大化解、大稳控工作，2022 年对摸排的扬言个人极端高危人员、久拖未结涉稳突出的矛盾纠纷、重点信访人员、严重精神障碍患者进行分级分类管控，均稳控到位。

道路交通安全　推动 17 处省市县为民办实事项目和 10 处县乡村道沿线重点平交路口"四必上"整改工作全面完成。2022 年全县道路交通事故四项指数全面下降，亡人数 23 人，同比下降 8%，道路交通安全形势平稳。共查纠各类交通违法 13.9 万余起，现场查处重点违法 7479 起，查处酒醉驾 702 起，查处货车超载 30%以上违法 273 起。

【攻坚克难，建设平安武平】

保持对黑恶势力穷追猛打，决不让黑恶势力死灰复燃、由小转大。2022 年共打掉涉恶团伙 1 个、5 人，摸排收到各类线索 12 条，均已办结。

打击治理电信网络诈骗犯罪　用好"市县一体化精准预警"机制和创建"无诈县城"活动，全力压降本地发案强破案。2022 年，全县电诈发案 97 起，比降 3%；破案 53 起，比升 12.76%；"断卡"行动研判核查线索 85 条，抓获 60 人；"断流"行动侦破组织他人偷越国（边）境案 22 起，打掉偷越国（边）境犯罪团伙 20 个，抓获犯罪嫌疑人 81 人。

保持对涉麻制毒严打高压态势　2022 年，全县共破获本地毒品犯罪案件 3 起，情报输出破获案件 5 起，抓获涉毒违法犯罪嫌疑人 31 人，起诉涉毒违法犯罪嫌疑人 21 人，查处吸毒人员 43 人。全县未发生易制毒化学品、麻精药品流入非法渠道案（事）件，未发生吸毒人员肇事肇祸案（事）件，涉麻制毒窝点可防可控。

打击经济犯罪　2022 年，共立经济案件 49 起，破案 37 起，破案率 75.51%，抓获犯罪嫌疑人 33 名，追赃挽损 1500 余万元。其中破获假冒注册商标案 1 起，抓获犯罪嫌疑人 17 人，总涉案 3000 余万元，该案获得公安部副部长杜航伟批示肯定，被公安部评为打击侵犯知识产权犯罪十起经典案例之一。

打击涉林违法犯罪　积极开展"绿盾 2022"专项行动和"坚碧""亲野""断薪"三大战役，严厉打击涉森林和野生动植物资源犯罪，护航"全国林改第一县"，2022 年共立涉林刑事案件 42 起，破案 37 起。

打击涉黄涉赌涉枪涉爆等违法犯罪　扎实开展打击涉黄违法犯罪整治行动和扫黄打非工作，查获涉黄刑事案件 11 起、行政案件 59 起；查获涉赌刑事案件 58 起、行政案件 327 起，其中破获跨境赌博 36 起；查获涉枪涉爆刑事案件 6 起、行政案件 2 起，查处涉烟花爆竹行政案件 10 起，公诉 8 人；破获食药农环刑事案件 11 起，抓获违法犯罪嫌疑人 17 人。

【夯实基础，提高治理效能】

安保维稳基础　以党的二十大、北京冬奥会、冬残奥会、全国"两会"等系列重大活动安保工作为主线，强化主战意识，制定安保工作方案和应急处置方案，压紧压实责任链条，形成上下一体、整体联动的强大合力，圆满完成各类安保维稳工作。

警务运行模式改革 着力从"机制重塑、流程再造、效能提升"上下功夫，精心打造平川派出所"两队一室"警务运行模式改革样板，进一步夯实社会治理根基；对不具备"两队一室"改革条件的 16 个派出所，相继推行区域联合派出所警务运行模式，该改革成效显著，全市公安派出所警务模式改革现场会在武平召开，并在全省进行推广；成立宽松型的武南、武西北片区联勤联防派出所，落实联勤联动。2022 年，本县 17 个派出所警力 310 人（民警 126 人、辅警 184 人），全部参与改革，覆盖率 100%。

基层派出所建设 牢固树立"出事少、治安好"主责主业理念，更加注重抓基层打基础导向，落实 17 名派出所所长进乡镇党委班子，共有 64 名社区民警进村居两委班子。已落实一村一警务助理 225 个村，共选聘警务助理 225 个，警务助理待遇保障及绩效考评办法纳入农村"六大员"执行。

开展智慧警务建设 积极推进智慧安防小区建设，2022 年完成住宅小区智能安防建设任务数 21 个，完成率 100%；投资 324 万元建设第十期"雪亮工程"暨"平安家园·智能天网"10000 路工程，项目列入县重点工程项目和县为民办实事项目。截至 2022 年底，全县视频监控探头联网总数达到 1.6 万路。

【"规范化"执法，提升法治建设水平】

执法主体素质提升 2022 年，组织 2 次全局 55 周岁以下民警参加全市公安民警执法能力素质考试，以考促学，取得全市合格率第一的良好成绩。每周二组织民警认真学习法律法规和日常办案所需业务知识，组织开展旁听庭审活动，组织召开执法专班会议暨法制业务培训会 3 次，有效提升民警法律知识水平。

执法突出问题集中整治 完善"有案不立、压案不查、有罪不究"执法顽疾问题常态化防治体系，深入开展公安部重点推动的受立案、压案不查、逐利执法、涉案资金冻结 4 个执法突出问题专项整治，不断提升公安机关执法公信力。2022 年共考评案件 1035 起，发现问题 5179 个，已全部整改到位。

执法监督工作 充分发挥案件管理区、涉案财物管理区、办案区、合成作战区、服务保障区"五位一体"的执法办案管理中心优势，推行"时提醒、日点评、周通报、月考核"制度，实行人事物案要素条条跟踪、执法问题即清即结，实现全局各执法单位办案全流程监管。2022 年累计开展执法巡查 326 余次，执法预警 210 余次，实现执法安全零事故。敏感时期信访工作围绕党的二十大安保主线，盯紧春节、两会、冬奥会重点敏感时期，通过强化初信初访办理、落实领导开门接访、领导包案、因案施策等措施，多管齐下超前做好重点信访人员疏导管理和稳控工作。2022 年，上级共交办 44 件信访积案，已全部化解。

·检 察·

【概况】

2022 年，武平县人民检察院在县委和上级检察院坚强领导下，在县人大及其常委会有力监督下，县检察院坚持以习近平新时代中国特色社会主义思想为指导，全面贯彻党的十九大、十九届历次全会和党的二十大、二十届一中全会精神，深学笃行习近平法治思想，认真落实《中共中央关于加强新时代检察机关法律监督工作的意见》和省委实施意见，按照最高检"质量建设年"部署要求，坚持为大局服务，为人民司法，依法能动履职，全面提高法律监督能力和水平，推动各项检察工作取得新成效。2022年，共办理各类案件1197件，其中审查逮捕120件，审查起诉484件，办理刑事、民事和行政等诉讼监督案件507件，办理公益诉讼案件86件。本院在全市基层院考评中取得第一名的历史最好成绩，被表彰为全市先进基层检察院。1份公诉意见书入选全国检察机关刑事检察优秀释法说理法律文书。"法训合一"移动课堂获评全国检察机关精品网课三等奖。

平安创建 全力维护社会稳定，圆满完成护航党的二十大胜利召开各项维稳任务。2022年，共批捕各类犯罪嫌疑人154人，起诉477人；常态化开展扫黑除恶斗争，起诉自然资源领域涉恶团伙犯罪4人；加大重点问题整治力度，深化"断卡""断流"行动，起诉电信网络诈骗及关联犯罪66人；办理公安部挂牌督办的陈某等5人跨境电信网络诈骗案，经专案组全力攻坚，促成全部被告人认罪认罚并在庭前退赃和缴纳罚金746.5万元；推进打击整治养老诈骗专项行动，帮助挽回经济损失3万元；强化公共安全保障，起诉交通肇事、危险驾驶犯罪139人；办理涉枪涉爆、安全生产等领域犯罪案件7件。

助力"林改" 把握"林改"20周年契机，深化"新时代林改检察服务站"建设，落实"河长、林长+检察长"协作机制，在常态化开展闽粤赣边际跨区域巡河中发现并移送案件线索2条，督促整改，推动跨省流域水质提升，"三省五县"区域协作机制获评全省检察机关优秀事例。探索"检察+碳汇"工作，对9件毁林案件开展碳汇价值损失评定，当事人自愿认缴补偿金4.6万余元；牵头在中山河国家湿地公园建成融生态修复、法治宣传等功能为一体的县司法固碳基地，并在市司法固碳中心启动仪式上作视频汇报；规范有序用好100万生态公益保护基金，利用基金垫付危险废物处置费、生态环境损害鉴定费等92.8万元，促进加快生态修复治理。

服务民企 审慎处理涉企案件，对涉案企业人员依法不捕2人、不诉5人，建议变更强制措施8人；依法对2名企业管理人员变更强制措施，保障企业经营；推动涉案企业合规改革，牵头成立县涉案企业合规改革第三方机制管委会，已对一家涉案企业启动评估，并将根据涉案企业的合规承诺及完成情况作出相应处理，努力让企业"活下来、好起来"；重视解决在矫涉企人员"请假难"问题，监督简化审批社区矫正人员跨地区生产经营4人。2022年，开通民企法治诉求直通车，设立来访绿色通道，开展检企共建、送法进企业等活动5次。

依法治理 准确把握近年来严重暴力犯罪大幅减少，轻刑犯罪占比超八成的刑事犯罪新结构，深化落实"少捕慎诉慎押"，依法不捕26人，不诉75人；加强羁押必要性审查，建议释放或变更强制措施35人，变更人数全市第一，诉前羁押率降至29.37%；强化监检衔接，协同推进反腐败斗争，起诉职务犯罪5人；注重发挥检察建议参与依法治理的重要作用，针对办案中发现的相关单位日常监管不力、执法不严等问题，制发检察建议10件。在根治欠薪专项攻坚行动中，通过检察建议推动源头治理、系统治理，该建议被市检察院评为优秀社会治理类检察建议。

【为守护美好生活提供更强保障】

解决群众"烦心事" 重视群众生活安全，严格落实"四个最严"要求，起诉危害食药安全犯罪3人，办理食药安全领域公益诉讼案件4件；开展解民"薪"忧专项行动，联合有关部门建立工资支付监控和支持起诉案件协作机制，综合运用支持起诉、联动调解等方式，成功帮助235名农民工追回欠薪170万余元；关注弱势群体诉求，办理无障碍环境建设公益诉讼案件3件，推进公共场所增设、改造无障碍设施13处，助推建设大美武平。

把握群众"关注点" 抓实"群众信访

件件有回复"工作，健全领导包案机制，对具备回复条件的 47 件群众来信全部做到 7 日内程序性回复，3 个月内办理结果或进展答复；把司法救助融入助力乡村振兴工作中，为困难妇女、困境人员等 7 人发放司法救助金 13.5 万元；在王某录司法救助案中成功实现跨省司法救助，坚持把追赃挽损工作贯穿办案始终，督促追赃挽损 784 万余元，追赃挽损率 30.95%，居全市第一。

回应群众"新需求" 坚持以公开促公正，邀请人大代表、政协委员、人民监督员及社会贤达参加检察听证 35 件，借力借智释法说理、定分止争；探索"不起诉+社会服务"机制，对 30 名涉危险驾驶罪拟不起诉人规范化开展交通志愿服务，促进教育惩戒；积极回应基层群众法治需求，开展送法进社区、进企业、进校园活动 45 场；打造"检 i 普法"宣传品牌，推出食品安全、防范养老诈骗等原创普法视频 33 期，由学习强国、CCTV 今日说法、最高检微博等权威媒体转发 24 次。

培育"未检""新亮点" 持续打造"春蕾向阳开"未检工作品牌，成立"'未'爱引航，同心护'蕾'"家庭教育指导站，探索"2+N"家庭教育新模式，依法发出督促监督 7 份，相关经验做法被市检察院转发推广；落实未成年人"六大保护"，针对网吧、KTV 违规接待未成年人等问题，向相关部门发出检察建议 6 份；协同推进强制报告和入职查询机制，发现并移送未履行强制报告义务线索 2 条；坚持法治进课堂，深入湘店、下坝等乡镇学校开展法治宣讲 25 场，受教育师生 6000 余人。院未检办获评"省级青年文明号"。

【为维护公平正义提供更实支撑】

刑事检察 坚持监督与支持并重，联合县公安局成立侦查监督与协作配合办公室，推动检警办案质量共同提升，对有案不立、有罪未究等情形监督立案 7 件，监督撤案 4 件，建议终止侦查 3 件。在办理一起贩毒案件中首次发现并移送涉洗钱犯罪线索，督促立案侦查并得到判决认定。切实优化办案环节，"案件比"降至 1.122，让当事人感受到更好的办案效率；适用认罪认罚从宽制度 500 人，适用率 90.72%，居全市第一。强化刑事执行监督，对县看守所、县社区矫正机构开展巡回检察，检法共同发力推进财产刑执行，纠正交付执行不及时、矫正管理不规范等问题 228 人次。

民事检察 坚持监督纠错与维护裁判权威并行，提请抗诉民事审判案件 1 件，市检察院已提出抗诉，发出民事审判再审检察建议 2 件，法院均已再审改判，对 4 件不支持当事人监督申请的民事案件，同步释法说理，引导服判息诉。健全与法院签订的民事执行工作与法律监督工作协作配合机制，成功化解 2 起长达 10 多年的民事执行案件，涉案金额共计 28 万余元，以监督支持破解"执行难"。深化虚假诉讼监督，健全与县法院虚假诉讼案件查处协作机制，监督纠正虚假诉讼案件 2 件，助力社会诚信建设。

行政检察 坚持权力监督与权利救济相结合，以行政非诉执行监督为抓手，常态化开展土地执法查处领域行政非诉执行监督专项活动，发出拆除非法占地建筑检察建议 4 件，助力守牢耕地红线。办理的一起非法占地行政非诉执行监督案件获评全省检察机关优秀监督案件。持续开展行政执法监督活动，就相关部门未及时对当事人作出行政处罚等执法不规范问题发出检察建议 32 份，推动公正执法；持续推进行政争议实质性化解，化解行政争议 5 件，促使一起长达 4 年多的不动产登记纠纷得到妥善解决。

公益诉讼 不断拓展公益诉讼检察新增职能。2022 年，立案办理各类公益诉讼案件 86 件，通过诉前程序办结 37 件，提起刑事附带民事诉讼 4 件，发出检察建议 22 件，诉前检察建议整改回复率 100%。首次提起生态损害赔偿和个人信息保护起诉案件，要求当事人赔偿损失

50 万余元。围绕国有财产保护，开展耕地占用税专项监督，推动有关部门建立耕地占用税涉税信息共享机制和工作配合机制，已督促补征收耕地占用税 203 万元。开展守护古树名木专项监督行动，督促整改问题 95 个；积极稳妥拓展案件范围，办理单用途商业预付卡等领域案件 9 件，发出检察建议 9 件。

【为加强自身建设提出更高要求】

思想政治建设　把党的二十大精神、习近平总书记重要讲话精神等作为学习的重中之重，在持续学习中不断提升政治判断力、政治领悟力、政治执行力；坚持党对检察工作的绝对领导，主动向县委、县委政法委请示报告重大事项 13 次。全面加强党的建设，推动党史学习教育常态化、长效化，组织开展"红土检察·公正先锋"和"红心党建·品馨检察"主题活动，以"身边公正"系列行动为载体，深化全市"机关党建先锋工程"示范点建设，深化创建"红土先锋党员工作室"获评福建省新时代党建优秀案例。

纪律作风建设　严格落实党风廉政建设责任制，抓牢意识形态阵地，以"关键少数"带动"绝大多数"，推动主体责任落实到位。强化与驻院纪检监察组的同向发力、定期会商，常态化开展执法司法顽瘴痼疾排查整治，严格落实防止干预司法"三个规定"。2022 年，共记录报告过问或干预、插手检察办案等事项 43 件，有问必录成为铁的规矩，持续巩固提高政法队伍教育整顿成果，完善廉政风险防控机制，开展日常警示教育 9 次，让讲规矩、守纪律、优作风成为常态。

素质能力建设　紧扣实战实践需求，深化岗位练兵、业务培训，推行全员业绩考评，促使干警强素质、重实绩；高度重视人才培养，优化调整专业办案团队，27 人入选省、市专家和人才库，2 个办案组获评省、市"优秀办案团队"；协助做好班子成员交流，调整后班子平均年龄下

降至 47.25 岁；通过竞职上岗选任 3 名"80"后中层正职，队伍结构更加优化；积极借助"外脑"，聘任环保、金融等领域 6 名专业人员兼任特邀检察官助理，切实提升专业化水平。

品牌亮点建设　强化创新引领，持续开展"一院多品"建设，着力提升"新时代林改检察服务站""春蕾向阳开"等品牌工作的辐射度和影响力，相关经验做法分别被《闽西快讯》《龙岩改革财经工作简报》采用。聚力抓好全国文明单位创建，融合推进"清风竹韵"主题文化建设，塑造武平检察精神，凝聚武平检察力量。坚持以智能化赋能司法办案，充分运用无人机等新技术开展调查取证，用科技手段解放检察"生产力"。

【为提升司法公信】

接受人大、政协监督　主动接受人大及其常委会依法监督，配合做好市、县人大常委会相关调研工作，定期向县政协通报检察工作。精心办理代表委员意见建议 18 件，先后邀请人大代表、政协委员 58 人参与各项检察活动，以全过程人民民主让公平正义可"围观"、受评价、更可感。

接受社会监督　完善人民监督员制度，建立听证员库，聘任特约检察员 3 名，将"四大检察""十大业务"全部纳入监督范围，接受上述人员监督办案活动 35 人。定期向社会公布主要业务数据，发布重要案件信息 5 件、案件程序性信息 627 条、法律文书 82 份，在省级以上权威媒体宣传报道 290 篇，"四大检察"办案情况主动公开全覆盖。

接受履职制约　与审判机关、公安机关、司法行政机关强化沟通，出台各类意见制度 6 份，做到有力配合又相互制约。依法保障律师执业权利，为律师提供网上申请预约、电子卷宗刻录等便捷服务，接待律师 207 次，安排阅卷 197 次，深化检律良性互动，促进共同履行好法律职业共同体使命。

·审　判·

【概况】

2022年，县法院在县委坚强领导，县人大及其常委会有力监督，县政府、县政协和社会各界关心支持下，坚持以习近平新时代中国特色社会主义思想为指导，深入学习贯彻习近平法治思想，认真学习贯彻党的十九大、十九届历次全会和二十大精神，认真落实县十八届人大一次会议决议要求，坚持服务大局、司法为民、公正司法，忠实履行宪法法律赋予的职责，各项工作取得新进展。2022年，共受理各类案件7375件，办结7158件，结案率97.06%，同比上升3.33%。

【刑事审判】

2022年，受理刑事案件380件，结案368件，结案率为96.84%。惩治故意杀人、故意伤害、强奸、强制猥亵等侵犯公民人身安全犯罪案件13件、13人，盗窃、诈骗、敲诈勒索等侵犯群众财产安全犯罪案件35件、44人，危险驾驶、交通肇事、开设赌场、寻衅滋事、妨害公务、聚众斗殴等破坏公共秩序犯罪案件182件、227人，贪污贿赂、渎职等职务犯罪案件3件、3人，助推反腐败斗争不断深入，维护安全稳定的社会环境。

【民事审判】

2022年，受理民事案件3197件，审结3098件，结案率96.90%，其中，调解944件，撤诉483件，调撤率46.40%。审结民间借贷纠纷717件，规范民间融资行为，降低市场主体的金融风险；审结买卖合同、承揽合同等纠纷331件，维护交易秩序安全；审结工伤赔偿、劳动争议等案件102件，加强对职工合法权益的保护，构建和谐劳动关系。

【执行工作】

2022年，受理执行案件3629件，执结3528件，结案率为97.22%，执行到位金额2.09亿元。首次执行案件2776件（不含执恢、执保），结案2701件，结案率97.30%，实际执行到位率49.15%，执行完毕率41.01%，结案平均用时59.74天。2022年，执行质效综合得分94.6分，位列全省基层法院第16名，全市基层法院第1名。

【服务发展】

服务重点攻坚　2022年，出台服务重点项目高质量落地攻坚8条措施，做好重点项目送法咨询服务，全力支持保障武平南部片区开发顺利推进；健全企业资产处置"123"工作机制，盘活土地245.25亩、厂房9.26万平方米，保障省重点项目落地开工；主动参与"财力攻坚"行动，组建高水平专业法官团队精准施策，协助追回土地开发成本和清缴税收3900余万元；从严落实疫情防控工作要求，积极加强防控期间司法供给，妥善审理合同、劳动争议等涉疫纠纷，为老百姓提供规则指引；在国道交接口、社区等组织志愿服务122人次，做实做好战"疫"任务。

优化营商环境　2022年，审结商事案件2369件，结案标的额6.97亿元。研究制定涉企府院联动实施方案，携手17家单位完善企业市场化挽救和退出机制；推进"执破直通"，将8家被执行企业移送破产审查，妥善处理绿情茶业公司等破产案件21件。在全市首创"资质分立"方式处置岩建公司建筑资质，使债权人利益得到最大保障；改进服务企业经营措施，成立涉企民商事纠纷调解中心，引导32家中小微企业纠纷协商化解；拓宽"法官服务站"职能，与县工商联、企联会召开专题座谈会，促进民营经济健康发展。

呵护美丽生态　探索服务深化"林改"新路径、新方法，创新"认罪认罚+生态修复+碳汇补偿"机制。2022年，审结滥伐林木、危害国家重点保护植物等犯罪案件22件、35人，责令被告人赔偿生态服务功能损失5.63万元，有效修复森林面积724.19亩；审结武平首例森林碳汇补偿案，与有关部门联合建立司法固碳中心，助推武平碳中和林试点项目建设。聚焦生物多样性保护，拓展"生态司法+"机制，开展生态司法研学、增殖放流等活动10场次，发出护鱼、护鸟、护树令4份，加强鱼类资源保护的司法建议获评全省法院十大精品司法建议。开展"五个一"活动，全面回顾司法服务保障"林改"20年的生动实践，生态司法工作获县委主要领导肯定，并在央视纪录片《我有青山》开篇讲述。

【强化履职】

推进平安建设　2022年，执行到位涉黑恶财产555万元，确保"黑财清底"。严惩食品药品安全犯罪，依法对被告人从重处罚，维护群众舌尖上的安全。深化偷越国境、跨境电信网络诈骗、养老诈骗等重点问题整治，守护好群众"钱袋子"，林某骗取医保金案被省医保局评为违法违规使用医保基金典型案例。维护未成年人合法权益，严惩性侵、猥亵儿童犯罪案件6件、6人。班子成员带头担任法治副校长，针对性开发法治教育课程，开展"法治进校园"11场，共同呵护祖国的未来。

提高司法公信　2022年，214人被依法判处缓刑，12人被判处五年以上有期徒刑。始终重视人权司法保障，为9名被告人指定辩护人，实现刑事案件律师辩护全覆盖。紧扣为民宗旨改进司法办案，深入田间地头、百姓家中开展巡回审判41场次。保障群众出行安全，从快审结148件危险驾驶犯罪案件，在全市率先发出"道安劝导令"，并组织"醉驾"缓刑人员宣

誓，切实提高办案法律效果、社会效果。规范诉讼秩序，对伪造证据妨碍案件办理的3名当事人罚款5.2万元，彰显司法权威。

参与社会治理　2022年，成立普惠金融司法协同中心武平分中心，特邀调解员44人、调解组织8个，奏响矛盾纠纷化解"大合唱"。强化诉调对接、诉非联动、诉源治理，委托调解1986件、诉前调解756件，新收诉源案件3355件，同比下降12.29%。做好新时代人民法庭工作，高新园区法庭新建工作完成规划许可。推进依法行政，建立武平、上杭两地跨区域司法与行政良性互动机制。在县委党校开设法治讲座，协助开展执法培训300余人次；发出司法建议4份，审查行政非诉案件110件，助力"全国法治政府建设示范县"创建；高度重视群众合法诉求，落实涉诉信访领导包案、每月接访，畅通群众诉求表达"直通车"，用心用情办结涉诉信访件94件，圆满完成党的二十大安保维稳工作。

【司法为民】

诉讼服务水平　优化"五位一体"诉讼服务平台，2022年，网上立案794件，现场登记立案率100%；办理跨域立案19件，答复12368诉讼服务热线来电301人次，线上线下融合服务，让"正义提速"；保障"弱有所扶"，及时为老年人、残疾人等特殊群体提供上门立案服务324件，依法对12名经济困难当事人缓减免交诉讼费7.48万元，为60人申请司法救助63.71万元，让司法服务更有温度。

民生司法保障　2022年，审结住房、医疗、劳动、养老等涉民生案件570件，执结625件，执行到位金额1654.22万元；积极帮助群众解决"烦薪事"，妥善处理涉久和菌业、坤孚公司等系列欠薪纠纷，帮助436名农民工追回工资1048.95万元。优化家事审判"2345"工作机制，联合县妇联成立"婚姻家庭纠纷诉调对接工作室"，聘任26名家事审判辅助人员；

审结家事案件 378 件，在 35 份判决书中添加法官寄语，强化释法说理，促使 54 对夫妻重归于好。2022 年，首次将《家庭教育促进法》相关内容引入法庭教育环节，依法纠正"教而无方、教而不当"的行为。

胜诉权益兑现　把实现群众诉讼权益作为司法为民的基本要求抓在手上，坚持 24 小时"执行 110""清晨突击"机制，开展"春雷""暖冬"专项行动，2022 年，拘传 56 人次，限制高消费 2574 人次。发布执行悬赏、敦促履行公告 17 期，促使 270 人主动履行法定义务，注重机制优化，引入司法网拍辅助机构，实行网拍财产网络询价，为当事人节约评估费 7.8 万元，网拍成交 9251.33 万元。改革执行案款发放模式，发放 1.37 亿元，实现申请执行人领取案款"一趟都不用跑"；巩固提高"四说四改"规范整治成果，推行首执案件"一册一表一会一通报"；聚力攻坚克难，在办理备受关注的涉中凯酒店系列执行案中，面对无实质可供执行财产、全省无执行先例、无估价方式标准的"三无"困境，在全省首创酒店租赁权司法网拍，42 名工人工资 187.63 万元全部兑现，他们并实现再就业，一并解决 6 个关联案件，实现各方多赢共赢。

【司法改革】

规范运行机制　加强司法责任体系建设，推动健全制约有效、监督到位、权责统一的新型审判权力运行机制；规范法官裁量权，健全"类案检索过滤+专业法官会议研究咨询+审委会讨论决定"法律适用分歧解决机制，有效防止"同案不同判"；加强审执流程管理，坚持"四位一体"审判管理模式，强化违反办案期限问责，2022 年，诉讼案件平均审理时间同比缩短 4.16 天，执行平均时间缩短 6.7 天；健全"四类案件"监管机制，院庭长督办案件 32 件，做到全程留痕，确保院庭长监督不缺位、不越位、可追溯。

改革诉讼制度　2022 年，适用刑事速裁程序审理 147 件，平均审理周期 7.95 天，当庭宣判率 100%，确保"简化程序不减权利、提高效率不降标准"。深化民事诉讼程序繁简分流改革，适用小额诉讼程序审结 154 件、简易程序审结 2703 件、普通程序独任制审结 133 件，简案适用率达 35.75%，实现"繁案精审、简案快审"。

提升司法保障　2022 年，完成在线开庭、网上调解 438 场，电子送达 4070 次，在疫情防控期间实现"审判执行不停摆、公平正义不止步"。改进智慧平台，卷宗电子化 12106 册，直播庭审 1117 场，推送审判流程信息 3367 条，公开裁判文书 4397 篇，让公平正义"看得见"。深化打造"法院+媒体+5G"普法宣传新模式，2022 年，开展"法律七进"活动 69 场，新媒体工作室开设普法课堂、每周一案专栏，阅读量达 200 万人次，403 篇宣传报道被市级以上媒体推送，6 篇作品获评全市优秀政法新闻作品。

【队伍建设】

筑牢政治忠诚　始终把思想政治建设摆在首位，迅速掀起学习贯彻党的二十大精神热潮，常态化开展党史学习教育，抓好理论学习中心组、支部"三会一课"理论学习制度。2022 年，开展政治轮训、宣讲辅导等 13 场次，通过"五学联动"，提高政治判断力、领悟力、执行力，坚决拥护"两个确立"，做到"两个维护"。坚持党建引领，深化创建红土先锋党员工作室，开展"红耀武平　法映梁野"品牌及 6 个子品牌创建，将"一支部一品牌"做深做实。深化"我为群众办实事示范法院"创建，25 项优化民生司法举措落地见效。

锤炼过硬本领　突出实战实用实效鲜明导向，开展"执法办案竞赛""岗位大练兵"活动。2022 年，自主培训、上级调训 85 期 1600 余人次，增强队伍履职能力，重视实务调研，

24 篇案例、论文在市级以上得奖或发表，其中6 篇获得省级奖项，创历史最佳。坚持选贤任能，2022 年，选拔中层副职 8 人，遴选法官 6 人，择优选升、晋升法官法警 16 人。加强文化建设，升级"和"文化展厅，开展"典亮青春·书香法苑"青年主题读书会、文化学习周，举办文化沙龙、趣味运动会等活动 16 场，提升队伍精气神。

守牢清廉底色　坚持严字当头，落实领导班子述责述廉、支部书记抓党建述职、党风廉政建设半年分析、队伍形势月分析制度，压紧压实管党治警责任，深化警示教育。2022 年，坚持"每周警钟一小时"、任前廉政谈话制度，召开党风廉政教育、家属助廉会、家风家教座谈会 9 场次，全员签订廉洁承诺书，筑牢廉政"防火墙"，坚决落实中央八项规定及其实施细则，常态化督察纪律作风。持续改进司法作风。抓好"三个规定"，严格执行月报告和"零报告"制度，2022 年，有记录报告 45 条。有干预就报告、有过问就上报已成习惯，原创廉政微电影《这忙不能帮》获平安龙岩"三微"作品一等奖。

【接受监督】

始终坚持党的领导，自觉接受监督，为县法院各项工作沿着正确方向高质量发展提供坚实保证，认真贯彻中央政法工作条例，把县委决策部署有机融入审判、执行工作，认真做好向县委汇报工作情况的专题报告。自觉接受人大监督，向县人大常委会专题报告破产审判工作，落实人大会议决议、审议意见，主动接受民主监督，2022 年，参与专题调研、执法监督检查 6 场次。加强与代表委员、民主党派、工商联、无党派人士的沟通联系，组织走访代表委员 23 次，广泛听取意见建议，办好建议提案以及交办件 8 件，将民声民意转化为工作实招；自觉接受纪委监委专责监督，支持保障派驻纪检监察组履职尽责；依法接受法律监督，邀请

县检察院检察长列席审判委员会会议，2022 年，检察建议办复率 100%；广泛接受社会监督，新闻记者、公职人员、群众代表等视察法院、旁听庭审 13 场次，人民陪审员参审案件311 件，保障人民群众参与司法。

·司法局·

【概况】

武平县司法局机关内设综合股、规范性文件备案审查股、行政执法协调监督股、社区矫正管理股（加挂社区矫正管理局）、行政复议与应诉综合指导股、行政复议与应诉股、普法与依法治理股、人民参与和促进法治股、公共法律服务管理股、政治处等 10 个股室，17 个乡镇（街道）设置 17 个基层司法所，3 个下属事业单位分别为武平县社区矫正中心、武平县法律援助服务中心（矛盾纠纷多元调解联动中心）、武平县公证处。全县司法行政系统核定政法专项编制 52 名，事业编制 12 名，现有在职人员 58 人，其中公务员 46 人，事业干部 12人。2022 年 9 月，县委依法治县办被评为"全省司法行政系统先进集体"；11 月，武平县被中央依法治国办正式命名为第二批全国法治政府建设示范县，市对县绩效考评第一名。

【全国法治政府建设示范县】

充分发挥全面依法治县职能，牵头制定《中共武平县委全面依法治县委员会 2022 年工作要点》，以落实本县法治建设"一规划两方案"为重点，制定《法治武平建设规划（2021—2025年）》和重要举措分工方案，《武平县法治社会建设实施方案（2021—2025 年）》《武平县法治政府建设实施方案（2021—2025 年）》一体推进法治武平、法治政府、法治社会建设；认真

落实党政主要负责人履行推进法治建设第一责任人职责规定，开展党政主要负责人书面述法，走在全市前列。印发《武平县创建"全国法治政府建设示范县"实地评估迎评方案》，进一步细化实地迎评工作内容；全方位查缺补漏，进一步完善捷文村"我有青山"主题馆、行政服务中心等拟实际核查点的改造提升工作；通过拍摄法治政府专题节目、开展知识竞赛等形式，不断营造浓厚的创建氛围。按照迎检要求，认真整理内业台账并装订成册备查；组织专业人员组成工作组，分别对县公安局、市场监管局等16个主要行政执法单位开展案卷评查工作。2022年7月22—25日，全国法治政府建设示范创建（综合）实地评估组，对武平开展实地评估工作。11月28日，中央全面依法治国委员会办公室下发《关于第二批全国法治政府建设示范地区和项目命名的决定》，武平县正式被命名为第二批全国法治政府建设示范县。

【法治武平建设】

法治宣传教育 深入学习宣传贯彻习近平法治思想，大力推进"八五"普法规划"一县一品"项目，积极探索打造林改生态法治品牌，开展法治护航生态实践活动。2022年，制定年度普法依法治理工作要点，对各项任务落实情况进行统筹协调、督促指导，整体推进普法依法治理工作落地落实；组织开展"美好生活·民法典相伴"为主题的民法典宣传月活动，严格落实"谁执法谁普法"等普法责任制，组织推进"法律七进"活动，积极报送法治宣传教育案例。《武平县万安镇捷文村深入开展民主法治示范创建工作案例》入选司法部案例库，进一步落实《武平县公职人员学法用法考试考核制度》，组织全县公职人员、村（社区）干部和"法律明白人"开展年度学法考试，将考试考核结果作为公职人员年度考核评优及晋级、晋职和所在单位目标管理或绩效考评的重要依据。深入推进"法律明白人"实

施工程，开展国家级、省级、市级"民主法治示范村（社区）"及新一轮市级"民主法治示范村（社区）"检查复核工作。平川街道东城社区等14个村（社区）被命名为市级"民主法治示范村（社区）"，创建命名24个为县级"民主法治示范村（社区）"。

规范性文件审查 按照《福建省行政机关规范性文件备案审查办法》，2022年，在全市县级率先出台《武平县行政规范性文件合法性审查工作规程》，进一步规范县政府行政规范性文件合法性审核工作，推进依法行政，严格审查、动态管理，共审查规范性文件25件，并及时向县政府和县人大常委会报备。审查县政府重大行政事项、政府合同90余件，及时清理同上位法相抵触、不一致、不衔接、不配套的文件，废止（或宣布失效）75件规范性文件和保留（含保留并适时进行修改）130件规范性文件，并将清理结果及时向社会公布。开展行政规范性文件制定主体资格确认工作，并公布第一批行政规范性文件制定主体清单。

行政执法监督 深化基层综合行政执法体制改革，扎实推进乡镇（街道）"一支队伍管执法"，积极推进乡镇行政执法赋权，印发《武平县人民政府关于公布武平县第一批赋予乡（镇）人民政府行政执法事项清单的通知》，并按要求开展赋权事项确认签订工作。严格执行行政执法人员持证上岗和资格管理制度，2022年，全县取得福建省行政执法证人员累计949人。组织各乡镇部分行政执法人员和县直单位的行政执法大队负责人，举办2022年依法行政业务知识培训班，有效提升乡镇综合行政执法专业化水平和综合监管治理能力。持续推动证明事项清理和推行证明事项告知承诺工作，纵深推进"放管服"改革，至2022年底，实行告知承诺事项12项，保留证明事项58项。

行政复议体制改革 2022年，制发《武平县行政复议体制改革实施方案》，成立武平县行政复议咨询委员会，为重大、疑点、复杂行政复议案件提供专业性的咨询意见。坚持

"以人为本，复议为民"原则，防止和纠正违法或不当的具体行政行为，化解行政争议。2022年，本县收到行政复议案件55件，比上年增加28件，已全部审结。审结案件中维持21件，终止16件，驳回3件，撤销3件，不予受理5件，中止审理7件。推进行政首长出庭应诉制度，加强行政与司法互动，出台《武平县人民政府　上杭县人民法院　武平县人民法院关于建立跨区域司法与行政良性互动机制的工作意见（试行）》，完善沟通交流机制，提升行政应诉水平，收到以县政府为被告的行政诉讼案件共12件，一审审结11件，维持3件，驳回4件，撤回起诉2件，责令履行义务1件，撤销1件，正在审理1件，除共同被告外，分管副县长作为行政机关负责人出庭率达100%。

【平安武平建设】

发展新时代"枫桥经验"　2022年，全县各级人民调解组织共排查调解各类矛盾纠纷3495件，调解成功3491件，调解成功率达99.89%。制定出台《武平县司法行政系统2022年"一学三比"大练兵大比武活动实施方案》，通过开展"三做一争"活动，评定市级人民满意调解员5名、第一批县级人民满意调解员19名。印发实施《武平县司法局印发〈关于构建和谐邻里关系助力平安乡村振兴建设专项活动实施方案〉的通知》，以开展专项活动为载体，对摸排受理的矛盾纠纷及时组织人员调解，确保"小事不出村、大事不出镇"，重大矛盾纠纷第一时间向当地党委政府反馈，避免因调解不及时发生越级上访、群体性事件、民转刑案件等激化矛盾情况。组织9名工作人员，8名律师和10余名县人民调解专家，全程参与"5.27"突发强降雨善后处置工作，连续经过6天耐心细致的调解工作，最后各方达成协议，得以圆满化解，有效避免矛盾的激化。建成县矛盾纠纷多元调解联动中心，建成17个乡镇（街道）矛盾纠纷多元调解服务中心和225个村（居）矛盾纠纷调处室，矛盾纠纷多元化解平台共受理各类矛盾纠纷5719件，调解成功5280件，调解成功率92.32%；深入实施"司法所建设质量提升年"专项行动，完成星级司法所复核和问题整改工作，完成平川司法所规范化建设。

重点人员服务管理　2022年，全县共接管社区矫正对象456人，再犯罪率低于全国、全省、全市平均水平，综治考评连续三年位列一等。全县17个乡镇（街道）社区矫正委员会均已成立并召开第一次会议部署社区矫正领域安保维稳工作，本县乡镇（街道）社区矫正委员会实现全覆盖。开展以"筑牢法治观念·提高执法能力"为主题的社区矫正法实施二周年系列宣传活动，进一步扩大《社区矫正法》的宣传覆盖面；创新社区矫正对象线上教育模式，本局社区矫正工作教学课件《认清法律责任，积极接受矫正》荣获全省社区矫正教学课件一等奖。全县累计衔接刑满释放人员514人，在册刑满释放人员1881人。召开重点人群服务管理组成员单位会议，分析研判重点人群服务管理工作的形势，为进一步推动重点人群服务管理工作提质增效奠定基础。组织各基层司法所和人民调解组织对涉稳风险隐患、涉稳刑满释放重点人员等进行全面排查，对排查出的4个涉稳风险矛盾纠纷、（石某某、曾某某）2名涉稳风险刑满释放人员以及11名涉精神病刑满释放人员设立风险隐患问题清单，专人专班负责动态跟踪管理，在稳控基础上着力化解。

【公共法律服务体系建设】

推进公共法律服务实体、网络、热线平台融合发展，为群众提供"一站式"综合性法律服务。健全"热线+法治"工作模式，"12348"法律服务热线实现专业化线上法律服务，2022年，共受理法律咨询5729件；依托武平县职工法律服务一体化基地和社区法律服务工作室，打造维权服务新平台；积极开展"龙岩市律师行业规范化建设年"活动，加强律师、基层法律服务和公证行业监管；推进公共法律服务惠民生工作，共办理法律援助案件 641 件（其中民事案件 171 件，刑事案件 75 件，法律帮助 395 件）；继续开展"最多跑一次"活动，扩大"最多跑一次"公证业务项目，2022 年，公证处共办理各类公证 547 件，业务收费共计 246670 元。

农业　林业　水利

·农业农村·

【概况】

2022年，全县农业经济平稳发展，农民收入持续增加，全县实现农林牧渔业总产值70.13亿元，同比增长1.0%，实现农村居民人均可支配收入23310元，同比增长7.6%。各项目标任务圆满完成，得到省市主管部门、市委市政府、县委县政府的充分肯定，武平美丽乡村建设经验做法"武平发挥生态优势打造宜居宜业宜旅美丽乡村"在《中国改革报》刊发。武平县蝉联"2022年福建省乡村振兴热度指数"综合排名"前十"；东留镇黄坊村、武平县松花寨生态茶庄分别入选2022年福建省美丽休闲乡村、美丽休闲农业示范点；中山镇阳民村和太平村获评2022年福建省乡村振兴实绩突出村；武平县六甲湖水上生态休闲运动旅游基地入选第十五批福建省"水乡渔村"休闲渔业示范基地。"武平绿茶"摘得"中绿杯"名优绿茶评比"4金7银"，摘得"海丝国际杯"名优绿茶评比"优胜奖"2个；武平百香果摘得2022年龙岩市"红古田"杯百香果果王大赛黄果类"果王""2金1银"，"优质奖"2个，紫果类"优质奖"1个；武平芙蓉李摘得2022年龙岩市"红古田"杯芙蓉李果王大赛"1金1银"；武平脐橙摘得2022年龙岩市"红古田"杯脐橙果王大赛"1银"，"优质奖"2个。2个水产绿色健康养殖试验示范基地获得全国水产绿色健康养殖技术推广"五大行动骨干基地"授牌；6个稻渔综合种养基地获得龙岩市2022年稻田综合种养奖励。福建省远耕食品有限公司荣获第六届全国农村创业创新项目创意大赛福建省选拔赛农产品产销类三等奖。2人被评为龙岩市乡村振兴农业生产经营优秀人才；3人荣获第五届"中国创翼"创业创新大赛龙岩市选拔赛乡村振兴专项组暨龙岩市第三届农村创业创新项目创意赛二等奖。

【粮油生产】

2022年，全县粮食播种面积36.039万亩，总产15.6059万吨，亩产433.0公斤。其中水稻播种面积34.8407万亩，总产15.1850万吨，亩产435.8公斤；甘薯、马铃薯、大豆、玉米、杂豆等旱粮作物播种面积1.1983万亩，总产0.4209万吨，亩产351.2公斤；全年油料作物（花生、油菜）播种面积6858亩，总产1347吨，亩产196.4公斤。

【水果产业】

2022年，全县新植园林果树36758亩，年末水果总面积104723亩，水果总产82510吨，水果总产值6.87亿元，其中百香果面积31767亩，产量37065吨，产值4.1亿元。

【茶叶产业】

2022年，全县新植茶叶179亩，截至2022

年末，茶叶总面积 24360 亩，茶叶总产 3916 吨，茶叶总产值 2.0 亿元。

【蔬菜产业】

2022 年，全年蔬菜（含菜用瓜）种植面积 106231 亩，产量 191064 吨，产值约 4.12 亿元。主要种植的规模品种与布局：东留、城厢等中高海拔乡（镇）种植大白菜、甘蓝 2.14 万亩；永平、万安、城厢、岩前、东留等 10 余个乡镇种植辣椒 1.64 万亩；平川、城厢、万安、中山等乡镇种植叶菜类蔬菜 1.32 万亩；中山、东留的青皮冬瓜、盘菜 0.89 万亩；十方、湘店、城厢、大禾、万安等乡（镇）种植槟榔芋、花菜、毛豆、生姜 0.78 万亩；万安、平川、十方、城厢、中山、象洞、下坝等乡镇种植大棚蔬菜 0.18 万亩；十方高梧、彭寨、叶坑、岩前等乡（镇）种植蚕豆、莴苣 3600 亩；中山等乡（镇）种植紫玉淮山 1200 亩。

【食用菌生产】

2022 年，全县食用菌生产规模 9670 万袋，床栽 66 万平方米；鲜菇总产 63300 万吨，比上年增加 3780 吨，增长 9.52%，实现产值 48268 万元，比上年增加 4725 万元，增长 12.92%。林下紫灵芝 28227 亩，2022 年新增林下灵芝 8510 亩，大棚灵芝 220 亩，产量（鲜品）4500 吨，产值 18580 万元，林下栽培茯苓面积 2340 亩。

【牧渔产业】

2022 年，全县牧渔业总产值 30.40 亿元，其中牧业 28.19 亿元、渔业 2.21 亿元，约占农业总产值的 43.34%；肉类产量 68420 吨，同比减少 7.6%；禽蛋产量 8717 吨，同比增长 10.9%；生猪存栏 24.68 万头，同比增长 12.8%，出栏 43.73 万头，同比下降 13.4%；家禽存笼 430.51 万羽（其中象洞鸡存笼 351 万羽），同比增长 30%，出笼 2306.27 万羽（其

中象洞鸡出笼 700 万羽），同比增长 0.7%；牛存栏 8110 头，同比增长 2.5%，出栏 4694 头，同比增长 7.6%；羊存栏 24668 头，同比增长 20%，出栏 25062 头，同比增长 11.6%；兔存栏 31.83 万只，同比下降 5.2%，出栏 44.22 万只，同比下降 2%；鸽产量 1109.77 吨，同比增长 5.3%；蜂蜜产量 316 吨，同比增长 2.3%，蜜蜂 2.6 万箱，同比增长 9.6%；水产养殖面积 1.8449 万亩，其中池塘面积 1.0578 万亩、水库养殖面积 0.7871 万亩，稻田养殖面积 495 亩。渔业总产量 13449 吨，同比增长 3.1%，其中养殖产量 12453 吨，捕捞产量 996 吨。

【特色现代农业】

深入实施特色现代农业"851"工程，按照"品种培优、品质提升、品牌打造、标准化生产"的总体思路，依托优势特色产业，打造农业全产业链。2022 年，实现八大特色产业全产业链产值 130.69 亿元，争取项目资金 5000 万元，实施福建省现代农业（果茶）产业园项目。万安镇（灵芝）入选福建省农业产业强镇建设项目，因地制宜开展"一村一品"示范村及专业村培育，2022 年，全县被认定省级示范村 5 个、市级 10 个、县级 16 个。

【农村集体产权制度改革】

开展农村集体资产年度清查工作，截至 2022 年底，全县共清查集体资产 140059.08 万元，核实经营性资产 18043.60 万元，有经营性资产的村（居）135 个，其中 50 万元以下的村（居）43 个，50 万元—100 万元的村（居）25 个，100 万元—500 万元的村（居）63 个，500 万元以上的村（居）4 个。

【农业绿色发展】

化肥减量增效　2022 年，全县共实施测土配方施肥技术推广面积 55 万亩次，农用化肥施用量与 2021 年相比减少 3.2%。建立化肥减

量增效"三新"升级版示范面积1万亩，推广化肥投入定额制示范面积3.5万亩，推广有机肥施用48万亩次，种植绿肥8.5万亩，实施稻田秸秆还田16万亩，完成11个省市县级耕地质量长期监测点的监测任务。

农药减量增效 2022年，全县推广高效低毒低残留新农药16.8万亩次，开展农作物病虫害绿色防控55.2万亩次，统防统治41.6万亩次，农药用量比2021年减少3.2%。

养殖业污染整治 2022年，完成畜禽粪污资源化利用，整县推进项目的全部建设内容，完成投资8402.51万元，其中新建有机肥厂5835.84万元，建设资源化利用监管平台273.36万元，畜禽养殖场粪污资源化利用设施建设2198.99万元；种养结合基地建设94.32万元，项目建成后规模养殖场畜禽粪污综合处理利用率达96.66%，规模养殖场粪污处理设施装备配套率100%。2022年，全县未出现不符合养殖规划的网箱养殖。

渔业资源增殖放流 做好江河渔业资源增殖放流，保护渔业水域生态环境，争取上级渔业资源及生态保护资金55万元。2022年，在境内平川、城厢、中山、下坝、十方、岩前、永平、桃溪、湘店、武东、中堡等主要河流，投放苗种8.0cm—12cm扁圆吻鲴90余万尾、≥6cm花鱼骨22.5万尾、10-15cm鲢鳙38万尾。

【农田基础设施建设】

武平县2022年高标准农田（含中央预算内投资）建设项目实施面积2.5万亩，总投资3607万元。项目涉及大禾、民主、桃溪、万安、下坝、中赤、岩前、东留、平川街道、城厢、永平、十方、中山、武东和中堡15个乡镇（街道）、72个村（社区）。在中堡镇实施2022年高标准农田建设整区域推进示范项目，总投资350万元，涉及大坪、远富和朱坊3个村；实施2022年农田水利设施灾毁修复补助项目，总投资100万元。

【种业振兴】

组织实施水稻优质稻品种示范与展示，遴选米质达部颁二等以上以及在我省优质稻品种评选中获奖的高档优质稻品种。2022年，分别在十方、岩前、桃溪、东留、永平、城厢6个镇，建立10个高档优质稻品种核心展示示范点，展示示范片面积2883亩；在中山镇建立专用马铃薯新品种展示与示范基地，面积242亩，展示后备品种21个；在万安镇建立百香果新品种展示与示范基地，面积241亩，展示后备品种12个。开展"闽选仙草1号""脚板薯"种质资源提纯复壮及示范推广；实施武平百香果不同品种对比试验，紫灵芝不同树种栽培、不同覆土厚度和"控氧保洁"双芝控制小拱棚栽培模式对比试验；不断增强品种后劲，促进品种更新更换，农作物良种覆盖率达98.8%，农作物品种优质专用率达86.7%。2022年，完成象洞鸡地方标准的制定，对象洞鸡进行提纯复壮及杂交利用。制定《武平县水产苗种场认定管理办法》，2家养殖场、3个品种获水产苗种生产经营许可，倒刺鲃、光唇厚唇鱼苗种繁育取得新突破。

【培育新型经营主体】

龙头企业 2022年，有市级以上农业产业化龙头企业47家，其中省级农业产业化龙头企业7家，全县农产品加工实现产值65.7亿元，比增2.4%。

专业合作社 截至2022年底，全县注册登记成立的农民合作社共486家，其中联合社21家；县级示范社共167家，其中2022年新增17家；市级示范社共86家，其中2022年新增15家；省级示范社43家，其中2022年新增4家；国家级示范社8家，其中2022年新增2家。

家庭农场 全县经工商注册的家庭农场2056家，2022年，新增9家省级示范家庭农场、11 家市级示范家庭农场、24 家县级示范家庭农场。

培育高素质农民　2022 年，培育新型职业农民培训机构 8 家，举办 33 期培训班，培训 1670 人次；培育高素质农民初创之星 1 人，创业之星 2 人；认定高素质农民实训基地 1 个；举办武平县动物防疫职业技能竞赛一场。

【创新农村工作机制】

2022 年，武平县第六批驻村任职的党员干部 82 人，为全县 82 个驻点村累计争取各类帮扶资金 2.72 亿元（其中省派干部争取 6443 万元、市派干部争取 6321 万元、县派干部争取 1.45 亿元），投入资金 2.1 亿元。2022 年，全县 82 个驻点村改善生产、生活设施投入帮扶资金 1.28 亿元；实施改善生产、生活设施项目 244 个；环境卫生整治投入帮扶资金 1918 万元，实施环境卫生整治项目 131 个。82 个驻点村基层组织建设投入帮扶资金 753 万元，新组建村级服务组织 140 个，组织驻村干部参加业务培训人均 4.7 期，发展党员 141 人。推动当地农村经济发展投入帮扶资金 2451 万元，实施推动农村经济发展项目 110 个，组建专业经济合作组织 36 个，引进投资规模百万以上企业 14 个。驻村干部充分发挥自身优势，为驻点村积极策划项目、向上争取资金，有效促进农村各项事业的发展。

【落实强农惠农政策】

2022 年，落实耕地地力保护补贴资金 2562 万元，落实水稻种植保险面积 34.36 万亩、总保费 515.56 万元，其中中央、省、市财政补贴资金 360.76 万元，县级财政补贴 51.73 万元，农户自筹 103.07 万元；发放实际种粮农民一次性补贴资金 949 万元；争取省级粮食产能区增产模式攻关与推广项目补助资金 490.82 万元，建立核心示范片 40 个、面积 1.2 万亩，带动全县 16.5 万亩粮食产能区的发展。

【农业综合执法监督】

开展农业法律法规宣传，严肃查处和打击假冒伪劣农资、药品残留、非法添加、违禁使用、私屠滥宰，电、毒、炸鱼等农业领域违法犯罪活动。2022 年，农资监管平台线上巡查 3711 次，线下检查农资门店 637 个次，出动执法人员 1413 人次；打击野生动物违规交易专项行动，出动执法人员 214 人次；水产品质量安全执法检查，出动执法人员 121 人次；办理一般程序案件 16 件（其中，农药案件 1 件、农产品质量安全案件 2 件、兽药案件 3 件、动物防疫案件 7 件、渔业违法案件 2 件，移送公安私屠滥宰案件 1 件），罚没金额 8.23 万元；指导乡镇办理动物防疫案件 7 件，农药案件 1 件。其中，"武平县麦尾兽药经营部经营假兽药案"在全省农业综合执法培训会议上作为典型案件交流，市局以文件形式通报优秀案例。做好农村宅基地执法工作，开展宅基地动态巡查 55 次，下发《责令停止违法行为通知书》37 份，核查违法建房线索 96 起（其中 2 起已经审批，94 起移交乡镇处置），办理群众举报违法建房线索 4 起。

【农产品质量安全】

2022 年，完成各类省、市级农产品定量抽样样品 459 批次，合格率 99.78%；县级定量检测 450 批次，合格率 99.78%；全县共定性检测农兽残样品 87013 批次，合格率 99.97%。其中，县级检测果蔬样品 2120 批次、禽肉禽蛋样品 145 批次，合格率 100%；乡镇检测果蔬样品 80393 批次，合格率 99.98%；禽肉禽蛋样品 4355 批次，合格率 99.89%。完成水产品样品抽检 88 批次，合格率 100%；配合农业农村部产地水产品抽样 6 批次，配合省厅级产地水产品监督抽查 16 批次，样品抽检合格率 100%。推动无公害农产品认定、绿色食品和有机农产品认证、农产品地理标志登记，强化证后监督和标志使用管理，2022 年新增"三品一标"产品认证 7 个，总数达到 47 个（其中，无公害农产品 19 个，绿色食品 8 个，农产品地理标志登记产品 3 个，地理标志证明商标 17 个）。全面推进农产品质量安全追溯管理工作，至 2022 年 12 月底，全县共有 771 家农业种养生产经营主体纳入福建省食用农产品承诺达标合格证与一品一码追溯并行系统，实行农产品质量安全可追溯管理；全面启用农资监管平台，开展农药、肥料、种子、兽药产品入市经销备案审核工作。2022 年，全县共有 182 家农药肥料经营企业、3 家肥料生产企业、3 家种子经营企业、34 家兽药企业纳入平台监管。

【农业科技装备应用】

提升专业技术人员技能　2022 年，实施基层农技推广补助项目，补助资金 81 万元。建设 2 个主导产业示范基地，遴选 410 个农业科技示范主体，遴选发布种植业、畜牧业、渔业主推品种 30 个、主推技术 23 项，组织专业技术人员参加培训 151 人次，为 132 名农技干部办理 12316 手机农务通。

农机装备情况　2022 年，使用农机购置补贴资金 856.073 万元，其中中央资金 772.726 万元，省级资金 83.347 万元，补贴农机具 5541 台套，受益农户达到 4248 户。2022 年，全县拖拉机保有量 1995 台，其中大中型拖拉机 59 台、手扶拖拉机 1936 台，联合收割机 211 台，机动插秧机 148 台。拖拉机配套农具 3674 部，配套比 1：1.841，全县烘干机拥有量 51 台，日烘干能力达 850 吨，农机装备结构进一步优化，大中型高质高效农机具比例得到提升。

提升农机化水平　2022 年，完成主要农作物机耕面积 35.916 万亩、机插面积 16.4204 万亩、机收面积 32.9103 万亩，其中完成水稻机耕面积 34.656 万亩，水稻机插面积 16.4204 万亩，水稻机收面积 32.5203 万亩。2022 年，全县主要农作物耕、种、收综合机械化水平达

到 80.73%，水稻耕、种、收综合机械化水平达到 81.93%。

【"三农"综合保险】

2022 年，全县 17 个乡镇（街道）、214 个行政村（居委会）设立"三农"综合保险工作站或"三农"综合保险联系点，充分构建县—乡—村"三农"保险全方位服务网络，全力保障服务民生。2022 年各乡镇"三农"综合保险农村小额人身意外保险、农房附加室内财产保险等险种签单保费 631.4 万元，综合承保率 86.2%。

【动物防疫】

2022 年，国家强制免疫病种已免：猪口蹄疫 34.9922 万头、牛口蹄疫 1.2471 万头、羊口蹄疫 5.4742 万头；高致病性禽流感（H5+H7）1845.0519 万羽，其中鸡 1741.4134 万羽、鸭 54.9451 万羽、鹅 0.3909 万羽、其他 48.3025 万羽；羊小反刍兽疫 5.1023 万头。所有强制免疫病种应免率达 100%。

【动物检疫】

产地检疫设 17 个申报点，配 57 名官方兽医，严格按《产地检疫管理办法》、农业农村部制定的《动物产地检疫规程》规范产地检疫，2022 年，产地申报检疫生猪 10.9958 万头、牛 6139 头、羊 1796 头、禽 58.8701 万羽。

【病死猪无害化处理监管】

强化病死猪无害化处理监管，及时消毒灭源。引导开展病死猪集中无害化处理，对本县 3 家病死猪集中无害化处理厂开展定期和不定期相结合的专项检查，对各乡镇乱丢滥弃病死猪行为开展不定期监督巡查。2022 年全年无害化处理病死猪 37212 头，落实发放病死猪无害化处理资金 260.484 万元。

【乡村振兴】

美丽乡村建设　2022 年，13 个省级乡村振兴试点村实施项目 68 个，完成投资额 7295 万元；2 个实绩突出村实施项目 8 个，完成投资额 1370 万元。

开展乡村治理　开展"两治一拆"农村人居环境整治专项行动，2022 年，市级重点整治村验收通过 18 个，县重点整治村验收通过 87 个，为两年实现"两治一拆"全覆盖奠定了坚实基础。

乡村发展　美丽乡村做法以题为"福建武平：发挥生态优势打造宜居宜业宜旅美丽乡村"在《中国改革报》处刊发。2022 年"福建省乡村振兴热度指数"评价综合排名前十；中山镇阳民村和太平村获得 2022 年福建省乡村振兴实绩突出村；"福建省（龙岩市）武平县、连城县走进森林氧吧，体验民俗工艺"入选 2022 中国美丽乡村休闲旅行（冬季）精品景点线路推介。

【巩固脱贫攻坚成果】

全面排查监测　2022 年，全面受理"一键报贫"手机信息平台和 12317 帮扶服务热线电话申报 39 条，组织行业部门开展专项筛查 5.74 万户次，干部走访排查 9.71 万户次。开展防返贫监测帮扶集中排查工作，新增重点监测对象 7 户、24 人；安排各级财政衔接资金 331.82 万元倾斜支持监测对象，实施各类帮扶措施 1882 项。

保持政策稳定　2022 年，落实脱贫户家庭子女入学教育资助政策，补助建档立卡脱贫学生 6387 人次、437.3 万元；实施脱贫户目录内自付费用超过 2980 元全额理赔商业补充保险，共理赔 165 笔、47.12 万元；持续开展脱贫户住房安全等级变化的动态监测及农村脱贫人口饮用水安全动态监测机制，共有 1956 户、3742 人脱贫户列入低保，977 户、977 人列入五保兜底保障，共为 274 名脱贫户提供享受临时救助金共计 43.35 万元。

建立长效机制　2022 年，开展产业帮扶，共实施激励性帮扶项目 41 个，带动 2417 户脱贫户（含监测对象）发展生产。产业帮扶保险投保 3404 户次，参保覆盖率 108.86%；鼓励脱贫户就业创业，共有 6392 名脱贫户实现稳岗就业，共设立 25 个帮扶车间，吸纳 228 名脱贫户就业；积极开发公益性岗位，吸纳 436 个脱贫劳动力在岗就业；开展雨露计划培训，补助学生 463 人，补助资金 133.65 万元；实施金融帮扶，本县存量脱贫人口小额信贷 993 户、1837.78 万元，覆盖面达 17.88%。

·林　业·

【概况】

2022 年是习近平总书记对武平林改作出重要指示批示的 20 周年。武平县林业工作在县委、县政府的正确领导下，认真贯彻习近平总书记对福建、武平林改和对捷文村群众来信的重要指示批示精神，以深化改革创新、科学经营、资源保护、融合发展、绿色共建，推动机制更活、林质更高、生态更优、产业更兴、生活更美的新时代武平林业改革发展"五五篇章"为抓手，践行"绿水青山就是金山银山"理念，持续打造林改"武平经验"升级版，推动武平林业高质量发展超越。2022 年 3 月，武平县林业金融区块链融资服务平台在全国"两山银行"建设十大优秀案例评选中获得"两山金融服务实践创新"优秀案例，是福建省唯一获此殊荣的单位。本县林业局被县人大常委会评为 2021 年度县人大代表建议办理工作先进单位。2022 年 5 月，武平县林业金融区块链融资服务平台入选省发改委（营商办）2022 年第一批优化营商环境工作典型经验做法之一，向全省复制推广。万安镇捷文村被福建省林业局评为福建林业改革发展20年突出贡献集体。

【深化集体林权制度改革】

举办林改20周年活动　2022年，林下经济科教馆升级改版为"我有青山"主题馆，并对外开放。《中国林改20年县域生态文明建设的武平实践》一书、《我有青山——武平林改20年》画册已全面完成。2月23日，在全省深改会上听取武平县"传承弘扬'林改经验'努力创造高品质生活"专题汇报，省委尹力书记强调，武平县要积极开展首创性、差异化改革实践，为全省乃至全国林改探索新路子、创造新经验。4月26日，于海县长参加福建省人民政府新闻办公室召开"福建省推进林业改革发展再出发"新闻发布会。6月7日，省委宣传部会同省林业局组织中央和省级媒体11家、（《人民日报》、新华社、央视网、经济日报、中新社、《福建日报》、省广播影视集团、人民网、新华网、《绿色时报》《光明日报》）24人来武平开展"推进林业改革发展再出发"系列宣传报道。6月16日，在市政府新闻办召开"我有青山——武平林改20年"新闻发布会。6月28日，全省林业改革发展会议暨省级总林长会议和福建集体林权制度改革20年座谈会在福州召开，县委张丽华书记和林改亲历者、受益者代表捷文村党支部书记李财林分别在会上作了交流发言。10—11月，市委组织部在本县拍摄《不负青山》党建小视频，12月5—6日，武平林改20年纪录片《我有青山》在中央广播电视总台农业农村频道（CCTV-17）《乡土中国》栏目首播。12月21日，在本县继续教育基地人民会堂举行了"学习贯彻党的二十大精神，推动武平林改再出发"座谈会暨《中国林改20年：县域生态文明建设的武平实践》首发式、《我有青山》入选国史学会国史影像馆当代中国史农业系列收藏证书揭幕仪式。通过

林改20周年系列活动，进一步宣传和扩大武平在全省乃至全国的影响力。

创新林业经营机制　2022年，全面实施"三权分置"推进经营权流转和抵押登记，有效解决家庭承包的林地流转问题；完成林权流转542起、12.57万亩，累计35.65万亩。大力培育民营林场、家庭林场、林业专业合作社等新型林业经营主体，新增32家新型林业经营主体，累计241家，完成年度计划20家的160%。武平县捷文高排厦红菇专业合作社、武平县继强林场等15家单位列入2022年度省级新型林业经营主体标准化建设实施单位，争取省财项目建设补助资金202万元。在万安镇捷文、小密两个村开展进城落户农民有偿退出承包权试点，5户进城落户农民有偿退还给集体566亩承包林地，获得补偿50.94万元。

完善林业金融服务体系　积极推广集评估、收储、担保、流转、贷款"五位一体"的林权抵押贷款模式，积极构建全市统一、规范运作、高效便捷的林业投融资机制。2022年，累计发放"普惠金融·惠林卡"8129张，授信9.45亿元，用信8.08亿元；新增林权抵押贷款1.61亿元，累计发放林权抵押贷款8.37亿元。持续提升林业金融区块链融资服务二期平台建设，着力破解林农申贷抵押难、程序多、信息不对称等问题，打通林农与金融机构"双向选择"通道，拓宽林业投融资渠道，让林农不出门就能享受到优惠的贷款政策、便捷的政务服务。二期平台共开发58款金融产品，对接1888笔、累计放贷3.296亿元。

【提升森林质量和资源管护能力】

完成造林绿化任务　2022年，全县完成造林绿化130897亩，占任务132%，其中植树造林33466亩（含松林改造提升19165亩），森林抚育68323亩，封山育林29108亩。完成市级松林改造提升示范点建设3个，面积761亩。大禾镇上湖村格式栲古树群被评为第二批福建

最美古树群名单之一。

深化落实林长制　全面建立"林长+"协作机制，创新"县级林长+乡镇"新模式，全面落实林长治林，实现县级林长巡林全覆盖。2022年，县级林长、副林长共完成巡林督导41次，其中县级林长巡林5次，县级副林长巡林36次；全年召开县级林长会议1次、县级副林长会议5次；开展林长制工作培训，全县乡村林长、森林消防队员、护林员共883人参加培训。2022年，全县共有网格417个、护林员376名，共有森林警长95名。

全面加强森林资源管理　强化打击力度，依法查处涉林案件。2022年，全县共查处林业行政案件165起，上缴罚没款147万元。加强野生动植物保护，全县出动护林员5.2万人次，监督检查场所353处，拯救国家重点保护野生动物10只。严格林木采伐限额管理，共办理林木采伐许可证1083份，采伐面积4119.87公顷，采伐蓄积23.82万立方米，占年森林采伐限额的53.91%；完成生态公益林优化调整188.33公顷，生态公益林储备库区划界定431.38公顷；完成森林资源数据变更审批228宗，面积639.69公顷。加强松林资源保护，严格落实林业有害生物防治工作，测报准确率98.08%、检疫率100%、无公害防治率100%、成灾率0，各项指标均达标。

【加速林业产业发展】

发展绿色富民产业　充分利用林区资源，重点发展林下经济、生态旅游、森林康养、竹木产业等绿色富民产业，创建一批高标准林业产业示范基地，推动林业一二三产业融合发展。积极打造"一县一品"区域特色林下经济，重点发展林菌、林药、林蜂、林蛙、林花、林茶、林果等绿色生态产品。2022年，林下经济（含森林康养旅游）经营面积159.01万亩，实现产值44.32亿元，新建林下经济示范基地43个；新增林下种植紫灵芝面积8510亩，总面积达

2.82万亩，紫灵芝产量335吨，实现产值1.3亿元，武平成为全国最大的紫灵芝生产基地。现代竹业重点县项目争取省财补助资金226万元，花卉苗木全产业链总产值达到23.2亿元。

林产品精深加工业　引导福建紫珍堂生物科技有限公司、福建省武平县练家香生物科技有限公司、福建省龙岩闽窖酒业有限公司等三家企业开展紫灵芝"食药物质"管理试点，推动紫灵芝一二三产业融合发展；推进新洲（武平）林化有限公司松香、松节油深加工产品升级项目建设。2022年5月，引进竹材综合加工建设生产项目，9月项目正式投产，实现当年签约、当年开工、当年竣工，创造"武平速度"，武平县竹产业深加工项目实现零的突破。

生态旅游和森林康养产业　探索建立生态旅游、森林康养的市场运作机制、社会投入机制和政府激励机制，重点打造一批森林人家、森林养生、森林休闲健身等示范基地。2022年，全县森林康养旅游接待游客295万人次，实现产值12.6亿元，直接收入1.755亿元；创建森林人家5家，总数达112家，居全省第一；实施武夷山国家森林步道（武东段）10.2千米。武平县梁野山被评为省级森林康养基地，中山松花寨被评为龙岩市自然教育基地。

推进项目建设　始终把建设项目使用林地审核审批用林要素保障服务放在工作的首位，全力以赴做好林地要素保障工作。2022年，受理使用林地项目166个，面积186.2426公顷，收取植被恢复费2846万元。签约引进全省首个普惠型林业碳汇合作开发项目和国家储备林项目；签约引进项目1个、新开工项目2个、新竣工项目2个，产业招商对接行动获得县直第一名的好成绩。

【全面从严治党】

思想政治建设　始终把政治建设放在党建工作首位，扎实推进全面从严治党工作，充分发挥局党组（党委）理论学习中心组的领学、

促学作用，组织引导党员干部职工深入学习宣传贯彻党的二十大精神和习近平生态文明思想。全面加强思想政治理论学习，不断提高政治判断力、政治领悟力、政治执行力，坚决拥护"两个确立"，不断增强"四个意识"，坚定"四个自信"，做到"两个维护"。

党风廉政建设　落实廉政风险防控，深入开展廉政勤政教育，加强党风廉政建设压力传导，增强林业干部职工纪律意识和底线意识。大力推进作风建设，认真按照"三提三效"要求，深入开展"我为群众办实事活动"；开展"形式主义，官僚主义"专项整治工作，组织党员干部对照《武平县力戒形式主义、官僚主义问题负面清单》自查自纠，推动作风转变。紧盯重要节点，加强重要节日督查，进一步严明纪律、净化节日风气，坚决防止"四风"问题反弹回潮。2022年，批评教育帮助和处理2人，诫勉谈话1人。

创建党建品牌　大力推进"党建+理论学习""党建+生态保护""党建+绿色发展""党建+改革创新""党建+机关文化""党建+廉政勤政"六大"党建+业务"融合平台建设，推动党建与林业中心工作互融并进；深入开展"比创新、比典型、比服务、看实效""党员联系干群"等活动，充分发挥"党员先锋岗"示范引领作用；与省、市林业局机关党组织和万安镇党委、捷文村基层党组织联合开展"深化林业改革、助推乡村振兴"党建"五级联创"活动，充分发挥党建引领推动作用。

·水　利·

【概况】

2022年，武平县水利局在中共武平县委、县政府的正确领导下，通过全县水利系统干部职工的共同努力，水利投资目标顺利完成，水土流失治理有效推进，河湖长工作不断深化，水生态建设再上新台阶。2022年，全县水利投资完成12.06亿元，首次突破10亿元大关，占年度计划11.22亿元的107.5%。武平县云礤水库获全省水利优质工程金奖。永平镇水土保持项目代表福建省参评全国水土保持规划实施情况评估获得优秀等次。2022年度水利工作任务清单考评结果全市第一名，河湖长制工作考核结果全市第一名。

【规划及项目前期】

启动武平县流域综合规划编制工作，完成年度5条河流流域综合规划报告编制。贯彻落实县委县政府部署的"政策攻坚行动"，2022年，策划生成1000万以上项目22个，共争取上级补助资金25625万元。积极推进水利重大水利项目前期工作，补齐饮水安全和防洪工程短板：武平县百把寨水库工程初步设计、环评报告、水土保持均通过审批，完成项目EPC总承包招标，用地报批材料组件。武平县大绩水库工程完成项目可研报告编制，根据自然资源部门"三区三线"调整工作，占用基本农田已调出。由市堤防管理所牵头，各县水利局配套，完成"五江一溪"汀江防洪提升工程可行性研究报告初稿。

【防洪工程及河道治理】

实施武平县水系连通及水美乡村建设试点项目，2022年，累计完成投资2.5亿元，计划实施的7个水利子项目均已开工建设，完成河道治理17千米，实施6条中小河流治理项目，其中续建2条（小澜溪中堡段、帽村溪帽村段）、新开工4条（大禾溪大禾段、中山河大阳段、中赤河高梧段、小澜溪丰田段），总投资15135万元，总综合治理河道长度26千米；完成投资9089万元，完成河道治理河道长17千米，其中新开工4条，共12千米，续建2

条，共 5 千米。续建韩江上游梅江（龙岩武平段）防洪工程，总投资 18009 万元，项目涉及 6 个乡镇，主要建设内容：新建堤防（护岸）9 段总长 16.022 千米、新建排涝涵管（渠道）44 处、拆除重建滚水坝 1 座、拆除重建桥梁 1 座，施工工期为 24 个月。累计完成投资 1.6111 万元（2021 年完成投资 4198 万元，2022 年完成投资 9696 万元），累计完成堤防长度 12.5 千米。新开工 5 条安全生态水系建设项目（岩前镇，民主溪，武东镇六甲溪、黄埔溪、三峰溪，中堡镇，桃澜溪小兰段），总投资 6194 万元，总建设河长 38 千米，其中 2022 年完成投资 5594 万元，建设河道长度 30.4 千米。

【水生态文明建设】

严格执行取水许可和水资源有偿使用制度，2022 年，水资源用水总量 2.7231 亿立方米，农业灌溉用水有效利用系数达到 0.577，万元国内生产总值用水量 88.78 立方米，万元工业增加值用水量 12.58 立方米；新办 24 本取水证（厂矿企业 5 本、灌区 4 本、乡镇水厂 15 本）；完成 17 个点取水在线监控设施安装工作，并将监测数据全部接入省厅水资源管理信息平台；完成 146 本取水许可证延续工作；完成县域节水型社会达标创建工作，并通过省厅组织的验收。开展河道岸线管理保护工作，推进 50 平方千米以下河道划界工作，加大水土流失治理力度。开展 32 个在建项目水土保持监督工作，制止生产项目造成水土流失；做好"天地一体化"监管，完成 4 个违规项目的整改，并录入监管系统。全年完成水土流失综合治理面积 50941 亩，占计划任务数 42823 万亩的 118.9%，超额完成任务，2022 年度市对县水土保持目标考核排名靠前。

【农村水利建设】

农村饮水安全实施农村供水保障工程，2022 年，实施桃溪、中赤、民主等 3 个乡镇 4 个村农村供水保障工程建设项目，上级补助 80 万元，至 10 月底 4 个项目全部完工，受益人口 11507 人。2022 年 5 月，武平县在全省深化农村饮水安全"点题整治"工作视频会议上作交流发言。

城乡供水 2022 年度计划完成投资 3.76 亿元，完成投资 4.56 亿元，占计划投资的 121.28%，超额完成任务。完成第二水厂、十方集镇水厂扩建工程；大绩水厂、第一水厂已完成林地、土地报批，已进场施工；已完成 162 千米供水管道铺设工作。二期项目：EPC 项目部、监理部已成立，岩前分区中赤段、桃溪分区、永平分区单村供水工程、东留分区单村供水工程、象洞分区单村供水工程已开工。

城乡供水一体化水源建设项目　岩前镇美子坑水库大坝主体工程完工，杨梅畲取水设施改造铺设输水管 7.83 千米；完成天德、杨梅畲等 5 座电站收购评估，杨梅畲、黄龙坑电站收购已谈拢；完成中堡大绩水库可行性研究报告编制。

【行业强监管】

做好水利安全生产工作　完成调整 2022 年度水利行业安全生产"党政同责、一岗双责、齐抓共管、失职追责"规定，落实安全生产工作机制、明确年度水利安全生产工作责任清单、工作计划和监督计划。组织完成汛前安全大检查，在各乡镇对水利设施和在建水利工程全面完成自检的基础上，2022 年 3 月，县水利局成立 7 个检查组对全县 82 座小（二）型以上水库、2 座水闸、27 座有防汛保安任务的小山塘，17 个乡镇集镇重要河道 68 处堤防，6 处重点在建水利工程进行重点复查，及时排查安全隐患，同时印发《关于加强山塘、水电站等薄弱环节的防汛工作的紧急通知》，确保 2022 年安全度汛。督促指导各乡镇、水电站业主开展小水电风险隐患排查整治自查自纠工作，确保水电站安全运行；开展水利"安全生产月"

系列活动，以"遵守安全生产法，当好第一责任人"为主题，普及安全生产知识，积极参与网络竞猜及趣味活动，发放水利安全宣传材料，宣传汛期安全的基本常识，增加群众的安全意识；组织各乡镇水利工作人员参加市水利局举办的水电站安全生产视频培训会、岁末年初水利安全生产及水利安全信息系统管理操作的视频培训会。

河湖"四乱"整治　常态化规范化推进河湖"清四乱"，持续清理整治"四乱"问题，坚决遏增量、清存量，将清理整治重点向中小河流、农村河湖延伸，2022 年，全县排查 37个"四乱"问题，均已整治销号。

水事违法行为打击　29 项水行政执法权从 2022 年 8 月 31 日起赋予乡镇（平川街道除外）行使。查处擅自取地下水案 1 起，罚款 5万元；联合广东焦岭县取缔两省交界河道非法采砂 2 起；征收水资源费 448.2 万元。

生产建设项目水土保持"三同时"制度2022 年，完成生产建设项目水土保持方案审批 11 个；生产建设项目水土保持现场检查 21次，出动检查人员 63 人次；下发限期整改通知1 份，完成整改 1 份，完成水土保持设施验收报备 13 个和水土保持设施验收核查 3 个；完成6 个 2022 年审批的生产建设项目监督性监测，征收水土保持补偿费 298.434 万元。

工程质量监管　2022 年，继续做好武平县城乡供水一体化项目、中小河流治理工程、安全生态水系项目、水库工程、防洪工程、水系连通及水美乡村建设项目、水土保持等 17 处在建工程的质量监督检查工作。全年共发出质量通报、整改通知书 14 份，督促各乡镇、参建单位认真落实整改，确保工程质量达标。做好省水利厅、市水利局委托第三方质量检测机构对本县在建水利工程开展质量"飞检"发现问题的整改工作，通过责令整改、约谈、通报等方式督促加强工程质量管理。为做到举一反三，避免再发生类似问题，本局印发《关于进一步加强水利工程质量管理工作的通知》，督促指导各乡镇及项目业主明确质量责任、强化质量管理，确保水利工程保质保量完成。2022 年 9月，组织各乡镇、项目业主参加市水利局举办的水利工程质量监督工作视频培训会，深入学习水利工程质量监督管理工作内容与监督方式。

农村水电站管理　继续做好全县 148 座水电站生态下泄流量监管工作，安排专人每日查看监控平台的生态下泄实时数据，每月对不合格水电站下泄情况进行通报，督促业主及时查找原因、恢复下泄数据正常。2022 年，全县水电站生态下泄严格执行到位，生态下泄合格的水电站占比 90%，达到市对县的考核要求，保障河流生态环境。深入推进 160 座水电站清理整治工作，按照退出、整改、完善三类对全县所有水电站进行核查评估、分类整治，2022年，完成了 12 座水电站退出工作，完成 118 座整改类水电站清理整治任务。组织各乡镇、水电站业主完成 74 座水电站压力钢管安全检测工作，督促水电站业主对不合格压力钢管进行维修、更换，确保全县水电站运行安全。

城区河道管理　2022 年，落实城区 10.6千米河道日常河道保洁和 5 座水闸桥调度工作，保持河道干净和水域最大化，为创建全国文明城市、国家卫生县城、国家生态文明建设示范县及各种重大活动营造良好的河湖环境，不断增强城区居民的获得感、幸福感。

小型水库管护　创新小型水库管护机制，2022 年，将全县 35 座小型公益水库的养护工作通过政府购买服务的形式，由具有资质的专业公司来承担水库管护工作，以促进水库良性运行。

【水旱灾害防御】

2022 年，全面落实并公布 82 座小（二）型以上水库水电站、27 座有防汛影响的小山塘及重点城（集）镇、重要河流堤防的防汛行政责任人、主管部门责任人和安全管理责任人，接受社会监督。全面开展汛前、汛中、汛末防汛安全检查，建立"一情况两清单"，落实整改责任，确保度汛安全。修订完善防汛预案，修订武平县水利局防洪防台风应急预案，完成5座中型水库电站、77座小型水库电站汛期防洪调度运用计划、城区水闸控制运用计划及防洪应急预案、在建工程度汛方案的审查，督促指导各乡镇（街道）、村（社区）山洪灾害防御预案的修订和演练。防范应对，加强监测预警预报，加强值班巡查，排查安全隐患，2022年，共发布山洪灾害风险预警报告14份、山洪灾害监测预警专题服务32份，合计46份山洪灾害预警报告，发出洪水预警报告7份，发布预警短信6000多条。强化水库科学调度，根据水库水位、河道水位、雨情、水库上下游状态及气象部门预报进行调度，发出调度令20份。做好水毁项目修复工作，积极向上级部门争取水利项目和中央救灾资金600万元，按照实行"分级管理、分级负责"的原则，明确修复重点，加快水毁工程修复。坚持防汛抗旱两手抓，为提高县城南部片区供水保障，2022年，向上级申报武平县中山镇清流渠引提水工程，争取上级对该项目的资金支持，由福建省建江水利水电设计咨询有限公司完成编制项目可研报告和实施方案。

【河（湖）长制工作】

2022年，全县河湖水生态环境质量、河湖面貌得到显著改善，国控主要流域断面下坝园丰电站断面综合水质为Ⅱ类，8个省控主要流域断面综合水质均达到或优于Ⅲ类，8个省控小流域断面综合水质均达Ⅲ类。县级饮用水水源地及乡镇集中式生活饮用水水源地水质达标率为100%，其中Ⅱ类水质比例为50%。省河长办下达18个乡镇界交接断面综合水质均达到或优于Ⅲ类。

组织建设　健全完善以党政主要领导为河长的县、乡两级"双河长"体系，深化法官工作室、检察联络室及河道警长工作机制，现有县级河长6名、乡级河长34名、村级河长219名，设立河道警长18名，聘任河道专管员124名。2022年，县乡两级河长巡河1562次，发现并处理问题320个；河道专管员巡河4.78万次，发现并处理问题815个，有效巡河率达到98.4%以上。

保障措施　开展县河长办和17个乡级河长办标准化创建工作，加强河长办队伍建设，保持县乡河长办人员队伍稳定、落实经费保障、规范工作运行。

监管监督　以暗访、联合督导等方式开展河湖长制工作督导，2022年，发出交办函13份、督办函6份、通报7份，落实问题整改119个。县人大常委会组织开展《龙岩市实施河长制条例》落实情况检查和专题询问会、县政协组织政协委员实地督导水环境治理工作，扎实做好省下达本县的18个乡镇交接断面水质监测监管工作，综合水质均达到或优于Ⅲ类。协调推动实施"四个攻坚"、深化"四个治理"、提升"四个专项"，推进妨碍河道行洪问题排查整治17处，开展农村小微水体排查整治及星级评定89处。

探索创新　不断深化"河长+检察长"协作机制，该机制编入水利部发展研究中心"河湖长+检察长协作机制典型案例等推进建议"典型案例。

联防共治　与蕉岭、寻乌、平远、上杭、长汀开展上下游协作，常态化开展河小禹、巾帼护河、志愿服务等活动，推动河湖长制进校园、进社区、进企业。"郑家坪渠"被省河长办、水利厅确认为第一批河湖遗产。

【水库移民】

本县境内有六甲水库、石黄峰电站水库、下坝电站水库、东留电站水库、捷文水库等5座中型水库，以及涉及本县移民的汀州电站水库、红墀电站水库等2座长汀县的中型水库。2022年，全县有大中型水库移民10958人，其中，直补人口为 5328 人，发放移民直补资金 319.68 万元。移民安置分布在全县 13 个乡（镇）、77 个村（居），是全省移民安置分布较为分散的县之一。2022 年，上级批复本县大中型水库移民后期扶持资金 1203.8 万元，实施续购县工业园区标准化厂房、岩前镇分布式光伏发电等 9 个项目，进一步增强移民村"造血"功能，提升移民村基础设施条件，促进移民事业新发展。完成"梁野金花·多彩六甲"移民后扶示范区建设项目，总投资 2561 万元，系本省"十四五"实施的首批大中型水库移民后扶示范区项目之一，该项目在 2022 年全省移民后扶示范区项目建设座谈会上作为典型。

·烟　草·

【烤烟生产】

2022 年，全县烤烟种植收购计划量 8.13 万担，落实烟叶种植面积 2.9208 万亩，烟叶种植户数 1063 户，户均种植规模 27.5 万亩，同比 2021 年增加 3.9 万亩，增幅 17%。实际收购烟叶 7.7744 万担，上等烟比例达 77.13%，担烟均价 1639 元/担，比 2021 年增加 47 元/担。烟农户均售烟收入达 12 万元（未含补贴）比 2021 年增加 1.6 万元，增幅 15%。烟叶收购等级合格率达 80% 以上，实现烟叶税收入 2818 万元，比 2021 年增加 344 万元，创历史新高。烟叶调拨衔接到位，实现烟叶"零库存"目标。

【烟草农业建设】

永久性烟田建设　2022 年，按照省、市、县关于做好永久烟田建设要求，结合武平烟叶"十四五"规划，种植 2.6 万亩以上烤烟的目标任务和水稻生产功能区规划，持续做好 5.0 万亩永久烟规划保护建设，推动水稻生产功能

区和永久烟田融合发展，共同保护，为全县烟叶产业高质量新发展提供基础性要素保障。在岩前镇东峰村、迳田村、上墩村，万安镇下镇村，城厢镇东云村抗旱机井项目 5 个，烟草行业补贴资金 80 万元，烟田受益面积 2000 亩，有效缓解旱情，对抗旱保收做出重大贡献。水源性工程石径岭水库、陈田水库、云礤水库投入正常使用，发挥良好社会、生态效益。使用可拆式钢架育苗棚 954 个，小型起垄机 620 台，大型起垄机 9 台，覆膜机 170 台，推广使用培土机 347 台，推广密集式。

烤房生物燃料一体机　2022 年有 1135 座，在育苗、起垄、施肥、盖膜、植保、采收、运输、编烟、烘烤等方面机械化作业水平持续提高。

科学防灾减灾　依托气象部门和电信部门，全县围绕烟叶生产各个环节，进一步完善灾害天气的预报和预警机制及灾害风险保障体系，实时发送灾害天气预报短信。与气象部门联合开展人工防雹作业，2022 年，全县现有防雹点 5 个，配备 4 辆作业车，18 人从事防灾作业的专业持证工作人员，根据农业生产需求实施防雹作业，100% 覆盖基本烟田。全县 5 个作业点共发射防雹弹 148 枚，确保本县烤烟未受冰雹灾害造成损失。

烤烟生产管理　2022 年，按照"一县一社，分片管理、统分结合"的模式运作，规范武平县梁野烟农专业合作社管理，入社社员 1066 名，其中，烟农社员 1063 名，实现辖区内烟农 100% 入社。依托综合服务烟农专业合作社，全面推进育苗专业户、机耕专业队、植保专业队、烤房维护服务队、烟叶运输专业户、烟叶烘烤专业户、分级服务专业队等"三户四队"专业化服务队伍建设，实现烟叶产前、产中、产后全过程的专业化分工。

提升烟草生产水平　2022 年，本县以广东中烟"双喜"品牌城关基地单元建设为导向，继续推行福建省上下部烟叶深化运用研究项目成果，重点抓好城关东岗全程机械化、十

方土地流转、岩前烟叶成熟采收、象洞烟叶种植高标准技术等示范区的建设。通过"以点带面，全面辐射"，促进全县烟叶生产科技水平的提升，全县推广营养土小苗深栽 2.9208 万亩。推广恢复性种植翠碧一号 1538 亩，通过严格生产管理、严控施肥总量、严抓技术培训、严把烘烤关以及开展试验项目进行技术攻关，培育中棵型烟株，有效叶片数达到 14 片左右，翠碧一号烘烤质量明显提升，得到上级公司、广东中烟的一致好评。示范种植雪茄烟，通过边学习边探索，雪茄烟叶完成了种植、晾晒、发酵等。有关专家点评武平雪茄外观油润、弹性好、茄香浓郁，晾制技术水平不断提升，雪茄烟种植取得成功。

创新发展理念　全面贯彻创新、协调、绿色、开放、共享的新发展理念，构建烟草病虫害防控新模式；通过联动大农业，有效开展绿色生产，推广蚜茧蜂防治蚜虫，运用太阳能杀虫灯、性诱剂、食诱剂等多项病虫害防控新措施；持续开展废旧地膜回购，助力农药化肥双减行动，提高烟叶安全性和整体质量。2022年，全县释放蚜茧蜂防治烟区烟蚜实现全覆盖，共释放烟蚜茧蜂防治烟蚜面积 4.1208 万亩。废旧地膜回收面积 2.9208 万亩，回收废旧地膜417 吨。推广种采烤分一体化工作。抓好烟叶成熟采收、鲜烟分类、稀编密装、四层烘烤、上部叶带杆烘烤、精准工艺、初分指导等工作，确保烟叶烘烤质量持续提升。2022年，全县建立种采烤分一体化 36 个种植单元，250 户烟农、烤房 406 座，服务面积 7225 亩，收购烟叶19458 担，辐射全县所有在用密集烤房。

提高烟农收入　2022年，推行农业保险模式，采取"政府扶持，烟草补贴"的办法，由合作社进行统一为烟农投保，投保金额 42.9万元，实现全面覆盖，为受灾烟农争取保险赔付 62.9 万元，稳定受灾烟农情绪。加强与信用社、农行等金融部门的沟通协调，用好用足优惠政策，降低贷款成本，减少烟农支出；协调银行发放优惠烟农贷款 4443.95 万元，降低烟农贷款利息成本 220 多万元。围绕省、市公司关于烟农增收工作的指导精神，以"烟+稻""烟+N"模式，拓宽烟农增收渠道，提升烟农多元化种植水平，烟农增收水平持续提升。2022年，全县烟农利用基本烟田种植烟后稻2.6 万亩，花生 1700 亩，烟后利用烟田种植实现烟农增收 2400 万元，其中烟后花生增收1020 万元。

【科研创新成果】

围绕"双喜"品牌卷烟原料需求及"优质、特色、高效、生态、安全"的优质烟叶生产目标，本县联合行业内外有关专家，积极与广东中烟、华南农大、省烟科所等科研院所合作，在烤烟生产的关键环节开展一系列创新和应用研究，严格落实烟叶生产关键技术，着力推进成果转化应用，烟叶种植水平和烟叶烘烤质量显著提高，生产科研不断创新，为烟叶生产提质增效奠定坚实基础。2022年，本公司全面落实上级公司安排的科研项目，先后开展不同类型饼肥（芝麻饼、花生饼）施用技术与效果研究、"双喜"品牌导向清香型高端区域特色烟叶的质量特征及其布局研究、提高中部叶比例栽培模式研究、高端烟叶千亩芝麻饼肥生产示范、原烟收购分级与工业分级业务重组研究、雪茄烟示范种植试验等 26 个项目；继续参与"闽西丘陵区高端烟叶质量改进技术研究与示范"重大课题项目研究。"一种可以移动式晾烟支架"获国家知识产权局颁发实用新型专利证书。

· 福建梁野山国家级自然保护区 ·

【实现区内生态安全】

梁野山国家级自然保护区管理局（简称

"保护区管理局"下同）认真落实"林长制"工作制度，通过森林资源网格化、专业化和智慧化管理，切实做好"三防一整改"工作。

防火工作实现"零火情"　扎实做好防火巡查（截至 2022 年年底，达 9240 天次）、宣传教育（张贴宣传标语 600 张，悬挂横幅 80 条，入户发放宣传单 6500 多份，发送森林防火短信 10 万条）、器具维修、火源管控、隐患排查和督促检查等各项工作。

防病虫害，保持病虫病"零发展"，完成全区毛竹林林业有害生物监测，对全区松木开展月巡查以及春季枯死木专项普查工作，普查面积 21.5 万亩，监测覆盖率达 100%。

防范重大生态破坏行为　以每月 22 次以上频次开展巡查行动，始终保持严厉打击盗伐林木、盗捕野生动物及非法采摘等行为的高压势态，2022 年行政处罚 3 起，均已结案。

环保督察整改　2022 年共完成核查 37 个人类活动遥感监测疑似点位，截至 2022 年年底，37 个问题点位已全部申请销号。对中央环保督察发现问题整改情况进行实地复核，顺利通过中央环保整改情况"回头看"督导组督导。

【调查发现动植物资源新物种】

对保护区内的主要保护对象及群落进行调查，共调查 17 个树种（种群），设立了 20 个样地进行监测；对保护区设立 52 条调查线路并全面调查，进行实地调查，对拍照照片进行定位，已调查到 1121 种，发现 68 种保护区新纪录。其中，国家二级保护植物四川石杉为龙岩市首次记录，中国棱蜥为福建省爬行动物分布新记录种。

【公开征集保护区 LOGO】

2022 年 4 月 25 日开始，保护区开展面向全社会公开征集 LOGO 的活动，2 个月期间共收到全国各省区市作品 87 件，3 件作品入围，并最终确定保护区 LOGO。通过征集活动，充分展示保护区的风采和重要生态价值，增强广大人民群众自觉参与生态保护的意识。

【新发现的动、植物物种亮相省内外】

保护区武平梁野山亮相央视新闻短视频；保护区钟萼木、伞花木等宣传报道被东南网和华人头条网等 6 家网站争相播出；《物种新纪录——武平梁野山发现中国棱蜥》被央广网、新华网、《人民日报》、人民资讯、百度 APP 等 30 多家媒体转发。据不完全统计，点击率均突破 100 多万；在孔厦建立"中国最美小鸟"蓝喉蜂虎保护与监测点，吸引江西、广东等省观鸟爱好者 1000 多人前往观鸟，拍摄"最美小鸟"蓝喉蜂虎系列宣传图片和视频在上级有关媒体和网站发布。

【助推创建"国字号"示范县】

2022 年，开展"5.22"国际生物多样性日宣传活动，开展低碳日宣传及法制宣传等活动，发放宣传小册子、法律法规和展览图片等近 5000 份；接待各中小学生研讨活动近 1000 人。通过科普宣教、志愿讲解，凝聚爱护自然、共护生态的共识和力量，助推本县"全国科普示范县"和"全国法治政府建设示范县"创建。

【民生工程】

培树特色基地　积极探索"党建+合作社+基地+农户"的特色产业基地发展模式，持续宣传打造张畲藤椅、尧禄鹰嘴桃、教文中蜂和黑山羊、谷夫茶叶、梁山西瓜、梧地红菇和象洞鸡等 10 个特色基地、产业。2022 年 8 月 6 日积极参与挂钩乡镇举办的梁山西瓜采摘节活动，推动乡村产业发展和品牌提升。

提供专家技术服务　2022 年 9 月 9 日，举行"梁野好品"专家工作联络室揭牌仪式，组建一支 25 人的专家团队，现场颁发聘书。利用"自身+请进来"的方式，提供行政政策咨询、技术指导和销售等服务，真正探索出一条保护区辖区"组团式"帮扶的新路径，更好地服务"三农"发展，促进农民增收。

助力乡村（社区）振兴　保护区管理局先后与挂钩乡镇民主乡、东留镇商讨乡村振兴建设方案，就乡镇生态文明、"两治一拆"等方面进行现场指导调研，投入资金30余万元用于观光木、红豆树等珍稀植物异地扩繁，有效增强两个乡镇碳汇能力，修复森林生态系统。积极参与梁野社区"大党建"联建活动，在人力、财力、技术等方面给予社区大力支持，2022年先后派出200多人次参与社区宣传、环境整治等，拨付2万余元资金用于社区营造浓厚文明创建氛围，推动社区环境卫生、文明礼仪、公共秩序等方面的工作，争取项目资金50余万元用于扶持挂钩帮扶村、辖区村桥梁、道路建设。

【项目实施】

持续推进极小种群和珍稀树种保护和异地扩繁项目。观光木项目已竣工验收，钟萼木、红豆树等珍稀植物种植、抚育约9400株，抚育面积150亩。武平县濒危野生植物扩繁和迁地保护研究中心申报书已送省林业局评审，保护区宣传教育、调查监测与巡护、保护设施设备能力建设和生态保护修复等方面，获中央财政国家级自然保护区资金500万元。根据《闽西革命老区高质量发展示范区建设方案》，保护区结合（2022—2030）总体规划编制，在"巩固绿色优势，在生态文明建设上发挥示范作用"方面积极探索，因地制宜策划和上报4个项目，总投资5000多万元。

【党建品牌建设】

将党建工作同保护区生态保护及发展充分结合起来，制定《深化"红领行动·红耀武平·福见梁野"党建品牌建设实施方案》，认真开展"梁野使者"与绿色同行文明志愿行动、"梁野卫士"森林生态守护行动、"梁野小蜜蜂"进村入户行动、"梁野好品"品牌提升行动和"梁野回响"聚合力行动等五项行动，组织志愿服务30多次。在党建引领下，保护区在资源管护、科研宣教、项目建设和社区发展方面取得明显成效，有效扩大保护区影响力。

工业　煤炭业　电力业

·武平工业园区·

【概况】

2022年，县园区紧盯全年的目标任务，聚焦全方位推进高质量发展超越，园区将着力抓好重点指标、重点项目、重点工作，积极推动园区建设上新台阶。园区新显产业成为本县首位产业，在全省工业园区综合评价中连续两年前进15名和10名，成为全省排名第33名，在全省23个脱贫县中排名第一。县园区新增为福建省工业（产业）园区标准化建设试点园区，在全省标准化示范园区建设中获得全省第二名，10项单项评比中有3项第一，被评为省级劳动关系和谐园区。

【经济指标】

2022年，共有入园企业109家，规模以上企业51家，有员工约5300人。实现工业总产值103亿元，同比增长6.91%，其中规上工业产值96.14亿元，同比增长6.23%；实现税收11543.35万元，同比增长12.53%；实现外贸出口1530.64万美元；完成固定资产投资76858万元；工业用电量7472万千瓦时，同比增长0.69%。其中，新显产业实现产值6.89亿元，同比增长2.5%；机械制造产业实现产值0.53亿元，同比增长7.92%。

【标准化园区建设】

武平工业园区不断促进园区合理规划布局，以新显显示为首位产业日益突出，配套设施不断完善，2022年4月新增为福建省工业（产业）园区标准化建设试点园区。

统筹规划布局与产业园区相配套的文化、教育、交通、物流等公共基础设施，努力打造集生活、生产、娱乐、休闲为一体的功能配套设施，提升园区配套公共服务水平，推动"产城人"融合发展。高标准建设滨河公园、心月公园，它们与千鹭湖、碧水公园毗邻；工业大道、环城南路贯穿园区，交通便利；建设碧水幼儿园、吉美幼儿园、集文小学、附小福景分校、儿童乐园等，实现园区城区生活服务设施互联互通、资源共享。

省级科技孵化器三期项目是省级重点项目，10栋标准厂房及1栋科创楼2022年投入使用。建成工业污水处理厂，改善了园区投资环境，新建4栋职工宿舍楼，共337套住房的匠心园项目建成，并开始向员工出租、销售。投资3500万元，建设内容包括公园入口、登山步道、心月阁、月亮湾、表白谷的心月公园，以及可点亮城市的灯光秀和全国第一个户外山体的城市规划馆，2022年10月1日建成并对外开放，9月份开始动工新建新显产业园。

南部扩园项目，武平县成立了武平工业园区扩园指挥部，指挥部按项目设岗配人，合理设置内设机构，优化人员配置，建立一套协调、灵活、高效的扩园工作运行机制，做到职责清晰、任务明确、责任到人。2022年，由龙岩市城乡规划设计院中标，完成了南部6平方千米的控制性详规的编制，同时，编制成片开发方案、土地林地的报批。

【项目落地及招商引资】

2022年，全园区新签约项目14个（盛信泰、苏视、中触、亮立达、和立新、兴鑫晶、兴奥金属科技、新生贸易、鸿锦科技、田边精机、立铭机械、鑫龙物流仓储配载中心、鑫诚裕、佳烨电子），新开工项目12个（中触、田边、奕源、兴鑫晶、金彩视界、和立新、天塑、高衡、佳烨、瑞博、鸿锦、亮立达），新竣工项目7个（奕源偏光片及液晶模组、盛信泰、松香/松节油深加工、不锈钢智能家居生产项目、钜明鑫、田边精机、佳烨电子），新上规模7家（威旺、泉之辰、华辉、金叶、中天、吉信德、健道）。园区管委会招商项目田边空压机整机生产项目实现签约并开工建设，10月份实现试投产，2022年招商引资工作在县直单位综合考评中获得第三名，另外，成功对接和牵头完成深圳触显协会招商推介会工作。

【和谐园区建设】

开展安全生产专项整治3次，每月组织一次由主要领导带队的检查小组，进行安全生产大检查12次，共排查隐患97条，整改97条。通过公开招投标，聘请第三方机构漳州锐志安评环保技术有限公司为企业进行2轮隐患排查，排查隐患159项，排查出来的隐患均已完成整改，并实行闭环管理。全方位开展防电信诈骗宣传，深入企业发放宣传资料5000余份，提高了园区职工的防诈骗意识。深入园区企业排查欠薪、拖欠工资、矛盾纠纷等现象，发现问题及时解决，2022年被授予"福建省劳动关系和谐工业园区"。

【创新创业】

创新创业项目打造"省级科技企业孵化

器""武平思明高新园双创示范基地""不锈钢专业化众创空间""智慧农业星创天地""智农青创众创空间"和"武平县百家姓联合社农业科技星创天地"等6个科技资源支撑型特色载体，已完成9批次25项双创项目验收，奖补资金共拨付3254万元。建立武平县小型微型企业创业创新示范基地，为企业提供信息服务、创业咨询、创业培训，为企业技术创新、技术开发提供平台，2022年服务企业62家次，组织相关活动5场。

【非公党建】

牢固树立"围绕发展抓党建，抓好党建促发展"的工作理念，引导非公企业党支部将党建工作与企业生产发展、职工群众需求紧密结合起来，推进党建工作与企业高质量发展的有机融合。

聚集主打产业　成立武平工业园区新显产业联合党支部，凝聚科技孵化器二期企业，充分发挥原有新显企业支部希恩凯为党支部、福隆电子党支部等的支部堡垒作用，以商招商，引进新显企业落户武平，形成产业聚集，建链、强链、补链。

深化党建带工建"353"工作机制　通过人员交叉任职、阵地共建共享、丰富活动等途径，积极引导非公企业深化党建带工建"353"工作机制的落实，实现党建和工建两促进、双提升。企业党支部书记兼任工会主席达4人，占总数的37%；7个支部实现了党群阵地的共建共享。

突出示范抓引领　园区党委积极推动非公企业"融合"党建，喜浪米业党支部着眼于粮食产销企业的实际特点，深入学习实践习近平总书记关于国家粮食安全的重要论述，以引领企业人才培养、技术研发、文化建设等工作为抓手，扎实推进"融合党建"，以党建"软实力"提升企业发展"硬实力"，全力打造粮食企业的党建工作新高地。

·武平高新技术产业园区·

【概况】

武平高新技术产业园区（以下简称武平高新区）于2017年2月获省政府批准成为全省首个县域省级高新技术产业园区，按照"一区三园"空间布局，核定总面积7.86平方千米（包括起步区：岩前工业园3.47平方千米；拓展区：县城工业园2.9平方千米；十方工业园1.49平方千米）；三个园区规划面积26.64平方千米（岩前园区7.52平方千米、县城园区14.37平方千米、十方园区4.75平方千米）。岩前工业园重点发展以新型显示为重点的信息产业和矿产品精深加工产业，十方工业园重点发展农林产品精深加工产业，同时积极发展现代物流、科技服务、"互联网+"等现代服务业。在目前管理体制中，武平高新区主要负责岩前、十方工业园。

截至2022年12月底，武平高新区（含岩前、十方工业园）入园企业共有109家，规模以上工业企业57家，国家级高新技术企业24家，省科技小巨人企业11家，省级企业技术中心2个，专精特新企业3家，2022年入库科技型中小企业18家，企业员工近5900人。

【经济运行】

2022年1—12月，岩前、十方工业园实现总产值107.03亿元，同比增长1%，其中规模以上工业企业实现产值101.08亿元，缴交税收1.85亿元，工业用电5.05亿度。园区完成固定资产投资31.27亿元，完成入库项目44个（其中管委会完成固定资产投资4.75亿元，完成入库项目8个）。新增5家规模以上工业企业。

【项目建设】

持续深化项目化推进工作落实机制，采取"脚底板工作法""项目工作法"，打好重点项目"百日攻坚"战，全力推进园区16个省市县重点项目建设，全年完成投资25.29亿元。源美食用菌项目一期等已建成投产，完成光电信息产业园13.5万平方米标准厂房及周边道路、人行道、绿化、亮化等市政建设，完成投资3.5亿元。星河电路等企业已完成技改升级，总投资4755.1万元，众威电子、欣环辰电子试投产，湘南竹材进行设备调试，唯正智能设备制造项目主体结构已完成，闽鸿顺专用车项目试投产。

【招商引资】

坚定不移大抓招商、大抓产业、大抓项目，持续开展产业招商对接行动。2022年，主要领导带队前往深圳、东莞、泉州等地洽谈考察25次，邀请接待山东、东莞、厦门等地客商来园区考察洽谈35余批人次，新签约项目3个、新开工项目2个、新竣工项目1个，新通过准入评审8个，洽谈Mini LED显示模组生产项目、光学级聚酯薄膜生产项目、绿森林新型建材生产项目等多个工业性生产项目。全年园区总新落户项目3个、新开工项目8个、新竣工项目6个。策划完成市级入库产业项目1个、县级入库产业项目4个、政府性投资项目2个、债券争取项目1个，向上争取资金完成率全县第一名。

【标准化园区建设】

认真按照园区标准化建设三年行动计划及省级园区标准化试点园区要求，致力打造与粤港澳大湾区共建产业合作试验区。完成光电信息产业园13.5万平方米标准厂房及周边道路、人行道、绿化、亮化等市政建设，总投资3.5亿元，目前已入驻企业3家，其中已竣工投产企业 2 家。实施高新区第二污水处理厂提标改造工程和武平高新区光电信息产业园人才公寓建设工程，完成投资 3103 万元。完成 2022 年度文明城市创建攻坚行动、市县项目点评会园区环境、厂房整洁整治、项目用地平整和市政修缮等工作，总投资约 60 万元。同时策划近期拟重点实施武平高新区光电信息产业园兴林路等道路建设，谋划推进高新区商贸综合体项目、老工业区基础设施改造项目、矿产品加工区循环化深加工改造等项目，推动高新区园区标准化建设向纵深推进。

【营商环境】

以提高效率、提升效能、提增效益为抓手，发扬"冲冲冲"和"实干实效实在"的工作作风，扎实开展"红耀武平·党企新时空·企业服务日"活动，"贴心式"服务企业，协调解决企业、群众反映的难点堵点痛点问题 25 项，推动营商环境提档升级。做好落户项目的前期工作，力促早开工、早投产，全年 6 家企业实现早开工投产；协调解决光电信息产业园入驻项目的装修用水、用电等问题；化解园区坤孚、智航电子等企业劳资纠纷 4 起，妥善协调处理用工关系 200 多人；协调岩前工业集中区标准厂房奖励用地办证历史遗留问题，完成岩前园区项目征迁安置户办证 16 户，新征迁项目用地 3 宗。利用招聘会、以工招工、第三方招用工等方式，帮助企业招用工 681 人次，切实缓解企业用工紧缺需求。向企业大力宣传、深入解读各级出台的各项助企纾困政策，全面、快速、精准促进政策落地见效。

【科技创新】

鼓励企业技术改造、技术升级，培育壮大高新技术企业。2022 年，园区新获批省级企业技术中心 1 家、省级科技小巨人企业 4 家，新申报国家高新技术企业 9 家、申请复核国家高新技术企业 4 家，新增 7 家国家级高新技术企业、3 家新复核国家级高新技术企业，新获批省级专精特新企业 1 家，至 2022 年底，已有 3 家专精特新企业。新培育省、市知识产权优势企业 6 家，新上"上云上平台"企业 7 家，新进入首台套设备指导目录 1 家，指导唯正、海圣光电等 2 家企业申报首台套设备认定。

【安全环保】

统筹发展和安全，牢牢守住安全底线，全力打好"防风险、保安全、迎党的二十大"安全生产集中攻坚行动，持续开展安全生产三年专项整治行动、安全生产隐患大排查大整治工作，坚决防范重特大生产安全事故发生。制定《武平高新区安全生产大检查工作方案》，领导带队开展安全生产检查工作，落实落细安全生产责任制，紧盯重要时段、重点领域、重点行业、重点企业，特别是消防、危险化学品、燃气、特种设备等行业领域，全面深入开展安全生产检查和隐患排查企业 178 人次，检查企业 61 家次，排查 137 项问题隐患，均已全部完成整改。与园区 69 家企业签订安全生产目标责任书和安全生产承诺书，进一步强化了企业安全生产主体责任意识。定期召开园区安全生产工作会，分析研判园区安全生产存在问题和整改措施，并部署下一阶段安全生产工作。全力做好防汛工作，汛期落实日会商制度，成立两个防汛隐患排查工作小组，对园区企业及周边安全隐患排查巡查，同时做好相关防范措施，确保汛期园区人民群众生命和财产安全。围绕"在生态建设上走前头"要求，重点推进二污厂提升改造；实施废气治理提升改造项目和空气质量智能精细化监管监视项目，加强使用智能设备检测企业实时动态的工作，及时掌握数据，及时发现问题并解决环保隐患问题。持续推进九驳桥省控主要河流监测断面水质提升工程；推进重点企业清洁生产；落实园区定期跟踪监测，跟踪 18 家企业，181 路视频监控运行，建立视频监控调阅制度，主要领导每月调阅 1 次、分管领导每 2 周调阅 1 次，环保站负责人每周调阅 1 次，园区环境质量得到进一步提升。

【疫情防控】

坚决落实"疫情要防住、经济要稳住、发展要安全"的重要要求，做实"六稳"、落实"六保"工作任务，科学精准抓好疫情防控，强化"外防输入、内防反弹"，深入企业督促企业落实做好疫情防控工作措施，落实战时日会商制度，实行网格化工作制度，严格落实疫情防控各项措施。组建专干力量，加强大数据排查，通过网格化排查等形式，全面排查各类疫情风险人员。面对疫情多点散发、多地频发，严格把好园区疫情防控关，持续落实企业省外返（入）武人员、离市返武人员、重点人群核酸检测"应检尽检""愿检尽检"、每日 20% 人数、落地检等核酸检测频次，并做好相关台账。按照要求做好"五一""国庆"等节假日 24 小时值班值守工作，严格落实疫情防控各项工作，筑牢疫情防控的坚实屏障。

·煤炭行业·

【概况】

本县煤炭资源集中分布于十方、岩前两镇境内，总称武平县宁洋矿区，矿区面积 41.8 平方千米，煤炭为无烟煤。2022 年，有煤矿企业 2 家，分别是武平县龙发煤炭开发有限公司剪寮坑煤矿与武平县甘富矿山工程有限公司宁洋煤矿。剪寮坑煤矿因 2021 年"4.2"生产安全事故，煤矿安全生产许可证被依法暂扣，属于停工停产类煤矿，2022 年处于停产状态，只保留矿井抽排水作业；武平县甘富矿山工程有限公司宁洋煤矿，生产能力 15 万吨/年，属于生产建设类型煤矿，2022 年春节后未复工复产。

【煤炭生产安全管理】

明确监管责任，强化监管　2022 年，明确全县两家煤矿的日常安全监管主体和责任人，通过政府门户网站将全县煤矿安全监管责任人向社会进行公告，强化日常监督管理，规范程序，严格执法，采取随机抽查、暗访暗查、突击检查等形式，创新执法方式和手段，对煤矿落实安全生产企业主体责任定期组织开展督查检查。

持续深入开展大排查大整治　统筹推进煤矿安全专项整治三年行动集中攻坚和大排查大整治工作，督促正常生产建设煤矿每月组织一次全面自查自改，并形成自查报告。2022 年，每季度对辖区内所有煤矿企业和正常生产建设矿的"全系统各环节"至少执法检查一次。凡是发现自查不认真、走过场、自查报告失实的，要责成其重新开展自查，并严格追责问责。

组织专家安全"体检"、严把复工复产关　2022 年，全年 2 次聘请龙岩学院、福建煤电公司采矿、地质、机电、通风等专业专家对宁洋煤矿进行系统性的安全"体检"评审和复工复产检查，组织人员进行三级安全标准化初评，针对体检、复工检查、安全标准化初评存在的问题，督促企业制定整改方案，严格按"五落实"要求整改到位，加强顶板、局部通风、防治水等管理工作，落实各项安全措施。

加强煤矿现场安全管理　督促煤矿企业按要求配齐专业技术人员，严厉查处专业技术人员配备造假问题。2022 年，对所有生产建设矿井建立完善"双五职"人员岗位责任清单，做到责任清单化、追责程序化、数据信息化。切实加强井下封闭管理，所有井下密闭和栅栏必须进行实测填图，并进行编号和拍照建档，在拆除密闭前，必须制定安全措施并经煤矿主要负责人审批，严禁私拆密。严格规范采掘作业队伍管理，严格按照"四统一"，即统一培训、统一考试、统一生产计划、统一安全管理的要求，严禁将井下采掘作业和井巷维修作业违规对外承包，坚决查处"层层转包""一包了之"等现象。

强化部门联动　建立协同联动工作机制，实施分类指导，严厉打击违法违规行为，重点打击违法超层越界开采和停产停工矿井违法违规组织生产行为。2022年，对该限期整改的一律限期整改，该停产整改的一律停产整改，该挂牌督办的一律督办；涉嫌犯罪的，一律依法移送司法机关，切实有效防范煤矿事故。

深入推进煤矿三年行动专项整治　2022年，开始统筹推进煤矿安全专项整治三年行动，督促正常生产建设煤矿，每月组织一次全面自查自改，每季度对辖区内煤矿企业和正常生产建设矿的"全系统各环节"至少执法检查一次，着力解决煤矿安全方面存在的突出问题，建立高质量的"一情况三清单"，防范化解煤矿重大安全风险，从根本上消除事故隐患。

·电　力·

【履行企业职责，彰显时代担当】

2022年成功抵御了"5·27"地质灾害的正面袭击，累计组织19支抢修队伍、1960人开展抢修恢复重建工作，为7103户群众快速复电，防汛抗灾工作获县领导高度肯定。应对疫情及高温考验，不断完善防疫应急指挥体系，梳理防疫保电用户清单，组织技术骨干成立防疫保电特战队，全面做好防疫保供；成功应对夏秋季高温考验，实现迎峰度夏"不限电、少停电"目标，全面完成重大保电。高质量完成党的二十大、高考、中考、省自行车联赛武平站活动等16项重要保电任务，践行了"供好电、服好务"初心。推进老区苏区振兴发展，2022年，分别争取900万元、6068.84万元项目资金用于主干电网建设（项目前期）及农村配电网提升改造。助推乡村振兴，"万安镇捷文村黄金百香果种苗培育电气化示范点"入选龙岩市第一批乡村电气化示范点。落地落实帮扶政策，完成消费帮扶4.64万元。国家级光伏扶贫电站收益及时支付率100%。服务"双碳"目标积极有为。推进能源供给侧清洁替代和消费侧电能替代，对各乡镇充电网络进行规划，2022年，完成城区及十方、武东等区域充电站建设，小区充电位安装22处，共265个。积极消纳清洁能源，2022年累计新增并网光伏1786户，同比增长86.82%，新增并网容量6.77万千瓦，同比增长132.54%。新增电能替代项目317个，替代电量398万千瓦时。

【加强安全管理，夯实发展根基】

印发领导班子成员"两个清单"和全员安全责任清单等安全文件和报告13份，完善安全管理制度3项；各级领导干部参加专题安全日学习共516人次。推进安全专项整治，扎实开展安全生产专项整治"三年行动"、安全隐患大排查大整治、安全生产大检查等专项活动，对发现的问题隐患全部完成整改。守牢疫情防线，成立24小时应急指挥工作专班，开展"突发公共卫生事件"应急演练，动态调整疫情防控措施，按照"应检尽检"要求，2022年，落实全员核酸检测82次，涉及4.5万人次，没有发生重点专业停摆事件，为地方电力保供做出应有的贡献。

【贯彻绿色发展，加快电网建设】

政企联动，2022年，全面完成龙龙铁路220千伏观音井牵引站线路武平段塔基和110千伏桃溪变征地工作；开工建设110千伏悦洋变#2主变扩建工程及悦洋—中堡、悦洋—武东两条输电线路工程；有序推进220千伏城厢

（梁野）变工程场地平整施工。

配电网发展成效初显。扎实开展配网运维专项提升行动，提高供电可靠率，2022年，电压合格率分别提升至99.938%、99.870%，完成2023年配网9830万元的项目储备。深化智能运检，开展输配电精益化巡检，持续开展线路防雷改造，变电设备2022年实现零故障；完成20座配电站房标准化建设，新增10条配电自动化馈线。

【重视服务质效，聚力驱动变革】

落实低压小微企业报装"零投资"、推行供电服务"一码通办"、居民用户"刷脸办""一证办"、企业"开门接电"，融合打造"水电气广电网络联动报装""一件事"服务模式，进一步推进"最多跑一次"向公共服务领域延伸。落实普惠金融政策，助力企业纾困解难，减轻企业资金成本，"电e金服"落地1.07亿元。提升服务品质，开展企业"VIP"专项服务行动，提供电力"一对一"政策宣传、惠企政策落实、用电设备巡视检查、用能诊断分析等专项服务；无偿为福建塔牌水泥有限公司拟开展企业线路无人机巡视；为武平紫金矿业有限公司、武平县三鑫矿业开发有限公司等10余家企业开展安全工器具试验；主动对武平伟明环保能源有限公司，提供技术支持和无偿服务，实现提前并网发电；按时高质完成省级孵化器三期和武平县光电信息产业园区电力新建项目。助力企业稳发展，坚持将"快接电"摆在首位，压缩高压业扩办电时长成效显著，2022年累计受理高压业扩报装85单，新增高压接电容量4.69万kVA，平均业扩办电时长40.68个工作日，比全省平均时长缩短27.69个工作日。

【树立目标导向，提升经营管理】

实施控"两金"降杠杆专项行动，加大物

资盘活利库，多层次全方位申报创利一本账，2022年，提质增效成果认定1283.50万元。提升管理质效，2022年售电量实现10.82亿千瓦时，营业收入6.19亿元，比增8.03%；固定资产投资8538.8万元，比增45.87%，电费回收率100%，客户满意率97.22%，累计综合线损率3.77%，同期线损入选国网"百强县"3次、"百强所"11次；全员劳动生产率68.19万元/人每年，比增143.97%，实现安全生产目标。

【激发企业活力，深化改革创新】

规划指引员工职业生涯培养，1名入选省公司"护航"阶段优秀青年人才，1名被聘为市公司电力营销专家。实现数字创新突破，2022年，组建数字化柔性团队，RPA应用开发48个，数据可视化设计4个，申请发明专利1项，实用性创新专利3项，QC项目获得省质协一等奖3个。

【推动党建提质登高】

打造坚强红色堡垒，以高质量党建引领高质量发展；推进支部标准化建设，优化支部党建工作日常考评体系，评选本部"红旗党支部"和供电所"星级党支部"；严把党员发展"准入关"，2022年，吸收预备党员5人、预备党员转正6人。促进党建融入融合，扎实推进"党建+"工程，建成"党建+物资管理"示范项目和仓储目视化示范阵地。深化渠道运营，推进供电网格与乡镇、村政府治理网格融合，2022年，签署协议225份，实现"双长融合"全覆盖；完成十方"同心园"灾民安置小区供电设施建设、6座大中型小区双电源改造等"我为群众办实事"项目238个。

商 贸 业

·商务局·

【招商引资工作】

领导示范推动招商　2022年，在克服疫情的不确定性因素、做好防护措施的前提下，发挥县级领导在产业招商对接中的示范带动作用，围绕新型显示、机械装备、新材料三大主导产业进行"产业链、供应链"招商，成功引进中触全自动数字智能显示产业、苏视液晶显示屏生产、佳烨便携式移动终端产品生产等新型显示产业项目，形成集聚发展态势；成功引进鑫成裕工业机器人智能运用生产、田边精机空气压缩机设备智能制造等一批智能制造项目，有效推进机械制造传统产业转型升级。

突出"链主"企业、头部企业招商2022年，本县引进一批"链主"企业、头部企业招商。其中，计划总投资15亿元来开展中触全自动数字智能显示产业项目、建设光学基材玻璃、光学面板、TOUCH模组、光学贴合、显示模组、智能整机整个智能光电光学产业链的研发及生产，有效带动本县新显产业的上下游产业发展。

严把项目准入机制　2022年，本县组织县发改局、工信科技局、自然资源局、财政局、生态环境局、武平工业园区管委会、武平高新区管委会等单位有关人员，实施7批项目准入评审，对60个招商项目进行准入评审；组织召开招商引资项目合同会审专题会议5次；提交县政府研究讨论合同6次。通过项目准入评审、专题会议、政府常务会议研究等方式，就拟引进项目是否符合产业政策、环保措施、园区规划、投资规模、投入产出等要求进行研判，提出意见建议，针对优质项目，组织考察团深入项目现有企业进行实地考察，把好产业准入关、环保安全关、用地指标关、经济效益关。

举办招商推介会　为深化本县产业招商对接行动，2022年5月26日—28日在深圳举办武平县新型显示产业项目招商推介会，本次推介会旨在突出以新型显示为主的信息产业招商项目推介，对接"粤港澳大湾区"产业转移和辐射，吸引海内外企业家投资武平，提升产业链招商成效。推荐会上签约田边精机空气压缩机设备智能制造项目、胜华鑫背光源生产项目等6个项目。组团参加"9.8"投洽会，邀请20名客商参加9月7日举行的"龙岩市投资项目推介会"，在此次推介会上，上台签约项目2个，总投资2.62亿美元，列入成果统计项目6个。

【招商引资成果】

2022年，在全市招商引资工作年终考评中获第三名（不含经开区），完成市下达任务新签约项目58个，计划总投资149.02亿元，实现新开工项目52个，新竣工投产项目48个。完成县下达任务新签约项目55.5个，固定资产总投资23.99亿元，新开工项目33个，新竣工

（投产）项目32个。

【外经外贸工作】

2022年，外贸出口13.07亿元，进口1372万元，实际利用外资12万美元。

提振企业信心 大力宣传国家、省、市、县出台的各项鼓励外贸发展，将系列政策精神及时准确地传达落实到具体企业，确保各项政策落地，及时、足额拨付外贸扶持金，充分调动企业的积极性，增强企业信心，壮大外贸总量，助推本县提升外贸工作成效。

拓展国际市场 抓住RCEP协定契机，继续组织企业参加专题培训，指导企业用足用好外贸政策，积极引导企业参与"红古田"中欧班列，着力帮助外贸企业融资及稳订单，发挥重大平台支撑作用，组织企业参加广交会、进博会、华交会等重点展会，拓展出口新兴市场，扩大对外贸易。

提高服务水平 针对企业生产出口过程中出现的问题，积极协调海关、税务、财政、银行、陆地港等部门，开展有针对性的调研服务，逐一帮助企业解决实际困难，创造一个"零障碍、低费用、高效率"的通关大环境，为外贸企业营造更加宽松、便捷、公平的外部环境。

综合试验区建设 执行中国（龙岩）跨境电子商务综合试验区建设三年行动计划，大力推进跨境电商发展，加大县内各银行机构对跨境贸易的企业提供信贷和金融服务支持；鼓励支持传统外贸企业、跨境电商和物流企业等参与海外仓建设，推进海外仓高质量发展。

促进利用外资 充分挖掘在谈招商项目的"外资背景"，坚持"能外则外"的原则，鼓励可能注册为外资的项目尽量注册为外资；继续加强在谈外资项目跟踪管理，重点跟踪已落户项目后续进展，敦促麦科斯、欣荣昊等已注册外资企业到资，鼓励现有新洲林化、科宝等外资企业增资扩产。

【商贸流通工作】

2022年，本县4个商贸流通指标居全市第一位，1个居第三位。实现全社会消费品零售总额159.5亿元，增长6.4%，增速居全市第一位；实现全社会批发业商品销售额275.4亿元，增长26.8%，增速居全市第三位；实现全社会零售业商品销售额134.6亿元，增长9.2%，增速居全市第一位；实现全社会住宿业营业额1.9亿元，增长14.5%，增速居全市第一位；实现全社会餐饮业营业额23.1亿元，增长11.7%，增速居全市第一位。完成限上企业培育28家，分别超额完成市级年度任务6家的366%，县级年度任务10家的180%。

商贸经济指标运行 按照市、县相关指标文件和会议精神，及时分解下达商贸各项指标任务。督促落实商贸各项指标任务。根据不同形势，适时加强对弱项指标的跟踪、分析，加强和重点企业沟通联系，确保弱项指标不持续下滑并略有增长。

培育挖掘限上企业 加强政策宣传。加大对新修订《武平县限上贸易业和规上服务业企业稳定增长扶持奖励办法》的宣传力度，提高企业申报入统入库的积极性。摸排拟培育企业，加强与县市场监管局、各乡镇的沟通对接，摸排出2021年10月份以后注册企业名单（包括批零住餐企业、电商企业）并发给各乡镇（街道），要求各乡镇（街道）根据实际情况，选择有增长潜力的企业，做好跟踪培育服务。截至2022年年末，全县共摸排出91家拟培育企业，其中，已培育入库13家。突出电商企业培育，依托电子商务平台、电子商务园区等，重点对网络销售额达标的武平助农直播公司、武平智哥、乡愁汤汤、廖昌峰直播等电商直播企业（个人）进行摸排走访，同时还召开了新业态限上企业培育座谈会，动员指导企业申报纳统，促进限上电商企业培育取得新突破。推进主辅分离，加强与县工信科技局、各乡镇（街道）的沟通对接，积极引导县内工矿企业实行主辅分离，将销售业务剥离，成立独立核算的法人商贸企业，指导培育入库纳统，为本县培育新的经济增长点，为武平经济的高质量发展提供有力支撑。做好培育指导，根据统计部门2022年的培育要求与标准，更新并下发《2022年限额以上商贸企业培育工作流程图》《2022年限额以上商贸企业申报材料清单》，指导乡镇和企业根据文件要求做好培育申报工作，争取早突破、早入统。

安全生产　2022年，本局累计组织240余人次对120家商贸企业进行安全生产指导督促，共排查发现安全问题和隐患15项，已整改15项，整改率100%；组织开展1场"商贸企业消防工作专题会"，全县商贸企业负责人共60余人参加培训；组织开展安全宣传进企业、进社区活动5场，累计发放安全生产宣传材料800余份。

生活必需品供应　2022年，全县主要副食品价格总体稳定，能较好满足市民需求，未出现断档、短缺等情形。截至2022年年末，全县商贸重点保供企业9家，省级副食品基地5家、市级副食品基地1家。

促进消费　2022年，本县投入60万元财政资金（其中县级财政30万元，省级财政补助30万元）举办"全闽乐购·福见武平"商旅促消费、"吃住行　欢乐购""家生活　乐消费"等活动。活动累计参与商户600余家，通过银联"云闪付"APP平台发放满减名额1.5万个，促消费金额68.8万元，撬动率9.9%，直接拉动消费482万元，间接拉动消费1020万元。

【电子商务工作】

2022年，全县新增注册电商企业26家，注册电商企业达514家，同比增长3.3%；开设网店2879个，直接从业人员3500余人；实现电商交易额25.09亿元，同比增长11.4%。

开展丰富多彩活动，营造电商新氛围　1月举办武平县2022年网上年货节暨电商直播助农（生姜）专场活动；2月开展2022年全国网上年货节"全闽乐购，'福'见武平"武平农特产品专场直播带货活动；3月组织本县网红主播参加抖音电商"山货上头条"福建龙岩培训会；4月组织全县山水严选电商公司、智哥、乡愁汤汤等电商企业和网红前往永平镇朝阳村，实地了解朝阳村笋干等农村产品供应链建设情况；5月组织本县20余位从事短视频、直播带货（网红）人员召开"武平县直播（短视频）电商交流会"；6月组织企业参加龙岩抖音电商直播沙龙活动；7月开展武平第六届东留芙蓉李文化旅游节电商销售助农直播活动；10月组织全县网红及带货主播开展"2022岩值好货，我为家乡带货"龙岩电商直播节活动；11月组织县电商协会会员企业前往福建龙兴九源科技股份有限公司（原武平龙兴科技有限公司）开展座谈交流；12月组织县电商协会多家会员企业一同走进福建平哥食品有限公司，开展参观学习、交流对接活动。

运用新媒体电商　助力县域产品上行，2022年，武平县商务局指导武平县电子商务协会紧跟电商发展新模式，运用短视频与直播等模式，开展助力县域产品线上销售。据不完全统计，全年本局共组织200余场线上直播带货促消费活动，网络销售额达1500万元。

开展电商专项培训活动　大力推进数字经济发展，加快推进电商创业普及化，营造浓厚的电商创业氛围，组织本县网红主播参加抖音电商"山货上头条"福建龙岩培训会等活动；帮助学员们更好地理解新媒体规则、储备知识、提升技能，更好地运用新媒体助力农产品上行，助力乡村振兴。

【商贸领域疫情防控】

2022年，根据县疫情防控指挥部统一安排，由局领导带队成立8个挂钩组，督促指导相关企业落实好疫情防控措施。组织企业核酸检测38610人次，其中商超20358人次，非星级宾馆（酒店）15855人次，冷链企业977人次，美容企业1420人次。检测结果全部为阴性。

·供销合作·

【概况】

2022年，全县供销系统完成农副产品购进总额92.81亿元，占目标78.573亿元的118%，同比增长29.9%；完成商品销售总额237亿元，占目标208亿元的114%，同比增长25.24%，其中农业生产资料销售额完成8.21亿元，占目标7.04亿元的117%，同比增长27.45%；消费品零售额完成155亿元，占目标138亿元的112%，同比增长23.66%；再生产资源回收完成6.85亿元；连锁销售额13.7亿元；农产品市场交易额32亿元，实现利润905.08万元，上缴税费44.49万元，社会贡献总额1479.66万元，全面完成各项目标任务，在服务"三农"中发挥重要作用。在龙岩市供销社系统年度综合考评中，武平县供销社连续11年荣获一等奖。

【招商引资和项目建设】

招商引资　2022年外出招商7次，接待客商32批次，谋划项目4个：大件垃圾分拣拆解中心项目、全自动高速曲面印刷机生产项目、龙岩市武平县特色农产品加工项目、废旧塑料再生改性循环经济项目。

项目建设　在谈项目3个：武平县紫金尾渣回收再利用生产功能性二氧化硅项目、桃溪润源生活超市、西门客家商贸城一楼升级改造生鲜超市项目。开工项目2个：武平县民欢直播基地项目、桃溪镇惠农综合服务中心项目。已完成项目1个：龙岩市武平县特色农产品加工项目。2022年，向上争取资金50.6万元。

【抗疫保供工作】

进一步加强疫情防控组织领导，积极开展"六保六稳"工作。组织下属企业调运应急物资，保障大米、油盐、蔬菜、禽肉蛋、口罩、手套等日用消费品的供应；加强电商物流配送，有效保障线上货物供应，满足群众购物需求；抓好农资保障服务，确保全县农民群众均能方便、及时、就近购买到所需的农资；成立"疫情防控小红帽志愿服务队"，组织干部职工前往县医院、县中医院、县妇幼保健院等城区接种点参加志愿者服务活动；组织人员到挂钩乡镇村，挂钩小区开展疫情防控和反诈防骗工作宣传，全员核酸检测宣传及登记、核酸检测能力提升演练志愿服务等工作；组织3位人员参加出省通道国道358线下坝健康服务站卡口的值班值守工作。发放宣传资料1500多份，参与城区疫苗接种点志愿服务130人次。

【开展农业社会化服务】

农资流通服务网络　进一步加强以县农资公司为龙头，以基层供销社经营点、庄稼医院及农资公司基层分支机构为抓手，以村两委和综合服务社为服务终端的覆盖全县的农资配送体系；充分发挥县、乡、村三级农资经营网点优势，根据为民、便民、利民的需要，广泛开展科技信息服务、农资配送送肥、送药到村到户到田头等活动；采取电话预约、送货到田间、延迟营业时间等便捷、优质的服务方便农民的措施，保障供应。全系统设立7家庄稼医院，为农民提供农资供应、农作物病虫害防治、配方施肥等技术咨询服务。冬储化肥1.293万吨，占计划1.1万吨的118%；销售各种化肥131086吨，农药20587吨，农膜6808万元；印发科普资料11200份，送肥送药下乡村22500

吨，开展 3 次农资下乡进村活动。

基地建设　因地制宜，积极发展多种经营，大力发展特色产业，着力推进灵芝、食用菌、脐橙、仙草、百香果、水稻育苗、渔业、茶叶、芙蓉李、蔬菜等 30 个示范基地建设和加速果蔬分拣中心、果汁加工厂等的项目建设；重点培育"一鸡一果"产业。供销社带动全县百香果种植 10000 亩，其中自建基地 500 亩，建设育苗繁育示范基地、百香果（黄金果）种植示范基地、百香果网货中心、果汁（果浆）厂、果脯（蜜饯）加工厂，不仅有效解决次果、小果、落果的出路，将其变废为宝，还有效解决本县及周边百香果的产加销问题，产品主销广州、深圳、上海、浙江等地，实现一二三产业融合发展。

加强产销对接　供销社引导营销户在上海、广州、深圳、东莞、梅州、赣州和本省福厦漳泉龙等地建立农产品销售网点或代办点 37 个，帮助农民销售农产品 3 亿元。其中"四大家鱼"、橙子、盘菜、百香果进入厦门"夏商集团"超市和"元初超市"；仙草进入加多宝、王老吉等厂家；象洞鸡每周供应厦门市场 10000 羽；水果、蔬菜每天供应龙岩市中农批市场约 30 吨，有效解决农产品卖难问题。

壮大农民专业合作社　围绕武平县主导产业和优势特色产业，采取产权结合、牵头领办、业务连接、组织对接、项目扶持等方式发展农民专业合作社及其联合社。2022 年新发展农民合作社 23 家，其中联合社 3 家；全县累计注册成立农民合作社 475 家，其中联合社 21 家，成员出资总额 88086 万元，社员 14899 户。2022年本县被评为各级示范合作社的有国家级 4 家，省部级 78 家，市级 86 家，县级 167 家。

开展业务培训　利用基层社会化服务培训中心、农民创业就业培训学校、"星光讲堂""红土初心讲堂""田间课堂"与田间实训基地，承接、代办、联办新型农民职业技术、"雨露工程"、农机等业务培训，为农民和团体提供学习培训平台，培育致富能手。2022 年举办各种培训 25 期，参训人员 2350 人次。

开展土地流转　围绕破解"谁来种地""地怎么种"等问题开展土地流转，积极与涉农企业和农民合作社联合，推行合作式、订单式、菜单式等土地托管服务。截至 2022 年年底，已组建了 9 家土地托管合作社，流转土地 2.71 万亩，着力解决农村耕地抛荒问题，提高土地附加值，减轻农民负担，增加农民收入。

脱贫攻坚　继续做好挂钩帮扶贫困村（民主乡民主村）和干部职工挂钩脱贫户的帮扶等后续工作，2022 年入户走访 56 人次。

【创新开拓新型业务】

拓宽金融服务渠道　开展普惠金融服务，与多家金融机构合作，2022 年为农产品加工企业、家庭农场、农民合作社、种养大户、营销大户提供助农增信贷款服务 125 笔 2043.8 万元，累计 1.25 亿元。

建设流通服务网络　2022 年，新增市级乡镇惠农服务中心 1 家（武东），县级乡镇惠农服务中心 1 家（桃溪）。

拓展电子商务业务　积极发展"网上供销合作社"，构建县乡村三级电子商务服务体系，打造"实体+网络""线上+线下"融合一体的具有武平特色的电商服务格局。2022 年，在全县各乡镇建立供销 e 家电商服务中心 16 个，在大行政村设立电商服务站点 117 个，全年实现销售额 18.66 亿元。

构建物流快递网络　构建县乡村三级"供销合作物流"服务网络。打造覆盖县乡村的快递物流服务网络，有效推动全县快递行业资源整合、抱团取暖，帮助农村农民解决农产品上行"最初一公里"和工业品下行"最后一公里"。县供销通世达物流公司设立城区快递综合服务中心 21 个，乡镇服务站 23 个，村级服务代理点 10 个，全年进出港 1348.43 万件，同比增长 24.6%。其中进港 1228.85 万件，出港 119.58 万件。

开展业务代理　开展会计、注册、品牌、项目、培训、保洁6个代理业务，帮助一些企业、农民合作社、种养营销大户、个体工商户补齐短板。截至2022年年底，已承接代理代办业务78项，为委托方在健全机构、规范管理、完善服务、提升效率上提供周到的服务。

【党建和乡村振兴】

扎实推进全面从严治党、从严治社、党风廉政建设和反腐败斗争　坚持政治引领，严肃党内政治生活。认真学习中央、省、市、县纪委全会精神，学习《关于新形势下党内政治生活的若干准则》等文件。深入开展党史学习教育、开展"三会一课"、主题党日活动、理论学习中心组学习等，强化干部职工的大局观念、宗旨意识和作风建设。层层传导压力，全面落实从严治党、从严治社主体责任，认真履行第一责任人职责，班子成员严格履行"一岗双责"，制定党风廉政建设实施意见，做到任务明确、责任到人，形成一级抓一级、层层抓落实的工作格局。强化监督管理，规范财务管理制度，提升社有企业风险防范能力；开展警示教育，组织观看红色电影和警示教育片，利用党员大会和理论学习中心组会议，进一步严明纪法底线，强化警示教育，大力开展移风易俗工作，认真遵守廉洁自律各项要求。

党建联建，助力乡村振兴　与信用社、邮储银行、杭兴银行、中国银行等金融机构开展"党建引领　银社融合"活动，签订党建共建协议，建立良好的"党建+"共建合作关系，让专业合作社帮扶、脱贫村或革命基地村帮扶、增信贷款、基地共建、助农销售、党建联建等方面进行深度合作，实现党的建设与乡村振兴良性互动。

开展村社共建　实行资源共享，供销社在领办的22个农民合作社联合社中成立5个党总支，下设23个产业支部，拥有党员465人。迄至2022年年底，为共建村建设道路硬化近

2000米，整修灌溉水渠5条，新建灌溉水池9个、供水管4850米，薄膜大棚100多亩，露地蔬菜种植示范基地1000多亩，共建基地实现通路、通电、通水。进行人才交流，采取村级优秀人才到联合社挂职锻炼，联合社管理者、产业带头人到村任"顾问"等形式进行人才双向交流，实现人才资源共享，实现以社带村、以村促社、兴村富民、村社双赢的目标。

【开展文明创建工作】

创建文明城市　围绕打造武平"宜居、宜业、宜旅"生态文明城市的战略目标，对照全国文明城市评测体系以及部门指标，开展讲文明树新风，向劳动模范、道德模范学习，推进社会志愿服务等活动；落实卫生责任区，进行保洁巡查、交通引导、文明劝导，指定专职卫生保洁员负责供销大厦周边的卫生打扫工作，做到每天打扫，保持卫生清洁，确保创建全国文明城市工作有序开展。

创建文明单位　为进一步推进武平县供销社第十四届市级文明单位创建工作，县供销社在县委县政府的领导下和市、县文明委的指导下，强化服务"三农"意识，扎实开展创建活动，引导全系统干部职工养成文明礼貌的行为习惯，推进供销社的改革和发展，充分发挥供销社在服务"三农"和社会主义新农村建设中的作用，各项工作取得显著成效。

文明志愿服务　长年组织志愿者服务人员开展科技服务下乡、进社区、交通引导、文明劝导、卫生整治等活动。2022年，组织志愿者服务人员在城区交通路段、责任区开展文明劝导、卫生宣传、行车引导等活动980人次。

【安全综治工作】

落实维稳安全责任　组织推动扫黑除恶专项斗争、依法管理宗教和履行安全生产、消防安全、平安综治、信访维稳、禁毒、保密、双拥、城市规划管理；进社区向居民、商户宣传

"扫黑除恶"专项斗争、防电信诈骗、禁毒、武平县社会心理服务健康知识等，发放宣传资料1200份。

综治安全、政府信息公开和保密工作 对下属各单位签订综治安全责任书，落实综治安全责任到人，并加强督促检查，形成一级抓一级、层层抓落实的工作机制，把矛盾解决在基层，把隐患消灭在萌芽状态，有效防止安全事故和集体上访事件的发生，确保社会稳定，促进社会的和谐发展。做好政府信息公开和保密工作，加强对互联网、计算机及存储介质的管理，增强保密意识；对计算机实行"谁使用、谁负责"的原则，防范计算机泄密。

·天兴物资流通·

【概况】

2022年，本公司通过深入学习党的十九届历次全会精神、二十大会议精神，扎实推进党史学习教育活动常态化，牢固树立"四个意识"，坚定"四个自信"，做到"两个维护"；认真贯彻落实好县委县政府的决策部署，抓好中心工作，加强思想作风纪律建设，把全面从严治党主体责任落实到位，履行好党风廉政建设责任制。为克服新冠疫情带来的不利因素影响，强化党建引领，坚持两手抓，做到两促进，以团结、友善、拼搏、奋进的精神，带领全体干部职工紧紧围绕全县工作总目标，认真做好主营业务民爆物品储存销售，大力拓展进出口、大宗贸易业务。参与武平县2022—2024年土地综合整治项目等开展业务；强化农特产品产销对口支援帮扶、大湾区对口合作及山海协作等的整体工作推进，积极提升食材配送服务及企（事）业单位的工会职工福利业务。为进一步巩固脱贫攻坚成果，公司增设兴贤坊店、抖音直播带货等线上线下体验店，提升品牌认知度及拓宽消费渠道，全面加大宣传推广力度，使农产品出村进城、入湾出海。全面健全安全高效完善的服务体系，从而提升服务质量，增强市场竞争力，打造新时代国有企业新风貌。

2022年通过全体干部职工的努力，全年营业收入230443万元，比上一年增加213045万元，增长1224%，首次突破23亿元大关，实现税利577.8万元左右，资产保值增值率100.97%。

交通运输业　邮政业　电信业

·交通运输·

【概况】

2022年，武平县交通运输局在县委县政府的坚强领导下和上级交通运输主管部门的精心指导下，坚持以习近平新时代中国特色社会主义思想为指导，深入学习宣传贯彻落实党的十九届历次全会和党的二十大精神以及习近平总书记系列重要讲话精神，统筹推进常态化疫情防控和经济社会发展，使交通基础设施建设有力、交通运输行业发展平稳有序、安全生产形势良好。武平县被交通运输部确定为2022年"四好农村路"全国示范县创建单位。武平县交通运输局被龙岩市平安建设领导小组表扬为"2017—2020年龙岩市平安建设成绩突出集体"，取得2022年市对县绩效考评第一名，被县委县政府授予武平县2022年"政策攻坚"行动集体嘉奖、疫情防控工作集体嘉奖，获县级以上个人荣誉7人次。

【党的建设】

党的政治建设　认真贯彻落实习近平总书记重要讲话、重要指示批示精神和党中央、省委、市委、县委部署要求，以党的政治建设为统领，压紧压实机关党建工作责任。2022年，开展局党组理论学习中心组集中学习17场次，

交通运输系统党委及各党支部开展"三会一课"和主题党日活动84场次。教育引导党员干部深刻领悟"两个确立"的决定性意义，切实增强"四个意识"、坚定"四个自信"、做到"两个维护"。

落实政治思想工作责任制　严格落实"211"工作制度和"八个纳入"要求，抓好"学习强国"平台运用，强化队伍和阵地建设，结合与中堡镇朝岭村新时代文明实践站结对共建活动，组织"小蜜蜂"宣讲员向当地群众宣讲习近平总书记在福建工作期间的思想与实践，现场发放"闽山闽水物华新宣传卡片"200多份。加强对各类宣传阵地的管理，严格落实信息发布"三审三校"制度，"武平交通"微信公众号发布信息320篇。2022年6月29日，《中国交通报》以"铺就幸福路，'醉氧'八方宾"为题整版报道武平县"四好农村路"建设经验和成效，11月24日，"武平县环梁野山康养福道"微视频被"福建公路"视频号美丽乡村路专栏展播。

夯实基层党组织建设　落实"三级四岗"党建工作责任制，加强各党支部标准化规范化建设，扎实开展"三会一课"、主题党日活动。2022年6月30日，举办庆祝建党101周年暨"建功新时代，喜迎二十大"主题宣讲活动，邀请中国好人、道德模范邓雪玉同志宣讲先进模范事迹；7月8日，交通运输系统党委书记王鹏飞以"在弘扬'马上就办，真抓实干'优良传统作风中感悟思想伟力，追寻领袖足迹"为题给全体党员干部上专题党课；7月21日，组织全体党员前往永定红色旧址群开展"传承

红色基因 喜迎二十大"主题党日活动，推进党史学习教育常态长效；12月19日，举办学习贯彻党的二十大精神宣讲报告会，邀请县委宣讲团成员、县纪委副书记、监委副主任钟发荣同志做党的二十大精神宣讲报告。2022年，吸收入党积极分子2人、发展对象2人、接收预备党员3人、转为正式党员4人。围绕县委"红领行动·红耀武平"特色党建要求，着力培育"红耀'四好路'，服务我先行"交通运输系统党建品牌，筑牢支部战斗堡垒作用，组织实施11项"我为群众办实事"项目，党员干部在项目攻坚、抗洪救灾、疫情防控、创城一线等"急难险重"任务中勇于担当，充分展现党员先锋模范作用。

全面从严治党 组织广大党员干部收看电视专题片《零容忍》，切实增强党员干部拒腐防变的思想自觉和行动自觉。联合驻发改局纪检监察组开展交通运输领域"1+X"监督检查，对系统各单位开展疫情防控、抗洪抢险救灾工作和重点交通建设工程进行督促指导，防止作风问题反弹回潮。2022年9月27日，在漳武高速十方互通及接线工程二标段项目部召开省重点工程项目廉政教育现场会，进一步压实交通重点项目建设的质量安全、生产安全、廉政安全。

落实县委巡察反馈问题整改工作 积极支持配合县委巡察二组对本局开展的巡察工作，针对2022的巡察反馈的4个方面13类44项问题清单，共制定120条措施，多次召开党组（扩大）会议专题研究巡察反馈意见，召开巡察整改专题民主生活会，深入查摆存在的问题，深刻剖析问题的原因，明确整改措施，按照立行立改、即行即改、建章立制、长期坚持的原则，现已基本整改到位。

【交通基础设施建设】

2022年，全县交通基础设施建设项目完成投资5.32亿元，其中普通公路国省道建设4亿元，农村公路1.19亿元，危桥改造0.13亿元。

国道205线武平十方高梧至丘坑段公路工程 路线长13千米，一级公路，路基宽度24米，双向4车道，沥青路面，设计时速每小时60千米，项目总投资约12.1亿元，其中建安费约9.8亿元。工程分两段实施：A段高梧至来福段长约7.2千米，该路段是国道G205、G357、G358三线十方集镇过境共线改线路段；B段来福至丘坑段长约5.833千米，一级公路兼市政道路功能，该路段同时也是龙龙铁路武平站的连接线。2022年11月，完成施工监理招投标工作，12月，施工单位进场施工。

漳武高速十方互通及接线工程 路线长33千米（与国道G205、G357线重复利用路段7.2千米，新改建路段25.8千米），二级公路，设计速度60千米/小时，双向两车道，路基宽10米，路面宽8.5米，水泥混凝土路面，项目总投资5.29亿元，其中建安费3.33亿元。项目分两个标段：一标段十方高梧至武东炉坑段长8.2千米，二标段武东炉坑至中堡林坊段17.6千米。一标段于2022年12月底建成通车，二标段于2022年8月份开工建设，实现项目全线动工建设，累计完成投资2.5亿元。

潮州至南昌高速公路武平闽粤界至长汀馆前段（简称潮南高速公路龙岩段）项目2022年7月，列入国家高速公路网规划，编号为G1535。

原省道S221武平段提级为国道G534（长乐—武平）路网 2022年，路段被列入《国家公路网规划》。

农村路网建设项目 2022年年底，完成中堡至高坊等农村公路建设63千米，实现62个较大自然村通硬化路，完成投资11891万元。

农村公路危桥改造项目 2022年，已完成民主坪畲桥、中赤坝路里桥、武东宝济桥、东留南坊桥、桃溪张屋桥、桃溪村口桥等6座危桥改造任务，完成投资1262万元。

其他投资公路项目 2022年，完成武东

集镇、桃溪集镇段、万安集镇段、中赤集镇段道路改造。

【农村公路养护】

2022 年，武平县农村公路列养总里程 1475.6 千米，其中县道 341.3 千米，乡道 755.4 千米，村道 378.9 千米。

农村公路道路安全隐患整治　2022 年，完成农村公路村道安防工程 21.8 千米，完成市、县"为民办实事"道路安全隐患整治项目 13 处。

"四好农村路"重点示范路及路容路况提升工程　2022 年，实施养护工程 115 千米，完成 380 块路长制公示牌制作；完成武东镇环六甲水库、象洞镇联坊至芹寨段、X652 永平上板寮至大禾段绿化美化，共计实施绿化 21.3 千米、路面挖补 1.3 万平方米、边沟 24 千米、路面灌缝 65 千米；做好破损路面沥青套补及裂缝灌缝整治，完成路况检测 160.021 千米，路面 PQI 优良路率较去年有较大的提升。

防汛救灾和灾后重建　2022 年，"5·27"突发强降雨和 6 月份持续强降雨，导致武平县道路中断 82 条 157 处。灾情发生后，本局立即启动应急预案，派出 5 个防汛应急工作组，紧急奔赴全县 17 个乡镇巡查道路受灾情况，指导道路抢险救灾工作，第一时间组织养护工人，调配铲车、钩机等机械设备开展抢险保畅通工作，通过全县上下的共同努力和爱心企业的大力支持，及时抢通中断道路，同时积极向上争取灾后重建资金 600 余万元，逐步修复灾毁公路设施。2022 年，完成龙井栏杆桥边坡病害治理工程、中赤坝路里桥、十方中和小桥、和平小桥等水毁修复项目。

【发展运输市场】

交通运输现代服务业项目　武平县闽鸿物流中心项目、龙岩市鸿顺机动车驾驶培训基地、鑫龙物流仓储配载中心、武平县鑫源农资仓储配送中心、闽鸿顺专用车研发制造项目等 5 个交通运输现代服务业项目稳步推进，2022 年，完成投资 2.68 亿元。

城乡交通一体化发展　持续优化城区公交线路，3 路公交新增新型显示产业园南门、晶翔光电（钢泓科技）、嘉喜不锈钢、心月公园等 4 个停靠站点，有效改善园区公共交通出行环境。积极拓展农村客运"村村通"新思路，重点解决乡到村、村到村通客车的问题。2022 年在建制村 100% 通客车、17 个乡镇全面完成农村客运公交化改造的基础上，不断优化农村客运公交化线路，2022 年 9 月，开通民主乡高书村的墟日班车，更好满足当地群众的出行需求。

县、乡、村三级物流网络运营　推动"交邮融合"发展，由本县客、货运输企业与邮政快递共同组建"交邮"速配运营团队，通过签订协议、挂牌等方式，让运输企业与邮政快递整合双方优势资源，不断提升县乡村物流配送运营效力。2022 年，在永平、东留、武东、中山、中堡、象洞、中赤建立客货邮融合乡镇运输服务站 7 个，开通客货邮融合线路 6 条。其中武北线覆盖永平、桃溪、湘店，武东线覆盖十方、武东、中堡，武南线覆盖中山、民主、中赤。邮政快递还与 1 家货运企业武平县期抵物流公司签订"邮运协议书"，双方在承运邮件总包方面达成共识，为进一步推动"货邮"融合发展打开良好局面。探索"两员融合"农村物流服务模式，拓展"信息平台+统一配送"农村物流服务品牌优势，在武平城区以外的 16 个乡镇探索"两员融合"农村物流服务创新模式，在乡村道专管员"道路巡查"职责中融入村级物流服务员"快件进村"职能。2022 年，在农村公路沿线增设 120 个农村物流村级服务点，聘用兼职乡村道专管员 33 名，建成农村物流末端配送网络，"四通一达"等 11 家寄递企业的 3.5 万余件快递包裹通过该网络配送到千家万户，获得群众的一致好评。

【交通运输监管】

2022年，本局加大路政巡查力度，强化日常监管，采取联合执法、专项整治等多种形式，严厉打击非法营运、超限运输、侵害路产路权等非法行为，维护良好运输市场秩序。2022年，共上路稽查2899人次，检查车船5123辆/艘次，检查相关企业、客货场站、渡口237家次，发出责令停止违法行为通知书100份，均已结案处理。

落实行业监管责任 深入开展道路货运行业交通安全专项治理行动，加强对客（货）运、驾培、机动车维修执法检查力度。2022年，查处非教练车辆进行驾驶培训1辆、不符合标准车辆开展驾驶培训1辆、未如实记录安全生产教育和培训情况2起、未按照规定制定生产安全事故应急救援预案1起，切实维护交通运输行业经营秩序。

开展运输市场治理 严厉打击"非法客运"，每周开展1~2次"非法客运"打击行动，重点整治客运班车未按批准的客运站停靠、包车客运未持有包车票或包车合同等违法违规行为，查处非法客运车辆2辆，加大对群众举报的网约车非法营运行为的打击力度，查处非法经营网约车1辆；加强货车超限治理。每月与公安交警部门开展3~6次常态化联合流动治超行动，严查货车超限超载运输、非法改装、"滴、洒、漏"的违法行为。2022年，查处违法超限运输行为车辆27辆，卸载超限货物1050吨，查处货车非法改装车辆65辆。强化治超源头管理，定期开展货运源头单位执法检查，与企业签订《合法装载承诺书》21份，从源头遏制违法超限行为。推进科技治超建设，在国道205线、357线、358线和县道647线新建5个治超不停车检测系统，于12月10日在全市统一启用，深化部门执法联动。积极联合公安交警、市场监管等部门开展执法行动，形成多部门协同联动机制，实现资源共享、信息互通，充分应用信息化手段强化协同治理精准查处道路运输非法违规行为，提升治理能力和监管水平。

推进路域环境整治 启动农村公路管理提升三年行动，推动"四好农村路"高质量发展。2022年，共清理非公路标志、乱张贴的广告牌169块，拆除违章建筑2处142平方米，清理路面、桥下空间堆积物4073平方米，清退占用公路用地种植90余平方米，制止占道经营、占道作业19起，清理倾倒树木等路障39处。

【安全生产】

2022年，组织开展交通运输行业应急、消防、反恐、疫情防控应急演练6场次，进一步提高交通运输行业员工救援技能和应急处置能力；开展安全生产大检查、道路交通安全集中治理专项行动、安全生产专项整治三年行动巩固提升行动、"防风险、保安全、迎二十大"百日会战等活动，组织5个指导服务组，对重点时段、重点部位进行安全隐患排查整治。2022年，共出动检查组162组次938人次，检查企业900余家次，发现一般安全生产隐患513处，已整改513处，整改率100%，未发现重大安全隐患，有效防范重特大事故发生。

【疫情防控】

落实精准防控措施 2022年，县新冠疫情防控应急指挥部交通检疫组在高速公路、国道省界处设立了6个健康服务站，抽调乡镇（街道）、交通、卫健、公安以及县直有关部门干部职工1万余人次参与各健康服务站值班值守，由乡镇（街道）分管领导担任站长，县交通运输局班子成员分组挂钩联系各健康服务站，服务指导交通检疫工作，有序开展交通检疫和免费核酸检测工作，及时修订完善交通检疫工作规程，做好抽调人员业务培训，协调保障医疗物资需求，做好异常情况的应急处置，切实发挥疫情防控"前哨"作用。开设 6 个健康服务站，共检查车辆 143 万辆次，现场开展免费核酸检测 54 万人次，发现健康码红码 13 人，黄码 143 人，发热 5 人，运用"入返武登记"小程序向乡镇（街道）推送重点地区入（返）武平人员 2.3 万人次，为全县疫情防控工作提供强大的数据支撑，确保重点人员管控措施落实到位。配备 6 辆转运车辆（其中 2 辆为负压救护车），"点对点"转运境外和中高风险地区返武平人员 616 趟 883 人；储备 10 辆经物理隔离改造的大、中巴车用于应急转运。武平县是全市最后一个出现交通卡口疫情输入的地区。2022 年 12 月 7 日全县各健康服务站全面撤销。

做好交通运输保通保畅　2022 年，武平县 6 个健康服务站实行"福建健康码"一码通行，在 3 个高速出口推广运用"高速公路重点地区车辆预警系统"，共计预警 75200 辆次，在高速出口设置重点物资绿色通道，保障重点物资运输车辆优先查验、优先检测、优先通行，在高速公路和国道服务区设立 3 个便民核酸检测点，方便货车司机快速"落地检"，为有需要的司乘人员提供"核酸采样证明"和"温馨贴"，防止重复核酸检测，对重点地区入武平货车实行闭环管理，有效提升交通检疫和车辆通行效率，2022 年，未发生货车劝返现象。

加强交通运输行业疫情防控　县交通运输局采取"四不两直"的方式开展交通运输业督导检查，压紧压实企业主体责任，督促企业落实从业人员"应接尽接""应检尽检"，做好重点人员健康监测、重点场所消杀、防疫物资储备以及值班值守等工作，防止疫情通过交通运输渠道传播，切实做到守土有责、守土尽责。

【相关工作】

深入开展交通运输领域常态化扫黑除恶，建设平安交通。认真履行环境保护"一岗双责"，加强内河船舶码头污染防治，推进内河船舶"三油并轨"工作；开展塑料污染治理、扬尘污染治理，开展"静夜守护"行动，大力整治交通运输行业噪音扰民问题。2022 年，围绕学校周边、居民区、在建工地等重点区域开展"点题整治"工作，参与联合执法行动 25 次；深化行政审批制度改革，推进"放管服改革"，推行从业资格证换发、运输证年审等业务"跨省通办"，规范"五级十五同"政务服务事项，实现 139 个事项的办理时限、材料等要素全市统一，行政服务中心交通运输局窗口全年受理承诺件 53 件、即办件 2137 件，获得办事群众 100% 的满意率。积极开展"诚信兴商宣传月"活动，组织工作人员深入道路运输企业开展普法宣传，指导相关企业处理行政处罚案件，在"信用中国"修复信用记录 13 条；自觉接受人大、政协以及社会各界的监督和帮助，全年办理十八届人大一次会议代表建议 39 件和县政协十一届一次委员提案 14 件，按时办结率 100%。全年办理龙岩市 12345 便民服务平台诉求件 157 件、信访件 7 件、12328 交通服务监督平台投诉件 11 件，有效预防舆情事件的产生和进一步发展。针对疫情防控的不利形势，采取线上谈判创新模式，持续跟踪推进招商引资工作，完成新开工项目 1 个（武平闽鸿顺专用车生产项目）。

·武平县铁路建设·

【概况】

武平县铁路建设办公室成立于 2009 年 5 月，2012 年由重点办、铁办、项目开发中心整合成正科级事业单位，2015 年 11 月，为武平县重点项目开发建设管理办公室的挂牌机构；2017 年 6 月 26 日，改为独立设置的事业机构，办公场所迁至交通大厦六楼；2019 年 3 月 31

日，更名为"武平县铁路建设发展中心"，为县政府直属财政核拨事业正科级单位，归交通运输局管理，划为公益一类。核定内设机构4个，分别为综合计财股、规划协调股、建设协调股、运营协调股；核定事业编制11名，其中正科级领导职数1名，副科级2名，股级职数4名。2022年，在职人数8人，其中正科级1人，副科级1人，股级干部2人，一般干部4人。2022年2月，成立中共武平县铁路建设发展中心支部，现有党员7名。

【建设情况】

龙龙高铁龙岩至武平段　武平县境内长10.7千米，起点为十方镇彭寨村，途经十方镇彭寨、熊新等8个行政村，桥梁总长3.11千米，隧道总长4.752千米，桥隧比为72.9%，总投资约15.6亿元。2022年4月14日，龙龙铁路武平站施工单位（中铁建设）进场施工；9月7日，武平站信号楼顺利封顶，该信号楼是龙龙铁路全线生产生活用房中第一栋封顶的房屋；10月3日，老樟坝隧道顺利贯通，标志着龙龙铁路2标段所有隧道全部贯通，为后续进入轨道施工奠定坚实基础；11月11日，武平特大桥跨长深高速公路连续梁顺利合拢；12月12日，武平站站房主体结构顺利封顶。全年累计完成龙龙铁路龙岩至武平段正线工程的76%。铁发中心安排专人加强与中国铁设、中铁二十四局、中铁建设、中铁电气化局的沟通协调，密切跟踪铁路正线施工情况，及时处理施工过程中发现的各类问题120多个，营造良好的施工环境，确保正线工作顺利推进。

龙龙高铁武平至梅州段　中铁设计咨询公司完成《龙龙高铁武平至梅州段可行性研究报告（初稿）》。根据可行性研究报告，龙龙铁路武平至梅州段全长约103千米、投资约196亿元，其中福建段约14千米、总投资约18亿元（含征迁费用约1.7亿元），福建段线路全部在武平县境内。2022年，本县配合省市相关部门为武平至梅州段项目的开工建设做足准备。配合推进前期工作，随同有关领导赴国家发改委、国铁集团、中铁设计咨询、省铁发中心、福建铁路公司等相关部门协同推进项目前期工作，呼吁各级人大代表、政协委员通过各种方式表达武平县委、县政府及43万人民群众的迫切要求。加强铁路沿线巡查和管控，根据可行性研究红线，协同十方、中赤、岩前等沿线乡镇不定期深入沿线红线进行巡查、拍照、取证，保持高压态势，及时制止和打击"三抢两违"现象，关停小煤矿1家（武平县永源煤矿），注销勘查许可证1家（武平县石峰里矿区锰矿地质详查，注销面积1.95平方千米），缩减1家（福建省武平县澄坑矿区水泥用灰岩矿详查，矿区面积由1.95平方千米缩减至0.72平方千米），为征迁工作做好准备。及时调整"三线"（城镇开发边界、永久基本农田保护红线、生态保护红线），项目占用永久基本农田面积约288亩，本县根据自然资源部《关于在全国开展"三区三线"划定工作的函》（自然资函〔2022〕47号）文件精神，将永农核实整改补足成果中已调整为一般耕地。2022年初该成果已报省自然资源厅，待审核通过后转报自然资源部审批，为用林用地报批工作做好相关准备工作。筹备建设资金，提前谋划，加强沟通，将该项目列入使用债券资金项目库，为开工建设铆足预算。

赣龙厦高铁　赣龙厦高铁是渝长厦高铁通道的组成部分，是兼顾长途快运客流和沿线城际客流的快速通道。2022年9月2日，龙岩市召开赣龙厦高铁项目指挥部办公室第一次会议及规划前期推进会，通报市委书记余红胜带队赴京对接指挥部领导近期有关指示要求；12月17日，铁四院赣龙厦项目总体尚永太带领相关专业人员来武平县现场踏勘赣龙厦高铁线。根据初步规划研究，推荐线路由赣州西引出，经赣县王母渡、安远县天心镇、会昌县周田镇、武平县（沿线经东留镇、万安镇、武东镇），至龙岩西，途经7个站，线路长度254.1千米，采用 350 千米时速标准设计，投资匡算 361亿元。

【配套工程建设】

武平站交通枢纽一体化工程　包含站前公园、停车场、交通枢纽、十方大道等子项目，工程总投资约 2.8 亿元。2022 年，完成工程建设投资约 0.46 亿元，其中土石方工程、路基工程、管线工程已全部完成，站前片区路面工程完成 35%，照明工程完成 31%；十方大道路面工程完成 40%，各项工作有序推进。本着突出工程亮点，提升品质，打造精品工程的精神，在施工过程中，经参建单位多方论证，不断优化完善智能化工程、绿化工程、广场铺装等施工图设计，切实提升景观效果，节约工程建设资金。

方岩大桥项目　为避免国道 G205 线改造工程成为涉铁工程，2022 年，本县对线路下穿龙龙铁路、上跨长深高速部分的方岩大桥先行实施，完成桥梁桥面附属工程建设，零星工程顺利收尾，具备验收条件。

G205 线武平十方高梧至丘坑段公路工程项目　2022 年 1 月，启动国道土地和房屋征迁工作，4 月底完成土地征收 1005 亩，房屋征收 18 户 4301 平方米，圆满完成项目征迁任务。完成用地报批工作，施工队于 11 月份进场施工。

·公路管护·

【提升国省公路管养和服务水平】

抓好日常养护，提升路况水平　坚持以路面养护为重点，狠抓全面养护，通过加强路面保洁，开展路基桥涵小修专项整治、路面裂缝处治及坑槽修复、绿化专项补植养护、水毁灾害修复等，确保公路路面干净整洁，无明显病害。路基、桥涵、排水系统、沿线设施、绿化养护良好，小修养护达到预期目标。2022 年共清理边沟 785 千米、桥梁 320 座次，涵洞 3120 道次，清扫路面 958 万平方千米；沥青套补路面 3120 平方米，置换板 89 平方米，修补边沟 273 立方米/2350 米、防撞墙 50 米；补植草皮 1800 平方米、灌木 125 平方米，撒播草籽 4500 平方米，补植路树 87 株，修剪草皮 630 万平方米，修剪密植灌木 8.1 万平方米；补全轮廓标、道口标 960 根，设置警示警告标志 80 处。

抢险保畅，做好防汛抗灾工作　及时高效抢通中断道路、清理溜方及倒伏路树、修复受损边沟，并做好公路损毁理赔工作，尤其是在 "5.27" 特大暴雨应急抢险中，全体干部职工团结一心、众志成城，顶风冒雨、昼夜兼程以最快的速度抢通 G357 线 8 处中断道路，保证道路的畅通，协助及时抢通 064 乡道，为抢救人民群众生命财产安全赢得宝贵时间。2022 年，共计抢通中断交通 12 处、清理溜方 56 处 3.5 万立方米，主要水毁溜方基本清理完成，所有路面均实现无障碍通行。

提升路网服务水平　2022 年，开展金桥服务区 "司机之家" 创建活动，结合货车司机集散特点和服务区设施基础条件，促进提升服务区综合服务品质。城关、帽村公路站按照对外开放管理制度及疫情防控要求，进一步加强对停车区及公共厕所的管理，积极接受公众评价监督，加大考核力度，督促责任班站及时整改存在的问题。

提升内业规范化管理　重点抓好机关和班站内业资料，对龙岩市公路事业发展中心应急管理平台、公路灾毁采集系统、公路服务区信息统计平台、公路交通情况调查系统、桥梁系统等各网络平台均实行专人管理、专人录入，确保各项数据及时、准确录入上传；各类图表和管理人员职责按规范上墙公布，做到内业管理制度化、信息化，资料整理经常化，提升管理水平。

【全面提升县道路况水平】

提升路容路貌　将有条件划分责任路段的站点，划分责任路段、责任到人，同时积极推进机械化作业，实现高效养护，全力配合做好路况检测工作。2022年深挖边沟淤积162千米，清理296千米，整修路肩24.5万平方米，绿化养护修剪割草331千米，桥梁清理374座次，涵洞清理723道次，危险地段标识警示84处，清理及冲洗隧道2个1300米，安装完善县、乡道路百米桩1690块，清理路障56处，完成X640线、X646线、X647线三条检测路线路面修复养护项目水泥路面裂缝处治16007米，路面沥青套补6225平方米，安装补齐公里牌16块，砼修补路面取芯洞104个，铲除沿线路面村民拌料砂浆、砼遗迹6450平方米。

做好防汛抢险保畅工作　全面配合交通运输局开展路基排水系统调查，现场确认排水系统整治清单，组织专业队伍进行修复和完善，确保汛期公路排水顺畅；严格按要求完善应急预案、充实抢险队伍、储备抢险物资，及时抢通受灾道路。2022年清理大小溜方87714立方米/226处。

【路政许可管理工作】

2022年，上路巡查290余人次，发放宣传材料3600余份；纠正制止各类违章150余起，配合交通运输局办理路政许可案件审查6起，查处路损赔偿案件47起，办结、查处率100%。

以"110"联动、"路政宣传月""美好生活·民法典相伴"等活动为载体，深入开展公路法律法规宣传活动。做好路产路权更新登记和维护，加强路域环境管理，"畅通省际边界节点"，对辖区国省干线涉路违法行为等情况进行全面排查摸底，共调查处治重点涉路违法行为25处，开展宣传7次，发放限期整改通知书13份，提升通道通行能力和服务水平，依法

保障公路完好、安全、畅通；对境内桥涵开展专项安全排查活动，开展桥下空间专项清理、整治工作。强化涉路施工许可监管，联合县交通执法大队经常性开展巡查活动，督促各施工单位严格按照勘查拟定的路线施工，规范摆放施工标志和安全警示标志，做好车辆运输洒漏污染防治和公路出入口保洁工作。深化联合协作机制，加强与县交通综合行政执法大队、公安交警、沿线地方政府联动。2022年，共开展联合整治24次98人次，清除公路沿线占用公路、公路用地堆积物17处260平方米，占用公路摆摊设点15处，制止滴洒漏污染公路违法行为28处，进一步提升路容路貌。

【提高生产作业效率】

2022年，添置汽油割草机11台、高枝锯7台、绿篱机5台、吹风机3台、油锯8台、振动平板夯2台、汽油发电机2台、电镐2个，极大减轻工人的劳动强度，提高生产效率。加强机械设备质量管理，不断提高机电设备完好率和使用率，严格执行例保、二保制度。累计完成二保作业74辆次、例保816台次，加强应急机械设备管理，积极储备社会应急抢险机械设备，定期组织公路应急抢险演练，大大提升应急抢险能力和水平。组织物资供应沥青冷补料、乳化沥青、90#沥青约30万元；劳保用品约6万元；绿化用化肥、农药、除草剂等约20万元、其他材料约50万元。

【管理中心各项工作安全稳定】

2022年，召开安全例会4次，开展全员安全教育3次；开展安全生产检查21次，发现一般安全隐患62处，隐患整改率100%；投入资金10万余元添置安全警示标志，全年未发生任何安全生产事故，实现零事故和零伤亡的安全生产目标。

牢固树立安全发展理念，健全完善应急管理制度及预案，明确应急值班值守、信息报送

以及突发事件应急响应等职责；认真学习宣传贯彻新《安全生产法》，以东留公路站创建2022年度"平安班站"为抓手，牢固树立"发展不能以牺牲人的生命为代价"的理念，积极开展"平安公路"建设，全力推进行业安全发展。全面落实"疫情要防住、经济要稳住、发展要安全"的方针要求，持续开展疫情防控知识宣传普及、及时补充防疫物资、定期开展消杀、定期对疫情防控工作开展督查检查，确保防疫措施落到实处。认真开展安全生产"三年专项行动"；认真组织开展安全生产大检查、消防安全检查、反恐、禁毒、反电诈、扫黑除恶专项斗争、房屋安全隐患及汛期安全隐患排查等工作，建立安全隐患整治台账，全面掌握安全隐患动态；提高安全监管和应急处置能力，加强对机关大院及各班站的安全监管，组织开展防汛应急演练，取得较好的实际效果。

【全面加强党、群团组织建设】

党组织建设　中心党支部始终坚持以习近平新时代中国特色社会主义思想为指导，认真学习宣传贯彻党的二十大精神，持续抓好党史学习教育，以落实全面从严治党为主线，以规范党内政治生活为重点，以保障公路安全畅通为主要目标，以提高党员干部素质为根本，全力夯实党建工作基础；抓好班子建设，牢固树立"四个意识"，坚定"四个自信"，做到"两个维护"，强化政治理论武装，以党的政治理论指导推动中心工作；抓好党员日常管理，持续推进"两学一做"常态化、制度化建设，常态化开展好"三会一课"、主题党日、组织生活会等活动，组织做好发展党员、党费收缴及党员干部政治业务学习工作。针对上级党委对本中心全面从严治党及党建、党风廉政建设督查检查发现的问题，认真分析研究制定整改措施，建立整改责任清单，严格按时间节点完成整改，并建立长效机制。

党风廉政建设　持续深入学习贯彻党章党规党纪，紧紧围绕公路管养工作，认清反腐败的高压态势，落实"一岗双责"，专题学习清风正气典型事例2次，观看《零容忍》等反腐电视专题片3次，廉政党课1次，处理投诉件29起，增强职工廉洁自律意识和廉政风险防控意识。

文明创建工作　发挥行业特色创建省级文明单位和助力武平县全国文明城市创建工作，常态化开展各项文明创建活动；结合五一、国庆等时间节点及"我们的节日"积极组织开展文体活动，积极开展助学扶困活动，组织看望慰问生病住院职工、困难职工，以及挂钩新时代文明实践所、站的困难户、残疾人；坚持以党建带动和促进群团工作，积极开展春运、疫情防控、防电信诈骗、无偿献血、消防安全等各项志愿服务活动。

【荣誉和成绩】

2022年10月，武平公路中心被省公路中心评为2022福建"最美筑路者""争先之星"。10月，金桥服务区"司机之家"创建通过交通运输部验收。武平公路中心在全市公路系统2022年度绩效考核评比中获得第一名的好成绩，被评为2022年度养护管理先进单位。

·邮　政·

【狠抓党建品牌创建】

党建品牌建设　密切与县委县政府和相关部门的联系，2022年联合县文明办、教育局、禁毒办等单位联合发文，开展文明礼仪、禁毒、反诈、"平安三率"等宣传，取得社会效益和经济效益双丰收；配合县人行和银监办共同开展"金融知识万里行"活动，通过现场宣传、贴包裹贴、夹报等邮政特有的方式，推动金融知识走进千家万户，创新普惠金融宣传模式，得到市人行的高度认可和表扬。

凝聚党员群众的着力点　深化"我为群众办实事"活动内涵，共与8家村社签订了党建共建协议，并举行了授牌仪式，全年共举办"便民惠民、邮政助力"活动32场，拉动金融和其他业务发展，不断打造标杆村社共建特色品牌。

积极开展"三会一课"　2022年，召开党小组会22次，支委会议事24次，党员大会4次，党课3次，按月开展主题党日活动12次，发展积极分子2名，预备转正1名，做到支部组织生活有目标、有计划、有措施、有落实，为公司中心工作的圆满完成提供坚实的政治保证。

纠治"四风"　党支部将党风廉政建设摆在突出位置，在春节、中秋、元旦等重要节日通过案例宣贯等进行廉政提醒。2022年节日期间，纪检监察部门联合安保部门对节日期间劳动纪律、公车私用、公款吃喝等"四风"问题开展明察暗访检查共6次。精准运用好"四种形态"，进一步抓住"四个关键"，强化日常监督，累计对重要岗位、班组长以上人员开展提醒谈话4人次，任前廉政谈话3人次，批评教育5人次。

注重日常监督　重点开展疫情防控、安全生产、基层摊派营销任务、招待费使用等问题监督检查工作，协同开展靠邮吃邮专项整治工作，对"三重一大"及采购项目进行监督；定期分析研判意识形态领域情况，做到见之于未然、防之于未发；常态化做好巡视巡察整改监督工作，压实巡视巡察整改各方责任，常态化抓好中央、集团公司巡视"回头看"整改和持续抓好省分公司2019年常规巡察、2020年专项巡察整改工作，突出抓好专项重点整改工作。2022年共开展巡视巡察整改例会12次，已完成63项，未完成4项，完成率94%。

【产经营总体完成情况】

2022年，全县邮政企业（含寄递事业部）实现业务收入3789万元，完成率99.4%，超全市平均进度（97.4%）2个百分点，排名全市第三；收入增幅达13.5%，超全市平均增幅（8.9%）4.6个百分点，排名全市第三。其中金融完成收入2448万元，完成率103.9%，增幅17.5%，排名全市第二；寄递实现收入487万元，完成预算80.6%，比增-13.5%，排名全市第五；集邮实现收入102万元，完成率104.7%，排名全市第三；函件实现收入87万元，完成预算100%，排名全市第四；报刊实现收入227万元，完成预算115%，排名全市第三；渠道平台实现收入198万元，完成预算95%，排名全市第三。

【金融专业完成情况】

2022年到达余额139619万元，本年净增16306万元，同比多增2786万元，点均净增2038万元；新增市占率9.8%，同行排名第三。

2022年保险累计标保11558万元，保费2729万元，其中长期期缴1132万元，保险收入485万元，较2021年同比增60%。

2022年基金、理财非货币基金完成2554万（目标2300万），完成率111%，排名全市第一；人民币理财完成509万（目标1700万），完成率30%，排名全市第四。

【寄递专业】

2022年总收入目标604万元，完成487万元，同比-1.0%，完成率80.6%，全市排名第五名；特快收入目标225万元，完成168万元，同比-11.7%，完成率74.7%，全市排名第二；快包收入目标370万元，完成314万元，同比-13.9%，完成率84.9%，全市排名第五；国际收入目标3万元，完成4万元，同比46.8%，完成率133.3%，全市排名第二。

2021—2022跨年度邮务旺季完成情况：报刊大收订完成流转额611万元，完成率101%，全市排名第一，其中校园报刊完成137万元，完成率101.5%，连续五年提前并超额完成市公司下达指标；邮资封片完成93.9万，完成率101%；新邮预订完成34.4万元，完成率104.2%，定制版年册完成100册，完成率200%；生肖贺岁合计完成7.3万元，完成率100.2%。

【邮政服务创优服务】

加强监控督导力度，开展好邮政普遍服务达标创优活动，确保指标持续提升。2022年持续开展"一巩固四提升"活动，全面做好压降邮件信息断点率管控工作，确保条码平信信息断点率保持在万分之一以内，普服给据邮件信息断点率保持在千分之一以内。2022年，本公司邮件全程时限达标率100%；平信丢损率低于0.1‰，邮件、报刊妥投率100%；县级城市重点党政机关《人民日报》当日见报率达100%。严格落实收寄验视和实名收寄等制度，杜绝违禁物品在邮政渠道出现，确保邮件安全；加大普服资金投入，在所有支局所营业、投递场所安装移动"千里眼"，加强非现场检查力度，对全县支局所监控主机进行升级改造，确保每个通道都能回放90天，达到邮管局的要求，进一步加强网点的日常运营管理。加快自提点建设，截至2022年11月份，全县214个行政村，除城中村5个外，剩余209个行政村均已设立邮政包裹自提点，包裹自提率为97.6%；狠抓机要通信安全工作，做到"万无一失"，机要通信安全无事故。

【坚守安全底线】

本公司以"平安邮政"创建工作为主线制定"四大目标"，牢固树立安全发展理念，将日常监督检查与专项检查结合开展，开展安全生产大检查大整治、消防"红盾"专项检查、

"安全生产月"等专项活动。2022年加大安防投入，技防和物防设施更新投入10万余元，主要改造集邮业务库监控，投递电动车配消防灭火器，对全县各支局的监控录像保存时间升级到90天等；强化宣传教育，强化过程管控，深入推进平安创建工作，有力保障企业经营发展。

2022年中国邮政武平分公司主要出口业务统计表

平常函件（件）	39763
给据邮件（件）	14456
包　件（件）	654636
汇　票（件）	168
报刊期发数（份）	37886
报刊累计数（份）	3462181
邮路条数及单程长度	6条369千米
农村投递路线单程总长度	1518.90千米

·电　信·

【概况】

2022年，在县委县政府的正确指导下，中国电信武平分公司深入学习贯彻党的二十大精神及习近平总书记关于网络强国的重要思想，持续推动本县信息化发展和通信基础设施建设，助力经济社会高质量发展。2022年业务收入累计完成5738万元，宽带用户数达50590户，手机用户数达85234户，高清电视累计用户数达30244户。

【通信网络】

无线网络覆盖能力　2022年，投资650万元新建27个5G基站、20个4G基站、24个小区室分，现全县累计建成136个5G基站、近600个4G基站、87个小区室分。全县所有乡

镇所在地都均已覆盖5G信号。

千兆有线宽带覆盖能力 2022年，投资120万升级改造22台万兆OLT开通，完成1024个PON口割接，全县建成千兆OBD端口数4.56万个，实现全县所有局站具备千兆宽带受理和开通条件。

应急通信保障能力 2022年，参加应急管理办组织的应急演练，并为演练提供通信保障，对县里重大活动如教育基地演出、重要会议、采摘节、防疫核酸采集演练等做保障。特别是"5.27"水灾抢险救灾保通信中，率先搭建受灾地与指挥部的应急通信，保障村民与政府人员的通信。

【信息化服务水平】

2022年，为武平县林农金融区块链服务平台、市场监督管理局冷链食品监管平台等14个平台提供迁移至公共服务云服务，提升迁移平台的存储、安全水平；签订16个智慧安防小区建设，投入资金13万元，共建设33套人脸识别门禁，有效实现小区住户进出安全和治安管理，同时助力小区疫情防控和安全管理；承建公共文化服务中心信息化建设、岩前美子坑水库智慧监测服务、县总医院建设120急救指挥调度系统等信息化项目。

【党建工作】

深刻领会习近平新时代中国特色社会主义思想理论体系和科学内涵，深入学习贯彻习近平经济思想、《习近平谈治国理政》第四卷、《闽山闽水物华新——习近平福建足迹》等。深入学习宣传贯彻党的二十大精神，收看党的二十大开幕式，下沉基层开展宣讲；严格规范基层党组织建设，及时增补支部委员，空白班组配备党建指导员；严格落实党内政治生活，抓好党员发展工作，2022年，递交入党申请书的有2名，确定入党积极分子3名，发展预备党员1名，预备党员按期转正1名；推进党建与生产经营深度融合，开展主题实践、大讨论活动，活化外部合作，开展党建翼联活动，以党建促共建，以共建促发展。2022年，与武平县生态环境局、湘店镇、湘店镇湘洋村签订"党建翼联"协议，并开展活动。

【精神文明建设】

2022年，武平分公司坚持党建引领，丰富创建载体，强化企业文化，完善硬件设施，深化志愿服务，坚持把文明创建融入企业中心工作，多措并举推动文明单位创建，在创建第十五届省级文明单位测评中全县排名第二。

【推动乡村振兴】

开发推广"数字乡村"平台，平台涵盖了智慧党建、乡村特色、村务政务、三农服务等4大模块，助力乡村智能化管理，2022年，与全县88个村签订数字乡村平台。配合美丽乡村建设，完成武东镇六甲村、武东集镇、桃溪集镇、中赤集镇线路整治，改善乡镇线缆杂乱情况，开展对外帮扶捐赠，给予湘店镇湘洋村1.5万元帮扶资金。

财政　税务

·财　政·

【概况】

2022年，按同口径统计，全县一般公共预算总收入13亿元，比上一年下降16.81%。其中，地方一般公共预算收入8.98亿元，比上一年下降14.71%。一般公共预算支出29.62亿元，比上一年增长7.5%。

【组织财政收入，增强保障能力】

加强收入组织力度　紧盯重点行业和重点税源，强化收入调度和预测分析，全力开展"财力攻坚"行动，全面梳理财政增收节支八大行动50条重点任务清单，督促推动任务清单有效落实。

积极向上争取项目资金　2022年，成功申报国家生态文明试验区补助项目、省级数字经济核心产业集聚区项目、中央专项彩票公益金重点项目等重大项目和一次性财力困难补助等，累计向上争取列入考核范围的专项资金11.3亿元，同比增长37.5%；争取新增债券资金约9.37亿元，比上一年增加4.58亿元，同比增长约96%，其中争取专项债券资金约8.39亿元，比上一年增加4.9亿元，同比增长约140%，增长率排全市第一。

加大存量资金盘活力度　2022年，累计收回结余结转资金2.32亿元，统筹用于产业发展等重点领域支出，切实提高资金使用效益。

【开展财源建设，夯实产业发展基础】

全面落实减税降费政策　2022年，新增减税降费8854万元、办理增值税留抵退税9148万元，用"真金白银"助力企业纾困减负、激发活力。

培植壮大财源提高发展质效　2022年，安排招商引资优惠政策补助等产业发展支出1.4亿元，支持本县"1+4"先进制造业、数字先导产业、现代服务业和建筑业等重点产业发展，加快构建"516"现代产业体系，认真落实重点税源"金娃娃""银娃娃""铜娃娃"企业培育工作，重点税源企业培育取得一定成效。

引导金融支持实体经济发展　县天信担保公司为企业提供应急保障资金和融资担保7.79亿元。用好金融支持实体经济考核奖惩办法，激励金融机构支持实体经济发展；用好用活省级中小微企业纾困贷款政策，各银行发放中小企业纾困贷款4.7亿元。

【推进乡村振兴，推动融合发展】

支持巩固脱贫攻坚成果，衔接乡村振兴　2022年，统筹整合上级各类资金和县本级预算资金1.64亿元，安排支持十方、中赤等新型城镇化集镇示范提升工程；支持省级乡村振兴特色镇、省市县乡村振兴试点村建设；持续推动"三大示范片""15朵金花"示范村建设，从土地使用权出让收入中统筹安排5511万元投入乡村振兴；支持基层党建、村集体经济发展、乡村人才引进、农村人居环境整治、农村公益设施、农村客运公交化运营补助等项目，建设宜居宜业美丽乡村。

支持城市品质提升 2022 年，统筹安排 1.62 亿元，实施河东新村等 28 个老旧小区改造和 2 个背街小巷整治，城区雨污分流改造；支持龙河文化长廊（中心）建设、城区绿化、美化、亮化等配套设施提升项目，改善人居环境，提升城市品质。

支持交通基础设施完善 2022 年，统筹安排 9.76 亿元，加快实施龙龙铁路（武平段）、G205 线高梧至丘坑段（十方过境线）公路工程、武平站交通枢纽一体化工程、G358 线城厢下东至中山阳民段路面提升工程、农村公路危桥改造等一批交通基础设施项目。

支持生态环境持续改善 2022 年，统筹安排 1 亿元，实施大气污染防治、汀江韩江水污染防治、生猪退养生态环境治理等一批生态环保项目，以更高标准打好蓝天、碧水、净土保卫战，生态环境持续改善。

【保障“三保”支出，兜牢民生底线】

2022 年，民生相关支出 22.94 亿元，占一般公共预算支出的 77.5%，持续保持在七成以上。

全力保障疫情防控 统筹安排 8650 万元，重点支持防控设备和物资、全民免费核酸检测及接种疫苗等。

促进社会保障体系更加健全 统筹安排 5.85 亿元，支持农村骨灰堂、农村幸福院建设，保障城乡低保、特困人员救助供养、孤儿基本生活保障、残疾人康复救助和退役军人优抚安置补助等及时足额拨付；支持社会化新型居家养老事业发展，城乡低保标准从每人每月 659 元提高到 796 元，城乡居民基本医疗保险财政补助标准从每人每年 580 元提高到 610 元。

推进社会事业发展 统筹安排 6.9 亿元，严格落实教育支出“两个只增不减”，切实提高教师待遇，支持基础教育扩容提升建设、一中百年校庆校园提升改造建设、深入实施薄弱学校改善与能力提升计划，推进基础教育均衡优质发展，支持职业教育发展等。

【深化财政改革，提升财政管理水平】

全面实施零基预算改革 2022 年，按照零基预算改革试点方案编准、编实、编细年初预算，腾出资金全力保障“三保”和债务还本付息支出。

推动国有企业深化改革 以实施国企改革三年行动为契机，抓重点、补短板、强弱项，不断完善现代国有企业制度建设，持续推进国有经济布局优化和结构调整，健全市场化经营机制，赋予企业更多的经营自主权。

持续推进普惠金融改革试点建设 创新普惠金融产品，发挥武平“林改”生态优势，大力发展“碳”金融；积极引导金融机构强化对中小微企业实体经济的服务和服务“三农”金融需求。

落实党政机关坚持过“紧日子”要求 严控一般性支出，2022 年，三公经费支出同比下降 1.2%，经工程预结算评审，节约 2.11 亿元，节约率 8.4%，政府采购节约 1304 万元，节约率 8.1%。

加强地方政府债务监管 强化政府债务限额管理和预算管理，严格将债务收支、还本付息等纳入预算管理，切实落实政府偿债责任；加强专项债券资金使用管理，明确专项债券资金投向领域禁止类项目清单。

实施预算绩效管理，强化评价结果应用 2022 年，全面实施预算绩效管理全方位、全过程、全覆盖建设工作，积极探索建立县级预算绩效指标库，促进全县预算绩效管理提质增效；积极探索绩效评价模式，开展 2022 年财政重点评价、预算绩效评价、评价结果应用和预算申请事前绩效评估，成果凸显。

·福建武平国有投资集团有限公司·

【概况】

2022年，福建武平国有投资集团有限公司（以下简称"国投集团公司"）始终坚持以习近平新时代中国特色社会主义思想为指导，认真学习宣传贯彻落实党的二十大精神，紧紧按照"疫情要防住、经济要稳住、发展要安全"的要求，在县委、县政府和县财政局（国资党委）的正确领导下，认真履职尽责，2022年经营收入242654.96万元，实现利润4831.83万元，缴纳税费1315.22万元，上缴国有资本经营收益400万元，上缴资产处置收入37700万元。

【抓党建】

始终坚持以习近平新时代中国特色社会主义思想为指导，扎实开展学习贯彻党的二十大精神，积极开展"党旗在一线高高飘扬"活动，推动党员进企业、到街巷、入社区、下乡村参与疫情防控、防汛救灾、文明创城、助企纾困等志愿服务活动，党员领导干部冲锋在前，用实际行动践行共产党员的责任和担当。坚持"党建带群建，群建促党建"工作思路，持续打造"红润国投"党建品牌新亮点、新标识，以高质量党建引领国投业务、项目工作，充分挖掘经济增长潜力，让优势更优、特色更特、强项更强，达到党建与业务相互促进、共同提升的目的。

【抓项目】

为深入学习贯彻习近平总书记来闽考察重要讲话精神，聚焦县委县政府各项工作部署，根据《武平县"喜迎二十大、冲刺下半年"重点项目高质量落地攻坚工作方案》《武平县2022年"财力攻坚"实施方案》文件精神，国投集团公司成立领导小组、工作专班，对照"提高效率、提升效能、提增效益"的工作要求，落实"日推进、周报告、月小结"的工作机制，充分发扬"冲冲冲"和"实干实效实在"的工作作风，全力推进武平站交通枢纽一体化工程建设项目、武平县G205线高梧至丘坑段（十方过境线）公路工程、武平县新型显示产业园（孵化器四期）、武平县工业园区南部片区扩园项目、武平县闽粤省际货运物流集散中心基础设施建设项目、武平县公建单位光伏发电项目、省级科技孵化器三期"匠心园"职工宿舍楼项目、武平"百家大院"项目等重点项目建设，争取债券资金近6个亿元。较好完成了"开门红"指标任务、"财力攻坚""策划专项行动""征迁专项行动""债券专项行动""落地专项行动"任务，被县委县政府授予武平县2022年"财力攻坚"突出贡献奖和"喜迎二十大、冲刺下半年"重点项目高质量落地攻坚行动突出贡献奖。

【抓经营】

根据县委县政府的工作安排，充分发挥国投集团公司的任务使命，主力发展利用资产、资源、资金要素开展市场化经营、产业园区开发经营和资本投资等三大核心主营业务。全力开展产业园区建设、运营管理，光伏发电，电站经营，资产运营管理，市场建设投资管理，旅游投资发展，龙龙铁路建设，农业产业投资与开发，股权基金投资管理、信用担保，民爆物资经营，大宗贸易，粮食收购储备，应急物资储备，代理记账，招投标等方面的业务，促进企业加快发展，不断增强国有经济竞争力、创新力、控制力、影响力、抗风险能力，做强、做大、做优国有资本。结合国投集团公司五年发展规划，首次推行高新园区公司化、市场化运行模式，并在龙岩市率先实现标准厂房分割销售，降低财政投资，扩大园区就业和投资吸引力，提升园区"自循环"能力。在全市首次开展项目弃土、弃石资源再利用，减轻对应项目弃土运输与堆放压力，提高项目收益，加快项目进度，规范项目弃土流向。根据《中共福建省委文明办福建省商务厅福建省市场监督管理局关于公布首批"星级文明集市"名单的通知》（闽委文明联〔2022〕8号）文件精神，武平县闽粤赣边农产品市场成功创建三星文明集市，自筹1000万元，完成碳中和基金的认购，有利于累积投资经验，实现国有企业多元经营、多元发展、转型升级。按照县统一部署，积极配合做好南部片区开发各项工作，努力挖掘闲置资产，通过沟通对接县土地收购储备中心已将原十方中学宿舍楼及食堂地块、岩前机械厂地块、原县煤炭工业公司的城区资产委托国投集团公司管理，提升国有资产运营效益。根据《武平县财政局关于县属国有企业落实"六稳""六保"帮助市场主体纾困解难有关事项的通知》（武财国金〔2022〕21号）文件精神，结合实际，制定国投集团公司租金减免方案，做到应减尽减。根据县水利局批复意见及武平县河道采砂、规划报告（2021—2025年），按照实现河道砂石资源利用合规化、效益化、可持续化目标，有序推进河道采砂、河道清淤项目。严格按照县《光伏、储能系统项目建设有关事项专题会议纪要》（〔2021〕87号）精神，目前正在有序推进5.7MW屋顶分布式光伏发电项目建设。全面落实《武平县落实福建省实施乡村振兴战略十大行动2022年重点分解表》中"粮食收储体系建设"重点任务，已完成十方中心粮库和高梧粮库粮食质量检测中心、粮食仓库功能提升改造工程，仓储管理信息化系统与省、市平台全面对接，各项数据、视频监控等从下到上能全面、及时、准确反映的所有情况，实现所有储备仓库完成视频监控、粮情自动化测控全覆盖。根据市政府下达本县2021—2022年增加原粮（稻谷）储备规模要求

和《武平县人民政府关于同意新增地方储备粮规模的批复》（武政办〔2021〕188号）文件精神，2022年末增储规模到位后，本县县级储备规模达到目标要求。

【抓常态】

结合企业实际，制定《福建武平国有投资集团有限公司深化产业招商对接行动方案》，将招商引资任务纳入所属公司经营业绩考核，增强招商引资工作主动性、积极性；严格落实安全责任，加强对领域内安全生产隐患摸排工作，定期开展安全生产工作大检查，制定防范措施，确保抓实、抓细安全生产工作；利用多种形式，在铁路、道路、园区、电站、资产、工程、景区、市场、门店、办公楼等现场醒目点进行安全生产标语宣传，通过全体干部职工的共同努力，实现安全生产"0事故"目标。按照县关于常态化疫情防控相关工作要求和部署，制定疫情防控、核酸检测应急预案，明确工作职责，通过分层管理，制定值班制度，加强疫情督导，充分做好领域内办公场所、门店、景区、仓库、宿舍楼、项目工地等疫情防控工作，积极开展文明城市创建、村企结对、社区结对共建等工作，进一步夯实"实干实在实效"工作作风。

·武平县天恒城市建设投资集团有限公司·

【概况】

2022年是"十四五"承上启下关键之年，武平县天恒城市建设投资集团有限公司（简称"武平城投"）立足武平走出武平、逐步参与市场竞争、企业规模及营收能力全面提升、国有资产经营更具活力、企业市场竞争能力显著

提高、"武平城投"品牌效益凸显。2022年，武平城投实现收入116255万元，同比上一年增长10%；实现利润1174万元，同比上一年增长12%；缴交税费1300万元，整体营业收入呈平稳上升趋势。

【党的建设】

大力推进以集团公司党总支"城建先锋"为大品牌，以"城投情·宜居梦""供水情·党旗红"为小品牌的党建品牌创建工作，丰富党员干部职工的政治文化生活，提升企业的知名度和影响力，进一步提升党建工作的活力，增强党组织的创造力，激发公司全体党员、干部干事工作的热情，推进集团党建与经营业务相互融合。以党建引领发展、促进生产、强化管理，把党的建设融入经营业务各个方面，推动党建工作与生产经营深度融合。

【主营业务开展情况】

工程建设与管理　武平城投作为武平城市建设的主力军，开展市政、房建、水利等各领域项目建设（代建）工作，承担武平县大部分市政基础设施、民生工程、标志性工程的建设。2022年实施武平县沿河西路三期、武平县平南路等市政项目15个；公共文化中心、武平县鼓楼小学等房建项目12个；韩江上游梅江（龙岩武平段）防洪工程等水利项目5个。

房地产投资与开发　以城投·天郡、武平县人才社区和城投·天禧项目开发为抓手，打造本县房地产行业国企品牌，区域地产品牌成效凸显，有效带动集团建筑、规划设计、测绘、物业等业务发展，成为集团发展的核心引擎。2022年度，房地产开发收入6200万元，同比上一年增长3096万元。

建筑业　武平城投下属全资子公司福建武瑞建设有限公司主要从事工程建设与管理。现有房屋建筑施工总承包三级、市政公用工程总承包三级、施工劳务不分等级等资质，是武平

县唯一一家具备施工资质的国有企业。自2020年成立以来，承接业务范围不断扩大，建筑资质和市场竞争力逐步提升。2022年，承接业务合同额约6000万元。

物业管理　武平城投旗下全资子公司武平县天润物业管理有限公司成立于2017年，所辖物业管理小区11个，管理面积约37万平方米。2022年，物业费收入约171万元，在抓好常规物业工作的同时，对全体物业人员重点开展服务意识和消防安全知识的培训，有效提升物业人员的服务意识和安全管理水平。同时积极参与市场竞争，公司积累一批专业素质突出、实战经验丰富的物业管理人才，承接人才社区、天郡等商品房住宅小区的物业管理。

规划设计　武平城投下属全资子公司武平县城乡规划设计院有限公司主要以城乡规划设计、建筑工程设计、市政工程设计、风景园林设计等业务为重点，同时向公路工程设计等业务延伸，为客户提供专业服务以及完整的设计产品。2022年，完成项目设计43个，实现收入200万元。

测绘服务　武平城投下属全资子公司武平县天昱测绘有限公司，主要开展工程测量、竣工测量、房产测绘等业务，为企业发展壮大，将拓展空间规划、资源调查等业务，增加海洋测量、航空摄影测量、摄影测量与遥感等测绘资质，为城市建设提供专业服务以及准确的测量数据。2022年，完成项目测绘132个，测绘面积20多万平方米，实现收入约205万元。

供应链金融及大宗贸易　武平城投下属全资子公司武平县天惠贸易有限公司自2022年成立以来，积极开展建材、木材、有色金属等大宗商品贸易业务。2022年，全年完成营收超10亿元。

·武平县天盛矿业投资集团有限公司·

【经营概况】

2022年，武平县天盛矿业投资集团有限公司及各全资子公司实现经营收入及投资收益99954.82万元，上缴税费2850万元，完成融资9096万元，资产增值率118%，资产负债率71%。

【显现党组织引领作用】

党建工作纳入工作全局，把党的领导融入公司治理的各个环节，坚持党建和业务同部署、同落实、同考核，落实全面从严治党主体责任清单，以高质量党建引领集团高质量发展，有效发挥党组织把方向、管大局、保落实的作用。开展"党建+安全""党建+生产""党建+服务"等活动，集中力量解决企业发展中遇到的困难问题，让党旗在项目一线高高飘扬，为企业发展提供"红色动力"源泉，推动各项工作提质增效。石矿公司稳定供矿190余万吨，萤石公司实现扭亏为盈。完善监督管理体制，完善监事机构，充分履行监事会职能，加强对企业经营管理层的日常监督；加强维权工作，依法依规解决历史遗留问题；加强审计监督，督促企业规范运行；严格落实"不敢腐、不能腐、不想腐"试点工作要求，制定风险点防控措施，推动全面从严治党向纵深发展。

【安全生产】

始终坚持"人民至上、生命至上"，把保护人民生命安全摆在首位，树牢安全发展理念，认真贯彻落实习近平总书记关于安全生产的重要论述和上级部门的决策部署，积极推进安全生产大检查和巩固提升三年行动工作，有序开展年度安全环保监督指导，及时消除安全环保事故隐患。2022年集团各下属全资子公司及控股公司均未发生一般及以上安全环保事故。

【矿权建设】

加大地质工作力度，推进封侯矿区高岭土矿详查地质报告的编制工作；推进新湖石灰石矿深部详查地质工作。大禾桥背坑萤石矿外围探矿项目列入省专项探矿项目（探矿资金由省自然资源厅负责），谋划将岩前大布高岭土矿作为地勘费项目上报省地矿局审批。

【白云石、石灰石产业】

严格落实安全生产责任，努力解决各项困难和问题，坚持以市场为导向，稳步开发石灰石、白云石资源，谋划开发猪仔垄石灰石资源和空白区资源，提高资源利用率，努力解决县招商企业活性氧化钙和轻烧白云石项目用矿问题。2022年，石矿公司生产销售石灰石90万吨、白云石100万吨。

【萤石产业】

积极开展大禾镇桥背坑萤石矿各项基建工作，完成基建工程量92.5%，有序推进矿山基建验收工作。外购萤石原矿加工销售精粉，增加本县财税收入，积极稳妥处理好尾泥尾砂，保障企业环保生产。

【高岭土产业】

积极推进下坝李子窝矿区林地征迁工作，加快矿山基建工作，高岭土矿山通过安全验收，具备出矿条件。全力协助龙岩市富禾新材料科技有限公司建设选矿厂。

【银多金属矿产业】

武平紫金取得龙江亭铜多金属矿采矿证，

并积极做好龙江亭铜多金属矿资源开发前期准备工作。三鑫矿业积极推进青径矿区羊坡塘矿段"探转采"工作和悦洋银多金属矿10万吨/年扩至66万吨/年采选工程项目工作。2022年，武平紫金产金260公斤、产银11409公斤、产铜91.7吨，缴交税费1549万元。三鑫公司产金135公斤、产银13226公斤，缴交税费1017万元。

【招商引资】

积极开展招商引资工作，认定签约项目1个，竣工项目1个。对接实力企业，谋划建设"钙镁"产业园，综合开发白云石、石灰石等矿产资源。前往"珠三角""厦漳泉"等发达地区宣传本县招商政策，努力促成实力企业来本县投资新显产业和矿产品精深加工项目。

【为民办实事】

积极履行社会责任，践行党员初心使命，开展文明创建活动、推动乡村基础设施建设、矿区生态环境建设、关爱帮扶等为民办实事项目；积极为基层群众排忧解难，巩固脱贫攻坚成果，促进乡村振兴。2022年，投入资金52万元解决基层群众"急难愁盼"问题，积极参与和谐发展的社会环境建设。

【企业文化建设】

组织各类业务培训，聘请专家学者授课，开展团建活动等，进一步增强干部职工的向心力、凝聚力和工作积极性，逐渐形成"想干事、能干事、会干事、干成事、不出事"的人才队伍。建立党员先锋岗、党员示范岗、党员责任区，充分发挥党员先锋模范和党支部战斗堡垒作用，形成"比学赶超"良局，推动企业稳步发展。

·税　务·

【概况】

2022年，国家税务总局武平县税务局以习近平新时代中国特色社会主义思想为指导，深入贯彻落实党的二十大精神，统筹做好税收和疫情防控工作，坚定共克时艰信心，凝聚携手向前合力，以非常之策应对复杂之势，锚定"抓好党务、干好税务、带好队伍"的税收现代化建设目标，圆满完成全年各项工作任务。围绕"新思想引领、新智税融合、兴改革超越、兴文化铸魂"主题开展工作，县局党委获得中共龙岩市委肯定，表彰为"龙岩市新时代红土地党的建设工作先进集体"。第一税务分局（办税服务厅）获得"2022年—2024年"省级青年文明号荣誉称号；十方税务分局获得一星级全国青年文明号荣誉称号。2022年，累计获集体、个人荣誉表彰13次，相关工作获得上级领导批示肯定19次，其中上级局和县委县政府主要领导批示9次。

2022年，武平税务组织税费收入21.51亿元，同比增收2.12亿元，增长10.9%。其中税收收入8.80亿元，同比减收3.27亿元，下降27.1%，社会保险和其他非税收入12.72亿元，同比增收5.39亿元，增长73.5%。

【税费收入】

2022年，税收收入87982万元，同比减收32723万元，下降27.1%，扣除新增减税降费8854万元、增值税留抵退税9148万元、制造业中小微企业缓缴税费5545万元等组合式税费支持政策因素，可比口径同比减收9176万元，下降7.6%。其中一般公共预算口径84025万元，同比减收33425万元，下降28.5%（扣除新增减税降费、留抵退税、制造业缓缴等因素，同比减收9878万元，下降8.4%）。县级一般预算收入口径48324万元，同比减收18311万元，下降27.5%（扣除新增减税降费、留抵退税、制造业缓缴等因素，同比减收5829万元，下降8.7%）。

社会保险和其他非税收入127150万元，同比增收53943万元，增长73.7%。

财政口径方面，财政总收入85014万元，同比减收34168万元，下降28.7%（扣除新增减税降费、留抵退税、制造业缓缴等因素，同比减收10621万元，下降8.9%）；县级财政收入49313万元，同比减收19053万元，下降27.9%（扣除新增减税降费、留抵退税、制造业缓缴等因素，同比减收6571万元，下降9.6%）。

办理出口退税1989万元，同比减少399万元，下降16.7%。

分税种看，2022年全年：

增值税减收近五成。增值税入库32770万元，同比减收25630万元，下降43.9%。

企业所得税减收12.4%。企业所得税入库25260万元，同比减收3578万元，下降12.4%。

个人所得税增幅21.1%。入库个人所得税6936万元，同比增收1210万元，增长21.1%。

其他税种收入：

财产行为税减收16.9%：12个财产行为税合计入库22982万元，占全部税收的26.1%，同比减收4672万元，下降16.9%。3个税种增收，其中烟叶税入库2819万元，同比增收345万元，增长13.9%；车船税入库1154万元，同比增收95万元，增长9%；耕地占用税入库465万元，同比增收128万元，增长38%。9个税种减收：其中城市维护建设税入库1632万元，因随主税种增值税减收，同比减收1210万元，下降42.6%；车辆购置税入库954万元，受疫情、经济下行等因素影响居民购车意愿持续下降，以及新能源汽车产业发展，新能源汽车消费的增加影响，同比减收764万元，下降

44.5%；土地增值税入库3599万元，同比减收1329万元，下降27%，主要是房地产企业销售减少，土地增值税预缴减收；契税入库4862万元，同比减收632万元，下降11.5%，主要是房地产企业销售减少，增量房减收1082万元；契税土地项目增收560万元，增长43.6%；资源税入库2715万元，同比减收836万元，下降23.5%，主要是武平县橙铈稀土开发有限公司同比减收813万元，下降65.7%。

【减税降费】

紧扣减税降费工作主题，从讲政治高度抓实抓细贯彻措施，确保党中央、国务院重大决策部署落地生根，及时汇总发布最新优惠政策，精准识别、主动对接企业，从简从快办理，确保市场主体直达快享，对政策发布前已缴的，逐户逐笔办理退库。2022年，新增减税降费8854万元，办理增值税留抵退税9148万元，办理制造业中小微企业缓缴税费5545万元，以实际行动为市场主体纾难解困，助力经济高质量发展。

【纳税服务】

优化营商环境　成立"税悦工作室"，细化172项便民办税措施，"非接触式"办税率达99.97%；升级打造智慧税务办税云厅，新增"云书柜""云触屏""云票柜"等智能办税终端，优化办税服务体验，有效节省纳税人缴费人办税（缴费）成本，纳税人满意度测评中位列全省第十八位。

实行春风行动　连续第九年落实"我为纳税人缴费人办实事暨便民办税春风行动"各项举措，为小微市场主体提供"政策暖心、服务暖心、解难舒心、护助可心"系列服务，进一步深化"放管服"改革，深化"银税互动"。2022年联合县人民银行走访建设银行、工商银行、农业银行等县域8家商业银行，了解重点税源企业、中小微企业授信授贷情况，围绕惠

企利民、优化营商环境、实现互利共赢进行坦诚深入的座谈。县域各大银行通过"税e贷"等产品为中小微企业办理445笔信用贷款，授信金额达30436.04万元。

税收宣传　2022年，创新打造"税果果""税灵灵"税宣品牌，推出"税收云课堂"6期，宣传播放量达5000余人次，在新华社、中新网、东南网等媒体平台对税惠政策宣传报道62篇次，为企业及时送上政策"春风"。县税务部门连续31年开展税收宣传月主题活动，努力拓展宣传领域，增强宣传效果，不断提升税收宣传工作质效，大力营造浓厚的税收宣传氛围，取得积极的政策宣传效果。

【依法治税】

编制权责清单，梳理税收执法事项，明确执法人员职责和规范，认真推行执法"三项制度"，积极发挥公职律师作用。2022年，参与重大执法决定法制审核，开展法律咨询30户余次，公示执法信息500余条，有效规范税收执法。加强与司法部门的联动，涉税信息共享互通；发挥精诚共治的良好效应有力推动县委县政府建立执法协作机制，深化以数治税，拓展"以数治税"工作深度和广度，健全税费协同共治体制机制，扩增协同治税成员，优化数据格式范本和交换方式，完善税费协同问题处理工作机制，深化数据应用质量，形成精诚共治新格局。发挥大数据效能，加强风险防控，依托一户式2.0、税收风险管理系统，强化数据分析、疑点排查，提高风险评估水平，重点加强增值税等税种的风险防控，防范化解税收风险。充分运用内控平台，深化内部监督，建立常态化督审机制，定期推送税收执法疑点信息，将问题解决在平时，提高执法规范化水平。强化各税种管理和联动，精细税种管理，围绕税种管理的薄弱环节，着力规范土地增值税、房产税和土地使用税的管理，加快房地产企业所得税结算和土地增值税清算进度，提高清算审核质量，积极组织开展案头分析、实地调查，做好增值税留抵退税等工作，提升增值税等主体税种管理水平。

【队伍建设】

加强理论学习　始终牢记税务机关首先是政治机关，坚持把党的政治建设摆在首位，全面加强党对税收工作的领导，确保税收现代化事业走在正确的道路上，开展学习宣传贯彻党的二十大精神系列活动、"以税收现代化服务中国式现代化"大讨论活动。2022年党委班子主动深入基层、企业宣讲8场次，推进党史学习教育常态化、长效化，开展"赓续红色血脉　奋进武平税务新征程"等主题活动20余场。

政治生态向好向上　围绕"政治生态大家谈""政治机关共同建"活动，自选开展"正风肃纪"专项活动。2022年，分层分类累计开展"关键少数""妇女同志""青年干部"谈话500人次，自查自纠342人次，建章立制3项。税务系统党的建设高质量发展，融入"红领行动·红耀武平"地方党建特色，探索推行"1+9+N"党建网格化管理，牵头组织开展兴贤坊片区机关党建工作会议暨"党建促合力　携手向未来"——"喜迎二十大"等党建联创活动30余场。

从严从实管党治党　落实"1+6""1+7"制度文件要求，完善一体化综合监督体系，推进纪检监察体制改革，定期开展党委与党委纪检组专题会商。2022年以严的主基调正风肃纪，经常性、不定期开展专项督查25次，加大一案双查工作力度，强化对发票管理、出口退税、核定征收、二手房交易税收管理及内部管理、干部交往等关键环节、重点领域和关键岗位的监督，全年核查各类疑点数据49条，开展重点人员廉政谈话156人次，召开"一案双查"工作联席会议4场次。

金 融 业

·中国人民银行
武平县支行·

【存贷款情况】

2022年，全县贷款余额185.01亿元，同比增加28.11亿元，增长17.92%，增幅排名全市第三；全县存款余额184亿元，同比增加31.31亿元，增长20.51%，增幅排名全市第二。

【再贷款情况】

2022年，累计发放支农再贷款2.75亿元，再贷款余额达7.43亿元，同比增长10%，限额使用率达100%。

【履职情况】

依法行政　全面推进政务公开工作，健全政务公开制度，健全支行政务公开实施办法，促进和规范政务公开工作，保障金融机构以及其他单位和个人的知情权，推进依法行政。2022年，行政许可信息公示数575笔，其中账户开立信息公示数173笔，账户变更信息公示数402笔。

推进稳健货币政策落地落实　认真贯彻执行稳健货币政策，运用好各项结构性货币政策工具，推动稳企保就各项政策落地实施，对存量扶贫再贷款应展尽展，实现巩固脱贫攻坚成果同乡村振兴有效衔接，积极扩展支农再贷款，加大乡村振兴支持力度。截至2022年末，支农再贷款限额（含扶贫）7.43亿元，余额7.43亿元，再贷款限额使用率100%。发挥普惠小微贷款支持工具正向激励作用，有效扩大地方法人银行普惠小微贷款投放。

积极开展"再贷款+"金融产品创新，重点经营主体资金支持力度持续加大，指导法人金融机构创新推出"先锋贷""农机贷""兴农贷"等"再贷款+"信贷产品，持续加大对重点经营主体资金支持和金融支持乡村振兴力度。2022年，累计发放"先锋贷"25笔510万元、"农机贷"7笔130万元、"兴农贷"2127笔2.72亿元。

全方位支持地方经济高质量发展　2022年，制定《武平县林业金融服务体系再深化工程专项行动实施方案》，持续开展林业金融信贷产品创新，助力林下经济发展壮大。全力推进武平县林业金融区块链融资服务平台V2.0上线工作，发行"普惠金融·碳金卡"，推动武平县林业金融、绿色金融运行再提质，截至2022年末，平台已上线10家金融机构58款信贷产品，贷款金额3.43亿元。2022年，"一县一品"专项行动涉林贷款余额33.8亿元，比年初增长55.59%，高于各项贷款增速55个百分点。积极引导金融机构根据民营和小微企业的特点开展金融产品和服务创新，开展金融支持新显产业发展专项行动，汇编《武平县金融机构支持新显产业服务手册》，搭建"企业服务日"机制、政银企"双联双创"工作机制，持续推进小微企业"首贷"专项行动、"百名行长进企业"和"贷动小生意、服务大民生"金融支持个体工商户走访活动。截至2022年末，全县小微企业贷款余额80.5亿元，同比增加21.51亿元，增长36.46%。

大力发展普惠金融，助力乡村振兴　深入开展"富村行动"，有力支持村集体经济发展。持续推动再贷款支持乡村振兴示范点拓面增量，2022年，建成再贷款支持乡村振兴示范点19个，创新和优化四项政府性担保业务政策，在全市率先创新首贷信用反担保措施；持续推广"整镇推进"信贷模式，截至2022年末，东留、中堡、民主等三个镇（乡）授信户数375户，用信金额1.87亿元；持续推进普惠金融信用乡（镇）村创建，2022年，建成首批金融信用示范村46个，并联合县发改局对第四批8个普惠金融信用乡（镇）、152个信用村进行通报认定；持续开展信用典型创建，牵头召开系列信用典型表彰大会，表彰"诚信商店"9户、"诚信教育示范学校"5所、"诚信之星"43名。

构建防范化解金融风险长效机制　全面建立金融风险联防联控联处机制（机制1与机制2），促进风险联合防控。组织地方法人机构开展2022年压力测试，全面完成地方法人机构资产质量真实性评估；扎实做好法人机构尤其是村镇银行的流动性情况日监测，指导辖内5家银行机构开展预防集中取款等突发事件应急演练；发挥季度综合评价对金融机构引导约束作用，促成综合评价纳入政府部门考评范围，强化银行机构潜在风险防范和信贷风险处置；持续抓好虚拟货币"挖矿"活动整治工作，维护全县金融稳定局面。

不断提升金融管理与服务水平　2022年，对3家银行业金融机构开展源数据治理非现场核查工作，持续加强制度落实和质量管控。按照"大研究"思路，聚焦乡村振兴、绿色金融等重大课题开展调查研究，积极服务地方政府决策。深入开展打击治理电信网络新型违法犯罪工作，取得显著成效，2022年，武平县金融机构网点涉案银行账户数为全市最末位。在全市率先推动县政府出台《武平县深化移动支付便民工程建设扎实推进普惠金融高质量发展活动方案》，移动支付示范镇建设和购销融业务取得积极成效，截至2022年末，使用购销融平台交易28笔、金额4.32亿元。持续推进税库银便民综合办税缴费平台和普惠金融服务点建设，积极做好个人所得税汇算退库和增值税留抵退税工作。严守国库资金安全和系统运行安全两条底线，及时准确办理各项预算收支业务，截至2022年末，累计办理各级预算收入24.99亿元，办理预算支出36.68亿元。扎实推进"征信修复"乱象治理，2022年，在全市率先完成"征信修复"乱象治理工作。加强征信查询服务，积极推动"两平台"助力小微企业融资和业务创新，2022年，征应收账款融资服务平台办理应收账款融资质押登记5笔，发放贷款7.90亿元；动产融资统一登记公示系统公示办理抵押登记18笔，发放贷款8969万元，办理质押登记9笔，发放贷款7.97万元。建立整治拒收现金和现金服务网格化管理机制，出台《武平县整治拒收现金网格化管理对接基层社区工作方案》，持续推动拒收人民币现金常态化整治；强化警银联动工作机制，出台《中国人民银行武平县支行武平县公安局关于加强武平县打击制贩假币工作的通知》，持续加强反假宣传及督导工作，2022年，案件类假币警银比达74.33%。加大贸易外汇收支便利化试点宣传，加强外汇政策传导，扎实推进外汇管理各项便利化改革政策落地见效；加大对辖内出口企业的信贷支持力度，扎实开展中小微企业外汇套保首办拓户专项行动，推动3户企业首次办理外汇套保业务。充分发挥反洗钱监管职能优势，部署辖内金融机构落实反洗钱资金监测工作，开展金融放贷领域整治工作，深入开展打击地下钱庄、打虚打骗和打击治理跨境赌博等专项工作。全力构建"快递+金融"普惠金融宣传教育网络，扎实做好各类金融知识宣传教育工作；畅通金融消费者维权渠道，龙岩市普惠金融司法协同中心武平分中心正式成立，2022年，成功调解金融纠纷案件157件。

【党建工作】

开展"喜迎二十大，永远跟党走"系列主题活动，举办"二十大精神知识竞赛"活动，推动党的二十大精神深入人心、落地生根；开展"坚定理想信念，提高政治能力"专题主题党日活动，与民主乡机关党支部签订联学共建协议，组织参观古田会议会址旧址、红色农信诞生地展览馆等，持续推进"梁野先锋"党建品牌建设；开展文化建设年活动、"红色家风传承"主题活动，开展"弘扬党的伟大精神　走好新时代赶考路"活动，举办"学习长征精神"等主题道德讲堂，引导干部职工进一步坚定理想信念。

【文明建设】

积极践行"求实创新、开拓奋进"的支行精神，继续按照"高起点、严要求，创文明、促履职"的创建思路，坚持开展流动文明股室评比和优秀员工评选等特色创建活动，以道德讲堂和志愿活动为载体，推进社会主义核心价值观培育和践行；强化创建品牌意识，积极创新、强化班子、锻造队伍、创新履职，做好经验总结，打造富有支行特色的创建品牌。

【党风廉政建设】

严格落实中央八项规定精神、人民银行正风肃纪十条禁令，突出在重要节点开展全行员工廉政教育并重点约谈要害部门管理人员，杜绝"四风"问题发生。充分发挥武平县现代金融"1+3+N"监督协作机制的监督职能，对认真贯彻落实金融支持疫情防控、一季度"开门红"、防范辖区重大金融风险和龙岩普惠金融改革试验区建设等重大决策部署开展监督；充分发挥内外部监督合力，强化员工"八小时内

外"管理，加强廉政教育和警示教育，开展"传承红色基因　弘扬新时代廉洁文化"专题活动，有力推进支行廉政文化建设。

·武平银保监管组·

【概况】

2022年，武平银保监管组在县委县政府的正确领导下，以习近平新时代中国特色社会主义思想为指导，坚持稳中求进工作总基调，扎实做好"六稳"工作，全面落实"六保"任务，牢牢守住风险底线，不断提高金融服务质效，推动武平县域经济高质量发展。截至2022年12月末，全县银行业总资产242.56亿元，各项存款余额181.18亿元，比年初增加30.12亿元；各项贷款余额184.95亿元，比年初增加28亿元。累计实现原保险保费收入34481万元，理赔累计支出金额13531万元。

【坚持党建引领，巩固提升监管质效】

全面从严治党　引导教育全组员工自觉养成良好工作作风。组织开展学习教育，锤炼政治意识，汲取奋进力量，认真学习习近平二〇二二年新年贺词及省部级主要领导干部学习贯彻党的十九届六中全会精神专题研讨班开班式上的重要讲话精神和党的二十大精神，认真开展巡视整改情况"回头看"排查工作和"对党忠诚、为民监管"专题学习教育活动，为开展监管工作指明方向。

加强警示教育　认真组织学习习近平在十九届中央纪委六次全会上的重要讲话精神和《违法违纪典型案例摘报》，认真开展警示教育专题活动，从"项、蔡、杨、赖、何"等5人的违纪违法典型案件中警示自己，收看穿透Ⅲ警示教育片，以案为鉴、以案促改，有效防范

各种违纪违法行为的发生。督导辖内银行保险机构严格落实清廉金融文化建设各项工作任务，培育金融从业人员廉洁意识，共同维护"亲""清"监管关系，打造辖区廉洁金融生态圈。

【巩固提升金融服务质效】

提高重点领域金融服务的精准性　至2022年12月末，完成建档评级746户、用信462户（含成员），用信金额18634万元，较年初增加完成建档评级478户、用信户数49户、增量7694万元，增幅70.32%。推进"文旅产业+绿色农业"相结合的乡村振兴计划，切实解决产业转型启动资金难题，武平联社推出"福游贷"信贷产品，全力支持全域旅游高质量发展，2022年，发放"福游贷"176户，余额7287万元。积极支持医疗卫生建设，不断加大对医疗卫生事业的信贷支持力度，2022年，发放武平三新康复医院有限公司等3家医院贷款，合计2980万元。

根植县域经济发展，加大普惠金融支持力度　督促各银行业机构立足县情，进一步倾斜信贷资源，增强乡村经济韧性，着力加大农业产业、小微企业、制造业等金融支持力度。截至2022年12月末，涉农贷款135.60亿元，比年初增加29.03亿元；普惠型小微企业贷款53.12亿元，比年初增加9.13亿元，增长20.76%，高于17.84%的贷款增速；普惠型小微企业贷款户数15855户，比年初增加800户，辖内两家法人机构均实现"两增两控"目标。引导机构加大提高信用贷和无还本续贷的推广力度，着力缓解融资难、融资贵问题。截至2022年12月末，发放信用贷款95409万元，比年初增加14096万元；办理无还本续贷1110笔，金额87359万元。持续深化首贷深耕行动，2022年发放首贷户数631户、150577万元。引导各机构充分利用纾困贷款资金，帮助受疫情影响信贷客户渡过难关，助力企业复工复产。2022年累计发放纾困贷款220户、3.73亿元，

对受疫情影响的困难行业给予信贷支持，共计8370笔、12.67亿元。

科技创新金融服务水平　引导辖内银行业机构加大对科技型中小企业的信贷资源倾斜。2022年，发放科技型贷款41笔、23679万元。认真开展"专精特新八闽行"中小企业走访活动，帮助企业合理融资得到有效满足，协调解决2家企业在融资过程上的困难问题。

创新绿色金融产品和服务模式　督导银行业机构积极参与林业金融区块链融资服务平台工作。截至2022年12月末，在服务平台上线7款新贷款产品，发放1996笔、34250.90万元，有效提升林农线上服务的获得感。武平联社积极参与武平县委县政府低碳社会试点创建工作，创新推出"碳金卡"金融产品。截至2022年12月末，共发放碳金卡1208张，授信额度14780万元，用信8568万元。围绕县委县政府提出的"两山"实践创新基地建设总体目标，奋力深化绿色金融，截至2022年12月末，发放绿色金融贷款余额27.67亿元。

银行保险服务和保障功能　武平发生"5.27"暴雨灾害后，武平监管组在分局的指导下，及时布置辖内银行保险机构迅速开展抢险救灾和灾后重建工作，督导银行业机构摸排受灾信贷客户，并针对受灾客户推出相应的信贷产品。武平联社推出"福农·灾后重建贷"和"福农·灾后助力贷"，分别安排专项信贷资金2500万元和5000万元，截至2022年12月末，已发放"福农·灾后重建贷"39户、780万元；同步要求相关保险公司优化理赔服务，开辟理赔绿色通道，简化理赔手续，最大限度帮助受灾群众减少损失，截至2020年年底，已支付理赔款405万元。

【筑牢金融风险防线】

防控信用风险　督导银行业机构持续夯实信用风险防控基础，做实资产分类，压实主体责任；加大处置力度，督促机构改进信贷管理

制度和流程，做实贷款"三查"，提升授信业务精细化管理水平。

防范重点领域风险　稳妥化解房地产金融风险，继续督促武平杭兴村镇银行落实好房地产信贷集中度管理要求，有效防范流动性风险；督导武平杭兴村镇银行开展集中取款事件应急演练，针对武平杭兴村镇银行2022年11月份触发流动性比例30%的预警值的问题，及时向县政府汇报，取得政府支持，截至2022年12月末，该行的流动性比例达到49.72%。

【增强监管合力】

按季组织召开监管情况通报会，及时向地方政府汇报总会、省局年度工作会议精神，通报地方法人机构经营状况和风险情况，加强与人行、县国资金融中心、公安、司法等部门协同联动，积极参与设立普惠金融司法协同中心武平分中心筹备工作。截至2022年12月末，该中心成功调解120件，涉及金额662万元。加强对武平县银行业协会的工作指导，充分发挥其组织作用，促进行业健康发展。

·中国农业发展银行
武平县支行·

【概况】

2022年，中国农业发展银行武平县支行（以下简称"县农发行"）在上级行党委的坚强领导下，县农发行深入学习贯彻习近平新时代中国特色社会主义思想，学习党的二十大精神，将党建引领与业务发展、基础提升、风险防控同部署、同落实，全力服务巩固拓展脱贫攻坚成果，使其同乡村振兴有效衔接，全面推进支行各项工作开展。2022年，贷款余额21.31亿元，比年初增加11.79亿元，增长124%；贷款日均余额15.82亿元，比上年增加6.72亿元，增长73.85%。存款余额9.87亿元，比年初增加6.85亿元，增长226.82%，存款日均余额8.18亿元，比上年增加4.9亿元，增长149.39%。

【确立思想"定盘星"】

以"学"修身，为政治素养"补钙"
以习近平新时代中国特色社会主义思想为指引，将党的二十大和十九届六中全会精神作为学习重点，结合支行实际，制定学习计划。通过发放党的二十大学习材料，用好"智慧党建""学习强国"等各类平台，不断拓展"线上+线下"动态学习模式。2022年，累计开展首议题学习35次，党员集中学习12次，党史领读12次，上党课5次。

以"融"促进，为业务发展"鼓劲"
创新"党建+特色、党建+基地、党建+业务"工作方法。在"红色研学"中重温红色历史，在"联学共建"中搭建交流平台，实现互融互促，在"服务大局"中踔厉奋发前行、争创各项佳绩。支行行长荣获服务武平高质量发展大局"企业家之星"。

以"廉"生威，为政治净化"立标"
结合党风廉政建设和警示教育，组织学习党章党规党纪、参观廉洁教育展馆、观看警示教育片、打造廉政文化走廊。组织员工参加《反有组织犯罪法》知识测试、刑法知识专题培训、新转岗员工合规宣誓、签署廉政承诺书和纪检委员讲授合规专题课活动，做到严管厚爱相结合。

【举好发展"指挥棒"】

提升服务，做"优"营销策划　制定"多向常务报，勤往财政跑，常和企业泡"的对外营销策略，在"拼感情、拼服务、拼速度"上下功夫，通过承办武平县2022年度政银企对接会等形式，提升政府、财政及国企对农发行信贷政策的认识和信任度。

群策群力，做"优"存款组织　加大与主要贷款客户的合作往来，实现客户主要资金留存本行；加大下游企业存款引存，获得非贷存款资源；深入调研担保公司需求及资金情况，在增强信贷风险防控的同时，引进长期存款资源；及时跟进县政府债券发行情况，引存地方债资金。

增强管理，做"优"柜面服务　增强本行支付结算服务的专业性和有效性，切实为企业客户提供"贴心"柜面服务。严格落实反洗钱工作要求，成立反洗钱工作领导小组，制订宣传计划，开展专题培训，增强反洗钱工作的紧迫感和主动性。累计召开反洗钱工作专题会议4次，组织有关人员进行反洗钱知识学习培训2次。

【增添发展"压舱石"】

锚定目标，推进整改落实　坚决扛起政治责任，从严把控中央巡视整改自"回顾"质量关，对已完成的整改措施进行再梳理、再强化、再核验，深化中央巡视反馈问题整改和成果运用。

序时开展，严控信贷风险　认真落实贷后检查管理职责，按月召开贷后管理例会，定期分析贷后管理工作情况。2022年，客户均能够及时归还本行贷款本息，未发现存在重大风险事项和风险预警信息，不良贷款持续为"0"。

强基固本，做细日常监督　贯彻员工行为管理相关文件精神，严格规范考勤纪律及会议纪律等。组织签订安全保卫和安全生产、员工交通安全目标管理等相关承诺书，落实安全责任制。在疫情期间，落实好"三码联查"、体温监测和消毒消杀等工作，切实保障员工生命安全。

【提升发展"驱动力"】

手把手教，强化工作指导　采用"做带教"方式，结合全市项目贷款调查评估要求，主动领取跨地区项目调查任务，引导客户经理快速掌握项目评估要求。

肩并肩学，构建交流平台　以"班后课堂"、项目评估交流会等形式，将手头项目、重点系统上线作为教学活素材，提供相互学习交流的平台。累计开办青年学习班12期，让青年员工人人当老师、个个是讲师，帮助全行青年员工成长成才。2022年，累计获得省分行级荣誉5人次。

点对点帮，做好为民实事　挂钩中堡镇林坊村贫困户，通过结对帮扶、座谈献策、资金扶持等多举措帮助贫困群众脱贫致富，积极派员协助相关部门到高速路口开展测温验码、信息登记、秩序维稳等工作，扎实做好常态化防疫工作。

·中国农业银行股份有限公司武平县支行·

【经营效益和服务能力】

各项存款稳步增长，市场份额四行第一　至2022年末，本行本外币各项存款时点余额30.63亿元，比年初增加5.07亿元，增幅19.84%，四大行存量和增量市场份额占比分别为49.56%、59.56%，均居四行第一位。

贷款投放大幅增加，信贷结构不断优化　至2022年末，本行各项贷款余额33.04亿元，比年初增加3.01亿元，增幅10.02%，其中，个人贷款余额22.12亿元，比年初增加1.53亿元，对公贷款余额10.92亿元，比年初增加1.48万元，四大行存量和增量市场份额占比分别为42.34%、47.27%，均居四行第一位。

经营收入，利润指标　实现财务总收入1.29亿元，同比增收872万元，增幅7.25%；

实现拨备前利润9181万元，同比增加2578万元，增幅39.04%；实现拨备后利润9113万元，同比增加2577万元，增幅39.43%；实现净利润6086万元，同比增加1526万元，增幅33.46%。

严管严控信用风险 积极开展不良贷款的处置工作，力争将金融风险降至最低。2022年度实现不良贷款处置3030万元，全面加强和落实风险管控，未发生重大风险事件和案件。

【积极提供普惠金融服务】

聚焦"项目攻坚"，积极对接重点项目 突出履行金融服务"六稳""六保"，建设高素质的服务团队，积极对接当地重点项目，支持地方实体经济。专门成立对公专业营销团队和"项目服务工作领导小组"对接重大项目、重点客户，为客户提供"一条龙"、保姆式的全方位服务。2022年，农行武平支行共批复项目贷款3.8亿元，累计投放项目贷款1.99亿元，持续服务好地方经济发展。

致力"助企纾困"，大力发展普惠金融 认真贯彻落实人民银行、银保监及上级行普惠金融工作要求，加大法人小微企业产品金融服务力度，营造良好的营销氛围。积极走访县工业园区和高新园区，全面摸排小微企业发展状况，密切与企业的沟通联系，详细了解企业生产经营、产品销售情况和融资意愿，择优对生产经营正常、产品有销路的优质小微企业进行专门对接服务，切实满足小微企业融资需求。至2022年末，农行武平支行普惠型小微企业贷款比年初增加1.85亿元。其中小微企业法人贷款比年初增加2167万元，普惠型个体工商户贷款比年初增加4373万元，普惠型农户贷款比年初增加1.2亿元。投放制造业专项贷款1户，金额300万元；投放技改贷5485万元，首贷户20户；投放纾困贷款18户，金额4871万元，平均执行利率低至2.83%，助推全县普惠金融业务加快发展。

推进乡村振兴，凸显"三农"服务 2022年，武平农行党委深入践行"我为群众办实事"实践活动，充分发挥国有商业银行的金融优势，持续强化惠农金融产品推广，加快推进惠农e贷整村推进专项营销活动，覆盖全县17个乡镇、160个村，最大程度满足农户的融资需求，切实解决农户融资难题。至2022年年末，农行武平支行涉农贷款余额24.35亿元，比年初增加4.1亿元；惠农e贷余额6亿元，比年初增长1.13亿元。全行涉农贷款增速达20.25%，涉农贷款占比达73.7%，比上年末提升6.27个百分点。

【依法合规经营各项业务】

推进案件防控工作 认真落实案件查防工作措施，始终保持查办案件的高压态势，发挥责任追究的震慑力。以进一步深化整治市场乱象工作为抓手，切实加强重点领域案件风险排查和治理工作。推进"平安农行"建设，依托"三化三达标""三化三铁"创建等载体，建立群防群治长效防范机制。强化监察、安保、人力资源、风险、内控合规、运营协调联动的案件防控机制，增强案件整体防控能力。落实柜面操作风险防控，加强针对性、有效性监管，实现内勤行长对柜员现场监督全覆盖。扎实开展消保工作，客户投诉均得到妥善解决。

加强员工行为管理工作 全面推行营业网点"双基"管理评价和"三线一网格"线下履职考核办法，抓好辖内网点"2+3"考核办法的落实，班子成员亲自深入挂钩联系网点督促指导工作，了解掌握员工思想动态，前瞻性发现并制止员工异常行为，消除案件和风险隐患。大力开展案防警示教育、信贷典型案例宣讲、廉政警示教育等活动，打牢内部管理基础，突出员工行为管理，完善五级分类台账管理，主动揭示风险隐患。

参与精神文明创建 深入学习贯彻党的十九大和二十大全会精神，积极开展"喜迎二十大，奋进新征程"主题教育活动，力促服务作风转变，积极参与精神文明创建，打造武平人民最认可的银行，在全县文明行业测评中名列前茅，成为全省少有、全市仅有的连续 37 年（14 届）被授予"省级文明单位"的县级金融机构。

【提升员工向心力和凝聚力】

金融服务　持续深化"创服务品牌"建设，充分运用已积累的优势，全面提升综合服务能力；重点抓好网点"软环境"建设，定期对网点进行清洁、维护，确保墙体常新、灯具常亮、硬件设施良好；持续做好"暖心服务"工作，各网点认真做细做实厅堂"暖心服务"工作，致力服务"升温"，真正做到想客户所想，急客户所急，为客户提供优质、高效、便利的服务。

人文关怀　支行党委班子坚持以人为本，切实改进作风，关心员工生活，心系基层急、难、愁、盼难题，真心实意为基层和员工办实事。推行民主管理，使每位员工自觉参与经营与管理，增强团队归属感，增强员工队伍的凝聚力和战斗力。本行领导、工会、人事部门关心员工疾苦，坚持婚、丧、喜、病、灾"五必访"，在努力提高经营效益的同时想方设法提高福利水平，开展形式多样的文体活动，认真开展"我们的节日"主题活动，在春节、元宵、端午等传统节日，支行举办送春联、做汤圆、包粽子等活动；在三八、五四等主要纪念日，举办座谈会、趣味游戏等活动，丰富员工业余生活。

坚持党建引领　武平支行党委坚持抓党建、带队伍、促发展，认真落实上级行党委布置的党建工作，扎实推进"三线一网格"管理模式，突出党建统领，从基层组织、基本队伍、基础制度抓起，任务更清、责任更明、要求更严，进一步强化党的建设，使党建工作更加规范、更加标准。完善"两个责任"考核办法和

联系点工作制度，推进党风廉政建设清单制管理，以单明责、以单考责；并全面推行营业网点"三合一"考核，推进"两个责任"在基层落地，有效传导管党治党的压力，党风廉政建设基础得到不断夯实；强化基层党组织建设，推动全辖基层组织战斗堡垒作用整体提升。

·中国建设银行 武平支行·

【概况】

2022 年，中国建设银行股份有限公司武平支行（以下简称"武平建行"）坚持以习近平新时代中国特色社会主义思想为指导，贯彻落实党的二十大精神，坚持党建引领，围绕办"最好银行"目标，带领全体员工团结一心、奋勇拼搏，取得良好成效。截至 2022 年 12 月 31 日，一般性存款时点余额 15.51 亿元，比年初减少 0.83 亿元，贷款余额 24.66 亿元，比年初增 1.1 亿元，不良贷款 451.83 万元，不良率 0.17%，资产质量继续保持良好水平。全年主营业务收入 6750.42 万元，实现税前利润 5808.05 万元，较好地实现经营规模持续扩大、经营效益稳中有升、资产质量管控良好的年度经营目标。

【提升存款市场份额】

对公存款　2022 年，重点围绕县财政支出拨付、专项债券发行资金，做好相关的资金承接工作，紧盯教育、住建、征拆、铁路建设等资金吸存，捕捉信息，拓账户、抓源头，重点关注园区孵化基地三期、高新区光电信息产业园一期标准厂房、垃圾焚烧发电等项目工程款资金拨付，中建海峡动车站站前广场等项目、匠心园职工宿舍楼项目工程款资金拨付情况，

强化资金承接，进一步强化与房地产开发商的业务合作关系，积极营销房地产开发企业基本户和资金监管账户、工资专户，承接存款。

个人存款　做好高端客户的维护及挖潜，跟踪征拆资金及代发资金落地，重点跟踪南部片区项目资金，做好入户走访，跟踪财政绩效发放及重点项目农民工专户代发资金；用好用活产品，积极实施产品带动，通过向中、高端客户推荐可转让大额存单等产品，在稳定既有客户的基础上，积极拓展行外增量资金；强化公私联动，努力拓展财政项目资金，拓展房地产开发商、建筑施工企业等资金的下游客户，通过公私联动，上下协同，使资金在建行体内流转。

【优化信贷结构，加强信贷业务拓展】

2022年，不断优化调整信贷结构，在巩固个贷业务绝对优势的基础上，加强对公信贷业务的拓展，加快推进武平华润机制砂项目等制造企业贷款申报和投放，积极营销星河电路等专精特新企业，力争在科技型企业上取得新的突破。截至2022年12月31日，成功发放制造业固定资产贷款3541万元，流动资金贷款700万元。加大普惠金融业务营销，使普惠金融业务成为对公信贷业务的新增长点。结合县域特点在乡村振兴上创造新亮点，重点拓展林权抵押贷款，力争在全市建行中率先发放第一笔林权抵押贷款，助力乡村振兴。围绕新拍地块，加快项目准入申报，全力拼抢住房按揭贷款市场份额。

【重点产品营销，夯实客户基础】

认真贯彻落实分行"做透客群经营"的工作要求，2022年，通过强化清单管理，加强分析研究，坚持问题导向、对标对表、专人跟踪落实等工作措施，进一步强化责任，主动作为，全面加强市场营销和客户拓展，针对目标客群特征和需求，全力开展"薪享通"、信用卡、

理财产品、基金定投、手机银行等重点产品营销。加快拓展净值型理财产品、绿色贷款、制造业贷款、民营企业贷款、普惠贷款、信用卡分期交易、加权有效客户、住房租赁生态客群，促进提升客户产品覆盖和金融资产；加快数字化场景建设，强化手机银行和建行生活"双子星"平台协同营销，深化全面关系客户经营，借助大数据，统筹抓好私人银行、长尾客户、小额无贷户，全力做好临界客户提升工作，进一步夯实各项业务发展基础。

【合规经营，增强风险管控能力】

加强合规文化建设　强化合规文化建设，引导员工牢固树立"内控优先、合规为本"的理念，促进内控合规要求"内化于心、外化于行"，通过开展员工警示教育和强化业务检查监督，提高员工合规操作意识，加大对违规行为的问责力度，有效引导员工从"被动合规"转向"主动合规"，使合规成为员工的一种习惯和品德，在支行上下营造良好的合规文化氛围。

加强资产质量管控　2022年，为应对贷款逾期与不良增多的严峻形势，支行严格落实贷款"三查"制度，强化贷后管理，时时关注信贷客户的经营收入与资信变化，关注客户做到扣款前督促提醒，逾期上门催收，不断强化与创新压逾化不良措施，全面加强对信贷资产的风险管控，使支行始终保持良好状态。

提高柜面操作风险防控水平　抓紧抓实对一线员工的业务学习和培训，不断提高一线员工的业务素质和操作技能，防范操作风险。强化柜面业务检查监督管理，及时纠正各类违章操作，认真落实各类检查发现的问题整改工作，举一反三做好自查自纠，防止屡查屡犯、此查彼犯。2022年，未发生柜面重大违规事件。

做好反洗钱、扫黑除恶及防范打击电信网络诈骗工作　认真开展反洗钱工作，结合县

委县政府扫黑除恶斗争、防范打击电信网络诈骗的相关工作要求，严格落实客户身份识别、尽职调查、交易记录和交易资料保存、大额现金管理、大额及可疑交易的登记制度和报告制度，积极做好客户信息补录，全面开展涉黑涉恶信息排查工作。全力配合公检法机关，快速做好涉黑涉恶、电信网络诈骗以及其他非法金融活动的"查""冻""扣"工作，以实际行动助力扫黑除恶及防范打击电信网络诈骗工作。

【"两防"工作与安全生产管理工作】

落实从严治行主体责任　切实扛牢压实从严治行主体责任，落实"一岗双责"，把从严治党、从严治行工作与日常工作同部署、同落实、同检查、同考核，确保责任落实到位。坚持严字当头，一体推进"三不腐"，持续开展违反中央八项规定精神典型问题专项治理工作，严守财经纪律、财务制度，坚决杜绝私设"小金库"、虚列支出套取费用等违规违纪行为；持之以恒纠"四风"树新风，重点纠治形式主义、官僚主义，狠抓作风建设。

员工案防学习与警示教育　组织员工学习各类案件防控文件，结合案例通报，认真开展案件剖析与警示教育，并通过网上测试、撰写心得体会的方式，促进全行员工遵纪守法，严格恪守建行规章，坚决守住从业底线，保证不触碰法律法规红线。

员工行为管理　落实案件防控主体责任，持续开展案件警示教育宣讲及违规案件警示教育活动，进一步强化员工行为管理"线上智能化""线下网格化"的管理体系，落实日常管理，开展自查自纠，及时堵塞漏洞；深入开展员工行为排查工作，支行行领导、各部门负责人按层级管理，认真落实必访必谈要求，通过家访、谈心、侧面了解、走访客户和外部监管机构等方式，及时掌握员工思想和行为动态。2022年，支行除按上级行要求组织员工先后开展"工作+法纪+生活"三方面异常行为排查、

员工重点领域违规行为排查、员工案件风险排查等员工排查活动外，为更好防范案件风险，还自行组织开展对员工贷款、信用卡消费以及对外担保情况的员工经济状况调查工作，真正做到"看好自家门，管好自家人"。

安全生产工作　认真落实安全生产责任制，做到既抓业务又抓安全生产，将安全生产融入业务发展各环节、各流程。抓实抓细员工安全教育和培训，不断提升员工安全责任和防范意识，营造"人人都是安全第一责任人"的浓厚安全意识氛围，筑牢安全生产防线。不断完善突发事件应急预案，定期组织开展各种预案演练，提高员工对突发事件的处置能力，防范外部不法侵害案件。抓实日常安全管理工作，贯彻执行各项安全保卫规章制度，落实各项安全防卫措施，做好节前等重要时点安全生产大检查工作，对检查发现的人防、物防、技防、消防等安全隐患问题进行有效整治，消除安全隐患问题。统筹安全和疫情防控工作，落实营业网点和营业场所疫情防控管理各项措施，确保员工和客户身体健康和支行安全运行，2022年，实现平安无事故的安全生产管控目标。

【促进业务高质量发展】

深入学习宣传贯彻党的二十大精神，党的二十大召开后，支行认真组织、精心筹划安排，通过专题党课、专题研讨、专题讲座、联学共建等多种方式，掀起学习宣传贯彻热潮。2022年，把党的二十大精神作为支委会、中心组学习、"三会一课"重要内容，原原本本、原汁原味学习研讨，做到党员领导干部带头学习、示范引领的作用，坚持学以致用、入脑入心、融会贯通，把学习成果体现在履职尽责的实际行动上，体现在实实在在的工作成效上。支行以支部为单位，组建梁野先锋党员业务攻坚队，强化组织领导，对各项业务考核指标进行重点攻坚。在重点攻坚行动中，党员、团员和业务骨干迅速行动，党员带头深入社区、乡镇、园

区企业开展存款、普惠金融、信用卡等业务的营销拓展，党支部的战斗堡垒作用得到进一步发挥，党员发挥先锋模范作用，推进党建工作与业务发展同向聚合、相融并进，以高质量党建引领业务高质量发展。

·中国工商银行
武平支行·

【概况】

截至2022年年底，各项存款余额11.93亿元，较年初增长3.57亿元，日均存款增量2.86亿元，时点增量同业第二名，日均增量同业第一名；各项贷款余额12亿元，较年初增长1.32亿元，增量同业第二名，实现安全无事故。

【抓好存款工作】

储蓄存款　突出抓好日均，坚持每天在支行微信群对行外吸金进行通报及点评，每季兑现行外吸金绩效，同时在晨会、工作例会、职工会等不同场合中持续不断强调并部署，切实把平时抓、抓平时落到实处；加强厅堂营销，对厅堂客服经理提出具体的目标要求，对营业厅全体员工要求做到"到店必开口、开口必营销"，特别要对省市分行强调的三方绑卡、手机银行、工银信使三项基础产品全覆盖，做到围绕产品抓留存；提升中高端，实现管户增存，对支行客户逐一分配到人，实管到位，充分利用产品及相关系统提升产品渗透率，助力资金挖潜与回流；抓源头促增存，突出抓代发工资单位，注重营销新代发工资单位；抓好产品增存，持续抓好大额存单、定期存款产品的销售，有效夯实储蓄存款基础；强化考核，持续优化考核办法，更好激发员工揽存积极性。

公司存款　有效抢抓机遇增存，结合县委县政府做强做大武平金融的决策，提前做好各项前期工作；抢抓大户资金，对重点公司存款大户持续上门营销，确保大户存款份额的有效提升；拓新户抓存款，促进武平较大项目企业在我行开户，以优质服务赢得其存款；抓好有贷户存款，通过上门、电话、微信等各种方式进行存款营销，提升存款份额且治理"裸贷"；抓好无贷户资金，通过拓展对公结算账户有效增加公司存款。

机构存款　加强项目制营销，按照年初制定的机构存款项目制中的目标大户，由支行行长带队，严格落实营销进度管控，有效提升存款；同时利用大额资金转移监控系统，锁定上下游单位，持续做好营销工作，全力实现资金在体内流动。

【发展推进贷款业务发展】

公司贷款　做好项目贷款，有效推进项目贷款的提款落地；做好银团贷款工作，密切与参贷行的联系，掌握银团贷款整体进度；突出重点，全力支持武平县政府确定的27家"双培育""双倍增"重点企业，解决其融资问题；加强营销，持续走访武平县三个省级工业园区企业，对经营效益好且符合我行贷款条件的积极营销；做好储备，将武平县2022年100个县重点项目、总投资453亿进行逐一筛选，实施重点发力、重点营销，切实做好储备与营销同步进行。

普惠贷款　支行高度重视，始终把保持普惠贷款的先进性及又好又快发展作为重点工作来抓，从讲政治的高度服务武平县实体经济发展，配备高学历高素质的客户经理服务小微企业，每周针对性地走访三个工业园区的企业，勤于走访，用心营销，有效拓展新户，在营销过程中突出重点产品宣传。在拓展普惠贷款中，始终将纾困贷款、国担快贷、E抵快贷、E企快贷作为拓展业务的利器，同时加大支行特有的"工银农E贷"营销力度，密切与林农、村两委、各乡镇林业站的联络。通过关系人找资源，2022年"光伏贷"营销，取得较好成绩。

个人贷款 力争个人住房款主导占比，支行采取有力措施积极应对按揭需求收缩的新形势，对武平在售的16个楼盘，行长或分管行长保持每月走访一次，积极听取并改进服务，有效争取按揭资源；加大二手房贷款营销，加强与房产中介的联系，针对武平当地的二手房中介的散、小、单打独斗特点，对经营业绩较好的房产中介加强联络，定期走访；提速分期，对代发工资重点单位安排人员对接，积极宣传适合他们的融E借、信用卡分期、房抵贷等产品，同时，定期安排人员通过电话外呼等形式开展普通分期营销；优化结构，强化房抵贷的投放提速，突出房抵贷业务特征，有针对性地开展营销。

【抓实拓展抓优客户拓展】

个人拓户 抓好军人优扶卡的发放工作，密切与5个乡镇退役军人服务站的联系，指定专人对接营销服务站，支行分管副行长定期走访各乡镇服务站，及时掌控办卡动向；抓好社保客户群，积极把握好时间窗口期，抢抓机遇，通过职工会、晨会等形式传达这份紧迫感，不断加快发卡进度；抓好私银客户拓展，按资产情况，选定4位临界达标客户进行重点突破，选定3位高端客户持续跟踪营销，对存量资产波动较大的客户重点实施优化资产配置结构，通过对三类客户的差异化营销，同业口径客户6户，完成率150%，居全行第一，管理资产较年初增长136%；抓好商户客群，定期组织青年员工突击队到东门市场、东南市场、东大街、中心街等重点区域精准拓展优质商户。

对公拓户 提前部署，对公拓户不断强化"比"的思想、"拼"的意识，深刻认识"抓账户就是抓客户、抓市场就要抓源头"的道理，通过各种形式做好对公拓户业务相关讲解，做

到全员营销；重点关注政府下达的100个重点项目及27个"双培育、双倍增"企业，成功营销3户重点企业；抓好工会、协会、商会等账户的营销；普惠拓户，充分利用普惠贷款产品，建立信贷关系，有效促进对公拓户；加强合作，通过会计师事务所等信息源头，有效捕捉开户信息，及时跟进营销。

【挖潜增收工作】

2022年，按照上级行要求的中收要继续按照早收快收、应收尽收的要求，支行下苦功、练巧劲，多维创收推进中收。加强项目贷款中收；通过为企业办理银行承兑汇票收取手续费获取中收；采取上门服务及厅堂营销等措施，推动发卡、绑卡、用卡业务的快速发展，增加中收；加强基金、保险销售工作，特别是结合拓展私银客户，加强对私银专属保险、理财业务的营销，密切与工银安盛的合作，持续跟进对私银客户家族信托业务的营销；按照分行部署，全面加强信用卡拓户与行内优客渗透，加大结算套餐、法人理财、积存金、贵金属递延等业务的营销。

【风险管控】

加强质量管控，从加大诉讼和清收入手，积极做好个人不良贷款、信用卡不良的清收，向法院提交信用卡诉讼8起；深入开展总行"价值提升年"主题活动，积极参与"合规文化大讲堂"与"警示与反思"大讨论，切实做好案件风险和员工异常行为排查，持续加强安全生产管理，抓好消保、消防、反欺诈、业务运营、涉敏信息等安全工作；加强员工培养，提任3位青年员工为部门副主管，同时支行积极培养两位员工为支行副主管后备人才；支行充分利用晨会、夕会、专题学习会、部门会议等形式，加强员工信贷、运管、内控、纪检、服务等方方面面业务知识的学习、培训工作，以此来提升整体素质；强化作风建设，突出精

细化经营，支行管理人员都切实做到敢抓、敢管，对工作中的困难和矛盾，都积极采取有针对性的举措、以过硬的工作作风及对事不对人的务实态度，使各项疑难工作得到有效解决，促进工作上新台阶。坚持贯彻执行"实"字落地，持续增强各项工作、任务、指标执行落地的严肃性，做到少说困难、多想办法，做到在干中推进，在推进中接着干，确保完成和超额完成分行交办的任务。

【党组织建设】

坚持以党建促经营的发展理念，立足岗位，不断加强支行党支部的建设工作，坚定不移的贯彻执行党的方针政策，加强党风廉政建设，落实中央八项规定精神、进一步改作风转作风，为全面履行基层行职能提供坚强的思想、政治和组织保障。抓好党的二十大精神的学习贯彻和继续抓好党史学习教育结合起来，对学习宣传贯彻党的二十大精神做出具体安排，坚持每周学习一次，不断提升自身的政治判断力、政治领悟力、政治执行力，切实增强"四个意识"、坚定"四个自信"，做到"两个维护"；开展警示教育工作，以案为鉴、以案促改，营造风清气正的良好氛围，持续用反面典型案件强化"不敢腐"的震慑，时刻保持高度的政治自觉和拒腐防变的坚定信念，要求全体党员领导干部和员工都要以案为戒，吸取教训，不断强化思想政治理论和法律法规知识的学习，切实加强党性锻炼和道德修养，增强对党纪国法和规矩制度的敬畏之心，守住思想道德的底线；落实从严治党主体责任、落实中央决策部署，做好党员教育管理监督及谈心谈话工作，压紧压实党支部书记党建工作责任，推动全面从严治党在支行党支部的落实；开展主题党日活动，"七一"期间组织全体党员开展党的廉洁教育专题党课，组织开展"喜迎二十大 奋进新征程"主题党日活动，接受革命传统教育，传承红色基因，秉承革命精神，进一步激励广大员工积极投身改革发展的潮流中，增强党组织的创造力、凝聚力和战斗力。

·中国银行股份有限公司武平支行·

【概况】

中国银行股份有限公司武平支行（以下简称"县中行"）成立于2011年12月。县中行现有员工15人，其中正式员工15人。设有行长1人，副行长2人，客户经理5人，大堂经理2人，开放式柜员1人，派驻经理1人，事中1人，封闭式柜员2人。大学本科学历15人。

2022年末，县中行经过近十一年的发展，各项业务取得了长足的发展。县中行人民币存款时点余额46265万元，较上年末增加7786万元，其中，公司存款时点余额23500万元，储蓄存款时点余额22765万元；支行各项贷款余额83503万元，较上年末增加9920万元。

【业务发展情况】

负债业务 截至2022年12月31日，县中行人民币存款时点余额46265万元，较上年末增加7786万元。其中公司存款时点余额23500万元，较上年末增加4685万元，储蓄存款时点余额22765万元，较上年末增加3101万元。截至2022年12月31日，县中行本外币各项存款余额47226万元，较年初新增8232万元，增速21.1%；市场份额7.63%，较年初增加0.33%。

资产业务 截至2022年12月31日，县中行各项贷款余额83503万元，较上年末增加9920万元。其中公司贷款余额47967万元，较上年末增加13488万元；个人类贷款（不含银行卡透支）余额28972万元，较上年末减少

2293 万元。截至 2022 年 12 月 31 日，县中行本外币各项贷款余额 83504 万元，较年初新增 9919 万元，增速 13.5%；市场份额 10.7%，较年初增加 0.43%。

其他　国际结算业务为本行传统业务，2022 年，县中行积极发挥中行业务优势，抢拼国际结算份额。截至 12 月末，本行国际结算总量 1573.6 万美元，市场份额已从年初的 21.77% 上升至 60.36%，市场份额跃升当地第一。

【金融创新情况】

截至 2022 年 12 月末，本行普惠小微企业贷款余额 16026 万元，较上年末新增 3130 万元；普惠小微企业贷款户数 71 户，较上年末新增 12 户；普惠金融线上融资额 1010 万元，较上年末新增 892 万元。

经过上半年的持续营销及铺垫，县中行于 2022 年 7 月成功实现"百香果农户贷"产品的落地，综合授信额度 3000 万元。截至 2022 年 12 月末，县中行已走访 5 个乡镇，成功投放百香果惠农贷 5 笔 90 万元。

【中间业务发展】

县中行加大品牌宣传力度，利用数字信用卡、都市赞卡、白金卡、中银长城系列信用卡等大力拓展个人信用卡业务，积极推广信用卡"消费分期"和"账单分期"业务，并大力推广专项分期业务。2022 年，累计发放家装分期贷款 742 万元，较去年同期增长 55 万元；中银 E 分期本年累计投放 402 万元；加大对个人手机银行、网银等便利化渠道发展与建设，全面提高客户服务体验与满意度；大力推广发展特约商户，增加 POS 机终端的投入，便利商户的收单及增加银行卡结算业务量。

【党建工作情况】

深入学习宣传贯彻习近平新时代中国特色社会主义思想和党的二十大精神，全面贯彻新时代党的建设总要求，学习贯彻《中国共产党组织工作条例》，推动学习教育"融入日常、抓在经常"，严格落实党内组织生活，努力通过制度规范使党员成为政治上的明白人、党建工作的内涵人、干部职工的贴心人。

2022 年，县中行党支部先后于 5 月、7 月与武平县南门消防救援站、武平县供销合作社签订党建共建协议，同时二进武平县南门消防救援站、一进武平县人民武装部进行抗洪、八一等慰问活动；八一期间携手共建单位——武平县总工会共赴福建省职工联合会旧址开展"传承红色基因　喜迎二十大"主题党日活动，促进革命传统、爱国精神和党的创新理论入脑入心。

·武平县农村信用合作联社·

【概况】

武平县农村信用合作联社（简称"武平联社"，下同）下辖 21 个营业网点，10 个职能部门，1 个线下福农驿站，辖内存取款一体机 39 台，超级柜员机 14 台，便携式移动柜员机 23 台，普惠金融服务点 234 个，实现全县行政村（居）全覆盖；手机银行用户 12 万户，实现物理网点乡乡通、普惠金融服务点村村通、手机银行户户通的"三通"新局面；2022 年，有在岗员工 188 人，其中：中级经济师 83 人、中级审计师 22 人、中级会计师 14 人、中级统计师 6 人、大学本科及以上学历 157 人。

【年度业绩】

2022 年末，武平联社各项存款余额 82.38 亿元，各项贷款余额 62.32 亿元，存、贷款总量、增量和市场份额均位居全县金融机构前列；资本充足率19.86%，拨备覆盖率739.09%，贷款拨备率5.72%，不良贷款占比0.77%，资产质量持续向好；手机银行用户12.88万户，手机银行交易占比57.32%；存量社保卡38.22万张，新增3119张，三代社保卡换卡率52.01%，扫码收单商户6653户，线上福农驿站用户总数31355户；全年缴纳各项税收6313.57万元；创新推出"碳金卡"，为武平低碳社会创建和乡村产业兴旺画上浓墨重彩的一笔。

【参与乡村振兴】

创新信贷产品　深入贯彻落实习近平总书记关于"绿色、低碳"生态发展理念，以普惠金融改革试验区建设为契机，深入践行绿色发展理念，为2030年前实现碳中和、2060年前实现碳达峰的"双碳"目标创新；推出"碳金卡"，引导市民主动参与环保节能、低碳减排行动，共同构建低碳减碳武平样板，全面支持节能减排，倡导适度、绿色的生活方式；全面升华"党建+金融助理+多社融合"模式，深化政银、银企合作，拓宽金融服务经济发展路径，为烟农、烟企推出"福烟卡""福烟贷"专属信贷产品，进一步舒缓烟农、烟企经济发展压力。为进一步提高受灾群众金融服务获得感，创新推出"福宅贷"（灾后重建贷），助力受灾群众早日重建家园。2022年，累计发放碳金卡1208张，授信14780万元，用信8568万元；五福贷款户数12574户，较2022年初增加961户，余额20.13亿元（占各项贷款32.47%），较年初增加5.67亿元。其中：福宅贷39户780万元，福股贷3户70万元。

落实科技赋能　全面提升福农驿站服务和应用功能，拓展民营小微企业、供销社、合作社、商会和协会等客群类别，提供"一站式、多功能、融合性"服务，提高客户参与度，丰富"数字乡村"服务内涵，让各类群体充分享受和体验数字化金融的便利性。2022年末，本

社认证用户总数29746人，授信用户数14593人，授信关联度达49.06%。在林权证数据电子化的基础上，依托区块链平台在线操作功能，整合林业局、不动产登记中心、评估机构、担保服务中心和征信机构等5家单位7大类信息，为平台融资撮合功能实现提供基础支撑，实现林权证查询、林权评估、贷款抵押等有关手续实现"一键式办理"，有效契合数据共享和监管需求，破解信息共享难题，提升林农业务办理便捷度体验。2022年，本社运用该平台发放贷款1264笔14345.05万元，占全县49.78%。

做好金融服务　自疫情暴发以来，武平联社主动作为，破解外出客户获贷坚冰，增派人员提高远程服务效率，实现客户足不出户就能办理金融业务，打造疫情期间"零接触、无接触"金融服务新模式，确保疫情防控与金融服务两手抓两手硬，实现让数据多跑路、客户少跑腿。截至2022年12月末，本社为客户办理远程服务1339笔25064.93万元。以"党建+"为基石，"金融助理"为纽带，"多社融合"为抓手，总结提升"党建+金融助理+多社融合"模式新经验，探索新路径，发挥党建引领业务发展作用。主动对接武平绿茶、象洞鸡、百香果、富贵籽等绿色新型农业及其产业链发展项目，满足特色产业发展金融需求。收集辖内新型农业经营主体和新型林业经济组织完整名录，建立健全客户信息档案和金融服务需求档案，完成"建档、授信、用信"三个百分百全覆盖，有力支持武平乡村振兴。新型农业经营主体贷款余额1.86亿元，比年初增加76.93万元，增幅70.32%。

服务绿色金融　充分发扬"全国林改第一县"武平林改首创精神，持续为全国林改探索林业金融创新路子、创新支林产品，在"一贷一卡三个百分百"服务模式基础上，持续创新，助力打造林改"武平经验"升级版；弥补"林权贷"在生态公益林、天然林管护和林下经济发展等金融服务的空白，率先推出林权收益权质押贷款，进一步激活生态林和天然林资

源要素，加速林业资源市场化、资本化；2022年8月，率先推出家庭林场、民营林场、合作社等169户新型林业经营主体建档、授信、用信"三个百分百"全覆盖服务模式；2021年末，林业金融贷款户数12697户，贷款余额18.18亿元，占比29.17%，惠林卡8115张，授信额度94436.6万元，用信80757.88万元，为169户新型林业经营主体建档授信9308万元，用信4236.04万元。

【党建工作】

联社党委班子牢固树立"抓好党建是最大政绩"的理念，坚持围绕中心，服务大局，把党建工作与业务经营紧密结合起来，两手抓、两手硬。牢牢把握政治方向，健全"一把手负总责，分管领导各负其责，班子成员齐抓共管，纪委落实监督"的领导体制和工作机制，把握经营方向，坚守经营原则，切实发挥党委"把方向、管大局、保落实"领导作用；认真落实"三会一课"、谈心谈话、民主（组织）生活会、民主评议党员和主题党日活动等组织生活制度，通过集中发放政治生日贺卡，发送政治生日短信等形式使党内生活庄重、严肃、规范，教育引导党员、干部强化党的意识、党员意识，切实营造风清气正、积极健康的良好政治生态。将基层党建工作纳入各网点年终绩效考核内容，与业务工作同部署、同安排、同考核；持续推进党员干部对党史党章党规党纪、《闽山闽水物华新——习近平福建足迹》等习近平新时代中国特色社会主义思想理论体系的学习教育，筑牢党员思想防线。结合喜迎二十大主题，在全辖推进党的十九届六中全会及省第十一次党代会精神专题学习以及"忠诚在心、岗位奉献"对党忠诚教育，制定党的二十大精神学习宣传贯彻实施方案，有序推进党的二十大精神学习宣贯工作。围绕"实干兴社"开展党建工作，以大力推广"党建+金融助理+多社融合"模式为抓手，全面强化党建多级多基联动，与县农业农村局、县公安局、县委组织部、县生态环境局、县妇联、县烟草公司等签订共建协议，并与县委组织部联合选派乡村振兴金融指导员，助力乡村振兴；辖内13个党支部与14个结对帮扶村支部签订"双基联动"党建共建协议，联合开展送金融知识下乡、慰问贫困户等共建活动，推进党建共建与业务发展全方位深度融合。

【社会效益】

作为武平人民自己的银行，武平联社主动履行社会责任，以农信力量助力脱贫攻坚，坚持真扶贫、扶真贫，下沉服务重心，走村入户摸排贫困家庭，扎实推进扶贫小额信贷，对符合授信条件贫困户百分授信，通过精简流程、加快审批等方式提高小额扶贫贷款发放效率；2022年，累计发放小额扶贫贷款854笔1503.2万元，为贫困户脱贫和巩固脱贫成果贡献农信力量。始终坚持存款来源当地、贷款投放当地、税收缴交当地的经营原则，从2019年至2021年，累计缴交税收超2亿元，为县域经济发展奠定更加坚实的基础；通过"早准备、早接触、早布局"，与县教育局、教职工、贫困学生、学生家长密切互动，在预申请环节提早指导、贷款受理环节提早对接，坚持生源地助学贷款"一站式"服务，免除贫困学子的后顾之忧；2022年新增生源地助学贷款1308户1440.97万元，占全县各金融机构的90%以上。同时，通过福万通慈善基金和员工捐资助学，累计为246名贫困学子捐助81万元。

·中国邮政储蓄银行
武平县支行·

【概况】

2022年，资产业务快速增长，本支行各类贷款余额 139740 万元，较年初增长 17188 万元，增幅 14.02%，同业排名第二，新增市场占有率 6.11%。其中小额贷款结余 79005.11 万元，年增 12763.49 万元；小额金融净收入实现 2510.01 万元。小企业贷款结余 2.03 亿元，较年初净增 4251 万元。

普惠金融稳步推进，2022 年，本行涉农贷款结余 8.45 亿元，占各项贷款余额 59.56%，年增 0.92 亿元，增幅 12.17%；普惠型涉农贷款结余 8.03 亿元，年增 0.93 亿元，增幅 13.1%。普惠小微贷款余额 7.36 亿元，年增 0.59 亿元，增幅 10.91%，普惠型小微企业贷款加权平均利率为 5.63%，较年初下降了 17 个 BP。全面实现普惠小微贷款投放考核要求。

资产保全成效显著 2022 年，支行不良贷款实现"量升率降"，不良贷款余额 757.16 万元，较年初增长 34.57 万元；不良率为 0.54%，比年初减少 0.05%，全年不良率 0.63%。2022 年累计收回不良贷款 1317.91 万元；在 2022 年下半年不良资产"攻坚"行动收回不良资产 721.18 万元，完成计划 519 万元的 138.94%，位居全市第一。

【发展措施】

坚持党建引领，稳步提升工作实效 联合支部共建单位开展联学共建暨战略合作签约，发放退役军人优待证 787 张，退役军人创业贷款 1156 万元；与乡村振兴示范村开展共建活动，通过信用村建成百村助力乡村振兴发展。截至 2022 年年底，本行共建成信用村 181 个，信用镇授牌 2 个，发放信用贷款 21836 万元，通过整村授信推进金融支持乡村振兴服务工程建设。

完成社会责任指标 自觉向党中央各项决策部署认真看齐，扛起国有大行的政治责任。2022 年，创新推出线上信用户贷款、产业链贷款、烟商贷等纯信用类产品；普惠小微贷款余额 7.36 亿元，年增 0.59 亿元，逐户深入走访

贷款到期困难户，无贷款结余；共计发放助学贷款 530 笔，助力大学生圆梦。

创新林业金融区块链平台产品 自武平县林业金融区块链平台上线以来，本行创新林业金融区块链平台产品。通过"林业金融区块链+"产品创新模式，依托林业金融区块链平台，结合本行农贷通、极速贷、信用户贷款产品，优化服务，提升办理时效，取得良好口碑，截至 2022 年年底，本行共受理 334 笔，对接 303 笔，成功发放 7325 笔。

抓好风控资产工作 有序开展不良资产清收工作。通过制定一户一策计划，充分调动各方资源，上下内外联动，及时协调清收工作中遇到的问题，确保清收工作的顺利进行；2022 年，本行不良贷款较年初"量率双升"，不良贷款率与年初持平，未核销贷款、已核销贷款、M3 期以上信用卡及累计清收指标均全面完成，为支行利润的完成奠定了坚实的基础。紧扣县委县政府总体工作部署，深入践行普惠金融改革要求，助力县域经济发展；存款规模达 20.21 亿元，贷款规模突破 14.54 亿元，同比增幅 16%，不良率 0.54%，近三年信贷资金累计投放超 36.31 亿元。

支持中小微企业纾困 为专精特新、国高企业等量身定制、研发出创新产品科创 e 贷。该贷款额度高，担保方式为信用。该产品的推广，广受企业好评。2022 年，本行转贷企业自主发放 300 万元。取消信贷资金管理费，承担对抵押贷款的评估费用，有效地降低企业融资综合成本。2022 年，减免企业抵押资产评估费用 3.3 万元。同时，降低企业贷款的执行利率，截至 2022 年 12 月末，普惠小微贷款加权平均利率较年初下降 150BP。致力县域发展，服务民企有为。累计投放小企业贷款 2.51 亿元，其中发放信用科技贷 1900 万元，发放全市首笔县医院设备更新改造专项贷款、首笔中长期制造业贷款，并大力推广无还本续贷 5785 万元，续贷率 100%。在省政府发布纾困贷款政策期间，在走访平台、企业时积极宣传，争取为企业减

负。截至 2022 年末，已发放纾困贷款 7 笔 3280 万元，为企业贷款平均利率比对减少约 65BP，发放年利率均为 3.2%。发放制造业专项贷款 1 笔 1000 万元，有效地降低企业的融资成本。大力推广线上业务，针对不同的客户群体，用小微易贷线上的模式向企业发放贷款，2022 年，新增 18 笔 2545 万元。

拓展普惠金融，破解农村贷款难题　本行积极向主流媒体及上级行投稿，宣传本行及武平县普惠金融措施，提升全县及本行的品牌形象，累计投稿 13 篇，其中新华财经 2022 年 4 月 27 日刊发《邮储银行武平县支行创新林业金融助推绿色发展》；通过党建引领，本行与当地乡镇村联动打造信用镇、信用村，宣讲本行三农政策，取得以点带面的效果，将本行惠农政策深入农户。破解农村贷款担保难问题。本行通过农村信用体系建设，以线上信用户贷款为主，通过移动展业服务前移"即申请、即审批"，可以在五分钟内知晓审批结果。积极响应国家普惠金融的要求，降低融资成本，各类贷款利率均大幅下降，2022 年，笔均降幅至少达 50BP。根据客户的经营情况及客户需求，给客户提供支付结算等一揽子金融服务方案。

【落实党建责任】

履行管党治党政治责任　切实落实全面从严治党主体责任和"一岗双责"责任，在做好支行日常经营发展管理的同时，履行抓基层党建和全面从严治党工作第一责任人职责，做到两项工作同步同调、协同发展。通过加强对党建工作的谋划与部署，班子成员落实党建工作"一岗双责"清单，认真做好跟班作业，按频次深入各乡镇、企业，贴近客户、贴近市场，第一时间掌握支行发展短板，分析解决突出问题，不断突出重点，解决难点。2022 年，支委共开展谈心谈话 23 人次，解决行内较为突出问题 5 个。

做好政治宣传工作　认真落实总行、省、市分行党委相关工作要求，精心安排部署，细化落实举措，积极组织推动，逐项整改规范。2022 年，新增共建单位 7 家，通过与桃溪镇新礤村开展"银村支部共建　助力乡村振兴"、与武平烟草公司开展"银企共建聚合力　烟商合作促发展"、与县退役军人事务局开展"致敬平凡英雄　争当青年先锋"等主题党日活动共计 13 场，进一步深化"强基固本"质量提升工程建设成果。

深入开展文明创建活动　坚持贯彻落实属地政府要求，先后开展"播种绿色希望　共享绿色金融"义务植树活动；组建"青年文明志愿者服务队"奔赴岩前高速出口，参与同心抗"疫"活动；支持十方灾后重建，推出"同心家园"贷，加急、加快受灾群众的贷款审批 8 笔 83 万元。

做好企业文化的学习宣传工作　通过召开全行大会，学习、宣传了《关于深入推进龙岩市分行 2022 年企业文化宣贯落地工作的通知》（岩邮银党〔2022〕29 号）文件精神，集中学习并研讨《中国邮政储蓄银行企业文化手册》，不断推进企业文化落地应用，不断提升员工的企业归属感、获得感。

巩固提升"职工小家"建设成果　从优化就餐环境、改善食堂伙食、制止餐饮浪费等方面加强职工食堂管理；同时营业部进行重装开业、更新企业文化长廊，展示良好支行风貌、员工风采和文化精神，进一步提升支行在当地的品牌知名度。

深入开展青年文明号等各类创建工作　2022 年，支行完成"市级青年文明号"复核工作，成功获得"市级青年文明号"荣誉称号，同时主动加强与当地人行、农业农村局沟通汇报，申报开展"省级乡村金融教育基地"创建筹备活动。

·武平杭兴村镇银行·

【概况】

武平杭兴村镇银行经中国银行业监督管理委员会批准，于2013年10月成立，由上杭农商银行主发起，龙岩市、武平县2家国有及当地9家民营企业投资入股，注册资本5000万元（后利润转增股金至6226万元），是一家专门为武平县"三农"和小微发展提供金融服务的新型银行业金融机构。

武平杭兴村镇银行始终坚持"面向三农、支持小微、服务民生"的市场定位，充分发挥农村中小法人金融机构决策链条短、管理机制灵活、服务高效等特点，紧紧围绕武平县域经济发展战略，不断创新金融产品和服务，专注提供差异化、特色化的"三农"金融服务，先后开办安置房按揭贷款、林权抵押贷款、下岗失业人员贴息贷款、村级担保基金贷款、农民专业合作社贷款、扶贫贴息贷款、"助残贷"和"农机贷"等一系列针对"三农"和弱势群体的特色信贷产品，填补农村金融服务的薄弱环节，增添农村金融活力。

【主要经营指标】

各项存款　全面完成监管部门小微企业贷款"两增两控"工作目标。2022年末，各项存款余额27036万元，比年初增加5308万元，增幅24.43%。其中单位存款余额17380万元，比年初增加3253万元，增幅23.03%；储蓄存款余额9657万元，比年初增加2055万元，增幅27.03%。储蓄存款占比为35.72%。

各项贷款　2022年末，各项贷款余额42151万元，比年初增加4248万元，增幅11.21%。其中企业贷款余额4310万元，个人贷款余额37841万元，户均贷款14.14万元；涉农贷款余额37630万元，比年初增加2323万元，增幅6.58%，占各项贷款的89.27%；农户贷款余额32718万元，比年初增加1564万元，增长5.02%，占各项贷款77.62%；普惠型小微企业贷款余额29661万元，比年初增加3002万元，增幅11.26%，高于各项贷款增速0.05个百分点。

经营效益　2022年，实现利润总额1393万元，比上年同期减少16万元，同比下降1.15%；净利润988万元，较上年同期减少70万元，同比下降6.63%。2022年纳税446万元。

提升资产质量、风险防控能力　扎实推进风险管理工作，实现无案件、无责任事故的工作目标；不良贷款余额占比0.92%，核心一级资本充足率29.13%，资本充足率30.22%，拨备覆盖率511.48%，流动性比例56.37%，超额备付率6.24%，各项重要监管指标均符合监管要求。

【工作措施和成效】

坚持党建引领，加强党支部建设　按照党委统一安排部署和《关于印发开展"忠诚在心、岗位奉献"对党忠诚教育实施方案》等文件精神，把全面贯彻落实习近平新时代中国特色社会主义思想和党的二十大精神与村镇银行实际工作相结合，坚持支农支小市场定位，紧抓主责主业，主动对标对表，着力担当作为，通过深入走访、优化服务、创新产品、减费让利；组建党员服务队、设立"党员先锋岗""党员责任区"等，为促进乡村振兴战略提供更多更好的金融服务。按照上杭农商银行党委安排部署，认真组织开展"喜迎二十大暨庆祝七一建党节"系列活动，通过组织开展独具特色、内容丰富、形式多样的活动，强化学习教育，夯实党建工作基础，特别是在推进普惠金融中，组建2支"党员先锋队"，每月不少于2次深入乡村开展产品推介、金融宣传、反诈教育、业务办理等结对帮扶活动，让党旗在金融支持乡村振兴工作中飘扬。抓好党风廉政建设，及时签订"党风廉政建设责任书""廉洁从业承诺书"和"助廉承诺书"；积极开展支部书记上党课，加强党员队伍日常管理，落实"三会一课"，定期组织集中学习、党员民主评议、按期缴纳党费等，教育引导党员干部发挥好示范引领作用，不断强化党支部建设。

多措并举，拓展各项存款　积极营销代发工资及补贴款；围绕县城周边拆迁项目做工作，鼓励全行员工走出去，利用周末等业余时间加强客户走访，主动宣传营销特色产品；结合金融知识进万家宣传、"百名行长进企业"和微企业商户走访等系列工作，加强客户走访，全员营销拓展各项存款。

【提升支农支小服务水平】

持续提升金融服务能力　2022 年末，普惠小微企业贷款余额 29661 万元，占比 70.37%，较年初增加 3002 万元，高于各项贷款增速 0.05%；在"百名行长进企业""首贷专项行动"活动中，走访企业 30 余家，新增企业贷款 6 笔，金额 1035 万元，发放"首贷户"29 户，金额 1013 万元；用好用活人行货币政策工具，持续加大对小微企业信贷投放力度，不断提高信用贷款占比。截至 2022 年末，本行向人行申请新增支农再贷款 3945 万元，普惠小微企业贷款余额 29661 万元，较年初增加 3002 万元；普惠小微企业信用贷款余额 2303 万元，较年初增加 193 万元。截至 2022 年末，共发放"见贷即保"贷款 229 笔，金额 4390 万元，较年初增加 2139 万元；发放"新农贷"127 笔，金额 2074.8 万元，较年初增加 343.8 万元。

加大产品创新和信贷投放力度　加强与县农机站合作，积极推广新的金融产品——"农机贷"，进一步加快武平县农业机械化发展，促进粮食增产农户增收，推动普惠金融发展与乡村振兴工作。截至 2022 年末，共发放

"农机贷"7 笔，金额 130 万元。

加大绿色信贷投入　积极支持林权制度改革，主动开办林权抵押贷款业务。截至 2022 年末，本行已累计发放林权证抵押贷款 128 笔，累计发放贷款 2575 万元，存量 3 笔，贷款余额 196 万元。不断加强与新能源公司合作，推广"光伏贷"业务；截至 2022 年末，发放"光伏贷"240 笔，金额 1463 万元。积极推广"龙岩数字普惠金融服务平台"和"武平林业金融区块链服务平台"；截至 2022 年末，通过"龙岩数字普惠金融服务平台"发放 47 笔贷款，贷款金额 845 万元，通过"武平林业金融区块链服务平台"发放 143 笔贷款，贷款金额 2626 万元。通过积极推广这两个金融服务平台，提升了本行信贷产品的认知度，为本行"增户拓面"工作起到积极的推动作用。

【强化风险防控工作】

坚持从严治行，完善各项规章制度　根据案件防控工作要求，结合本单位岗位工作职责，制定并组织签订年度员工案件防控责任状；根据清廉文化建设工作要求，积极开展案件警示教育活动工作，扎实开展警示教育活动，通过每周集中学习、晨会学习、加强对各项业务规章制度、案例的学习，通过生动、形象的案例分析，强化全行员工的合规意识，做到"不敢为、不能为、不愿为"；积极开展各项专项排查工作，先后开展公司治理领域专项排查、非法金融活动排查、重点风险排查、许可证持证及管理情况自查、员工履职回避工作情况、信息科技系统风险排查、资产质量情况排查、消防安全大排查大整治促稳定等一系列专项排查工作；要求各部门及牵头部门补齐工作短板，从制度、机制层面提出有针对性的完善措施，逐条逐笔落实，及时修订完善相关制度，确保各项排查工作落到实处；根据打击整治养老领域非法集资专项行动工作部署制定《武平杭兴村镇银行打击整治养老领域非法集资专项行动

实施方案》，积极落实打击整治养老领域非法集资宣传和排查工作；进一步完善内控管理制度。2022年，制订32项，修订13项操作规程和规章制度，确保每个产品、每项业务均能"有章可循，有规可依"；积极开展员工行为季度常态化排查工作，通过对员工及其配偶个人信用报告和流水情况进行分析，及时了解员工是否存在不合理的对外担保、高额负债、频繁进行授信审批查询或担保查询等可疑情况。滚动排查均未发现员工异常情形。

向公众大力普及金融知识　2022年，开展了"3·15"宣传周、防范非法集资宣传月、防范电信网络诈骗、存款保险知识、信用关爱日、金融知识进校园等27场次主题宣传活动。各类主题宣传活动受众客户量约3000人次，发放宣传单页约5000份，宣传礼品约300份。以现场解答、印刷宣传材料、微信公众号宣传、横幅和LED等方式，为消费者答疑解惑，帮助社会公众了解金融知识。通过开展金融消费者宣传活动，进一步提高金融消费者的金融安全知识，全面展示武平杭兴村镇银行诚信服务的良好形象，赢得广大客户的信赖。

·泉州银行武平支行·

【概况】

截至2022年12月31日，本行各项存款40954万元，跟2021年同期相比减少1522万元，增幅为-3.58%；各项贷款50787万元，跟2021年同期相比增长2612万元，增幅5.42%，其中单位贷款26238万元，个人贷款16305万元；2022年，利润总额1458.28万元，跟2021年同期相比增加60.93万元，增幅为4.36%。大幅执行利率优惠，贯彻落实疫情期间稳企业保就业，帮扶纾困企业，实现支行业务稳步持续发展，经营效益逐步增长的经营目标，有力的支持武平当地经济发展。

【优化资产结构，支持当地实体经济发展】

2022年，进一步推动资产配置"脱虚向实"，加强小微金融服务能力，持续深化"无间贷"创新，支持地方产业转型升级；坚持差异化信贷政策，将高端装备制造业纳入优先支持类，截至2022年末，支行授信主要支持的有当地国有企业、新材料行业、不锈钢行业、镁合金制造行业、包装行业、广大农村农户以及个体经营户；授信结构中，国有经济、民营经济、个体及农村经济各占三分之一，支持当地实体经济发展。

【产品满足当地需求】

本支行推出"惠渔贷""惠民贷""惠农贷""贷生活""超能卡"等丰富的零售产品，充分满足当地民众需求；根据当地经济实际，推出的"惠民贷"产品，对当地从事特殊餐饮、副食百货、食品饮料、医疗教育、公共事业、商贸摊贩等弱周期民生行业生产经营活动的小微企业或个体经营者额度可达50万元，期限最长可达3年，同时支持无间贷还款。该产品免抵押、审批快、操作便捷、还款灵活，真正实现服务实体经济，普惠民生。

【确保安全运行】

完善的内控机制是依法合规的前提，2022年支行在原有基础上进一步细化规章制度，规范业务流程，完善内控制度，为支行各项业务的稳定、健康发展奠定较好的内控基础；重视柜面操作风险防控工作，严格执行各项出纳结算制度规定；贯彻落实授信业务"三查"制度，确保信贷资产质量；严格按分行转授权要求做好财务管理工作；落实各项安全管理规章制度。做好支行安全保卫工作。为强化安全保卫工作，本支行树立"大处着眼、小处着手、防微杜渐"的思想，定期开展安全检查、反抢演练和消防演练，通过开展培训、集中学习等形式加强员工的安全保卫意识，时刻绷紧安全神经，确保支行各项工作安全运行。

【特色产品及特色服务】

针对公务员、事业单位、金融行业及优质国企等人群为其办理免担保、免抵押、免年费、免保险的超能卡或金鲤贷（泉行快贷），期限三年，随借随还，循环使用，系家庭应急"超能备用金"。

针对企业在本行代发工资对象，本行免收开卡费、小额账户管理费、借记卡年费、短信服务费、网银及手机银行跨行转账手续费、跨行取款手续费、密码挂失手续费、跨行查询手续费，实现费用全免。

本行个人储蓄卡实现在所有银行柜员机、自助网点转账、取现手续费全免（包括异地跨行），解决个人客户跨行柜员机及自助网点转账、取现要支付手续费的问题，只要在泉州银行办理储蓄卡，所有银行柜员机、自助网点均等同于泉州银行的银行柜员机、自助网点，超方便、超快捷、超实惠，为企业带来优质的金融服务。

·兴业银行武平支行·

【概况】

2022年，兴业银行武平支行成功入驻武平，是兴业银行在龙岩设立的第九家综合性支行。成立后，武平支行坚持以习近平新时代中国特色社会主义思想为指导，紧密围绕总行服务福建全方位推动高质量发展超越行动计划，坚定推进"1234"战略落地，瞄准武平当地企业需求和发展方向，创新开展信贷业务、开发

金融产品，助推武平老苏区高质量发展，振兴发展。12月15日开业以来，存款余额稳健增长，截至2022年12月31日，各项存款余额为10967.07万元，其中对公存款9049.28万元，个人存款1917.79万元，个人贷款余额631.4万元。

【打造兴业银行"三张名片"】

立足武平林改第一县的政治站位，持续加大环保机械、环境污染治理、新能源新材料等节能环保领域的信贷投入。财富银行方面，将专业化财富管理与综合化增值服务作为维护客户和服务客户的重要利器，为不同客群定制差异化金融服务方案，持续以高质量的财富管理业务和产品扎实助力共同富裕战略。投资银行方面，打造"商行+投行"2.0版，不断完善"投行生态圈"，持续巩固提升投行中介撮合、投资、交易和做市能力。

【推进数字化转型】

通过数字化赋能业务营销和经营管理，积极推广线上"兴闪贷"，在"e龙岩"平台数据基础上加入水电、个人资产等增信信息，创设具有龙岩特色的"快易贷"，提高审批通过率及审批额度。推行"互联网+不动产抵押登记"，实现武平县域、龙岩辖域不动产的在线抵押登记，有效提升业务效率和优化客户体验。

【筑牢风险防线】

严格把好资产质量关，坚持完善内控合规机制，建立综合授权配套机制，强化员工异常行为管理，围绕监管关注领域和经营管理过程中的痛点难点。始终坚持"人民至上、生命至上"，持续做好疫情常态化防控，加强办公、营业场所和人员防疫管理，同时做好疫情期间业务连续性应急管理预案，有效服务防疫大局，保障业务连续性。

【强化党建引领】

持续强化政治理论学习，及时传达学习贯彻习近平总书记重要讲话、重要文章和重要指示批示精神，开展一系列迎接党的二十大主题教育活动。持续推进党建与业务融合，持续推进"兴公益"惠民服务工程，让党旗在金融服务一线飘扬；通过搭建平台、交流经验、分享资源、解决问题等途径，促进党建工作融入企业、融入基层、融入人心；与武平洋畲村结对帮扶，多次捐赠资金用于该村主干道路 LED 路灯建设和群众文体广场建设，探索乡村振兴道路；在支行营业厅内设立"兴公益"惠民驿站，布设休息桌椅、饮水机、应急医药箱、充电宝、微波炉等便民设施，为社会公众提供"42+N"项综合便民惠民服务，积极鼓励员工参与公益慈善事业。

·中国人民财产保险股份有限公司武平支公司·

【概况】

2022 年，中国人民财产保险股份有限公司武平支公司（以下简称"人保财险武平支公司"）在上级公司的正确领导下，认真贯彻落实集团公司"卓越保险战略"，深入践行习近平总书记"以人民为中心"的发展思想，做"有温度的人民保险"。在以习近平新时代中国特色社会主义思想、党的二十大会议精神指导下，人保财险武平支公司围绕"六大战略服务"，以理念转变为抓手，以对标发展为引领，以盈利提升为导向，以合规经营为底线，推动公司高质量发展，取得了新成效。公司内设续保业务部、直销业务部、农网业务部、修理厂业务部、商团业务部、综合部、理赔分部 7 个职能部门，外设岩前营销服务部；全县共有 17 个"三农"综合保险工作站，公司员工共有 55 人。

【业务发展】

2022 年，实现保费收入 9129 万元，全险种市场份额为 58.22%，市场占比过半，在县域财产保险市场保持着领先和主导地位。其中，全年总车险保费收入实现 4434 万元，市场份额为 46.67%；实现非车险保费收入 2725 万元（含小三农），市场份额为 65.77%；实现农险保费收入 1969 万元，市场份额为 96.74%。2022 年度，人保财险武平支公司共计缴纳各项税款 728 万元。

【党建引领】

深化主题教育 严格落实"三会一课"制度，认真组织《中国人民财产保险股份有限公司武平支公司党支部 2022 年学习计划》，开展"第一议题"学习，全面深入学习贯彻党的十九届六中全会精神和党的二十大会议精神，取得扎实成效。

全面推进从严治党 党支部强化四风整治，深入落实《"八项规定"实施细则》，持续推进正风肃纪，严格执行《中共中国人民保险集团股份有限公司委员会贯彻落实中央八项规定精神实施细则》等公司关于党风廉政建设和纠风工作的有关规定，始终坚持正风肃纪，毫不松懈纠正"四风"，既承担党组织战斗堡垒作用，同时肩负公司全面发展各项业务的重要任务。

【内控合规】

加强风险排查，筑牢防控堤坝 2022 年，开展业务风险排查、假保单排查、非法金融活动排查、非法集资风险排查、防范养老领域专项行动等 10 余项风险排查；牵头各部门开展审计专项整改、不相容岗位排查，开展合规自查、持续深化内控合规管理建设，以问题为导向推进整改，不断加固风险防控堤坝。

加强责任追究，强化合规底线思维 严格执行员工违规行为处罚规定，严肃查处违反法律法规、监管规定或公司相关制度等行为，开展日常合规宣导、合规培训、合规警示教育，进一步提高合规经营理念，强化合规底线思维，构建依法合规的内部环境。

推进反洗钱工作，提升反洗钱履职能力 2022年，通过分析反洗钱监管形势、部署反洗钱工作、修订反洗钱内控制度、培训和宣导反洗钱知识、开展反洗钱工作自查等，扎实做好反洗钱基础工作；开展待确认可疑交易尽职调查、反洗钱"黑名单"客户尽职调查，洗钱风险排查，将反洗钱工作要求纳入业务操作规程，强化三项核心义务履行，切实提升反洗钱履职能力。

【企业责任】

2022年，人保财险武平支公司坚守"人民保险 服务人民"的初心使命，持续构建与广大客户的"命运共同体"。本县"5·27"特大暴雨灾害发生以后，人保财险武平支公司第一时间与政府相关部门和客户主动联系，理赔人员上山、入水、攀岩，晨炊星饭赴一线，迅速掌握农户的受灾情况，做好出险查勘、出险情况统计和安抚工作，做到快速查勘、特事特办，及时将理赔款送到受灾群众手中。

2022年，围绕武平县大事要事，人保财险武平支公司积极履行央企社会责任，争当"急先锋"和"排头兵"，得到社会各界的认可。全天候参与武平县全国文明城市创建工作，深入挂钩路段和碧桂园小区开展志愿服务；在面临疫情防控严峻考验前，积极响应县委组织部发出的有关通知要求，组织人员参与到岩前高速出口健康服务站工作中，勇当抗疫前线"旗手"。

2022年，人保财险武平支公司充分发挥国有骨干保险企业的引领示范作用，助力巩固脱贫攻坚成果。顺利完成全县烟叶种植保险承保签单工作，承保率达100%，为全县1066户烟农提供了3810万元风险保障；成功完成福建白兔养殖保险签单工作，为61万只福建白兔提供1200.28万元的风险保障；完成全县能繁母猪统保工作，共签单169户，为全县能繁母猪提供2169万元的风险保障；顺利完成种植业气象指数保险签单工作，为全县58个脱贫村合法种植的农作物提供500万元风险保障。

·中国人寿保险股份有限公司武平县支公司·

【概况】

2022年中国人寿保险股份有限公司武平县支公司（以下简称中国人寿武平支公司）实现总保费17370.91万元，其中长期险首年保费3102.53万元，同比增长37.17%，意外险1469.77万元，同比增长6.77%。2022年度总计发生理赔2435笔，理赔金额1458.31万元，赔付率31.89%。综合经营指标考核得分全市排名第二。

【党建工作】

落实基层党建工作重点任务 2022年，中国人寿武平支公司党支部有党员12名，其中在岗党员11名、退休党员1名，入党积极分子2名，营销员党员13名。本公司党支部加强组织建设，不断提升基层党组织的凝聚力、战斗力，为各项工作的完成奠定良好的基础，确保党建工作有效落实。

落实制度 严格落实好"三会一课"制度，坚持每月开展主题党日活动，积极丰富内容和形式，不断增强组织生活的吸引力和感染力；进一步强化基层党建引领，更好地服务社区居民，与南门社区积极开展"党建引领、社企联动、魅力国寿、福见南门"的党建共建活动，通过开展共建走访慰问社区困难党员等活动，为党建工作开启了新征程。

【全面从严治党】

严格落实班子成员"一岗双责"，严肃党内政治生活，明确班子分工，把党风廉政建设责任制与各自所担负的岗位职责有机结合起来，加强日常监督，加强对重点工作的廉政风险点排查防控，做到防患未然。加强案例警示教育，以案为戒，以案释法，树牢合规履职、清正廉洁的意识，筑牢防腐拒变的思想防线。严格落实中央八项规定，持续纠正"四风"，切实加强党的领导和党的建设，认真履行全面从严治党的监督责任，认真落实新时代党的建设总要求。高度重视中央巡视整改工作，以高度的责任感和使命感认真抓好整改，统筹兼顾，把巡视整改与发展业务有机结合起来，确保下沉问题按期整改完毕。

【内控合规】

守住风险防控底线，强化制度执行，增强全员案防意识，强化从业人员行为管理，加强合规风险日常监测和排查；全面排查整改案件风险点和经营管理薄弱环节，消除案件风险隐患，维护公司系统安全稳定，为高质量发展保驾护航。

2022年，全年常态化做好反洗钱、防范非法集资、扫黑除恶、防诈骗等法律法规的宣传，利用LED滚动播放相关标语30条，进社区、进学校、进企业宣传共12次，各渠道有效落实每月职场诚信文化建设，同时认真做好各阶段各主题工作。

【品牌建设】

持续推进柜面服务升级，把客户服务作为"我为群众办实事"实践活动的重要内容，2022年度临柜接待客户9116人，平均等候时长为4分20秒，平均办理时长为3分43秒，降低了客户等候时长；全力做好理赔服务E化推广，加强重疾一日赔宣导，对属于"一日赔"案件开设绿色通道，有效提升客户服务满意度，同时做好"经理接待日"活动，积极防范化解业务纠纷，积极处理客户的不满和抱怨，将问题处理于萌芽状态，着力化解新形势下的各类矛盾和问题，营造和谐稳定的内外部环境，确保维稳工作万无一失。通过开展"6·16"客户节、VIP客户体检、"少儿绘画"和"VIP客户年会活动"等活动，全面诠释国寿"1+N"服务。2022年与县教育资助中心联合组织"少儿绘画"活动，精心选送绘画作品282多幅，其中3幅作品获市公司奖。

【服务社会】

在疫情防控中，在日常做好本公司区域范围的防控举措外，组建国寿志愿服务队，积极响应政府号召，安排每月4组8人（每个班次8小时）分别在岩前高速口、205国道、大布村服务站做好入闽车辆和人员的扫码、引导人员落地核酸检测等工作，全力做好本县疫情防控的"守门人"。落实"脱贫不脱政策""我为残疾群众办实事"实践活动，2022年，组织党员干部开展上门慰问挂钩脱贫户（2户）共4次、上门慰问挂钩残疾人（4户）1次。积极参与当地抗洪防汛工作，2022年6月份派出党员干部、业务骨干5次深入象洞镇，驻扎在当地，与当地政府一起开展防汛抢险工作，并组织全体员工响应县红十字会号召，为抗洪救灾捐款2850元。用实际行动投身到全国文明县城创建中，做文明的实践者、践行者。从3月到9月组织国寿志愿队每天按班次轮流在挂钩路段东门市场和挂钩社区（南通社区）开展文明交通、卫生清理、对乱扔垃圾、驾乘摩托车不戴头盔、乱停乱放等不文明行为进行劝导。用我们自己的行动为武平县创建全国文明县城助力。积极参与"大爱龙岩·福满武平"活动，向卫健局捐赠指氧仪160台、向香樟社区10位困难老人捐赠被芯。

经济信息和科学技术

·武平县工业信息和科学技术·

【概况】

2022 年，武平县工信科技局坚持以习近平新时代中国特色社会主义思想为指导，以迎接党的二十胜利召开、学习宣传贯彻党的二十大精神为主线，坚决落实党中央、省市县决策部署，团结带领全体干部职工加压奋进、负重登攀，推动工信科技领域各项事业取得新进展、新成效。在 2022 年度重点项目百日攻坚战役中贡献突出，获市委市政府记公务员集体三等功、获县委县政府 2021 年度武平县全方位推动高质量发展落实赶超先进集体表彰和新型冠状病毒感染疫情防控工作集体嘉奖。2022 年，规模以上工业战略性新兴产业增加值占规模以上工业增加值比重全市排位第一；数字经济产业发展和高新技术企业年增加量全市排位第二；研究与试验发展经费支出占地区生产总值比重全市排位第三。

【工业信息化】

工业经济　围绕工业经济发展总体目标，全面加强运行调度，强化预测预警，全力稳住工业经济大盘。2022 年，规模以上工业实现总产值 227.2 亿元，增长 0.9%，增加值增速1.8%；工业固定资产投资完成 55.15 亿元，增长 10.7%；工业技改投资完成 51.6 亿元，增长 12.6%；五大先进制造业实现产值 205 亿元，增长 0.2%，培育新增规上企业 20 家。

赋能产业　17 个项目列入 2022 年省重点技术改造项目完成投资 9.16 亿元，完成年度计划的 117.8%；16 个项目列入全市 100 个重大产业攻坚项目超序时进度完成，综合评价全市第三；8 个园区标准化建设重点项目完成投资 7.11 亿元，占年度计划投资 5.28 亿元的 134.6%；武平高新技术产业园区在全省 10 个新增试点园区评价中获得综合考评第二；军民融合新谋划建设项目 6 个、新签约建设项目 5 个、新开工建设项目 4 个、新投产建设项目 3 个、新签约技术合作 4 个、新转化技术 3 个、实现民品参军 4.8 亿元。

产业发展　2022 年，武平县新型显示产业集聚区获评福建省省级数字经济核心产业集聚区，全省 5 个、全市唯一；武平县显示模组及材料制造产业集群获评首批国家中小企业特色产业集群，全国 100 个、全省 5 个、全市唯一；全县以新型显示为重点的信息产业企业达 102 家，其中规模以上企业 41 家（2022 年新增 10 家），2022 年，实现规上工业产值 60.7 亿元，增长 9.8%。

数字赋能　2022 年，新增“上云上平台”工业企业 16 家；希恩凯电子为全县首家“2022 年度福建省数字经济核心产业领域创新企业（瞪羚企业）”，世能科泰汽轮机冷端优化节能技术入选“2022 年度数字技术应用场景优秀技术、产品和解决方案”；希恩凯电子液晶显示屏智能制造项目入选省级智能制造工厂项目，龙兴九源科技产品数字化设计与仿真、生产计划优化入选省级智能制造典型场景项目；伊普思、鑫晟包装等 5 家企业通过两化融合贯标认证；塔牌水泥智能水泥工厂和数字矿山建设、金普达电路板内层+压合智能化制造、吉信德实木宠物家具智能制造系统数字化管理能制造系统入选省级新一代信息技术与制造业融合发展项目。

绿色低碳　制定出台《武平县工业企业绿色低碳节能减碳发展行动方案（2022—2025年）》《武平县"绿色经济发展走前头"实施方案》《武平县印制电路板企业转型升级管理实施办法》，逐步构建产业绿色低碳发展与绿色低碳产业发展相互促进、深度融合的现代化产业格局。

改革创新　2022 年，组织开展"企业服务日"12 场，现场帮助 167 家次企业解决诉求 118 个；扎实推进百名干部挂百企帮扶活动，挂钩领导干部深入企业参与帮扶活动 873 人次，解决诉求 130 个；举办三期企业管理提升工程培训班；召开 13 场"听股长讲政策"政策辅导会；帮助 64 家工业企业获得省中小微企业纾困专项贷款 1.62 亿元，10 家工业企业获得制造业融资专项贷款 4955.12 万元；组织实施奖励企业优秀员工免费游，发放 36 家次合计 198 张免费旅游门票；"党企新时空·政企直通车"平台企业注册用户达 286 家，办理信件数 129件，办结率 100%，满意率 100%。

【科学技术】

壮大创新群体　2022 年，依托新型显示产业集聚为优势和特色的科技支撑生态文明国家创新型县已通过专家评审，培育新增省"专精特新"中小企业 3 家，总数达 9 家，专精特新"小巨人"1 家；桐润联合、龙业光电、希恩凯等 46 家企业成功通过科技型中小企业评价；伊普思、岳凯科技、骏达电子等 6 家企业

成功申报 2022 年省科技小巨人企业，全县总数达 21 家；新增汉龙光电、桐润联合、金汇莱等 18 家国家高新技术企业，全县总数达 43 家；培育合信创展为全县首个省级新型研发机构；新增"梁野福民"农业科技为省级星创天地，全县总数达 6 个。

创新创业大赛成果　2022 年，福盛达电子 AG 防眩光液晶显示屏技术产业化项目成功入围第十一届中国创新创业大赛 2022 新型显示产业技术创新专业赛成长组全国半决赛，成为 70 个入围半决赛企业中的唯一一家福建企业；晶翔光电、合信创展、海圣科技等 3 家企业获得第十届福建创新创业大赛暨第八届龙岩市科技创新创业大赛优胜奖，合信创展晋级国赛；晶翔光电获得第七届"创客中国"福建省中小企业创新创业大赛暨第五届"创响福建"大赛企业组市级一等奖、光电专题赛省级二等奖；智芯生科创客团队获得创客组市级二等奖。

关键技术攻关　推荐新洲林化、晶翔光电、松花寨等 18 家企业实施的 18 个项目申报 2022 年省科技计划项目；推荐海圣科技、希恩凯、合信创展等 10 家公司实施的 10 个项目申报 2023 年省科技计划项目，申报项目数创历史新高，其中 STS 项目申报数居全市第一。

深化科技特派员制度　坚持把深化科技特派员制度作为推进"三农"的重要抓手，出台新时代坚持和深化科技特派员制度的实施方案，成立领导小组并在全县 17 个乡镇（街道）、2个园区设立科技特派员工作站。2022 年新选认省级个人科技特派员 34 人，团队科技特派员 13 个。2022 年，全县共有省、市、县三级科技特派员 169 人，其中省级 34 人、市级 35 人、县级 100 人；团队科技特派员、法人科技特派员共有 22 个，实现科技特派员创业和技术服务乡镇和行政村全覆盖、一二三产业全覆盖。以"我为武平作贡献·梁野英才立新功"系列活动为载体，组织科技特派员结合 2022 年高素质农民培训，深入东留、象洞等五个乡镇开展武平黄金百香果高产优质栽培、象洞鸡养殖等七

类技术现场培训；《新型职业农民的"学校"创新型企业家的"摇篮"——福建省武平县梁野农业科技星创天地纪实》获《中国农村科技》杂志刊登；"梁野山下忙耕耘，稻花香里谱新篇"被评选为省科技特派员工作优秀案例；省级科技特派员廖桂明、郝明灼分别被评福建省"最美科技特派员"并通报表扬。

文化及广播电视新闻　体育

·武平县文化体育和旅游局·

【概况】

2022年，全县累计接待游客536.84万人次，旅游收入35.19亿元，实现文化产值55亿元。本局被龙岩市体育局评为2021年度群众体育工作先进单位。在福建省文旅厅"文旅品牌强县正向激励项目"评比中，武平在全省文旅品牌排名第九，获评三等奖。

·旅　游·

【项目建设】

2022年，以项目引领，策划航空运动训练基地、红都前哨等29个项目，着力推进武平百家大院、武平生态休闲旅游度假区等16个重大文旅康养项目。六甲湖水上运动休闲基地建成并对外营业，心月公园国庆期间开园，县公共文化服务中心对外开放。

【招商引资】

2022年，利用国家开发投资集团等对口支援平台，主动对接文旅康养行业企业，邀请中国木屋协会、秦森集团、纳瑞德集团、安能集团、中旅置业、福旅等优质客商来武实地考察洽谈项目；跟踪洽谈飞兔旅游二消、兴贤坊祺园运营等5个招商项目。积极向上争取项目资金，共争取项目资金1918万元。

【宣传营销】

组织文旅企业开展"一月一主题"交流活动，共同开发旅游产品和线路，实现抱团取暖；运用社交电商、粉丝经济等网络营销新模式，深化营销宣传，拍摄《遇见武平》《局长带你游》《老广游武平》等宣传短视频；制作《带你飞》MTV，提升武平旅游知名度和美誉度；强化节庆营销，充分利用民俗活动、农产品采摘时节，举办丰收节、采摘节、田园音乐节、民俗文化节等节庆活动8场次，拉动流量经济；开展"全闽乐购—'来武平·我氧你'千万福利等着你"和"全闽乐购·福见武平"促消费活动；举办"免费畅游·福见龙岩"惠民活动暨"来武平·我氧你"燃情夏季系列活动；组织龙岩旅行社同业公会、广州市等地旅行社前来武平踩线，加大扶持招徕游客政策奖励力度，推动旅游市场复苏繁荣；借助"诗意厦门·幸福思明·山海之约"文旅推介平台，走进厦门、广西南宁、柳州、桂林，开展文旅推介会；组织参加龙岩市首届"客家美食宴"大赛，推出的"仙露珍珠"获得主食类金奖，"氧吧味道"获得全宴奖铜奖和"客家美食宴"名宴。

【乡村旅游】

围绕打造"环梁野山""环千鹭湖""环六甲水库"三大乡村振兴示范片，差异化培育打造大布村田野音乐部落、园丁村氧博士乐园等一批乡村旅游网红村；推进空军小镇、红四军入闽第一村、红都前哨等一批红色旅游村建设；同时注重引入梁野久谣公司等 5 家乡村旅游运营主体，开发系列旅游产品；"春生夏长'乡'约大美武平之旅"入选全国乡村旅游精品线路；城厢镇入选 2022 年福建省"全域生态旅游小镇"；城厢镇园丁村入选 2022 年福建省"金牌旅游村"。

【旅游业态】

利用环梁野山最美骑行线路入选中国体育旅游精品线路的契机，定期举办"七夕"骑游、自行车爬坡赛等赛事活动，推动"体育+旅游"，做好自行车骑游文章；编制骑行手册，在景区、酒店、乡村旅游重点村设置 5 个骑行驿站，配备骑行管家服务；完善骑行道路，丰富骑行文化，对六甲环湖道路、千鹭湖景区环道、四季田园通道等进行彩化，设置骑行文化打卡点；举办福建省自行车联赛（武平站）暨县直机关企事业单位骑行健身活动，大力宣传武平骑行文化，唱响"骑游武平·骑乐无穷"品牌；全面提升景区景点业态，千鹭湖景区建设帐篷、房车等五大营地，开发大众茶馆、林下经济馆、热气球、沙滩车等二消项目，获评第五批省级研学基地；梁野山景区开发仙女湖喊泉、花海露营、劳动实践、宇宙星际梦幻灯光主题园等产品；梁野山森林康养基地获评森林养生国家重点建设基地；万安捷文融趣"我有青山"露营地成功申报福建省帐篷露营地；桃溪新礤茶寮露营地国庆期间对外营业；开发"5"字头系列旅游产品和文创产品，策划推出"武平风物集""武平五宝"系列旅游商品，延伸消费链。

【规范旅游市场】

制定《2022 年"两节""两会""两奥运"期间疫情防控和安全生产工作方案》《全县文体旅游系统"防风险　保安全　迎二十大"安全生产集中攻坚行动实施方案》等方案，认真开展景区安全专项检查、消防安全检查等安全生产检查活动。2022 年，共出动检查人员 1300人次，检查文体旅企事业单位 200 多家次，排查一般安全隐患 26 条，均已整改。

·文　化·

【保护文化遗产】

文物保护和修缮工程　2022 年，持续加大文物保护力度，策划陈埔中书第、宁洋大夫第等新一批红色革命旧址县保修缮项目，争取文物保护专项资金 895 万元；持续推进文物保护修缮工程，重点推进淇澳园、梁野山白云禅寺等 2 处省保和迎恩门、许卓烈士纪念碑等 11 处县保单位及文物点的全面修缮，推进长征国家文化公园项目建设；活化利用省级文保单位梁山书院（红四军前敌委员会驻地旧址），举办"武平故事会"，现场讲演活动 36 场次，受众 3300 余人，成为文化休闲交流中心。

非物质文化遗产保护传承　深入实施国家级客家文化（闽西）生态保护试验区建设三年行动计划；2022 年，评定非遗传承教育示范学校 7 所和非遗传承示范基地 6 个，新增市级、县级非遗文化项目 8 个、14 个，新增县级非遗文化项目传承人 13 人；举办首届迎新春非遗展演并线上展播，出版非遗书籍《武平民间习俗文化》；积极开展非遗文化"五进"活动，举办闽西十番音乐、闽西汉剧公益培训班，常态化在梨园开展非遗节目展演 163 场次；兴贤坊传统文化街区入选 2022 年"全国非遗与旅游融合发展优选项目"，成为非遗旅游街区。

【发展文化产业】

深入实施文化产业发展三年行动计划。2022 年新培育文化产业企业 11 家；扶持中山良亚等 4 家企业申报为市级非遗工坊；天一广告公司、天然文旅公司被省文改办授予 2022 年度"福建省最具成长性文化企业"称号。实现文化产值 55 亿元，同比增长 14.6%。

【文旅基础设施】

2022 年，建成捷文村全国乡村旅游重点村游客服务点并对外开放，植入文旅功能提升 G357 线金桥服务区，培育千鹭湖湿地文化展示中心等公共文化旅游公共服务项目；完善全域旅游道路指示牌 52 块；加快推进公益图书馆建设，协助创办民间乡村、社区公益图书馆 12 个；建成武平县"书香政协"公益书屋联系点 4 个；新建树德堂牌匾博物馆、武平中央苏区馆、我有青山主题馆、中央苏区东南屏障展览馆等展陈馆；新建桃溪镇亭头村、城厢镇凹坑村、民主乡民主村三个百姓舞台乡村文化广场。

【文化惠民活动】

2022 年，开展"福见武平""喜迎二十大""强国复兴有我"、建军 95 周年军民联欢晚会等系列文化文艺活动，丰富群众精神文化生活；举办"读中华经典，颂时代华章"诵读比赛、少年儿童讲故事大王比赛、客家话比赛等赛事活动 23 场次；参与组织寻乌县承办的第五届客家戏剧联盟展演周，并经常性邀请客家戏剧联盟单位来本县巡演；积极开展兴贤坊特色街头文化艺术展演 49 场，服务群众 4700 余人次；编排《捷文春汛》《青山回响》《盘夫》《杂货记》等一批文旅演艺节目；培育群文类中级职称农村实用人才 3 人，进一步提升农村文艺团队演出水平。

【规范文化市场】

组织开展专项执法检查、"扫黄打非"护苗行动、"静夜守护"行动、打击整治文化旅游领域养老诈骗专项行动等各项专项检查行动，进一步规范文旅行业经营行为，净化文旅市场环境。2022 年共出动执法人员 1963 人次，检查经营单位 395 家次，责令改正 3 家，办结案件 8 起，罚款 2.6 万元。

·体 育·

【体育项目】

县智慧体育公园项目于 2022 年 12 月底基本完工；建设含有笼式篮球场、足球场、滑轮、羽毛球等 8 项以上运动项目场地；配建室外智能国民体质测试亭、智能健身驿站、20 件以上二代（智能）健身路径、不少于 2 公里的健身步道等体育健身场地设施，覆盖老年人、中青年、少儿等全人群健身活动需要；结合乡村振兴示范村建设推动体育产业项目建设，岩前镇大布村新建骑行道 5 公里；利用彩票公益金 2000 万元建设中山河国家湿地公园自行车游道阳民段 6.8 公里。

【体育设施】

持续实施《关于加大县公共体育设施以奖代补的建设实施方案》，采取以奖代补形式，鼓励多方推动乡村全民健身场所建设，着力构建"乡镇街道（社区）、行政村（小区）、自然村"三级公共文化体育阵地新格局。2022 年，新建（扩建）文体广场 6 个，新建自行车游道 13 公里；推动城区学校体育场所免费对外开放；落实省市县全民健身为民办实事项目，精心指导城区学校在严格落实疫情防控措施的前提下，持续为居民提供便利的运动场所，构建城区十分钟全民健身活动圈；在城市公园新建或完善各类健身设施和器材，在新建城市道路边同步建设自行车骑游道和健身步道，在心月公园新建健身步道、儿童健身广场等全民健身设施。

【体育活动】

健身体育 定期举办以自行车运动为主的各类品牌赛事和活动。2022 年，本局联合县工会、卫健局等 10 个单位举行以"低碳骑行·健康武平"为主题的武平县直机关企事业单位干部职工骑行健身活动，带动全民健身活动开展，推广骑行文化，唱响"骑游武平·骑乐无穷"旅游主题口号；持续实施《武平县体育协会建设及开展大型全民健身活动和赛事奖励补助办法》，扶持体育社团组织建设，推动本县体育协会组织建设健康有序发展，广泛开展全民健身活动。2022 年，全县有群众性体育协会 16 个、体育俱乐部 3 个，会员多达 5000 人；推动各体育协会、俱乐部组织开展武平县第四届"蓝域科技"杯围棋棋王赛、武平县"平安"杯乒乓球赛等形式多样的运动项目。

竞技体育 2022 年 8 月 11 日至 15 日，本县举办福建省第十七届运动会青少年部社会俱乐部组手球比赛，共有 21 支代表队 400 多名运动员参加了比赛，提升武平手球"一县一品牌"知名度；12 月 11 日，举办 2022 年福建省自行车联赛（武平站）暨武平县直机关企事业单位骑行健身活动，持续推进竞技体育水平上新台阶；2022 年，世界陆上赛艇锦标赛中，本县国家队运动员赖玮娟参加女子轻量级 2000 米的比赛，并以 7 分 10 秒 6 的成绩获得铜牌；2022 年，本县运动员参加全国锦标赛铁三、划艇、赛艇、羽毛球项目比赛，共获得 3 枚金牌、7 枚银牌、4 枚铜牌；在第十七届省运会比赛项目中，本县运动员共获得 10 枚金牌、5 枚银牌、8 枚铜牌；在市级锦标赛中，散打项目出队 14 人共获得 4 金 1 银 5 铜，并获得女子团体冠军。

·福建新华发行（集团）有限责任公司武平分公司·

【概况】

2022 年，在集团党委和县直宣传党委的领导下，福建新华发行（集团）有限责任公司武平分公司坚持以党的二十大精神和习近平新时代中国特色社会主义思想为指导，紧紧围绕集团"十四五"发展规划和二〇三五年远景目标集团下达的经营发展六项指标要求，以实施"三提三效"行动和"五比五看"竞赛活动为抓手，统筹疫情防控、安全生产和经营发展，全力抓好各项工作落地落实，不断提升"抓党建、严管理、促主业、补短板、强弱项"的工作力度和工作质量，全年实现营业收入 2214.41 万元，利润 94.64 万元。

【图书发行】

主题出版物及政治理论读物发行 学习好、宣传好、贯彻好习近平新时代中国特色社会主义思想和党的二十大精神，充分发挥新华书店作为党的宣传思想工作的主渠道、主阵地作用。通过制定征订办法，落实征订措施，实行网格化、全覆盖征订等形式，发行党的二十大文件及学习辅导读物、《习近平书信选集》（第一卷）、《闽山闽水物华新——习近平福建足迹》《习近平谈治国理政》（第四卷）等主要政治读物合计 17012 册，码洋 196 万元。

一般图书发行 以新华书店建店 85 周年为契机，开展"新华书店建店 85 周年——感谢读者系列优惠活动""4·23 海峡读者节""全民读书月，新华悦读季""暑假读一本书"及"中小学课外大阅读"等活动，丰富和拓展活动内涵，推进全民阅读"八进"活动开展，引领大众阅读，满足人民群众的精神文化需求，实现经济效益与社会效益双俱佳。

教材教辅发行 坚持为教育教学服务思想，在稳固目录内教材教辅的基础上，积极拓展目录外教辅市场，为学校师生提供优质教材教辅；针对秋季部分小学课本出现插图问题，面对新情况、新问题、新挑战，公司积极面对，制定公司《2022年秋季教材教辅发行工作应急预案》，发扬"5+2""白+黑"精神，在9月1日前顺利完成"课前到书、人手一册"的政治任务。

补短板强弱项工作 关注教育教学装备市场，创新业务项目。中标武平初级中学功能室设备采购项目、县实验幼儿园校服项目、中远上城读书吧图书室桌椅采购项目，累计实现营收65.52万元；抓好"图书漂读"点建设，与梁山书院、岩前公益书吧、武平县青年朗诵协会签订图书漂读协议，推进"书香武平"建设；积极开展研学业务，开展"新华小作家""新华小朗读者"研习营活动。

【制度建设】

加强图书进销意识形态管理，把好进货关、销售关、宣传关。加强集团财务预算管理，严格执行中央八项规定精神及实施细则，严把费用支出审批关；加强应收账款和存货管理。对应收款进行跟踪和控制，做好债权对账工作，防范呆账风险的发生，降低企业潜亏风险。加强公司房产租赁管理，落实集团减租政策，对租户减免三个月租金；加强安全生产管理，严格落实安全生产责任制，举办消防安全知识培训演练，强化安全意识，确保安全生产。加强门店管理，制定公司门店管理配套十项制度，规范经营行为，促进门店提质增效。

【党建工作】

落实"抓党建"工作要求 以创建基层党组织示范点为契机，积极开展"'忠诚在心、岗位奉献'对党忠诚教育"活动及"五比五看"竞赛活动，围绕在忠诚拥护"两个确立"、坚决做到"两个维护"上做表率，推动党建引领；把好思想关、宣传关、舆情关、发行关、网络关，严格落实党风廉政建设责任制；认真履行"一岗双责"，开展廉洁文化教育"五个一"活动，确保无违法违纪行为发生。

创新党建活动载体 配合县委宣传部开展"喜迎二十大 传承红色基因""七一"主题党日活动，联合县博物馆党支部在捷文村联合开展《闽山闽水物华新——习近平福建足迹》读书分享会，通过联合支部共读的方式，掀起学习习近平新时代中国特色社会主义思想新热潮。

【文明建设】

精神文明创建工作 与七坊社区结对，共同开展创建第七届全国文明城市任务，积极深化"我为群众办实事"活动，着力解决七坊社区整治社区环境问题；组织开展挂钩路段志愿服务工作，根据县创建第七届全国文明城市要求，开展挂钩路段志愿服务，以提升城市管理水平，改善居民生活环境；开展高速出口值班服务，严格落实常态化疫情防控，遵守"外防输入、内防反弹"的防疫规定。

文化惠民活动 在推进全民阅读"八进"中，通过图书捐赠、流动售书、图书漂读等方式服务群众，让更多群众享受阅读的快乐。

参与礼遇道德典范项目 关爱道德模范，弘扬时代新风，为"道德模范"及"中国好人"入店购书提供折扣优惠，荣获"礼遇道德典范爱心单位"。

【网点建设】

2022年7月，公司投资200万元的广场书城升级改造项目开工建设，11月竣工；改造后的广场书城面积640平方米，环境优美，设施完备，功能齐全；书城集图书销售、阅读学习、亲子互动、文化沙龙、休闲聚会多种业态于一体，充满现代书香气息，更好地服务人民群众对阅读生活的新期待。

城市规划建设与管理

· 城市规划建设与管理 ·

【城市建设】

2022年，实施12个重点城建项目（不含房地产），总投资25.815亿元，年度计划投资3.86亿元。截至2022年年底，心月公园、沿河东路（大门大桥至附小段）、平南路东段、沿河西路三期、东门片区雨污分流改造工程等项目建成投用，28个老旧小区基本完工，县生活垃圾焚烧发电项目建成投产并网发电，进一步提升城市建设品质。积极向上争取资金，按翻番的目标任务要求，2022年，累计策划生成项目22个，获得中央、省级补助资金10019.88万元，完成政策攻坚任务的173.41%。

【村镇建设】

建房管理 严格落实建筑风貌管控"带图审批"制度，加强在审批、制度落实及质量安全等方面管控，各乡镇（街道）均配备1~2名工程施工专业管理人员，严格落实"四到场"巡查制度，建立巡查留痕制度，将建房审批手续以及施工关键节点和竣工验收到场巡查的资料，根据工作进度及时归档备查，形成"一户一档"，并录入本县房屋信息管理平台。统筹制定镇村干部和农村建筑工匠培训计划并指导、推动实施。2022年10月26日，采取线上+线下模式对农村建筑工匠进行培训，做到农村工匠轮训一遍。

农村垃圾分类 2022年，实施永平镇垃圾分类试点和试点村，召开全县农村垃圾分类现场会。永平镇印发《永平镇垃圾分类工作实施方案》《宣传贯彻龙岩市垃圾分类管理办法的实施方案》，明晰责任目标和工作要求，建立"水陆保洁一体化"机制；完善分类设施，对各村老旧垃圾桶更换为干湿垃圾桶；建设垃圾分类亭及垃圾兑换超市，引导群众分类投放；合理规划湿垃圾沤肥点，结合各村实际建设湿垃圾沤肥点，为湿垃圾的处置提供保障。2022年，实现总体垃圾减量18.8吨。

集镇示范街区改造提升 2022年，实施十方镇、中赤镇集镇提升改造。十方镇岩前街改造项目基本完成沿线雨、污管线、电力、通信管线、燃气管线安装预埋，检查井砌筑、涵洞改造等。截至2022年年底，完成工程量约占项目总工程量的70%，完成投资约850万元；中赤镇集镇提升改造项目于2022年8月19日开工，已完成农民街K0+20至K0+660路段雨、污管道开挖、埋设及检查井砌筑，农民街路段及镇政府道路通信管道等。

历史建筑修缮保护 2022年，需修缮历史建筑20处。武东镇丰田村王氏家庙、湘店镇嘴上古民居、湘洋村塘头屋围龙屋等10处均已完成修缮，剩余下坝乡露冕村邱氏家祠等10处历史建筑尚正在修缮当中。

传统村落保护提升 岩前镇大布村传统村落保护整治提升。2022年，实施历史建筑修缮保护及活化利用5处以上；吴氏围龙屋、王氏家庙和双元居已修缮完成进入待验收阶段；灵初公祠尚有部分收尾工程。

乡镇污水管网建设　14个乡镇污水处理厂，总处理规模1.34吨/日；桃溪镇、中赤镇、十方镇等乡镇污水管网铺设已基本完工，2022年，全县共实施乡镇污水管网延伸约22公里，完成投资约600万元；2022年征收乡镇污水处理费125.05万元。

新时代农村社区建设　大布村农村社区总体设计规划方案初稿已完成，已将规划区内的各种类型建筑权属摸底，梳理出需拆除及需清理的老旧危房。截至2022年年底，已拆除老旧房屋30套，拆除杂房18间，土地整治2000平方米。

【建筑业发展】

2022年，建筑业总产值130.95亿元，同比增长14%，增速全市排名第一，建筑业增加值50.13亿元，同比增长9.2%。2022年，晋升一级资质企业2家，迁入二级资质企业2家，新引进三级资质企业3家。二级资质企业准备晋升一级资质的有鑫中坤建设工程有限公司、福建省武平县兴业建筑工程有限公司、福建省武平县成泰建筑工程有限公司。2022年，全县施工总承包企业120家，其中一级5家，二级21家，三级94家。

【房地产业发展】

2022年1月至12月，累计销售28.58万平方米，同比增长－5.6%；全市平均增长－26.9%，比全市平均增长高21.3个百分点。

【住房保障工作】

2022年，共开展保障性住房配租工作3批次，惠及100户268人，发放廉租住房租赁补贴1.35万元，惠及13户21人。2022年对本县848户在保家庭的收入、户籍、房产、车辆等信息进行资格复核，审核发现不通过的在保家庭27户，均已取消保障资格；开展一次全覆盖入户巡查，巡查中发现存在违规行为的在保家庭49户，其中33户存在空置闲置、11户存在转租、5户存在转借。排查发现存在违规行为的49户在保家庭在限期内自行整改27户、腾退18户、取消保障资格4户。

【行政审批】

2022年，共办理行政审批事项3035件，其中行政许可事项281件，公共服务事项39件，其他行政权力2574件，行政征收126件，行政确认15件，征收城市基础设施配套费1282.89万元；进一步提升工程建设项目审批效率，在"五级十五同"目录的基础上，进一步简化审批环节、压缩审批时限、简化申报材料，其中房建市政工程项目施工许可阶段3个事项精简到最多只需21个申报材料，竣工验收阶段5个事项精简到最多只需18个申报材料；施工许可阶段由42个工作日缩短为2个工作日，竣工验收阶段由100个工作日缩短为5个工作日；实行并联审批44个项目，实行联合竣工验收20个项目；县住房和城乡建设局窗口荣获省总工会"五一先锋号"表彰。

【人防建设】

全面完成人防指挥所建设，完成投资400万元；到2022年年底，完成防空地下室建设竣工项目4处，修建防空地下室面积6477.87平方米，审批就地修建人防工程6处，面积10650.8平方米；全年已审批101件，已收取易地建设费166.78万元；指导武平县中明天然气有限公司编制完善应急救援方案，并于2022年6月30日在碧桂园小区举行液化气泄漏时的人防应急救援演练；9月18日，在中梁首府A区组织了"武平县2022年'9·18'防空警报试鸣暨人民防空综合训练演练"活动，100余人参加活动。

【安全生产】

市政房建项目监管 2022年，受监在建房建市政项目65个，其中房建项目57个、市政项目有8个。全年累计检查203次，专项检查67次，突击检查60次，局部停工2个。每季度均对在建受监项目开展双随机检查，累计抽查项目53个，对施工现场安全隐患进行查找，涉及现场安全检查项4240条次，发现315条次检查项存在记分问题；对现场混凝土实体强度进行抽测，累计抽查项目29个，95个构件，抽查构件均符合设计要求；2022年，施工企业累计扣479.08分，监理单位累计扣375.8分；办结建设工程消防设计审查10件，消防验收7件，工程消防验收备案及备案抽查13件，专项检查60次。

城镇燃气 2022年，牵头组织部门检查54次，出动人员168人次，累计排查隐患76处，均已完成整改。全县原84家瓶装液化气供应点现已优化整合成27家，完成三家场站提标改造。2022年，武平使用燃气的餐饮行业共698家，已安装燃气泄漏报警器的有698家，安装比例100%

城市供水 本县城区有水厂2个，城市供水能力达到4万吨/日，日用水量3.6万吨/日，城区二次供水小区20个。2022年，二次供水卫生安全整治共发现问题23个，下发整改通知书4份，问题已完成整改。

自建房安全排查整治。在"4·29"居民房屋结构安全整治"回头看"工作开展的基础上（含七类重点房屋），对全县经营性自建房排查情况进行汇总梳理；2022年，全县经营性自建房有3692栋，其中一般性安全隐患且涉及经营性的房屋3栋（平川3栋），2栋已加固，1栋正在整治；涉及经营性存在重大安全隐患的房屋有2栋（平川2栋），一栋已拆除，另一栋已加固。

·城市管理·

【"两违"综合治理】

巡查制度 建立健全农房建设安全五级网格化巡查制度，细化各级网格员的工作职责、工作流程、工作标准和监督考核办法。2022年全县共有五级网格责任人员806人，共出动巡查6000余人次，发现"两违"问题线索382起，其中现场制止162起，配合拆除220起。

治违模式 坚持"露头就打、出土就拆"的原则，严格落实"周清月结"机制，将自拆、助拆、强拆相结合，动之以情、晓之以理、诉之以义，积极引导违建户落实限期自拆。强化五级"网格化"巡查举措，除地面全面实行定人定岗网格化巡查外，还提高无人机在空中巡查频率，确保"天上看、地上查、网上管"科技控违攻坚战落到实处。

审查"两违"行为 依法依规对入党资格、干部晋职晋级资格村（社区）两委候选人、小区业主委员候选人等审查，涉及"两违"的资格审查1000余人，其中有9人存在"两违"行为被取消候选人资格。

清查"两违"行为 2022年，共处置"两违"283户64.57万平方米；制止乱占耕地建房5起；"两治一拆"专项行动拆除、清理3112余户（处）面积27.96万平方米；拆除小区违建、钢棚、小型违建约1534平方米；拆除立式大型户外广告、破损灯杆广告、破损单立柱广告、户外大型壁挂、破损三面翻广告等各类户外广告241多个，面积约3616平方米；处置卫片执法案件150余件；部门协同停水处理17宗，停电处理27宗。

【城市管理】

重点项目 2022年为城区市政公用设施功

能完善提升工程，项目总投资1500万元，涉及市政零星维护、园林绿化、垃圾分类等。截至年底，完成项目投资1520万元，完成年度目标任务。

窨井盖整治　2022年9月，县政府分管副县长召集各窨井盖权属单位召开窨井盖安全整治专题会议，并结合本县实际制定工作方案。截至2022年年底，各管线权属（责任单位）单位已完成各类窨井盖普查建档工作。

提升城市管理品质　结合实际制定《武平县城市管理品质提升年专项行动实施方案》，各牵头单位积极推动工作落实，取得良好实效。2022年，武平县共生成52个项目，截至12月底，已完成44个项目。

【生活垃圾分类】

宣传引导　制定下发《武平县城区生活垃圾分类宣传工作方案》，明确工作任务、工作措施、相关部门工作职责以及工作要求；开展"红耀武平·靓城有我"垃圾分类志愿服务活动；深入开展垃圾分类宣传进机关、进社区、进企业、进校园、进商超、进宾馆等主题宣传教育活动，2022年共计2000余居民参加活动，发放宣传资料3.5万余份；县融媒体中心电视综合频道播放垃圾分类公益广告1380次；"武平发布"微信公众号推送转载、原创垃圾分类相关文章39条；"武平新闻网"网站发布垃圾分类相关内容26条；视频号发布公益广告短视频20个；2022年11月24日新华网福建频道对武平的垃圾分类特色做法进行专题报道。

分类体系　加强点位建设，在城区60个居民小区及公共区域建设160个投放点（其中智能垃圾分类投放点76个）；配置分类收集桶850个，覆盖居民22000多户，覆盖率达76.1%；各投放点配置点位服务员，督促指导居民定时、定点分类投放。建立分类收运市场化机制。配置分类收集收运车16辆，明确收集路线，做到专人专车定时定点分类收集清运。

积极推进末端处置建设，建成日处理300吨的焚烧发电厂，并于2022年12月底正式投入使用。

特色亮点　开展"垃圾桶革命"，对政府路、沿河西路、北河西路等城区主干道垃圾分类箱体进行优化提升，安装使用新型不锈钢垃圾分类箱300个，有效防止垃圾外溢和臭气扩散，观瞻性、实用性和功能性得到有效提升，进一步美化了城区环境。建设垃圾分类主题公园，利用城区东门苑公园原有景观，植入主题墙、宣传长廊、小品设施等垃圾分类元素，建设智能垃圾分类屋，形成集休闲娱乐、宣传教育为一体的垃圾分类主题公园，让市民在寓教于乐中增强生活垃圾分类意识。打造垃圾分类宣教基地，利用教育路环卫爱心驿站空间，建成本县首个垃圾分类宣教基地，成为市民学习垃圾分类知识的重要场所；市民通过精心设计的宣传栏学习垃圾分类知识，使得垃圾分类新时尚在本县蔚成风气。

【文明城市创建】

市容秩序　2022年3月，首倡市容环境秩序"一月一整治"活动，紧紧围绕创城总目标，通过集中开展卫生大清扫、环境大整治、交通大整顿、市场大清理、违建大治理等系列整治，进一步提升本县城市整体品位。2022年开展市容环境秩序"一月一整治"活动33次，出动人员1117余人次，共劝离流动摊贩经营262起；劝导并纠正店外店占道经营821起；清理违规广告253处；规范停放摩托车、电动单车1061辆；修复破损市政设施69处；劝导空调外机随意滴漏11起；清理店外乱摆放的杂物21车次；劝导公共区域随意摆放物品行为27起；疏通下水井盖2处；督促清理占道堆放建筑垃圾等59起；拆除违规地锁53个。

园林绿化　及时补植绿化苗木。2022年对于行人横穿马路踩踏造成的道路中分带绿地裸露及公园的地被、苗木及时进行补植；共补植香樟、秋枫、天竺桂和黄山栾树等行道树 83 株；补植三角梅、高脚木、红花继木和红叶石楠等灌木约 5000 平方米，安装修复护栏约 1100 米；有效消除黄土裸露，保护绿化成果，最大限度实现绿地景观整体提升。修复公园广场设施，开展公园广场设施设备大检修行动，2022 年完成公园破损地面修复 40 处，修复主次干道行道树树池石、绿化带路缘石等 35 处，更换公园防腐木修复 12 处，更换修复公园广场下水道水泥盖 15 处，修复损坏花圃 5 处，修复公园破损椅子 10 处，更换公园破损老旧公益广告约 50 处。

市政设施　为进一步提升市政基础设施服务质量，市政维护所对城区道路设施大力开展排查整治、及时梳理发现存在问题的设施设备，并安排维护队伍进行维护修缮。2022 年，施划汽车泊位约 300 个、摩托车位约 1800 个，维修路面 4000 余平方米，新建人行道透水砖 500 余平方米，整修路缘石 230 余米，整修隔离护栏 180 余米，更换整修人行道盲道约 900 平方米，安装指示标志牌 10 处；维修、清掏、更换雨水篦子、井盖 620 余处，疏通管道 350 余米，维修路灯 320 余处，维修夜景约 650 米。

市场管理　增加投入，完善市场设施。2022 年 7 月份以来天宏市场公司共投入 30 余万元对蔬菜摊、鱼摊、店招店牌进行改造，更新各种公益广告 62 幅；对电力线路、灯罩、价格栏、公共座椅等进行改造，提升市场服务功能，改善市场消费环境。加强整治，市场秩序好转。2022 年，全面整治清理市场内占道经营、加摊、跨区域经营现象，清理乱堆放杂物等，对不服从管理的坚决予以处理；创城期间共作出出具警告函、扣除保证金等处罚 6 起；临时聘请 8 名工作人员，整治三个市场内外摩托车停放秩序。常态化疫情防控工作，加强城区三大农贸市场从业人员及来往人员的健康管理，落实张贴使用场所码、查验"三码"、测体温等措施，做好"应检尽检""一周两检"，并向经营户和消费者免费发放口罩 5000 余个。

开展市场综合整治工作。2022 年，组织三口塘集市进行秩序维护行动 35 次，组织中闽农贸市场综合整治行动 4 次，拆除路缘斜坡 8 个，清理垃圾、杂物 4 车，劝导流动摊贩、店外店经营 210 起。

环卫保洁　环卫作业机制，强化清、收、转、保、挂、督"六字"管理，实行定点、定人、定岗、定时"四定"制度，推行网格到点、责任到人网格化管理模式，建立快速发现、汇报、对接、处置"四快"应急工作机制，不断提升环卫保洁的层次水平和工作成效。强化措施落实，根据创城体系标准，从九个方面督促承包企业和工作人员认真落实城区一级环卫清扫保洁、垃圾收集转运、公厕管理等工作。

【环卫服务】

2022 年，投资 280 万元，服务期 3 年，建设内容为将受污染地下水收集处理，达标排放，项目于 2022 年 1 月投入运行，日处理地下水 180 吨，目前设备运行稳定。垃圾填埋场渗滤液应急处理租赁一体化项目，租赁日处理 200 吨 DTRO 设备一套，确保渗滤液能得到有效处理。垃圾填埋场日常运营管理，运营公司能按规范作业填埋，渗滤液处理站运行正常，日填埋垃圾 180 吨，渗滤液处理 150 吨。监督县生活污水处理厂日常运营，重点督促完成省、市住建部门检查发现问题的整改工作。2022 年，县生活污水处理厂未发生安全事项，运行正常。

【物业管理服务】

积极推进"红色物业""红色业委会""小区党支部"的党建引领工作，努力实现"三红"物业小区建设。2022 年全县物业行业党员 69 人，成立物业党支部 16 个，于 2022 年 6 月底提前完成"红色物业"全覆盖任务，覆盖率达 100%；以"红耀武平，五心物业"党建品牌为载体，打造"五心"（热心、尽心、耐心、贴心、爱心）服务理念。物业管理考核机制。

2022年，积极开展物业小区星级评价活动，评价工作由物业服务中心牵头，乡镇（街道），社区，小区党支部、业委会、业主共同参与，各方逐步形成协作、和谐、共赢的物业管理新格局，进一步规范物业服务行为，提升小区物业服务品质。小区电动自行车充电设施建设和安全管理。2022年，制定本县电动汽车及自行车充电基础设施建设三年（2022—2024年）行动目标和《武平县物业小区电动自行车消防安全综合治理工作方案》，督促各小区物业服务企业加强电动自行车消防安全管理，规范车辆停放，确保住宅小区整洁、安全、和谐、有序。2022年，推动相关物业小区建设完成电动自行车停放充电位400个，超额完成年度任务。

【工作亮点】

助力车运营管理　2022年，针对共享助力车不规范停放以及哈啰出行公司认为本县共享助力车市场偏小、收益率低、不愿意追加投入建桩的问题，本局及时约谈哈啰出行公司武平营运中心负责人，并主动写信给哈啰出行公司总部，从提高共享助力车规范化、标准化管理水平的角度和打造哈啰出行"武平模式"、全国标杆的高度，督促哈啰出行公司加大设施设备投入，完善管理制度，提升运营管理水平；通过建立宣传引导机制、巡查督导机制、定期会商机制、考核管理机制、科学调度机制，有效规范共享助力车管理，创造"三个全国第一"，即第一家实现智能头盔县域城市、第一家实现有桩还车县域城市、第一家配备头套及头套回收箱城市，本县实行共享助力车有桩停放的做法，得到第七届全国文明城市中期实地测评中央检查组的高度肯定。

柔性执法措施　2022年8月以来，为教育引导相关驾驶员规范渣土运输行为，本局对渣土违规运输当事人采取柔性执法措施，要求当事人将自己违章运输的时间、地点和行为发到朋友圈，保证不再违反，并集满40个赞后才能离开；如当事人不愿采取集赞的方式，也可以自愿接受相应的行政处罚。此举创新渣土运输教育管理方法，通过发朋友圈集赞的方式接受警告处罚，从"人性化"角度出发，实现"教育一人、引导一群、规范一片"的精细化管理目标。

志愿服务活动　为进一步增强广大市民群众的文明意识，从2022年4月15日起，县城管局结合市容环境秩序"一月一整治"行动，联合群团组织、工商联、总商会、义工组织等单位开展"红耀武平·靓城有我"志愿服务日活动，共开展志愿服务活动20场（次），发放《红耀武平·靓城有我》倡议书、《打击整治养老诈骗》等宣传材料5940余份，劝导不文明行为343人次，规范摩托车（含电动车、自行车）停放294辆，劝离流动摊贩62起，清理垃圾80袋。

单位停车场对外开放　从2022年10月起，武平县城区21家机关企事业单位500个停车位实行周末和法定节假日对外开放并采取各项科学安全措施，给群众带来切实便利。

教育、卫生和计划生育

·教 育·

【概况】

学校布局情况 全县现有中学 19 所，其中高中 2 所、完全中学 1 所、初级中学 16 所（含九年一贯制学校 1 所）；职业中专 1 所；完全小学 42 所、教学点 3 个；中小学生社会实践基地学校 1 所，特教学校 1 所；公办幼儿园 30 所，经年检合格的民办幼儿园 57 所。

师生分布情况 2022—2023 学年，全县在职公办教师 3923 人，在校学生 55764 人，其中高中 4933 人、初中 9827 人、小学 26070 人、幼儿园 12745 人、职专 2003 人、特教学校 186 人。

【政治建设】

强化思想理论武装，坚决捍卫"两个确立" 深化理论学习中心组学习。把深入学习宣传贯彻习近平新时代中国特色社会主义思想和党的二十大精神作为首要政治任务，将年初对市、县要求的 20 个必学专题进行统一安排，并根据工作实际安排"四史"教育、党内法规、法治、总体国家安全观、安全生产等内容学习的"自选动作"。每月至少安排 2 次专题学习并明确主讲人，每季度至少安排 1 次研讨学习；全年开展中心组学习 19 次，其中 7 次专题学习研讨。推进党史学习教育常态长效。2022 年，各学校均建立思政"第一课堂"制度和定期研究思政工作制度，组织开展各类红色教育主题活动 160 多场次，参与师生 5.9 万人，推动党史更好地进教材、进课堂、进头脑。开展喜迎和庆祝党的二十大系列活动。组织开展"喜迎二十大、理论好声音"理论宣讲精品课视频制作活动，并向县委宣传部推送 4 个精品课视频；开展"喜迎二十大 奋进新征程"主题党日活动，全县教育系统组织收听收看中国共产党第二十次全国代表大会盛况，教育系统召开学习宣传贯彻党的二十大精神会议；2022 年 11 月 16 日，教育局党组（教育系统党委）理论学习中心组（扩大）开展党的二十大精神集中专题学习研讨，并邀请县直机关巡听旁听组到场指导。

创建党建品牌，发挥战斗堡垒作用 强化主责主业意识，牢固树立"抓好党建是本职，不抓党建是失职，抓不好党建是渎职"的主责主业意识，把加强和改进党的建设作为重大政治责任，坚持全面从严治党，围绕中心抓党建、抓好党建促业务。开展"达标创星"活动，落实"三会一课"、主题党日制度，加强能力培训，确保党员每年参加集中培训达到 32 学时以上。2022 年 9 月，开展为期 2 天的党员教师廉政教育全员培训，组织 20 名党组织书记参加第六期全国中小学校党组织书记网络示范班培训。重点培养城厢中心学校、武平一中等 6 个市县级党建工作示范点和联系点，积极培养刘亚楼红军小学、武平二中等 6 个党委层面的党建工作示范点和联系点。深化学校党建

"优师"工程，持续深化"红领行动——学校党建优师工程"党建品牌，推动进家入户、党员志愿服务等制度化常态化。深化实施"党员回家工程"，组织1300多名党员积极参与疫情防控、扫黑除恶、创建全国文明城市、防电信诈骗等中心工作。2022年，3名党员校长被评为第二届"梁野英才"优秀校长，47名党员教师被评为第二届"梁野英才"优秀教育工作者，36名党员教师被评为第五届"梁野英才"优秀教师（优秀班主任）。

明确主体责任，坚持从严治党　加强全面从严治党暨党风廉政建设，认真学习贯彻落实习近平总书记关于全面从严治党的系列重要论述和中央、省市县纪委全会精神。2022年5月，召开教育系统2022年全面从严治党暨党风廉政建设工作会议；7月召开全面从严治党半年分析会并对查摆问题制定整改方案。加强"关键少数"监督管理，落实党组（党委）"一把手"与领导班子其他成员、领导班子成员之间一年2次的谈心谈话要求；专题学习《关于加强新时代廉洁文化建设的意见》，把廉洁要求贯穿日常教育管理监督之中，从严管好亲属子女、管好身边的工作人员。注重风险防控，制定《武平县教育局党组　武平县教育系统党委2022年廉政风险防控实施方案》，明确局机关廉政风险点，强化对资金使用、招生考试、选人用人、职称评聘、公物采购等重点环节、重点人员的监督管理。通过集中廉政谈话或下发通知、廉政案例，加强元旦、春节、五一等节假日的廉政教育。抓好问题整改，督促县进修学校、电大完成省纪委来岩第四季度政治监督反馈问题整改，问责11人次；9月中旬，接受市对县全面从严治党主体责任伸延检查，并针对发现的6个问题制订整改方案；对照《武平县委巡察发现共性问题清单》，自查5个问题，制定10条整改措施；扎实有效开展"校外培训机构不规范、城区中小学课后服务质效不高"等4个群众身边腐败和不正之风突出问题"点题整治"工作；对违规违纪的党员、教师进行党纪、政纪处分10人次；对学校校长离任审计、考试督查、防疫督查和案件问题线索中发现问题的26名校长、教师进行问责。

【实现教育综合改革新突破】

推进中小学教师"县管校聘"改革　2022年，共组织30位教师在城区学校之间交流竞聘，46位农村学校教师入城竞聘，130多位教师跨校竞聘或支教服务；安排148位新任教师在城区学校跟岗锻炼，按照"资历（50%）+教绩（50%）"的考评量化办法实施职称聘任，实现城乡之间、校际之间教师均衡配置，增加教师的责任意识、危机意识和担当意识。

推进办学机制改革　2022年秋季，实验中学开始实行集团办学，实验中学本部与崇文校区互派11位教师、共计22位教师进行交流任教，集团化办学实现新突破。

深入推进城乡教育一体化改革发展　不断提高乡村教育发展水平，加快推进县域教育从基本均衡迈向优质均衡。确定武平一中、实验小学、第二实验小学、第二附小、中山中心学校、十方中心学校、象洞中心学校作为2022年的试点学校，稳慎推进党组织领导的校长负责制。

打造"阳光教育"品牌　深化"阳光招生"，让每个孩子都能接受更高质量更加公平的教育。深化"阳光绩效"，突出体现师德和教绩导向，营造向上向善的正能量；深化"阳光调配"，促进县域内师资均衡配置；深化"阳光评聘"，营造"能者上，庸者让"的良好氛围；深化"阳光助学"，让每一个贫困孩子都有条件接受教育，充分感受到党委政府的温暖。

课后服务扩面提质　全县中小学全都覆盖推动2+N的课后服务模式（"2"即作业辅导和体育活动2项基本服务，"N"即学校结合优势特色、学生需求开展科普、文艺、劳动、阅读、兴趣小组及社团活动等拓展服务）；开展课后服务点题整改工作，进一步拓宽课后服务渠道，提升课后服务质效，切实解决群众接送孩子困难、辅导作业有难度、校外辅导高收费等急难愁盼问题；开展"假期官方带娃"服务。

减轻学生作业负担 制定下发《武平县教育局关于进一步加强学生作业管理工作的通知》《武平县教育局关于加强初中学校作业管理的通知》等有关文件，学校均按要求制定和实施作业管理工作方案。严格控制学生作业量，初中作业平均每天不超过 90 分钟、小学不超过 60 分钟；优化作业设计，组织教师做好作业选编，尝试改编，精准设计作业；合理布置分层作业、弹性作业和个性化作业；专门成立武平县中小学学科分层作业研究指导组，成员由本学科在全县具有较高教育教学与教研水平，能承担分层作业研究指导任务的教研员、名师、骨干教师、学科带头人（含培养对象）、教坛新秀、梁野英才及其他教育教学等业务能力强的教师组成。指导组的任务是编制分层作业、形成各学科分层作业题库、参与分层作业研究，带动全县各校校本教研特别是校本作业研究。

推动新课程改革 全面落实国家课程方案和各学科课程标准，开齐开足课程，推动建设和完善国家、地方和校本三级课程体系，构建具有学校特色的校本课程，思政教育课程化；坚持教育与社会实践、研究性学习、社区服务相结合，坚持文化立校，依托本县新课程新教材省级示范区建设，推进信息技术与新课程改革深度融合，不断推动全县中小学内涵发展和质量提升；进一步发挥进修学校特别是教研员的研究、引领、指导、服务职能，革新理念，转变方式，提升教研教改效能，全力推动新课程改革，促进新课标的落地见效。

开展学生综合素质评价改革 按省、市、县改革意见，完善综合素质考核和评价制度，发挥积极的质量导向，根据思想品德（30 分）、学业水平（30 分）、身心健康（15 分）、艺术素养（10 分）、社会实践（15 分）五个维度，按七年级占 20%、八年级占 30%、九年级占 50%的比例计算，对初中学生进行评价，呈现方式为优秀、良好、合格、尚待改进四个等级，分别以对应分值 3、2、1、0 分计入中招录取总分。

推进幼儿园与小学科学衔接 广泛宣传正确的幼小科学衔接的理念和育儿观，消除幼儿入学焦虑，2022 年秋季，全县全面推进幼儿园与小学科学衔接工作。

【教育提质工程】

抓教学常规 牢固树立"质量立校、质量立教"意识，认真实施武平县中小学教学常规管理若干意见，从教学组织、课前准备、课堂教学、作业与辅导、教学研究、教学评价等方面进一步规范教师教学常规工作。

抓常规管理督导 建立教育督导责任区制度，专兼职及特约督学挂牌督导全县中小学，形成"督导双线并举，结果有效应用"的教育督导格局。主要围绕四个方面对学校教学常规工作进行专项督查调研。

关注每一个学生的发展，如抓学生学习习惯，端正学习态度，减少学生在上课、考试时打瞌睡现象，引导学生高度参与到教学活动中来。组织全县名师、骨干教师编制每课课后作业提供给各学校，各校结合本校实际形成校本作业，供学生练习，促进讲练结合，教考衔接，让学生巩固所学知识。教师备课专项督查，并注重备考实效，与听评课相结合，杜绝备课上课"两张皮"的现象。促进教师聚焦新课标，努力实现教学评一致性，切实提高课堂教学效率。校级领导及业务强的中层主任挂钩年段工作，规范挂钩领导的职责要求，促使学校领导不做"甩手掌柜"，不脱离教育教学工作，要求行政领导下沉备课组集体备课活动，切实做一个业务和管理的"领头羊"，带动和引领全校教职员工养成自觉备课、教研的良好习惯。

做好学校创建迎检工作 做好义务教育管

理标准化学校创建工作，截止到2022年，全县32所小学及所有初中学校创建义务教育管理标准化学校通过省级评估验收，占比达85.7%，高于全市平均水平，达到教育强县评估水平。做好普通高中新课程新教材实施示范区创建中期验收迎检工作，把示范区建设作为推进基础教育高质量发展，推进普通高中育人方式改革、全面提升办学品质的先行工程。

开展"提质增效"大讨论 2021—2022学年寒假期间，全县中小学校长和教师全员参与大讨论活动，同时在"武平教育"微信公众号开辟"提质增效校长谈"专栏，以刊载促落实。

抓好中考高考工作 召开中考高考备考工作专题会议，对备考工作进行动员和部署，县领导带头深入第一线，听取工作汇报，召开毕业班教师座谈会，指导优化备考方案；县教育局、教师进修学校对初中学校进行全覆盖中考备考调研；检查相关学科教学常规、召开学科质量分析会；组织开展校际交流、市学科会、专家名师讲座等活动，丰富中考高考的信息资源，提高精准备考的能力和成效。2022年，两次邀请厦门学校名师来本县举办高考主题讲座。指导开展百日誓师大会，鼓舞师生士气与斗志，为决胜中考高考保驾护航。

控辍保学和生源稳控工作 充分发挥学籍管理系统对学额巩固监控的作用，重点关注脱贫家庭和低收入家庭儿童少年、留守儿童、事实无人抚养孤儿等特殊群体学生，实行"一票否决"制，推进控辍保学从动态清零转向常态清零，全力阻止民办学校违规跨区域招生。据统计，全县2022届初中毕业生三年巩固率达99.03%，绝大多数县外民办学校违规跨区域招生的学生已返回本县学校就读。

教育督导工作 牢固树立"质量立校、质量立教"意识，建立教育督导责任区制度，专兼职及特约督学挂牌督导全县152所学校（含已注册民办园），实现责任督学挂牌全覆盖，形成"督导双线并举，结果有效应用"的教育督导格局。

争取教育项目资源 自启动"六和公益小学阅读教育"项目一年多来，全县各乡镇共42所小学均列入阅读教育项目校，建成班级图书角607个，受赠精品图书42490册，教师的阅读指导能力得到提升，实现阅读教学的多元化与有效性；积极开展与厦门思明区山海协作对口帮扶工作，邀请厦门学校名师来我县举办高考主题讲座，邀请旅厦教育乡贤来武开展武平县中小学校校（园）长综合能力提升专题培训；2022年9月23日，在武平一中举行厦门一中与武平一中对口帮扶签约仪式，共同推进山海协作对口帮扶，助力武平教育强县建设；本县还开展与广州对口合作，与福建船政交通职业学院战略合作，努力争取创建闽粤赣边教育均衡化名城示范项目等。

提升教育教学质量 中考高考成绩稳步提升。2022年，武平一中高考考生本科上线766人，上线率94.92%（2021年94.50%）；全县考生本科上线968人，上线率70.50%，超出2021年全省本科上线率（66.82%）3.68个百分点；中考成绩实现新突破，在全市初中"五率"综合评比中，武平6所学校获奖，超出全市农村校获奖平均数（全市40所同类校获奖），是本县多年来获奖学校最多的一年。全县17所中学均完成武平一中定向生招生计划，一举改变近几年均有部分学校无法完成定向生招生计划的不均衡状况。学校呈现特色、多元化发展。武平一中为福建省普通高中课程改革基地建设学校，参评项目"科技高中（科技创新）"被福建省教育厅确定为"福建省普通高中特色示范项目"；进校附属小学被中国手球协会确认为手球示范校；武平一中、武平三中、实验中学、实验小学、第二附小被中国手球协会确认为手球基地校；武平二中被确认为省体育传统校。各级各类竞赛、技能大赛获奖级别和获奖人数有所增加。在省中小学实验教学说课评选活动中，武平一中杜金烨老师荣获一等奖；在福建省义务教育阶段体育教师教学技能展示活动暨第四届福建省义务教育阶段体育教师教学技能大赛中，实验小学钟秀梅老师荣获第二名；武平职专赖春山老师指导学生代表福建省参加 2022 年全国职业教育技能大赛荣获二等奖，是县职业教育领域首次获得国家级奖励。实施"五育并举"，大力培育和践行社会主义核心价值观，深入开展"扣好人生第一粒扣子""红土四小员""文明武平，创建有我"等主题教育实践活动。在 2022 年市"五育之星"评选活动中，武平一中钟龙文等 10 位高三学生受到市级表扬；2022 年全县以绿色、红色、客家为重点，打造了梁野山、林改策源地等 2 个省级基地和松花寨、刘亚楼故居、均庆寺、文博园等 8 个市级基地，遴选包括万安石燎阁、大禾上湖烈士陵园、工业园区新显产品体验中心在内二批 19 个县级基地，开辟传承红色基因、探究非遗文化、保护绿色生态、弘扬客家文化、发扬林改精神等五条精品线路，组织中小学生在县内研学 3.8 万人次，吸引县外学生来本县研学 1.2 万人次；2022 年 6 月 10 日至 11 日，龙岩市研学实践工作培训会在本县继续教育基地和中小学生社会实践基地学校召开，会议充分肯定本县的研学实践教育成果。

【创设教育均衡新局面】

推动城乡优质均衡发展　采取"1+1"或"1+N"方式开展义务教育学校的强校带弱校、城乡对口支援，实现以强带弱、资源共享、深度整合、共同发展，不断缩小城乡之间、校际之间的教育水平差距，提升城乡教育均衡发展水平。武平三中帮扶东留中学、武东中学、桃溪中学；实验中学帮扶武平初级中学（2022 年秋季与武平实验中学实行集团办学，更名为武平县实验中学崇文校区）、岩前中学、十方中学；继续开展以市级示范性为龙头的精准帮扶工作，以开展一日开放、片区教研、帮扶、送教下乡等活动为载体，提高乡镇中心园、乡村小学附设幼儿园（班）和民办园的办园水平和保教质量。

推进国家学前教育普及普惠县、国家义务教育优质均衡县及教育强县创建工作　根据督导评估安排，本县将于 2025 年、2026 年分别接受国家学前教育普及普惠县、国家义务教育优质均衡县评估验收。2022 年，上述达标创建项目均已成立由县委县政府主要领导任组长的创建工作领导小组，创建工作方案已制定并在实施中，取得阶段性成果。

扩大普惠性学前教育资源　通过新建一批、配建一批、改建一批，有效提高普惠性学前教育资源供给能力，进一步提高公办园和普惠性民办园覆盖率。幼儿学前三年入园率达 99% 以上，公办幼儿园在园幼儿占比达到 60%；普惠性幼儿园在园幼儿占比达 92%，优质学前教育资源（各级示范园）覆盖率达到 45%。

【师资队伍建设】

坚持师德第一标准，厚植教育情怀　落实新时代师德师风建设要求。全县教育系统深入学习贯彻落实习近平总书记关于教育工作的重要论述精神，进一步贯彻落实教育部等七部门《关于加强和改进新时代师德师风建设的意见》，严格落实"新时代教师职业行为十项准则"，把新时代师德师风建设要求作为教师日常管理和年度考核的重要内容，加强改进学校思政教育，着力培育"有理想信念、有道德情操、有扎实学识、有仁爱之心"的"四有"好老师。开展师德师风专题教育，县教育局党组、教育系统党委于 2022 年 1 月开展了"学习张桂梅，争做赤诚奉献仁爱好老师"师德师风专题教育总结大会，表扬师德教育先进个人 55 名，进一步巩固"学习张桂梅，争做赤诚奉献仁爱好老师"专题教育成果。制定"武平县教师师德负面清单"，将 19 项禁止行为列入师德红线。编制《武平县教育系统师德师风教育文件汇编》，将 21 篇有关师德文件收入汇编，在教育系统全面推广学习。落实师德失范行为通报警示制度、教职工准入查询违法犯罪信息制度，对有违师德行为实行"一票否决"，严重的追究学校领导责任。

培元固本，提升专业素养　积极开展新教师、青年教师、农村教师、学科带头人、校（园）长和教学管理者等专题培训。积极开展培训课题研究，助推教师科研能力；开展区域教研活动，通过省市名师武平行、县级名师送教送培下乡、区域教研、教学视导、学科教研日、学科评优竞赛等形式，努力提高全县中小学教师和校（园）长队伍整体素质和水平。2022年，组织中小学名优教师开展"送培送教"活动19场次，参训教师达576人次，进一步提高乡村教师的教学素养与能力；开展教师专业发展赛练"三系列"活动，即新秀杯比赛、教师教学技能比赛、专项技能比赛，发现苗子，培养人才；组织全县各学段教师教学技能比赛，遴选教师参加市、省优质课、录像课、"一师一优课，一课一名师"和学科教学评优等竞技活动；2022年4月至5月，在全县开展中小学、幼儿园教师教学大赛，分别评选出高中组一、二、三等奖46人，初中组一、二、三等奖91人，小学组一、二、三等奖193人；龙岩市2022年师生信息素养提升实践活动（教师部分）中，获一等奖3项、二等奖7项、三等奖12项；主动深化山海协作和与广州、本省高校的交流合作，依托省培、国培和前沿优质资源，促进教师专业化成长。根据省教育厅工作安排，2022年5月，推荐1位优秀乡村教师参加省级培养奖励计划和安排180位教师参加省级基础教育乡村赋能培训工程。2022年暑假选派初中骨干教师、班主任102人，委托闽南师范大学开展提升业务能力培训班；邀请厦门、漳州名校长11人来武平讲学，全县共有中小学校长、骨干教师150人参加听讲。

加强人才培养，增加队伍力量　中共武平县委人才办每年单列10个专项编制，用于教育人才引进。2022年上半年，引进教育人才5人。县委编委会以会议纪要形式确定"十四

五"期间，每年招聘补充教师150名。2022年招聘补充新任教师147名，招聘补充县职业中专学校紧缺学科教师4名，进一步激发教育人才队伍的活力。县教育局、县人社局、县委编办联合印发《武平县师范类教育人才定向培养招生方案》，指定福建师范大学、闽南师范大学、集美大学、泉州师范学院、龙岩学院为本县每年培养30名教师，培养费由县财政统筹安排，为本县培养一批师德高尚、业务精湛、扎根山区、敬业奉献的中小学教师，促进全县中小学教育提质发展。

正向激励，增强职业幸福感　落实教师待遇政策，修订教师"阳光绩效"考核实施方案，持续落实乡村教师生活补助政策，加大经费投入，兑现中小学教师基础绩效和年度考核奖，确保义务教育教师工资收入不低于公务员工资收入水平；全面完成教师职称第五轮聘用工作，继续实施教师职称"低职高聘"待遇，共有64位教师受益；深入实施教师职称"阳光评聘"改革，上报中高级职称评审167人。加大表彰力度，坚持实绩导向，发挥榜样力量。2022年9月县委县政府召开教师节表彰大会，评选表彰优秀校（园）长、优秀班主任、优秀教师及优秀教育工作者等196人，评选教书育人优秀集体10个。2022年武平一中刘喜如被评为福建省特级教师；岩前中心学校谢光姑被评为龙岩市"最美教师"；2位教师获得市级记功，8位教师和3所学校获得市级嘉奖。为营造尊师重教氛围，2022年教师节期间，县委、县政府召开教师节表彰大会，同时开展慰问优秀教师、"五优"专题宣传、为教师亮灯等活动，提升教师获得感、荣誉感、幸福感。充分发挥教育工会的效能，开展慰问活动、组织教职工疗（休）养、举办丰富多彩的文体活动、落实单列剩余房源政策等，营造尊师重教、温馨和谐的氛围。2022年1月举行了滚存剩余房源抽签派租会，以公平、公正、公开的抽签方式，现场确定27户教师家庭的具体房号。

【校园安全管理】

常态化疫情防控工作 加强校园封闭管理,实施校级班子带班制;强化家校协同防控,坚持抓好健康信息日报告、零报告制度;按频次和抽测比例要求做好全县师生员工核酸检测工作;完善"两案九制",增强师生防护意识,提升应急处置能力;全力确保春秋季顺利开学,实现"平安高考""平安中考"等的目标,守住校园零疫情底线,确保全县师生员工的生命安全。

开展安全隐患大排查和整治 以食品安全、学生伤害与欺凌、校园及周边综合治理、上下学交通、防溺水、防性侵、防网络沉迷、防电信诈骗等为重点,在全县教育系统开展安全隐患大排查;加强对重点学生群体和有异常现象师生员工的排查,各校对排查中发现的安全隐患及时纠错、整改,按要求依程序落实强制报告制度;集中整治交通问题,全县各级各类学校全部建立"交通护学岗",进一步加强校车和涉校涉生交通安全监管工作;将消防安全教育纳入教学计划,认真落实消防演练,提升应急处置能力。

推进未成年人保护工作 全面贯彻"一号检察建议"精神。2022年,全县92所中小学、幼儿园全部配齐配足法治副校长。加强校园欺凌预防和整治工作,推进扫黑除恶斗争工作,遏制黑恶势力向校园渗透,校园育人环境明显优化。

推进"平安校园"创建工作 更新配全一键报警装置和视频监控,全县148所学校全部实行校园封闭管理,全县所有学校(园)配置建设100%完成。

【树立教育为民生服务观点】

推进重点项目建设 推进基础教育扩容提升建设项目。2020年至2022年间,全县继续实施公办幼儿园建设和城区学校扩容项目,总投资57300万元,新建校舍建筑面积105759平方米,新增初中学位750个、小学学位4050个、公办幼儿园学位4410个;2022年,实施小澜幼儿园、永平幼儿园等4所公办幼儿园和附小集文校区宿舍楼、实小鼓楼校区教学综合楼、红军小学教学综合楼项目建设,其中小澜、永平、下坝、岩前幼儿园已经完成验收,附小集文校区宿舍楼在2022年10月竣工并投入使用。新建文山中学项目,计划总投资1.5亿元,2022年已做好土地报批、"三通一平"及施工图设计、图审、预算等前期工作。2022年,县教育局获得"星耀武平"星级项目策划PK大赛五星项目奖、三星项目奖。

做好奖学助学工作 2022年,发放学前至大学各项助学金、免学费及营养改善计划专项资金共1122.36万元,惠及学生19034人;积极做好生源地助学贷款工作,助学贷款共4156人,总额4324.145万元;落实104个事实无人抚养儿童"向阳花开"帮扶工作;2022年10月,解决建档立卡贫困户子女课后服务专项补助资金123万元。

增强教育服务社会的能力 办理县人大代表建议、政协委员提案以及群众来信来访等100余件,增强教育服务社会的能力;为提升本县经济社会发展软环境,改善营商环境,把政策性照顾对象列为城区学校第一批招生对象,同时确保城区经商人员子女、进城务工人员及外来务工人员随迁子女100%入学;县教育局获得"2022年度政协提案办理工作先进单位",在武平县新型冠状病毒感染疫情防控工作中做出突出贡献,给予嘉奖等荣誉称号。

信访维稳工作 成立以局长为组长的信访工作领导小组,制定《武平县教育局信访工作制度》。2022年,本局共办理国家、省、市、县级信访部门转办、交办及龙岩市12345政务服务平台信访件651件,接待来人来访约280人次。所有信访事项基本上都能在规定时间内办理完结。信访件办结率和反馈率达100%。

助力乡村振兴 持续落实乡村教师生活补

助政策，组织滚存剩余房源抽签派租活动；加强乡风文明建设，进一步提高公办园和普惠性民办园覆盖率，推动城乡义务教育优质均衡发展；积极发展职业教育，大力推行工学结合和校企合作，为社会经济发展培养更多专技人才。2022年4月2日福建船政交通职业学院与武平县人民政府签订《战略合作协议书》，联合成立乡村振兴学院，并在县职专举行挂牌仪式。

·县卫生健康·

【概况】

2022年，全县现有各级各类卫生机构392个，其中县直医疗卫生单位5个（县医院、县中医院、县妇幼保健院、县疾病预防控制中心、县卫生健康监督所），基层医疗卫生单位16个（社区卫生服务中心1个、中心卫生院4个、一般卫生院11个），社会资金举办的非营利性民营医院3个，各类门诊部、卫生所、诊所、卫生站44个，村卫生所（室）324个。全县医疗卫生单位现有卫生技术人员2159人，其中执业（助理）医师778人、护士913人；药学127人、检验86人、医学影像技术24人、康复师82人、卫生监督员6人、其他技术人员143人。平均每千人拥有卫生技术人员7.21人，每千人拥有执业（助理）医师2.83人，每千人拥有注册护士3.32人。全县共有公医疗机构编制床位1667张，实际开放床位2161张（其中公立医疗卫生机构1488张，包括县医院751张、中医院258张、县妇幼保健院60张、基层医疗卫生单位419张；民营医院673张：焕章医院293张；残疾人康复医院220张；康宁医院160张），每千人口开放床位数达7.86张。

【疫情防控】

筑牢常态化疫情防控网络，严格落实医疗机构预检分诊哨点作用，加强发热门诊（诊室）建设，强化重点人群摸排管控，重抓核酸检测能力匹配建设和能力提升演练，积极做好涉疫（红黄码）医院建设，规范集中隔离场所管理，做好医疗防护物资储备，有序推进疫苗接种，圆满完成驰援工作。全年储备集中隔离场点14个、隔离房间1782间；购置10台套PCR扩增仪移动方舱检测车1辆，拥有PCR扩增仪20台套，取得核酸采样培训合格证人员1158人、核酸检测资质专业人员77人，成立应急采样队5支50人、流调队伍60人，规划设置核酸采样点191个，设置常态化便民采样点92个；在县医院完善重症监护室建设，建设重症床位66张，配备监护仪41台，基本满足重症患者的医疗救治需求，确保全县重症患者得到及时、有效的医疗救治。

【医改工作】

学习借鉴三明医改经验，积极推进三医协同发展，制定推广三明医改经验落实情况台账，组织开展医改调研，及时查找薄弱环节，补齐短板，不断完善县域紧密型医共体建设，加强医共体内部管理，加快推进分级诊疗制度落实，进一步提高县域紧密型医共体建设质效，促进优质医疗资源优化配置和下沉。2022年，医疗服务收入占比38.41%，县域内住院量占比74.5%，按病种付费（含DIP）的住院参保人员数占比99.44%，临床路径管理出院人数占比60.54%；各大中心分别为各院区分院心电诊断41165人次、出具病例诊断报告2163人次、DR检查12910人次、CT检查3900人次，消毒诊疗包、器械包7570份；基层上转住院病人增长300%，县医院下转住院病人增长80.79%。

【医疗质量】

做强县级龙头医院，县医院充分利用创建高质量发展示范医院有利契机，结合实施"千县工程"，在医院管理、学科建设、人才培养、科研教学、服务能力提升等方面争取更多的、全系统的技术支持与帮助，采取走出去、请进来的办法，加快人才队伍建设，进一步推动县医院高质量发展进程。推进中医与妇幼健康服务，向基层推广中医药适宜技术，充分发挥中医药在新冠疫情防控中的作用，新建"全国基层名老中医药专家传承工作室"1个、"福建省第二批基层老中医药专家师承带徒工作室"2个，在建"糖尿病专科名医工作室""针灸专科名医工作室"2个；认真实施妇幼重大公共卫生惠民项目，积极拓展特色专科业务，妇幼健康服务能力进一步增强，群众满意率明显提升。激活基层医院活力，大力开展"优质服务基层行"和"千名医师下基层"活动，促进优质医疗卫生资源下沉。2022年成功创建"优质服务基层行"推荐标准1家和基本标准7家。坚持"本土化""灵活性"原则，按照户籍所在乡镇（街道）制定医疗资源下沉表，利用值班补休时间，结合乡镇（街道）圩天，对各基层分院定期开展业务技术帮扶工作。2022年，县级医院下派各分院专业技术人员1500余人次，实现医疗、人力资源的效率最大化，使广大人民群众在家门口就能享受到县级医院的医疗保健服务。

【公共卫生】

继续实施健康扶贫工作，落实脱贫人口商业补充保险制度，开展家庭医生签约履约服务，巩固拓展脱贫攻坚成果，推进与乡村振兴无缝衔接。2022年，全县建立城乡居民电子健康档案241637份、建档率86.85%；适龄儿童国家免疫规划8项疫苗接种共47351针、8项疫苗平均接种率99.5%，管理0~6岁儿童24037人、管理率90.86%；新生儿访视2250人、访视率95.18%，产后访视2223人、访视率94.04%；规范管理老年人28846人、规范管理率72.43%；规范管理高血压患者18474人、规范管理率84.09%；规范管理2型糖尿病患者

6195人、规范管理率86.55%；纳入一体化管理2型糖尿病患者2498人、一体化管理率35.01%；健康管理居家严重精神障碍患者1486人、健康管理率97.98%；管理肺结核患者149人、管理率100%、规则服药率100%；登记法定传染病84例、传染病疫情报告率和及时率均达100%；卫生计生监督协管信息报告率100%。

【创建工作】

扎实开展国家卫生县、全国健康县、全国文明城市等创建工作，积极推进平安医院、健康武平建设工作。2022年，建成健康主题公园2家、健康家庭100户、健康步道2条、健康小屋5个、无烟单位121家；全年组织开展"中医康养进百村""千名医生下基层"健康服务、"四病四癌"免费筛查义诊等为民办实事活动近108场次；全面开展老年友善医疗机构建设和医养结合机构服务提升行动，成功创建全国示范性老年友好型社区1个。

【人口工作】

加强人口监测和形势分析，保质保量完成国家样本监测调查任务。2022年，全县出生人口2715人，人口出生政策符合率99.08%，人口出生率6.43‰，自然增长率1.32‰；办理生育登记1797份；发放计生奖励对象12965人，资金1162.96余万元；医保缴费补助12234人，补助资金428.19万元。

【监督审批】

开展疫情防控监督、公共场所卫生、职业放射卫生、生活饮用水卫生、学校卫生、医疗卫生监督和传染病防治监督等各项卫生监督执法工作，有效维护全县人民群众身体健康和生命安全。2022年，共开展监督检查1262家次，各项监督覆盖率100%，下达卫生监督意见书75份，监督指导服务单位整改59次，完成国

家双随机监督抽查 57 家，完结率 100%；职业健康体检 3100 人；加强供水单位水质检测，对向全县生活饮用水供水单位进行巡回检查、抽检 62 份；严厉打击非法行医，完成放射诊疗机构的许可审核 11 家次，完成 122 位放射工作人员的培训考核工作；对疫情防控督查中发现疫情防控措施落实不到位、隐患突出的医疗机构共关闭整顿 6 家；完成 13 家集中医学观察场所的督查指导，签订《武平县医疗机构新冠疫情防控工作承诺书》362 份；配合疫情防控督查组督查工作 32 次；共办结行政处罚案件 24 件，处理各种投诉举报、信访件 12 件；共受理行政审批和公共服务申请 853 件，办结 853 件，提前审批率为 99.77%、窗口满意率保持 100%；定期组织开展医疗机构安全生产专项检查、持续推进消防安全绿色生命通道工程、深化电气火灾治理、房屋结构安全隐患专项整治及抗震设防调查，有效维护安全的就医环境。

【项目建设】

编制并组织实施《武平县"十四五"卫生健康专项规划》；完成县医院传染病救治能力提升工程（三期）、县应急医疗救助中心（一期）、县疾控中心应急检验检测设备建设等重点项目；圆满完成市委市政府涉卫为民办实事项目，其中公共场所配置的自动体外除颤器（AED）15 台均已成功安装并投入使用；完成适龄女性人乳头瘤病毒疫苗（HPV）免费接种 1915 人次；完成婴幼儿照护服务普惠机构 3 家的建设任务。

【人才发展】

坚持党管人才，深入实施新时代人才强县战略，加大医学卫生人才引进力度。2022 年，全年柔性引进省级专家 13 人（其中博士 5 人），创建"名医"工作室 5 家，公开招聘 33 人，自主招聘 36 人；接收定向委培本科毕业生 10 人、专科 20 人，定向培养本科学历 10 人、专科

16 人。

【党建工作】

全县卫生健康系统以学习宣传贯彻党的二十大精神为主线，突出政治建设引领，围绕实施"红领行动·红耀武平"特色党建"六大工程"，坚持工作创新，打造"医心向党"党员学习中心、"共产党员诊室""中医康养进百村"等特色党建品牌；扎实开展党史学习教育及"我为群众办实事"实践活动，有效解决群众就医防病的操心事、烦心事、揪心事；切实加强党风廉政及行风建设，召开全县卫健系统党风廉政建设暨意识形态会议 2 次，在本县全系统营造争当务求实效的"实干家"良好氛围，进一步提振卫生健康工作者干事创业精气神；认真落实涉卫政治监督清单和纪委巡查共性问题整改工作，扎实开展"点题整治"行动，并取得实效。截至 2022 年年底，已成功创建"无红包"医院 22 家，覆盖率 100%；基本实现医院间医学检查结果互认、资源共享和上、下级医疗机构间基本医学影像、基本临床检验结果共享互认；县级骨干医生下乡镇、基层全科医生下村入户巡诊活动常态化开展，边远地区和特殊人群"看病难"问题得到有效解决。

·疾病防控·

【疾控工作特色亮点】

2022 年，县疾控中心以习近平新时代中国特色社会主义思想为指导，认真贯彻落实党的十九大和十九届历次全会精神以及党的二十大全会精神，坚决贯彻落实县委、县政府决策部署，围绕上级下达的目标任务及年初确定的工作重点，齐心协力，真抓实干，各项工作任务顺利完成。国家健康县建设提前一年通过省级

评估并被省卫健委推荐上报国家评估；全省职业卫生技术评价与检测考试通过率全省第一；心血管病高危人群早期筛查与综合干预项目工作完成情况全省第一，受到省疾控中心高度评价并被推荐上报国家表彰。2022年武平县被国家心血管病中心和心筛项目管理办公室评为先进项目点，圆满完成上级下达的各项任务。在新冠病毒感染疫情防控工作中获得县委、县政府突出贡献奖，检验科获得"龙岩市五一先锋岗"等荣誉称号；一位同志获得龙岩市卫生健康系统事业单位个人嘉奖；两位同志获得县委、县政府新冠病毒感染疫情防控工作突出贡献奖。

【新冠疫情防控】

疫情监测　强化监测预警报告，24小时开展疫情监测，密切关注疫情动态，严格值班值守，落实好节假日和工作日的应急值班，确保24小时获取疫情信息，及时应对疫情。

流行病学调查　落实新冠肺炎阳性人员及上级协查的密接者、次密接者等风险人员调查处置工作；接到疫情报告或协查信息，立即启动"三公（工）一大"流调机制，第一时间认真开展流调，排查密接者及其他风险人员，做到4小时内完成流调核心信息，24小时内完成流调报告。2022年，调查处置新冠复阳人员4人，调查处置阳性人员共846人，调查处置密接者、次密接者、其他风险人员等821人。

新冠肺炎防控工作指导培训　2022年，共派出46人次对集中隔离点、学校、卫生院等重点场所的新冠疫情防控工作进行督查和指导，有效提升重点场所疫情防控和应急处置能力水平；参与中、高考，学业水平及事业单位招聘考试等大型活动的新冠疫情防控工作，为全县中、高考等大型活动顺利进行提供了有力保障；开展新冠疫情防控知识及流行病学调查能力培训和流调溯源管理系统演练，共培训1020人次。通过新冠疫情防控知识讲解、参与现场流调、报告撰写及实战演练等多种培训形式，提高参训人员的专业素养和应急能力。

支援泉州、福州、新罗疫情流调工作　根据上级要求，分4批次迅速派出县流调队员16人次，前往泉州、福州、新罗驰援抗疫。

核酸检测工作　认真组织人员做好核酸样本采、送、检、报工作。2022年，检测相关新型冠状病毒核酸样本904008份，均在规定时间内完成检测、报告工作。

应急物资储备管理工作　加强组织领导，成立中心主要领导任组长的新冠疫情防控应急物资储备管理工作领导小组；健全物资储备管理制度，建立物资储备转换机制，加强物资的采购、入出库和轮换使用管理，确保物资储备到位、有效使用；确定储备物资目录清单和储备量，并由专人管理落实。疫情防控物资、实验室检测试剂等物资储备满足既往疫情高峰期10天满负荷运转需要。

新冠病毒疫苗接种工作　加强新冠病毒疫苗接种工作指导，强化疫苗安全管理，落实新冠病毒疫苗接种异常反应监测。2022年，配送新冠病毒疫苗93220支。全县新冠疫苗接种167721针次，其中第一针4800针次、第二针6831针次、第三针133111针次、第四针22979针次。未发生新冠病毒疫苗接种严重异常反应。

【免疫规划工作】

免疫规划工作　维持高水平免疫接种率，做好出生儿童建卡、建证工作。2022年1月至12月，全县出生儿童2066人，建卡2066张，建卡率、建证率均为100%；12月龄内基础免疫疫苗接种率及乙肝第一针及时率均在99%以上；脊灰、无细胞百白破等7种加强免疫疫苗接种率均在99%以上；开展国家免疫规划疫苗查漏补种月活动，白破、乙脑等10种疫苗补种率均在98%以上；开展入托入园入学查验预防接种证工作，补种585名儿童731剂次免疫规划疫苗，补种率98.92%；免疫规划疫苗接种率高于上级下达的95%的指标要求。

开展 2022 年适龄女性人乳头瘤病毒（HPV）疫苗免费接种项目工作 认真做好免费 2 价 HPV 疫苗的接种拓展培训、采购及配送，指导接种点做好接种工作和疑似预防接种异常反应监测等工作。10 月下旬开展接种以来，至 12 月 31 日已接种 1915 人，完成接种任务数的 99.95%。

做好非免疫规划疫苗推广接种工作 认真做好非免疫规划疫苗采购、配送和宣传推广，不断提高相关疫苗接种率。2022 年，接种狂苗、流感、水痘、23 价肺炎疫苗等 66753 支，同比增加 42.52%。

【传染病防控】

传染病防控 传染病监测及调查处置。2022 年，全县共报告法定传染病 16 种 883 例，发病率 317.35/10 万，与去年同期相比下降 11.79%。其中报告乙类传染病 708 例、丙类传染病 175 例，无甲类传染病报告，持续维持无脊灰、无白喉状态；收到传染病预警信息 46 条，均及时处置，完成 HIV/AIDS、手足口病、百日咳、钩体病、布病等病例流调 27 例；处置 1 起传染病突发公共卫生事件（未分级，1 例新冠复阳病例），全县未发生传染病暴发流行。

结核病防治 开展病例发现、治疗、追踪等工作。2022 年，接诊疑似肺结核及可疑肺结核症状者 466 例；发现活动性肺结核患者 89 例，肺结核患者成功治疗率 93.7%，规范管理率 100%；做好学校结核病疫情调查处置工作，全县 1 月至 12 月共处置学校结核病患者 4 例，筛查家庭、学校密切接触者 305 人，通过加强学校结核病疫情监测和报告，督导学校做好教室、宿舍等开窗通风以及消毒等工作，落实患者居家隔离治疗，未再发现有肺结核患者。

艾滋病防治 开展 HIV/AIDS 的随访、治疗管理工作。2022 年，全县新发现 HIV/AIDS 24 例，流调本地报告病例 15 例，流调率 100%。截至 2022 年 12 月底，本中心管理的 HIV/AIDS 130 例，治疗率 96.92%。完成自愿咨询检测和监管场所筛查工作；完成艾滋病自愿咨询检测 791 人，完成率达 105.46%，检测出阳性 5 例；完成监管场所 HIV 筛查检测 526 人，完成率 114.34%。做好预防性传播干预和暗娼 HIV 检测工作，干预暗娼 4225 人，干预覆盖率为 97.8%；高危人群 HIV 筛查 375 人，完成检测任务 104.16%，全面完成上级下达的艾滋病防治工作任务。

【地方病防治、慢性病与严重精神障碍患者管理】

地方病防治工作 2022 年，县疾控中心完成学生、孕妇尿碘、盐碘含量和甲状腺肿大情况抽样检测，其中学生家中碘盐覆盖率为 98.09%、碘盐合格率为 97.13%，孕妇家中碘盐覆盖率为 100%、碘盐合格率为 99.02%，全县碘盐覆盖率、合格率符合上级要求。监测桃溪镇桃溪村病区饮水氟含量水平，采集 2 份末梢水样测定水氟浓度，水氟含量小于限值 1.0mg/L；监测病区村 104 名 8~12 岁儿童氟斑牙情况，发现可疑氟斑牙 5 例。

慢性病防控 2022 年完成重大慢性病随访工作以及 2021 年慢性病示范区动态年报数据上报工作；规范管理高血压、糖尿病患者，开展国家心血管病高危人群早期筛查与综合干预项目。截至 12 月 31 日，长期随访 1504 例，完成率 109%。

死亡信息登记报告管理和质量控制工作 2022 年，完成 2416 份户籍死亡病例的死因调查和网络报告审核；开展死因漏报调查，共摸底死亡名单 399 例，经现场调查死亡者信息，补充完善 3 例个案调查信息。

严重精神障碍患者管理 截至 2022 年 12 月 31 日，系统在册病人 1480 人，报告患病率 5.32‰，患者管理率 96.76%，规范管理率 95.34%，面访率 95.74%，体检率 56.42%，全面完成上级下达的各项指标任务。

【健康危害因素监测检测】

健康危害因素监测检测 开展从业人员体检、职业病防治工作。2022 年，共体检从业人员 5079 人，其中不合格人数为 84 人；检查职业病危害人员 3092 人，发现疑似尘肺 8 人，发现职业禁忌证 13 人。开展重点职业病常规监测工作，共监测报告职业健康检查个案信息 3092 人。开展职业性尘肺病患者随访调查与管理，共随访 610 人，随访结果存活 586 人，死亡 24 人，随访完成率达 100%。

职业病危害因素监测 对县重点行业工作场所存在煤尘、硅尘、水泥粉尘、苯（甲苯、二甲苯）、噪声等重点危害因素企业进行现场调查与监测，已按上级要求全面完成 21 家企业现场监测任务。

食品安全风险监测 全县共完成上报审核食源性疾病监测病例 758 例，全面完成年任务数，其中电话复核 128 例，复核率达 100%。开展食品污染风险监测抽样工作，共采集 92 份食品样品，其中理化采样 72 份，微生物采样 20 份。检测结果及时上报主管局。

学生常见病监测和教室环境监测工作 对 7 所中小学、幼儿园开展学生常见病监测，健康影响因素问卷调查 1482 人份，监测学生重点常见病 2285 人；对 5 所中小学校 30 个班级教室进行现场环境卫生监测，并及时完成体检及监测数据、信息的双录入和审核、上报工作。完成生活饮用水监测任务完成生活饮用水样检测 580 份，全面完成上级下达任务。

【健康教育】

建设全国健康县工作 督导相关企业、学校等开展健康企业、健康学校、健康机关等场所建设，开展对各健康场所评估验收；建成健康学校 5 所、健康机关 2 家、健康企业 2 家、健康社区（村）3 个、健康促进医院 19 家、健康家庭 100 户。加强健康支持性环境建设，建立健康主题公园、健康步道、健康小屋；建成树子坝公园、河滨公园和碧水公园健康主题公园 3 个，健康步道 3 条，建设健康小屋 5 个。2022 年底，福建省卫生健康委对武平建设健康县工作进行终期考核，武平各项指标达到健康县建设标准，顺利通过省级考核评估并被推荐上报国家评估。

开展多形式多渠道健康教育宣传咨询活动 开展主题日宣传。结合碘缺乏病防治日、无烟日、全民健康生活方式宣传月活动、高血压宣传日、世界防治结核病日、全国预防接种日、全国消除疟疾日、艾滋病"五进"等主题活动。组织健康宣传咨询活动。接受相关咨询约 900 人次，发放宣传资料 6200 份，发放宣传品 1300 份；通过微信、LED 等方式开展宣传，做好微信公众号"武平疾控"的维护运行。2022 年，更新疾病防控知识 128 期 270 篇。做好健康素养监测工作，共完成 240 份问卷，已上报市疾控中心。

乡镇概况

·平川街道·

【概况】

平川街道位于武平县城中部平川河中游河谷盆地，东、南与城厢镇毗邻，西与东留镇相接，北与万安镇交界，是闽、粤、赣边界山城武平县城所在地。1983年城关公社改制后，成立建制镇，是全县政治、经济、文化、科技、教育、信息和商贸中心，辖区地域面积33.3平方公里。2019年1月完成撤镇设街，红东、七坊、兴南、城南、西厢5个村民委员会改为社区居民委员会，新设西门、北城两个社区居民委员会。街道下辖12个社区，户籍人口25908户78639人，常住人口90933人。党工委下辖12个社区党（总）支部、1个机关党支部、10个非公企业党支部、95个兼合式小区党支部，党小组236个，党员1603人，在全市率先实现小区党支部全覆盖。2022年，平川街道在"财力攻坚"行动中，被县委、县政府授予集体嘉奖；在"喜迎二十大、冲刺下半年"重点项目高质量落地攻坚行动中，被县委、县政府授予集体嘉奖；在新型冠状病毒感染疫情防控工作中，被县委、县政府授予集体三等功等荣誉。

【基层党建】

按照"符合条件应建尽建、创造条件灵活组建"原则，成立街道小区党支部95个、红色业委会46个，物业企业党支部10个。全力推行"红色党支部+红色业委会+红色物业""三红"融合治理模式；积极打造"福见平川耀武平""数字党建+宜家康养"党建品牌，探索党建引领养老服务新模式；升级邻里服务阵地，完善构建"宜家康养服务中心+社区服务站+小区服务点"三级服务网络；积极探索"党建+养老""党建+综治""党建+项目""党建+创城""党建+民生"等5种模式，不断激发基层党建活力。深入开展"我为群众办实事"实践活动。2022年开展69项"我为群众办实事"实践活动；开展"文明武平　志愿同行""红领行动　靓城有我"等志愿活动110场次，为群众解决问题69项，惠及7万余人。

【主要经济指标】

2022年，完成农业总产值2.87亿元，同比增长0.9%；规模以上工业产值24.008亿元，总量排位第3；限额以上商贸流通企业销售额48.77亿元，同比增长122.3%，总量排位第1，增幅排位第2；财政收入3.97亿元，总量排位第1，增幅排名11；500万元以上固定资产投资新入库项目18个，全县排位第1；其他营利性服务业营业收7132万元，同比增长15.3%，总量排位第3。

【项目建设】

净地攻坚　2022年，14个重点征迁项目完成9个，分别是中街西路北侧地块项目、红军小学南侧地块项目、森林公园南侧地块项目、韩江上游梅江（龙岩武平）防洪工程项目（平川区域）、北环路万星城南侧地块项目、幸福小区地块项目、鼓楼西路南侧地块进出口通道项目、刘亚楼红军小学扩建项目、竹篙塘安置墓区建设项目。全年累计征收土地816亩，征收房屋85户16705平方米，迁移坟墓202座。

招商引资 2022年，新签约项目3个（福建和立新能源动力电池负极材料制品制造项目、龙岩市武平县远博贸易有限公司、二级资质建筑企业福建成冠建设工程有限公司）；新开工项目1个（福建和立新能源动力电池负极材料制品制造项目）；新竣工项目2个（福建宏鑫恒业金属有限公司关于不锈钢智能家居生产项目、福建和立新能源动力电池负极材料制品制造项目）。

企业培育 2022年，新培育规模服务业1家（龙岩市千润建筑工程机械租赁有限公司）、限上贸易业5家（龙岩市远博贸易有限公司、福建麒思电子科技有限公司、武平县欣诺文图贸易有限公司、武平县宴小香餐饮管理有限公司、福建厦琦贸易有限公司）。

【乡村振兴】

脱贫攻坚 巩固拓展脱贫攻坚成果同乡村振兴有效衔接，开展分散性激励性扶贫项目1个，发放扶贫资金14.1万元，全街道脱贫户146户370人，全部实现"两不愁三保障"，收入稳定，未发现有返贫现象；全力做好社会救助政策与扶贫政策有效衔接，全年累计发放城乡低保资金137.1983万元，其中城市低保金65.3981万元，农村低保金71.8002万元；发放残疾人"两项补贴"补贴资金67.1971万元，临时救助金额22.3200万元，城居保养老金632.38万元，被征地农民领取养老保障金459.63万元。

"两治一拆" 2022年，推动厕所革命、农房整治、居容居貌提升等行动，把各项任务要求细化实化具体化，街道共计拆除空心房71栋（含附属房、旱厕）、违章建筑6栋，整治裸房98栋，垃圾45处69吨，西厢社区、城南社区分别于9月中旬和11月底通过县级验收，圆满完成年度整治任务目标。

农业生产 严格落实粮食安全党政同责，全力夯实粮食安全根基。街道全年完成粮食作物播种面积2939亩，产量1313吨，完成全县下达年度计划任务100.1%；形成"公司+基地+贫困户""公司+基地+合作社+贫困户"、村级集体经济、经济能人"一帮多"带动等多种发展模式，建立相对连片集中20亩以上绿色高质高效关键技术示范基地4个，种植百香果面积700多亩，产量750吨。

【民生社会事业】

疫情防控 2022年，在县委、县政府的坚强领导下，调度200余名干部守在疫情防控一线，高速值班累计1526人次，核查大数据返武人员信息44488条，统筹街道上下力量，守住武平高速交通卡口、社区一线防控关口，以良好疫情防控工作，护航全县经济社会发展。

基础设施 投入2530万元，实施完成汽运小区、人社局附属楼、电信家属区、成功花园、金源城市花园、南方林场、联发花园等28个老旧小区改造；投入300万元，实施完成北城文化体育场所及东城、河东、河西宜家康养服务点、服务站建设，七坊社区养老服务照料中心已完成格局改造；投入100多万元，实施七坊坑里、西厢花园里道路硬化及翰林春天南侧护坡工程等项目；投入250万元，实施完成老干休所环境整治提升、七坊下腾水渠、粮食局内坪挡土墙、城南社区下长岭至骨灰堂等建设。

教育事业 坚持把教育事业放在优先发展的位置，不断加大教育投入，千方百计筹措资金，大力改善办学条件，努力提高教师队伍整体素质，促进街道教育和谐发展。

安全生产　严格落实"一把手负责制"和"党政同责、一岗双责"工作，狠抓重点行业领域安全专项整治和隐患排查治理，严格实行目标管理，不断提高安全生产管理水平。全年共检查生产经营场所197家次，发现隐患49项，整改49项，全街道安全生产形势持续稳定向好。

文明水平　常态化巩固提升全国文明城市创建成果工作，高质量、高效率完成第七届全国文明城市创建中期评估工作。投入20多万元增设、更换公益广告、市民公约、消防设施等100多处；开展各类精神文明宣传活动40余次，举办各类文艺演出8场次；移风易俗、烟花爆竹禁燃限放工作取得显著成效。

【社会治理】

平安建设　持续深入开展"平安平川"创建，纵深推进扫黑除恶斗争，有效整治电信网络诈骗新型犯罪、涉麻制毒等区域性突出问题，加大缅北滞留人员劝逼返工作，选派4人3批次到云南边境开展劝返；2022年成功劝返缅北窝点人员2人。强化严重精神障碍患者、邪教人员、社区矫正对象、刑满释放人员等重点人群的管理和服务；2022年上半年"平安三率"测评全县第9，全市第35。坚持依法管理宗教，积极开展反宗教极端思想宣传教育和民族团结进步宣传教育活动，持续开展《宗教事务条例》和相关政策、法规的宣传教育。

矛盾纠纷化解　坚持和发展新时代"枫桥经验"，以"控增量、减存量、促和谐"为目标，实施矛盾纠纷减存量行动，开展大走访大接访大调解活动，全年妥善化解历史遗留问题22件，其中遗留3年及以上的矛盾纠纷10件，集体上访事件大幅下降，实现"零进京""零非访"。

基层民主　完成西城选区县人大代表补选工作，街道人大工委创立"12345"工作法，打造全过程人民民主，"平川模式"被写入县"两会"县人大常委会工作报告。

【廉政建设】

压实责任链条　坚持把抓基层党建工作列入各社区年度考核重要内容，进一步压实三级党建工作责任制、"一岗双责"制和党政班子成员挂钩联系制度。全年召开党建工作推进会议3场次、党风廉政建设和反腐败工作专题会议2次；开展集体廉政约谈3次，个别谈心谈话31人次；全面完成县委对平川街道落实全面从严治党主体责任检查反馈的2022年全面从严治党主体责任落实情况问题清单中7大项18个问题的整改工作。

筑牢思想防线　以党工委理论中心组学习、党员培训、党支部学习会为载体，组织党员干部学习《中华人民共和国监察法》《中国共产党纪律处分条例》等党内法规。2022年街道1名干部严重违纪违法被纪委监委给予开除党籍开除公职处分；及时组织开展2次143人次参加的以案促改专题会议，教育引导党员干部认真对照反思，从中吸取教训。

严肃执纪问责　2022年，对违法违纪党员立案7起（自办案件2起），给予警告处分5人，严重警告1人，开除党籍1人。截至2022年年底，运用"第一种形态"处置8人次，其中诫勉谈话2人次、批评教育4人次。

·中山镇·

【概况】

中山镇位于武平县西南部，地处闽粤赣三省结合部，距县城11公里，是武夷山脉南端。境内的中山河系韩江上游，是古代武平往广东的水运枢纽。全镇辖11个行政村，159个村民小组，总人口19456人，总面积191平方公里，耕地 1.2 万亩。

中山镇历史悠久，是千年文化古镇，素有"小京城"之美称，唐宋时是武平的镇治、场治、县治所在地，明洪武二十四年在此设立千户所，所以中山镇又旧称"武平所"，简称"武所"。镇内曾聚居 108 姓氏居民，现有 102 姓，流行特殊方言"军家话"，与客家话兼相使用，以"百姓镇""军家方言岛"著称。2008 年 11 月，被国家文化和旅游部命名为"中国民间（汉剧）文化艺术之乡"。2014 年 2 月被评为中国历史文化名镇。

中山镇有着有众多名胜古迹和独特的传统文化，有永安桥、相公塔、迎恩门、武所古街等历史遗迹，有汉剧、姓氏楹联、军家话、宫灯制作等非物质文化遗产。中山镇的生态旅游资源也十分丰富，有水墨阳民、松花寨、卦坑湖、长安崀等众多优美的自然风光。

【经济发展指标】

2022 年，实现地区生产总值 24.65 亿元，增长 6.5%；人均可支配收入 24333 元，增长 9%；财政总收入完成 1950 万元，增幅 7.14%。其中飞地工业、建筑业税收收入可完成 1319.45 万元，完成年度任务数的 141.12%，比上年增加 550.63 万元，同比增长 71.62%。

【项目落地】

抓好招商产业　持续参与全县"533"招商引资竞赛活动，积极宣传本县首位产业新显产业招商政策，主动对接粤港澳大湾区和闽西南协作区，充分利用广州海珠区、荔湾区结对帮扶本县的大好局势。2022 年，镇主要领导外出广州、深圳、东莞、厦门、四川、江西等地招商 9 次，完成签约项目 2 个，其中百家大院项目总投资 3.66 亿元，新开工项目 2 个，新竣工项目 1 个，在谈项目 11 个，与东莞先捷电子、和长盛电子等大型新显企业保持良好沟通，并建立双向考察机制。积极开拓项目策划。

2022 年，完成新谋划项目 4 个，其中深度谋划并通过市级评审入库 1 个，简易谋划 3 个，超额完成上级下达任务。以项目开展招商，运用招商新政策，积极培育"四上"企业。2022 年，共培育规上工业企业 1 家、规上服务业企业 1 家、限额以上贸易业和住宿企业 2 家。

提升项目建设成效　全年固定资产投资稳中求进。2022 年，完成新入库项目 13 个，为 2023 年经济指标开门红扎牢基础。聚焦项目全生命周期，以全县开展"六大专项攻坚行动"为契机，本镇的四个市、县重点项目攻坚有力。市重点项目武平"百家大院"完成年度投资约 1.2 亿元，占年度任务的 240%；首批 22 栋古建筑基础已全面开挖，19 栋古建筑圈梁条形基础已完成，可交付用于古建筑迁建安装 15 栋；中山河湿地公园巡护道项目已竣工，达到对外开放标准；紫淮山精深加工及院企深度融合生产项目已竣工投产。

抓好古镇保护开发提升　迎恩门修复工程施工进展顺利，2022 年已全面完工；完成古街街道改造提升，进一步提升古街居住功能，增强古街历史文化旅游属性；武平"百家大院"项目等一批市、县重点项目迅速推进、建成，将进一步丰富古镇内涵，助推旅游产业发展；投入 50 万元对上峰村上坑暴动苏维埃政府旧址及阳民乡苏维埃政府旧址进行修复；多方筹集资金 50 余万元完成了老城村阴鸷桥修复工程，为古镇旅游增添了一个靓丽的景点；对老城村部至树德桥道路实施路面拓宽、雨污分流、路灯安装、绿化等工程，持续推进古镇保护开发。

【发展农业产业】

守好粮食安全底线，积极做好粮食产能区增产模式攻关与推广项目。2022 年，通过高标准农田整治和低效林地改造补充耕地近 200 亩；提升绿色增产能力，全面实施水稻"五新"技术；大力发展蔬菜种植产业，种植盘菜、辣椒、冬瓜等 4000 亩；重点发展推广百香果、仙草、紫灵芝产业，百香果种植 2000 亩，仙草种植 5200 亩，林下种植紫灵芝 250 亩；推动农文旅融合创收，阳民村积极打造两岸十里竹林、岸上骑行、水上竹漂、小罗庚花海等网红打卡点，带动村级财务增收；龙济村建设茶果产业园，逐步形成松花寨茶旅融合、蛤蟆石百香果的双产业带动，引领乡村产业转型升级，帮助群众增收致富。

【脱贫攻坚与乡村振兴】

巩固脱贫攻坚成果　做好"防返贫监测对象"监测帮扶工作，严格落实"一月一监测、一般户一季一监测"的动态监测机制。落实产业帮扶、就业帮扶政策延续工作，把激励性产业扶贫项目与"一村一品""一镇一业"产业发展结合起来，扎实推进"一户一就业"；2022 年，累计新就业人数 400 人、公益性岗位安置贫困劳动力 12 人、设立扶贫车间一个，安排脱贫劳动力 7 人就业。组织全镇挂钩干部入户开展走访活动，未发现有返贫现象，345 户脱贫户稳定脱贫。积极做好外出务工人员补贴申报工作，帮助全镇共 47 名外出务工人员申报补助。

乡村振兴示范　2022 年，积极推进省级乡村振兴试点村老城村密集烤房群、生态鱼塘垂钓园、村庄道路提升改造等试点示范项目建设，完善基础设施建设，提升产业基础；大力推进环"千鹭湖"乡村振兴示范片建设，实施中山河国家湿地公园巡护道项目，2022 年，7 公里巡护步道路面已全线贯通，同时完成阳民码头和溯溪码头、太平入口驿站和停车场、白鹭滩芦苇荡、牛鼻岩观景台、胆石滩夫妻同心树等节点建设；积极打造"三江太平""水墨阳民""茶果龙济"乡村振兴品牌，实施富家坝村社共建产业基地、龙河竹漂、示范片党总支基地、金蟾湖现代农业园等项目，推动农旅融合，带动村民增收致富。太平、阳民村被评为省级乡村振兴实绩突出村。

【生态环保】

生态环境　认真践行"绿水青山就是金山银山"发展理念，深入开展生猪养殖业污染整治；2022 年，清栏 65 户 3550 头，实现清栏面积约 7800 平方米。全面落实河（湖）长制，严厉打击涉水违法行为，拆除涉河侵河沿河路违法建筑 1 处，中山河中山阳民老桥站断面水质基本稳定在 Ⅲ 类以上水质。构建水土保持综合防治体系，实施中山镇新城生态清洁小流域水土流失综合治理和省级水土流失综合治理项目，其中上峰村水土保持项目实现完工。着力提高森林覆盖率；2022 年，完成植树造林 2081 亩，木本油料林（油茶）743 亩，森林抚育 2049 亩，封山育林 1589 亩，完成马尾松改造提升 985 亩，竹山抚育 300 亩，竹山示范片 200 亩。

农村人居环境　持续推进"两治一拆"。2022 年，镇 11 个村全覆盖完成，市、县验收，总完成率达 100%；累计整治裸房（含附属裸房）752 栋 90764 平方米，整治空心房 1075 栋 77299 平方米，拆除违建 5000 余平方米，全面清理垃圾杂物近 18000 方，清理庭院 3000 余户，清理乱贴乱画和内容低俗的违法广告 800 余处，整改残垣断壁 400 多处。城乡供水一体化工程中山段有序推进，中山镇移民村供水保障工程项目全面完工，进一步改善和提高全镇饮水安全。中山至武溪（武溪村部）道路改建工程已完工。着力加强环境治理。2022 年，投入 160 万元完成阳民村、老城村农村生活污水治理项目，有效改善群众居住环境；投入 40 万元对卦坑水库水葫芦、湖面垃圾进行清理，整治成效明显。

【社会事业建设】

疫情防控　面对疫情防控的严峻形势，本镇始终把群众生命健康安全放在首要位置，严格按照国家、省、市、县有关要求落实疫情防控工作，进一步强化中山镇应对突发疫情的处置和协调作战能力；大力宣传新冠病毒防控知识，树立"每个人都是自己健康的第一责任人"意识，坚持"科学佩戴口罩、保持社交距离、做好个人卫生"三件套。2022年，投入200余万元用于疫情防控工作，未发生规模性本土聚集性疫情，扎紧扎牢核酸检测、疫苗接种、居家健康管理、场所管控、疫情防控宣传等基层基础工作。

社会事业 中山中学教育教学成绩位居农村中学前列，累计4次获得龙岩市初中"五率"三等奖及以上，2022年，获得龙岩市"芳梅教育奖"先进单位，实际升一中人数32人，比率29.63%，排农村中学第一名；中心学校获评"武平县2021—2022学年实施素质教育二等奖"；幼儿园投入大量资金新建特色樟树木屋等，办学条件不断完善；科协技术教育服务成果显著，现有高级职称科技特派员4人，中级职称7人，共挂钩11家种养企业并给予技术帮扶，获上级帮扶资金11万元；以申报省级卫生乡镇为契机，有序推进全镇卫生健康工作，保障人民群众的健康，2022年，已完成6个村的申报工作。2022年，为全镇879人发放计划生育奖励扶助金72万余元，为二女结扎户1091人代缴城乡医疗保险，为836人投保计生家庭意外伤害保险，为1户二女结扎户争取安居工程，补助6万元，切实维护计生家庭的利益；扎实做好残疾人保障工作，实施无障碍改造5户1.93万元；发放创业资金4户1.6万元；居家托养服务9户1.8万元，太平村幸福院被评为省五星级农村幸福院；建成龙济村公益性骨灰堂。

【社会管理】

安全生产 2022年防汛期间，全体干部下沉，全力防汛，最大程度保障民众人身安全和财产安全。按照"三个必需"的要求，各行业各部门扎实开展重点时段和日常安全生产检查，

立行立改82起，消除安全隐患88处。充分发挥林长制工作机制，切实做好森林防灭火工作，分组、分片到村、自然村进行督查，进山入户宣传森林防灭火知识。2022年，未发生森林火灾；本镇组建的专职消防队在首届武平县乡镇专职消防队比赛中获得三等奖。

社会治理 2022年，在第七届文明城市创建工作中展现中山力量，全方面开展新时代文明实践志愿服务活动。健全综治中心工作制度，推进镇、村综治中心规范化建设，完善维稳三支队伍建设。开展社会治安重点隐患拉网式大排查大化解，按照"谁包片谁负责，谁管辖谁整治"原则，逐一制定整治方案。2022年，调处各类矛盾纠纷182件，处理各类信访件22件。强抓涉麻制毒重点人员和吸毒人员摸排管控工作，未新增制毒、吸毒人员，县级禁毒关注乡镇和关注村均已摘帽。扎实开展严重精神障碍患者摸排、建档和服务管理，做到精准有效监管的同时保障其生活和就医方面水平；强化社区矫正和安置帮教工作，严格抓好日常矫正对象的监管和教育，确保矫正对象无脱管、漏管现象，接管率100%。

打击电信网络诈骗 强化防范电信网络诈骗宣传，通过微课堂、横幅、标语、广告牌、发放宣传材料等形式开展反诈宣传，形成浓厚的防诈反诈氛围。压紧压实工作责任，不断加大反诈工作力度，形成持续高压态势，2022年，劝返滞留境外人员3人（其中滞留缅北窝点人员1人，滞留金三角人员2人），滞留缅北窝点人员劝返率83.33%。常态化推进扫黑除恶斗争和打击整治养老诈骗专项行动。

【政府自身建设】

深入学习贯彻落实党的二十大精神，忠诚拥护"两个确立"，坚决做到"两个维护"，深入贯彻落实省委"三提三效"行动部署；严格落实全面从严治党要求，加强廉政建设，坚持在镇党委领导下开展工作。认真学习贯彻

习近平法治思想，坚持运用法治思维、法治方式开展工作，深化行政执法体制改革，把政府工作纳入法治轨道；健全重大行政事项决策机制，不断提升政府决策民主化、科学化和法治化水平；加强政务公开，主动接受司法、监察、审计和社会监督，全力打造"法治政府""阳光政府"。自觉接受镇人大的工作监督，办理本级人大代表建议26件，承办、协办上级人大、政协建议5件，办结率100%；深入推进机关效能建设，严格落实中央八项规定及其实施细则精神，坚定不移纠正"四风"，促进政府机关效能建设。

·岩前镇·

【概况】

岩前镇位于福建省西部的武平县南端，镇中心东经116°08′，北纬24°55′。镇政府所在地灵岩村距县城42公里。全镇总面积185平方公里，其中耕地面积3.28万亩，森林面积18.8万亩。下辖16个行政村和跃进烟场居委会，现有236个村民小组、10440户、户籍人口38950人、流动人口2175人。是国家级重点镇、全国海峡两岸交流基地所在地、国家4A级景区所在地、省级高新技术产业园区核心区、省级新显特色小镇、省级乡村振兴特色镇、省级创建无邪教示范镇、福建省森林城镇、市级新型城镇化重点镇。长期以来，岩前镇致力于"打造闽粤边工业强镇，建设宜居宜业宜旅县域次中心"，坚持服务园区、景区、矿区，促进产城融合、文旅融合、城乡融合，推动镇域经济社会高质量发展，成为粤闽省际的交通要镇、资源大镇、经济强镇、人文重镇和宜居新镇。

交通要镇　本镇与广东省梅州市蕉岭县接壤，国道205线、长深高速和正在实施龙岩至龙川铁路贯穿南北，是闽西连接粤东的交通枢纽，是广东入武第一镇、武平县域次中心，是粤港澳大湾区入闽创新创业的"桥头堡"，是拥抱闽西南协同发展区建设的"先行区"，是承接"两区"产业转移的"排头兵"，被称为闽西"南大门"、福建"西大门"。

资源大镇　岩前是武平石灰石、白云石矿区，已探明石灰石、白云石、锰矿、煤炭等各类矿产20多种，其中石灰石2亿吨、储量居全省前列；煤炭6400万吨、占全县煤炭资源90%以上；全镇拥有一批以福建塔牌水泥（上市公司）、塔牌矿业、龙岩科宝为龙头的矿产品深加工企业，其中福建塔牌水泥是武平县域财税最大贡献企业。

经济强镇　岩前镇是省级高新技术产业园区核心区所在地，现有入园企业近100家，新型显示、智能制造、电子信息、食用菌生产和矿产品加工企业产业高度集聚，其中规模以上企业53家，亿元企业24家（含塔牌）。经济发展一直处于县域前列，经济总量占全县四分之一。

人文重镇　明崇祯四年（1631）筑建"岩前城"，至今已391年，人杰地灵、卧虎藏龙，历史上有抗日名将练惕生、文官进士温廷献、美术大家莫大元等代表人物。是闽粤赣客家人信祖定光古佛发源地、传说中八仙之一何仙姑出生地，古迹狮岩曾列入《中国名胜辞典》，素有"一仙一佛""一湖一洞"的神奇传说和天然景观。狮岩景区于2018年底成功获评国家4A级景区，定光佛文化园区于2017年4月获批设立全国海峡两岸交流基地，现已举办八届全国海峡两岸定光文化交流节。

宜居新镇　地处武夷山脉最南端，属亚热带海洋性季风气候，年均气温20℃，森林覆盖率75%，雨量充沛，四季分明，气候宜人。是全市新型城镇化建设重点镇、省级乡村振兴特色镇。近年来通过重点实施岩前溪生态河堤工程、岩前大道和创业大道提升工程、新南街改造、岩前生活污水处理厂建设、矿兴路建设、伏虎市场扩容、伏虎街道改造提升、农村区域性养老服务中心、移民文化活动中心、双坊村主干道白改黑工程、灵岩村崇山居客家民俗体验馆等项目建设，成功创建大布村闽粤省际返乡入乡创业园；"稻香伏虎""岩前花生""峰贵脐橙""大布水果玉米""工厂化栽培食用菌"等一批"特""优"产业频频在央视、省、市新闻媒体播出，形成伏虎、双坊、灵岩、大布、将军、峰贵乡村振兴"串点连线成片"建设格局。

2022年，全镇规模以上工业产值43.14亿元、总量居全县第一；飞地工业产值增幅54.3%、居全县第一；飞地工业产值（规模以上）增长44.9%、增幅居全县第一；规模以上其他营利性服务业营业收入12406万元、总量居全县第一；向上争取资金2744万元、总量居全县第一；飞地建筑业税收分成增长1070%、增幅全县第一。获评武平县财力攻坚嘉奖单位和政策攻坚嘉奖单位、武平县新型冠状病毒感染疫情防控集体记"三等功"。

【抓作风，抓好队伍建设】

始终坚持把政治建设摆在首位，忠诚捍卫"两个确立"，坚决做到"两个维护"，深入践行以人民为中心的发展思想，贯彻执行党的群众路线，全心全意为群众办实事、解难事、做好事；严格管理队伍，完善平时考核，大力践行"项目工作法"和"脚底板工作法"，努力营造干事创业的浓厚氛围；按照县委"九个从严"要求，立足岩前实际，推行"周二工作法"，认真落实县委"1+3"重点任务，以"冲冲冲"工作精神和"实干实效实在"工作作风，努力建设让人民拥护、群众满意的新风岩前。

【抓招商，增强发展动能】

2022年，完成新签约项目1个（众威新能源锂离子电池制造项目，投资8000万元）；新

开工项目3个（闽鸿专用汽车生产线项目、众威新能源锂离子电池制造项目、年产350万个高精密仪表制造项目）；新竣工（投产）项目3个（数据线插头线生产项目、众威新能源锂离子电池制造项目、年产350万个高精密仪表制造项目）。全县排名第四。

【抓产业，提升经济运行】

精心培育主体 严格落实镇领导班子成员挂钩联系帮扶企业制度，扎实开展"新建入规""小升规""个转企"工作，稳定现有的"四上"企业不退出，抓好符合条件的企业"入规入统"。2022年度规模以上工业产值总量、飞地工业产值（规模以上）增量均位居全县第一；2022年固定资产投资8.9亿元、总量全县第二；新增"四上"企业4家。

壮大特色农业 立足"特""优"，围绕"稻香伏虎""岩前花生""峰贵脐橙""大布水果玉米""工业化栽培食用菌"等特色产业，牢牢抓住品牌、质量和标准三个关键环节，一体化推进建项目、建基地、建品牌，着力打造岩前农业发展的支柱产业、富民产业，持续扩大岩前特色农业发展规模和影响力。岩前特色农产品频频在央视、省、市新闻媒体播出，特色农产品知名度大幅提升。

加快产业融合 以落实"旅游富民"县域发展战略为引领，结合特色现代农业发展，整合生态自然资源、古村落资源、人文资源和民俗文化资源，推动狮岩景区、崇山居民俗体验馆、淇澳园、大布闽粤省际返乡入乡创业示范点、峰贵玉龙湾等旅游景点提档升级，着力推动农文旅、产城人深度融合。2022年，"岩前一日游"精品路线的打造已初显成效。

【抓项目，提升城镇品质】

精准谋划项目 对照武平县财政局《向上争取资金指引》（2022版），策划武平县生态治理与乡村振兴产业融合发展EOD项目、武平县

闽粤省际货运物流集散中心基础设施建设项目、武平县中赤河灵岩段治理工程、武平县岩前溪流域宁洋溪至龙井段水环境综合治理工程、武平县岩前镇"大布之乐"田园音乐综合体建设项目、武平县岩前镇大布村骑行步道建设项目。其中，闽粤省际"大布之乐"生态田园文体项目及武平县闽粤省际货运物流集散中心基础设施建设项目被列入县2023年重点项目。

积极争取项目　用足用好国家支持新时代革命老区振兴发展政策，完善重大项目策划、对接、落地机制；做足做好项目论证、规划选址、土地预审和能评、环评、立项等前期工作；持续加强与省级相关部门的沟通对接，争取更多政策项目资金支持。2022年完成武平县闽粤省际货运物流集散中心基础设施建设项目等项目立项，正在积极申报地方政府专项债券资金。

全力攻坚项目　2022年制定印发《岩前镇"喜迎二十大·冲刺下半年"28个重点项目工作安排表》，其中众威新能源、闽鸿顺专用车2个项目列入本县19个参与市重点攻坚行动项目；制作"百日攻坚"路径图，实行挂图作战，完成武平锐昇高精密仪表制造、大布闽粤省际返乡入乡创业示范园建设、岩前老年康养中心、跃进烟场社区移民文化活动中心建设等项目，项目新开工3个、新竣工4个。

【抓示范，加速乡村振兴】

生态宜居方面　按照工作专班挂图作战工作模式，结合生猪养殖业污染整治"四禁止"和"两违"整治工作，扎实开展"两治一拆"农村人居环境专项整治行动。2022年，共粉刷裸房248栋、装饰面积69608m²，拆除危损空心房面积25720m²，拆除违章搭盖面积2752.5m²，大布、将军、杨梅、伏虎、龙井5村顺利通过市级验收，和安、洋坑、澄邦、峰贵、东峰5村顺利通过县级验收。

示范建设方面　扎实推进省级乡村振兴特色镇创建。2022年着力抓好伏虎、双坊、灵岩、大布、将军"串点连线成片"建设；重点推进大布村闽粤省际返乡入乡创业示范点创建及将军村一河两岸景观提升工程，全面完成闽粤省际返乡入乡创业示范点创建。

文化振兴方面　持续加强传统建筑的保护活化，积极申报古建筑保护修缮项目。2022年，完成大布村吴氏围龙屋修缮、将军村华山别墅修缮和宁洋村大夫第修缮。深入挖掘岩前历史故事，以编撰《岩前镇志》为契机，广泛推进村史志编写和村史馆建设。

【抓普惠，殷实民生福祉】

筑牢疫情防线　2022年，面对国内疫情多点爆发的严峻形势，本镇从严从实从细落实好各项疫情防控措施，高质高效筹办全县全员核酸检测演练现场会；镇村干部、党员志愿者和应急民兵全力做好辖区两个健康服务站的值班值守工作；又好又快完成约占全县1/3的大数据核查任务。

抓好防汛救灾　汛期岩前各级干部、党员先锋、人大代表、退伍老兵和青年志愿者闻"汛"而动。2022年，转移群众100户，发放救灾资金3.222万元，排查除险38处1140m²，抢修农田水利设施24处、道路12处、杆线6处，储备防汛折叠床90个、应急电源2个、冲锋舟2艘、锄头41把、雨衣30件，为岩前人民筑起防汛牢固堤坝。

夯实民生保障　2022年，复核认定农村低保533户768人、农村分散特困117户117人，发放低保金、特困补助、临时救助金等帮扶救济资金合计7560817元；发放退役军人优待证554张；落实就业优先政策，健全以园区管委会、镇劳保所和司法所为主体的劳资纠纷调解体系，助力园区劳动关系和谐稳定，实现更加充分、更高质量就业，提升城乡居民收入。2022年，共调解劳资纠纷77起，涉案人数338人，追回农民工薪资592.2万元，帮助162人上岗就业；坚持高位推动教育发展提质扩容，持续推进小学和公益普惠性幼儿园新改扩建；成立岩前镇奖教助学基金会，筹集资金415万元，推动办好人民满意的教育。据统计，岩前中学今年中考再次实现突破，武平一中正式录取39人，高分人数、一中录取人数实现三连增。

【抓治理，推进平安建设】

健全矛盾纠纷多元化解机制 坚持发展新时代"枫桥经验"，建立矛盾纠纷多元调解中心，注重源头防范，标本兼治，把不稳定因素、矛盾纠纷解决在基层，消除在萌芽状态。2022年，全镇建成评理室18个，覆盖率达100%，摸排化解各类矛盾纠纷114件，化解率达100%。

强化区域性突出问题整治 坚持高位推动打击治理电信网络诈骗和涉麻制毒重点整治工作，不断创新宣传载体，加大宣传力度，提升群众防骗意识；2022年，涉诈金额同比下降51.56%。持续强化劝逼返态势，采取户口注销、提升其近亲属银行卡风险等级、调整其子女就学学校、停水停电等惩戒措施；上级通报滞留缅北、金三角、柬埔寨人员已劝返、已核减17人，核减中2人。

构筑安全生产底线 严格落实安全生产责任制，深入开展安全生产三年整治行动。2022年，共出动178人次，开展安全检查41次，其中联合大巡查大检查7次，隐患整改率100%。

·十方镇·

【概况】

十方镇位于武平县东南部，距县城18公里，东邻上杭县湖洋镇，南与岩前镇、中赤镇相连，西与城厢镇接壤，北与武东镇交界，是闽、粤、赣三省结合部的交通枢纽，国道205线和省道309线在集镇交汇，永武高速和古武高速在集镇交汇并设有互通出口，在建龙龙铁路在十方集镇设立武平站。全镇地域面积156.23平方千米，耕地面积3.18万亩，山林面积17.6万亩，辖19个行政村，户籍人口35932人、11070户，全镇24个支部（含19个农村支部）、83个党小组、1395名党员，是武平县域副中心、人口大镇、交通要镇、工业强镇、农业大镇、商贸重镇。2022年度招商引资工作综合考评全县第3名。2022年，主要经济指标中有6项指标总量或增幅居全县前列或高于全县平均水平，其中农业总产值6.14亿元，增幅3.9%；规模以上工业产值13.76亿元，增幅7.8%，居全县第8位；限额以上贸易业销售额、营业额5.44亿元，增幅30.9%，居全县第5位；规模以上其他营利性服务业营业收入4097万元，增幅46.0%，居全县第4位；财政收入4226.38万元；全年向上争取资金2380万元，完成率226.76%，居全县第2位；新增500万元以上固定资产投资项目10个，现有在库项目13个，完成固定资产投资5.38亿元。2022年度辖区内新增个体户254家、内资企业34家、农民专业合作社4家。

【党的建设】

强化理论武装，厚培思想"底色" 建立并完善"第一议题"制度，把落实党的二十大、十九大和十九届历次全会精神、习近平总书记重要讲话重要指示批示作为镇党委会会议"第一议题"、党委理论学习中心组学习"第一课题"，把党员干部思想教育作为政治建设"第一要务"。采取学、研、培相结合方式开展学习。2022年，开展3次专题研讨学习，党委理论学习中心组集中学习13次39个专题。强化党建责任，锻造队伍"成色"。强化抓党建主业意识，制定《2022年全镇党建工作要点》，明确细化工作要点22项，继续深化党建工作指导员挂钩联系工作制度。始终坚持"党要管党、全面从严治党"方针，紧紧围绕县委"九个从严"要求，督促班子成员落实"一岗双责"，基层党组织书记履行"第一责任人"职责。2022年，镇党委召开党建工作专题会议13次，党风廉政建设专题会议6次，集体约谈党支部书记2次。

聚焦基层基础，夯实坚强"主阵地"，夯实基础保障　落实党务村务财务公开、"三会一课"等制度，强化村"一肩挑"主干队伍建设，认真开展乡村换届后"三个一遍"有关工作，巩固提升党支部标准化规范化建设，新建十方、梅坑2个村级组织活动场所。创新党建载体。坚持以"红领行动·红耀武平"特色党建为统领，打造黎畲、叶坑等党建示范点，谋划实施"强村"带"弱村"产业振兴示范村项目，扎实做好党建引领乡村治理各项工作。营造文明新风。依托新时代文明实践所（站），积极探索创新社会治理模式，深入推进移风易俗工作，严格落实党员干部操办婚丧喜庆等事宜报备制度，积极推进全镇家庭文明建设工程，持续宣传身边先进典型好人好事等，进一步营造社会文明新风尚。加强队伍建设。持续开展农村发展党员排查整顿，严格执行发展党员程序规定，2022年，发展党员13人，培养发展对象4人，入党积极分子32人。严格执行选人用人程序，2022年，有4名干部获提拔或职级晋升。

聚焦互融互促，坚持耕好"责任田"　围绕疫情防控。累计组织党员干部、预备党员、志愿者及医护人员4500余人次在十方高速口健康服务站参与24小时值班值守，把健康服务站建成党员干部践行初心使命的战斗堡垒，全镇广大干群合力守护武平"东大门"。围绕灾后重建。"5·27"重大自然灾害发生后，全镇广大党员干部闻"汛"即动，冲锋在前，积极投入到防汛救灾工作中去，夜以继日，不辞劳苦，同时建立党员干部挂钩帮扶重建户机制，帮助重建户加快恢复生产生活，围绕项目建设探索

以项目为中心的党建推进机制，在项目服务、征地拆迁、招商引资中发挥党组织作用。2022年，完成新签约2个、新开工2个、新竣工2个；全力保障同心园安置小区、岩前街改造提升、国道G205过境线、高林公路等重点项目征迁、建设。围绕乡村振兴。坚持支部引领和党员带动，叶坑村党支部以"党建+合作社+基地+农户"模式，带动农民增收、土地增效；全力推进"两治一拆"，2022年，通过市级验收1个村、县级验收8个村。

坚持"严"的主基调不动摇　2022年，镇纪委运用监督执纪"第一种形态"教育帮助15人次，其中诚勉谈话2人次；运用"第二种形态"处理4人次，其中给予党内警告处分1人次，严重警告处分3人次；运用"第三种形态"开除党籍1人次；运用"第四种形态"开除党籍1人次，实现"惩前毖后、治病救人"有机统一。紧抓重要时间节点，紧盯"关键少数"，在节前向镇村干部发送廉政提醒短信7轮次，召开节前廉政约谈4次。

【产业发展】

壮大特色农业，做优质量　因地制宜调优农业结构，促进农业规模化发展。全镇种植蚕豆890余亩、毛豆1000余亩、烤烟5000余亩、水稻4.7万余亩。由黎畲、叶坑2个村带动黎明、白土、梅坑、集贤4个农业弱村，共同投资新建一座标准化、规模化农产品集散中心，有效化解辖区农产品分拣与冷藏库问题，打造产业发展示范片。

培育财税主体，做大存量　紧紧围绕新型显示首位产业，广泛挖掘社会招商潜能，落实"一把手"招商、产业链招商、以商引商，突出引进生产性项目。2022年，累计跟踪洽谈项目10个，共组织邀请广东客商12批91人次、厦门客商3批27人次来武平考察项目。完成招商引资新签约项目2个（亮立达LED光源器件及半导体封测生产基地项目可折算成2

个）；新开工项目、新竣工项目各2个；新上商贸业、服务业各1家，累计跟踪50余家企业。引进的福建东恒钢结构有限公司财税增量大，被列为县纳税"金娃娃"龙头企业培育对象。

攻坚项目落地，做强动量 重抓项目、着力攻坚、确保落地，围绕在建省、市、县重点项目，全力打好征地拆迁攻坚战。2022年，完成土地征收1469亩，房屋征收137亩，均排名全县第3，圆满完成龙龙铁路（武平段）及场站交通枢纽一体化工程、武平漳武高速十方互通及接线工程（高林公路）项目、武平县G205线高梧至丘坑段（十方过境线）公路工程项目征地拆迁工作；实施中赤河高梧段中小河流治理项目、彭寨溪流域水环境综合治理项目、中和村地灾治理工程、十方镇产业振兴示范村项目等"为民办实事"项目。

【灾后重建】

推进重建户安置 按照"村组织申报—镇政府初审—县级复审"程序，以最快速度确定重建户名单及安置意向，解决受灾群众住房安全问题，确保公平、公正、公开。第一时间启动"同心园"小区建设，一周内完成选址、净地交付进场施工，小区于12月底基本竣工。

修复基础设施 主动与上级主管部门沟通对接，积极谋划项目，加快推进受灾村庄基础设施建设。武平县2023年高标准农田水毁修复项目，已完成中和、和平等村项目区的设计征求意见、报告设计及专家评审。中和村地灾治理项目申报的2个治理点已完成市级财审，2个工程包（中和、来福）已进场施工。武平县忠田埔溪山洪沟治理、武平县中赤河十方段治理工程2个项目的设计方案均已通过专家组审核及市水利局批复，已向省水利厅提交项目申报材料。忠地自然村到中和村部道路损毁路段正在进行修复，并向上争取将国道205线至中和村部道路列入2023年"四好农村公路"建设，对道路沿线护坡进行提升。

恢复生产生活秩序 加快推进灾后重建，尽快恢复群众出行、生活需求和农业生产。2022年，积极协调66家大型机械公司，转运垃圾杂物等800余车，清运土方50余万方，清理边沟5000余米，疏浚河道近4千米，拆除灾区危损房80余栋，重铺供水管道1300余米、维修渗漏点40余处。在特大水灾面前，累计实施农田清沟排水700余亩，扶苗洗苗300余亩，清除田间淤泥杂物260余亩，及时追肥180余亩，喷药防治600余亩，平整水毁农田70余亩，复种水稻50余亩、玉米20余亩。加大灾民生活救助力度，共向153户298人发放自然灾害生活救助资金4.38万元，累计向灾区运送生活用品、食品、药品等救灾物资价值30余万元，累计收到77家单位或个人捐款100余万元支援灾区建设。

【疫情防控】

充分发挥支部的战斗堡垒作用，慎终如始、从严从紧、从实从细抓好疫情防控工作。2022年，以全镇19个村329个网格为单位，常态化抓好疫情防控；镇村疫情防控大数据专班50多位"防疫先锋"，共核实9836条上级推送的大数据信息、协查信息和协查函，5749条交通健康服务站反馈数据，以"5+2""白加黑"跑出疫情防控加速度，以"大数据"守护人民群众"大健康"；通过智慧广播、微信公众号等加大疫情防控宣传力度，全年共计发布各类防疫资讯256条，制作广告横幅321条，展板109块。自2022年3月22日设立十方高速口健康服务站以来，累计组织镇村干部职工、社会志愿者、医务人员等4500余人次参与健康服务站24小时值班值守，坚决守住武平"东大门"。全面抓好疫苗接种和核酸检测应急演练工作。3月下旬组织开展全要素核酸检测应急演练，不断提升面对疫情防控的应急处突能力；紧盯重点区域返乡人员，关注重要时间节点、重点领域、重点场所，确保经济社会发展与疫情防控"两手抓、两不误"。

【民生福祉】

人居环境　2022 年，共粉刷裸房 256 栋，装饰面积 3.36 万平方米；拆除危损空心房 325 栋，拆除面积 2.57 万平方米；拆除违建 56 处，拆除面积 2551 平方米。三坊村"两治一拆"通过市级验收，丘坑、彭寨、集贤、来福、鲜南、鲜水、叶坑、熊新等 8 个村通过县级验收；截至 2022 年年底，全镇已通过县级验收村 15 个村（含通过市级验收村 2 个）；补齐乡村基础设施短板。推动实施黎畲村狗龙背片区道路拓宽及污水管道整治提升工程和三坊、叶坑、来福等 9 个村农村公益事业财政奖补项目，提升改造一批道路、桥梁、河堤等设施，受益群众约 8800 人。美丽乡村庭院创建初显成效，2022 年，全镇创建美丽庭院 15 户，建设美丽乡村微景观 19 处、美丽乡村小公园 3 个。

生态环保　严格落实生猪养殖巡查监管"四禁止"工作责任，2022 年，共清栏减栏生猪养殖户 150 户 3300 头。做好交接断面水质达标提升工作，组织多部门联合巡查，多次对处明溪、彭寨溪交接断面各支流汇入口进行同一时间取水送检，精准溯源，累计采送 18 次 123 处水样；对重点污染支流采取石灰坝等综合措施，水质明显改善。深入开展松林改造，调整优化树种结构，提升森林生态功能和景观效果，完成造林 2332 亩、森林抚育 2748 亩、封山育林 1607 亩，超额完成县林长办下达的造林绿化和森林抚育任务。严厉打击破坏森林资源违法行为；查处林业行政案件 17 起（非法使用林地 16 起、滥伐林地案件 1 起），有效遏制乱砍滥伐、乱占林地现象；签订列入禁伐计划的商品林林业碳汇开发合作协议书 35 份 3.13 万亩，促进林农增收。

"三农"工作　始终把做好"三农"工作摆在重中之重的位置，自觉站位全县甚至更高层面考量谋划，优先发展农业农村；巩固拓展脱贫攻坚成果，累计拨付补助资金 153 万元，用于开展水果玉米种植激励性帮扶项目和肉鸡、梁野白兔养殖等自主发展激励性产业帮扶、农村基础设施建设等项目，惠及脱贫户 627 人；全面推进乡村振兴战略，坚持党建引领，谋划成立武平县动车小镇农旅融合党总支，策划实施"强村带弱村"产业振兴示范村项目，创建叶坑村"党员创业示范基地"，以点带面、示范带动，推动乡村振兴战略落地实施；切实扛起粮食安全政治责任，坚持把确保粮食安全作为全镇"三农"工作的首要任务，坚持"粮食面积不降、产量不减"原则，2022 年，完成粮食播种面积 47619 亩，总产量达 21192 吨，粮食产量再创新高，实现面积、单产、总产"三增"，全面完成上级下达的粮食生产任务；完成储备订单粮食任务数量，落实落细粮食生产相关扶持政策，坚决防止耕地"非粮化、非农化"，不断做好撂荒耕地复垦种粮，实现粮食生产工作稳步、有序、快速、高效推进。

民生保障　认真做好低保对象复核认定及"漏保""漏救"整治行动，做到 100% 入户，确保应保尽保。2022 年，共评定低保 341 户 568 人，累计发放农村低保金 310.8 万元；共有特困人员 129 人，其中集中供养 23 人，累计发放特困人员生活补贴及护理补贴共 190.82 万元；发放残疾人生活补贴 562 人 71.23 万元，发放护理补贴 567 人 65.89 万元；发放残疾人创业扶持、灾后重建和各类临时救助共计 56.7 万元，各类社会救助资金做到应发尽发、应补尽补。落实退役军人保障法，发放退役军人优待证 510 张。

公共服务　克服财力困难，千方百计增加教育经费投入，累计筹集 235 万元，用于学校建设征地、奖教奖学、教学设备添置等，改善办学条件，推动办好人民满意教育。2022 年，十方中学高考报考考生 60 名，上本科线 20 人，上线率达 33.3%；中考上武平一中 29 人，十方中学一中定向生最低投档分为 658 分，比一中最低录取线 614 分多 44 分，居全县农村中学第

3 名。十方镇公益图书馆建成开馆，馆内藏书 4000 余册，并设有多功能活动室，极大方便了周边群众和中小学生阅读、活动。持续巩固辖区群众医疗保障，新十方中心卫生院建成投入使用，有效解决了辖区群众看病就医和公共卫生服务需求。助力绿色低碳出行，建成武平首个乡镇充电桩，解决群众新能源汽车充电难问题。落实就业优先政策，新增招用工信息宣传栏 36 处，开办招用工专项对接会 4 次，积极保障企业用工需求，连续 3 年超额完成县下达的招用工任务，实现更加充分、更高质量就业。健全劳资纠纷调解体系，共调解劳资纠纷 3 起，惠及务工群众 60 人，追回应发工资 15 万余元，辖区劳动关系和谐稳定。

【平安建设】

社会治理体系　严厉打击涉麻制毒、电信网络新型违法犯罪活动，2022 年，劝返滞留金三角涉电诈人员 2 人，云南边境拦截 3 人，无相关犯罪窝点；常态化开展扫黑除恶斗争，保持对黑恶势力违法犯罪的高压态势，未收到涉黑涉恶线索。积极处理好各类来信来访问题，妥善处置"8·26"意外事件信访问题；党的二十大期间未发生进京赴省到市越级上访事件；化解国重积案 2 件、市信访积案 2 件、县信访突出问题整理 7 件，处理答复 12345 平台诉求 414 件。

安全生产　深入开展安全生产集中攻坚专项行动，针对自建房、燃气安全、非法采矿等，2022 年，共组织 24 个检查组 144 人次对 105 家企业开展安全生产检查，排查整改安全隐患 36 起；深入开展道路交通安全隐患大排查行动，排查整改安全隐患 7 大项 22 处，并投入 90 余万元在富方街、工业园区及学校周边增设减速带、安全标识，安装护栏及中央隔离栏，有效提高群众出行安全系数；组织镇村及水利协会开展防汛应急演练 12 场次，切实提高全镇干群防汛安全意识和防汛突发事件处置能力；自筹

25 万元经费，组建专门扑火力量，持续深化野外用火巡查，禁止一切未经审批的野外用火，全年辖区内未发生森林火灾。

· 中堡镇 ·

【概况】

中堡镇位于武平县东北部，距县城 42 千米，东与上杭县的官庄、珊瑚、湖洋、才溪等四乡镇接壤，南与武东镇毗邻，西与永平镇相连，北与桃溪镇交界，面积 181 平方千米。其中耕地面积 3.6 万亩，林地面积 21.32 万亩。辖 21 个行政村，191 个村民小组，8274 户30046 人，常住人口 25307 人；全镇 26 个党支部，党员 1309 名。

中堡矿产资源丰富，有石灰石、石英石、花岗岩石、膨润土、金、银、铜等矿产；其中金、银储量居全县前列，石灰石储量 3000 多万吨，居全县第 3。境内有武平紫金矿业、三鑫矿业两大重点企业。水利资源丰富，拥有小水电站 16 座，总装机容量达 7350 千瓦。林地资源丰富，全镇耕地面积 27456 亩，其中水田面积 23574 亩；山林面积 20.1 万亩，森林覆盖率 79.2%，木材蓄积量 54 万立方米；梁野山腹地 7.1 万亩，占 30% 左右。

中堡镇拥有生态优美的观狮山，辖区内的大绩、梧地、朝岭、章丰、新湖、新化等 6 个村位于梁野山腹地。2022 年，中堡镇积极融入"来武平，我氧你"文化旅游融合发展思路，努力打造"亲水互助""灵动乌石"生态旅游点，并与"岭上人家""毓秀新湖""新风大坪"相融合。2022 年，接待游客 8.6 万人次。

中堡镇红色资源丰富，革命遗址广布全镇，现存有林坊村飘香公祠、大绩羊子岗红军医院、福建省军区武平独立二团建立地中堡燕子窝、

红十二军驻军大坪庵子岗、红独立十团战士壮烈牺牲遗址、中央苏维埃时期红区与白区交界处的秘密联络点、红色交通线芳洋青龙庵等革命旧址；在长期的革命斗争中，中堡镇还涌现众多英雄儿女，其事迹可歌可泣，感人肺腑，截至2022年年底，有在册烈士103名。

2022年，全镇灵芝种植面积200余亩；黄金百香果种植面积260余亩，脐橙种植面积7000余亩；象洞鸡年产420万羽。全镇现有家庭农场76户（29户种植业农场、47户养殖业农场），其中省级家庭农场1户，市级家庭农场2户，象洞鸡养殖省级示范企业1家，市级示范企业1家。

2022年，本镇不断发挥人文优势，整合乡贤资源，激发乡贤活力，为创新发展迈上新台阶积蓄新动能；镇党委政府充分利用各地商会健全的优势，引领乡贤参与家乡经济社会发展，在水环境综合治理项目推进过程中，发动外出乡贤出资50万元帮助解决项目实施过程中征地等问题；通过凝聚广大党员、外出乡贤力量，高质高效完成漳武高速十方互通及接线工程（中堡段）、大新公路、高坊公路、文化体育广场、中小河流治理等一大批利民惠民项目的征迁工作。

【经济指标】

2022年完成农业生产总值4.78亿元，总量排位全县第7；完成规模以上工业产值10.69亿元，同比增长25.7%，增幅排位全县第2；完成限额以上贸易业销售额11.5亿元，总量排位全县第6；完成飞地建筑业产值2.98亿元，同比增长34.3%，增幅排位全县第3；其他营利性服务业完成营业额2247万元，同比增长43.1%，增幅排位全县第7；固定资产投资12个，全县排名第2；实现财政收入2930万元，全县排名第8；2022年，第一季度存款下达任务5000万元，完成1.5亿元，完成比率302%，全县排名第1；向上争取资金完成992万元，

连续四年保持增长。

【招商引资】

2022年，党政主要领导带队12次前往粤港澳大湾区等地开展招商对接；成功签约全县投资规模最大的中触全自动数字智能显示产业项目，获全县招商竞赛综合考评第二名并在全县重大项目"一月一签约""每月开竣工"互比互看活动作典型发言；深入洽谈护康普生智能医疗器械、智能多媒体互动一体机、万盈餐具制造生产、澳仕食品精深加工生产、多功能新型显示FPC柔性材料生产等5个项目；2022年，新策划项目8个，实现中触全自动数字智能显示产业项目、川京建筑弃土无害化利用项目、禾源改良生物可降解塑料颗粒生产项目及中堡镇安全生态水系等7个项目新开工；实现武平中堡象洞鸡冷链物流及精深加工项目、川京建筑弃土无害化利用项目等3个项目新竣工。本镇策划的武平县中触智能显示产业项目（二期）荣获全市优秀策划项目一等奖、获全县"星耀武平"星级项目策划PK大赛产业项目策划唯一的五星项目奖；2022年，培育限额以上贸易企业1家，营业额1.3亿元；成功引进1家三级资质建筑业企业，一家二级资质企业晋升为一级；2022年，全镇共有8家建筑业企业，税收分成103.8万元，总量排位全县第二。

【项目建设】

截至2022年年底，总投资1880万元的大新公路建设项目路基工程完成总量的96%，路面已完成硬化3千米；总投资1.07亿元的城乡供水一体化项目已完成55.7516千米输水管道铺设；县重点项目漳武高速十方互通及接线工程（中堡段）完成征地258亩、紫金龙江亭项目完成征地37.43亩、悦洋至中堡和悦洋至武东35KV线路改造项目完成征地10.25亩、三鑫技改项目完成征地215亩，比预定时间提前一个月全面完成征地拆迁任务，4个重点项目

全部实现净地交付。中堡镇获 2022 年重点项目高质量落地攻坚个人奖共 3 个、集体奖 1 个。

【乡村振兴】

2022 年，中堡镇全镇推广"五新"技术，培育农业科技示范户 29 户、农村新型实用人才 30 余人；科技特派员实地指导 150 余次，解决问题 150 余个；大力发展特色种养业，种植黄金果 350 余亩，灵芝 1000 余亩，象洞鸡出栏 80 万羽，产值超亿元。完成 11 个村"两治一拆"人居环境整治工作，小岭村顺利通过市级验收；上济村、田坑村等 10 个村顺利通过县级验收；"两治一拆"年度整治完成率 109%，全县排名第 2；累计拆除空心房 358 栋，拆除面积约 24145.3 平方米；裸房外立面改造 658 栋，粉刷面积约 62216 平方米；拆除违法建筑 98 栋；建立完善农村宅基地审批管理办法，审批新建房屋 61 宗。

【民生保障】

脱贫攻坚　2022 年，本镇持续落实"三保障"及饮水安全保障，92 人次获教育资助 16.53 万元；医疗、住房、饮水全部达标；严格落实"四不摘"，积极开展防疫、防汛工作，为 2 户脱贫户发放灾后重建资金 16.1 万元；全面开展产业扶贫工作，累计发放补助资金 97.5 万元，为全镇 285 户脱贫户办理产业扶贫保险；持续落实就业政策，发放外出务工补助 60 人次 3.9 万元，开发公益性岗位 22 个；全力做好小额信贷工作，累计办理 103 户 209.3 万元，覆盖率超 18%；建立健全返贫监测和帮扶机制，全年无新增返贫监测户。

惠民利民政策　2022 年，发放耕地地力保护补贴资金 19.314 万元和实际种粮一次性补助 73.01 万元；发放 60 岁以上人员养老金 5057 人 959.9 万元；认真落实农村低保补助，2022 年，全镇共有 627 户 858 人获农村低保补助，补助金额 397.5 万元；全面落实计生奖补政策，全镇享受政策奖励扶持 1324 人 40.38 万元，代缴医保 39.80 万元。

为民办实事　2022 年完成中堡至高坊道路、林坊至朝岭道路建设；完成远富村综合大楼建设；完成一河两岸项目（一期）建设；完成三个村农村幸福院建设；完成大坪村村内道路硬化并新安装节能路灯 103 盏；完成 8 户地灾户危险除险工程；漳武高速十方互通及接线工程（中堡段）、大新公路、安全生态水系、中小河流域治理、高标准农田建设、城乡供水一体化、敬老院拓展提升工程、公益性骨灰堂建设等一批利民惠民项目正加快实施。

【社会事业】

疫情防控　2022 年，抽调 10 名干部及 18 名机动干部到疫情防控指挥部数据核查专班，充实人员力量，全年累计核查中高风险地区返镇人员数据 2325 条；针对居家健康监测和居家医学观察人员，实行挂村组和村干部、网格员挂户制度，确保管控人员按频次做好核酸检测，做到不漏一人，扎紧"外防输入"牢笼；疫苗接种全面覆盖，立足"应接尽接，积极劝接"，全镇疫苗接种工作有序推进，提供"接送直通车"服务、发放疫苗接种乘车补助，推动全镇 8253 人完成加强针接种，接种率达 94.64%。

综合治理　成立信访接待中心，2022 年，调处矛盾纠纷 56 起，抽调 6 名熟悉中堡镇情、农村工作经验丰富、善于做群众工作的干部到信访接待中心，壮大工作队伍，稳固提升信访中心矛盾纠纷协调化解能力，有效调处矛盾纠纷 56 起；组建综合执法队，通过配强人员力量，配齐设施设备，不断规范综合执法队伍建设，有效承接县政府赋权乡（镇）人民政府行政执法事项 190 项；加强集镇市场管理，为深化文明城市创建，全镇干部职工周末不休，持续开展集镇市场管理集中整治行动，2022 年，累计拆除并清理违章搭盖遮阳棚、违规设置广告牌等 60 多处，督促商户齐店经营 40 余家，劝导摊贩入市经营 1000 余次。深化重点领域安全生产专项整治，强化新安法"八个一"宣传，严格落实日常安全巡查和监管，共开展巡查检查 106 人次，排查并整改各类安全隐患 11 条；开展消防安全生产检查 9 次，单位 21 家，发现并消除安全隐患 3 条，全年辖区未发生较大安全生产事故。

【党政建设】

法治政府建设　为切实提高公职人员法治素养和依法办事能力，组织 27 名正式干部到龙岩学院参加 2022 年度行政执法考试，15 人顺利通过考试；组织 58 名正式干部、21 个村主干和村级法律"明白人"参加 2022 年度学法考试；进一步发挥镇村干部在法治中堡建设中带头学法、模范守法的重要作用，夯实法治建设工作基础，助力全县再获"全国法治政府示范县"的"国字号"殊荣。

全面从严治党　2022 年，继续增强"四个意识"，坚定"四个自信"，坚决做到"两个维护"；依法全面履行政府职能，完善依法行政制度体系，推进行政决策科学化、民主化、法治化；强化日常监督，精准执纪问责。秉持"有案必查、违纪必究、执纪必严"的原则，对于发现的违规违纪问题，严肃责任追究。2022 年，镇纪委共查处各类违法违纪案件 7 件 8 人，其中，给予警告处分 2 人，严重警告 2 人，撤销党内职务 1 人，开除党籍 3 人；运用第一种形态帮助和处理 10 人次，其中，责任书面检查 4 人、批评教育 2 人、诫勉谈话 4 人；共办结信访件 4 件。

·桃溪镇·

【概况】

桃溪镇地处武北四镇中心位置，距县城 48

公里。省道 221 线（武汀公路）贯穿新田、田雁、亭头、新礤、桃溪、湘里 6 个村。县内第二大河——桃澜河，流经本镇小澜村注入汀江。桃溪镇下辖 15 个建制村，197 个村民小组，全镇设立 18 个党（总）支部，人口 3 万余人，其中桃溪、小澜村人口均超过 5000 人。桃溪镇自然资源丰富，地域面积 180.37 平方公里，耕地面积 1.56 万亩，林地面积 23.5 万余亩，自然保护区 2.7 万亩，生态公益林面积 5.5 万亩，森林覆盖率 81.68%。桃溪有着悠久的栽茶、制茶历史，品茶之气蔚然成风，是福建省最大的绿茶生产基地，素有"绿茶之乡"的美称，荣获全国"一村一品"示范村镇、中国特色炒绿之乡、福建名茶之乡、省级商务特色镇；桃溪镇是武平县党史上著名的"小澜暴动"和亭头土地革命斗争的发生地，有小澜泉坑背、陈屋，亭头湖寮下、新华、新兰 5 个革命基点村，在册烈士 197 名。此外，桃溪镇山多田少，为维持生计，有近万名群众外出经商，大多数从事不锈钢生产、加工、装潢行业，该行业遍布全国 20 多个省（市）的大中城市，并向新加坡、马来西亚等国际市场发展，是名副其实的"飞地钢乡"。

【提升发展后劲】

2022 年桃溪镇实现财政收入 368 万元，农业总产值完成 4.32 亿元；规模以上工业产值完成 9.97 亿元；限额以上贸易业完成销售额、营业额 34.09 亿元，排名第 2；规模以上其他营利性服务业收入实现收入 1386 万元；500 万以上固定资产投资全镇完成入库 14 个，累计完成投资额 3.12 亿元；向上积极争取项目资金 2283.8 万元。2022 年外出招商 12 次，实现新签约项目 3 个，对接洽谈项目 5 个，培育四上企业 5 家，帮助企业招用工 192 名。

【加速农业产业发展】

2022 年，全镇粮食播种面积 14596 亩，总产量 6723 吨；活禽存栏稳步提升，肉类产品质量安全有保障；持续深化武平林改成果；推进林长制工作，签订林业碳汇合同 7 万余亩，大力支持新华紫灵芝，田雁百香果、紫姜种植。2022 年完成仿野生灵芝种植 600 亩，茯苓种植 100 亩；申报省级林业专业合作社标准化建设 1 家，林下经济发展势头良好；绿茶产业不断壮大，武平县乡村振兴现代农业（果茶）产业园项目完成低产茶园改造 600 余亩，茶树品种改良 200 亩；桃溪茶企在第十一届"中绿杯"中获 4 金 7 银，"中国特色炒绿之乡"招牌越发闪亮。

【提升茶旅融合】

2022 年，实施"5+1"项目，即打造一条绿茶产业带、一条茶产业街、一个武平绿茶技艺传承研习体验馆、一个茶旅融合项目、一个武平绿茶品牌提升工程的五个主题项目建设和一个茶寮露营基地项目，形成集观光、休闲、露营、游玩、品鉴、研学为一体的乡村旅游体系。以茶促旅、以旅促茶，举办"喜迎二十大桃韵飘茶香"桃溪镇第五届茶文化商贸旅游节，推出开馆、通车、开园等活动，形成新一轮的"引流"热潮，在国庆、春节期间吸引周边游客近五万人次参观体验，激发乡村旅游活力；引进厦门乡墨成景文创有限公司、厦门漫乡规划设计有限公司，打造"一街一馆一寮"茶旅融合载体，焕发乡村旅游的内生动力。

【推进项目建设】

2022 年，桃溪镇深化重点项目"百日攻坚"行动，促进项目落地实施，新型城镇化环境整治示范街区建设项目顺利竣工；110 千伏输变电工程征地工作全面完成；桃溪集镇"一河两岸"改造提升工程项目中的桃澜溪（小澜段）安全生态水系建设项目有序推进；小澜中心幼儿园、湘里地灾治理等项目全面竣工；小澜溪桃溪段治理工程项目完成设计报批。

【改善镇村面貌】

夯实基础设施 2022 年，省道 221 线桃溪集镇至新礤村路段道路"白改黑"顺利完成；桃溪村张屋桥、湘坑村口桥顺利竣工；亭头村活动中心项目进入收尾；桃溪集镇至小澜公路改扩建项目有序推进。

推进"两治一拆" 2022 年，拆除空心房 200 余栋，粉刷裸房 300 余栋，拆除违法建筑 70 余栋，整治黑臭水体 70 余处，清理河道、池塘 20 余口。在新农村建设中，江坑村通过市级验收；湘里、湘坑、湘溪、新兰、新华、新贡、鲁溪等 7 个村通过县级验收。扎实推进房屋安全隐患排查整治工作，房屋安全进一步巩固。落实农村个人建房审批新政策，严格执行"一户一宅"政策，审批农村个人建房 65 栋，创建美丽庭院 50 户，抓紧抓好"两违"整治工作，农村建房秩序进一步规范。

改善生态环境 2022 年，持续开展生猪养殖业污染综合治理，落实"四禁止"措施，严防复养；严格落实河（湖）长制，实施桃溪河流域综合整治一期工程（洋畲—湘坑段），完善新礤村污水处理管网工程，河流交接断面水质均保持Ⅲ类及以上标准；推进绿盈乡村评定，辖区内 15 个行政村均获得绿盈乡村初级版及以上等级；开展垃圾分类治理，稳步推进新礤村垃圾分类试点工作，完善环卫基础设施建设，增设 6 个垃圾分类亭，全年转运生活垃圾约 1500 吨，基本实现农村生活垃圾日产日清；持续推进"厕所革命"，2022 年，全镇共拆除旱厕 30 余座，新建或改造卫生厕所 65 座。

【提升民生事业】

2022 年，桃溪镇散葬烈士墓集中安葬点项目顺利竣工；启动实施新兰、新华地灾点项目建设；发放各类保障金 620 余万元，开办田雁、新田、桃溪村 3 所长者食堂，为村里 70 周岁以上的老人提供午餐，修缮农村幸福院管理设施

3 所；新建公益性骨灰堂 2 座；两险缴费及参保扩面工作稳步推进。持续推进教育强镇建设，桃溪中学考取武平一中 27 人，五率评比稳步提升；中心校教学质量进步明显，获总评成绩同类区第 5 名，校本部总评成绩第 2 名的好成绩；投入资金约 140 万元对教学环境进行改造提升，改善师生学习和生活条件；认真抓好退役军人工作，办理优待证 293 人，发放各类奖扶金约 32 万元；全面落实三孩政策和计生奖扶政策。

【社会治理成效】

平安建设　2022 年，桃溪镇公众安全感满意率调查取得全市第一的好成绩；探索试行武北四乡镇区域联合派出所警务运行模式，成立武北区域联合派出所，增强打防管控联动，巩固平安建设成效；"无讼无访村"和"平安和谐镇村"成果进一步得到巩固。

安全监管　强化重点领域、重点行业及景区与非景区安全隐患排查整治，2022 年，排查整改安全隐患 19 处，开展"餐桌污染"治理，完成农产品安全检测 4592 次，完成率、合格率均为 100%。

信访工作　2022 年，便民服务中心受理、办结 12345 平台转办信访诉求 120 件；信访办全年受理、办结纯信访件 6 起；司法所调解纠纷 192 件，调解成功 191 件，正在调处 1 件，调处率为 100%，调解成功率为 98.96%。派出所全年查处各类案件近 30 件，抓获各类嫌疑人 20 余人，有力打击各类违法犯罪行为。

社会治理强化综合执法队伍建设，承接县政府第一批赋予的 190 项行政执法事项清单；综合执法队通过常态化对占道经营、圩日乱象、乱停乱放车辆、乱贴广告海报等不文明行为进行整治，树立集镇新形象；汇聚乡贤力量打造商会平台，引领乡贤融入家乡发展建设；在项目攻坚中提炼总结长者理事会经验，持续延伸"六皮工作法"内涵，健全"议事厅""百家宴"等桃溪特色社会治理载体，推动社会治理迈上新台阶。

【政府建设】

全面落实党风廉政建设责任制，切实履行"一岗双责"，坚持纠"四风"和树新风并举，严格执行中央八项规定及其实施细则精神，严格控制"三公"经费，坚决杜绝铺张浪费。全面推进政务公开，提高行政透明度和公众参与度；积极开展"三提三效"活动，强化便民服务中心窗口建设，整合窗口服务力量，优化办公资源，进一步提升群众办事效率；自觉接受镇人大的工作监督和政协工委的民主监督，2022 年办理人大代表建议 58 件，政协提案 4 件，办复率为 100%。

·城厢镇·

【概况】

2022 年，实现农业总产值 5.25 亿元，比增 1.1%，总量排名第六；规模以上工业产值 30.61 亿元，全县总量排名第二；限额以上商贸流通业销售额、营业额 28.79 亿元，比增 21.2%，总量全县排名第三；其他营利性服务业营业收入 1.06 亿元，比增 13.7%，总量全县排名第二；固定资产投资 10.26 亿元，比增 38.1%，完成任务进度排名全县前三，尤其工业固投（技改投资）完成任务进度 212.68%，排名全县第一；财政收入 2533.49 万元，财政支出 2183.31 万元，税收收入 3338.17 万元；农村居民人均可支配收入 24909 元，增长 8%，高于全县平均水平，排名全县第五。

【项目落地】

大抓招商　围绕"516"产业新体系建设，聚焦产业链配套，招大商招好商，积极参与产业招商对接行动，强化招商引资实效。2022年，实现新签约项目 3 个，新开工项目 1 个，新竣工项目 1 个，招商引资任务完成情况全县排名第五。

有序推进重点项目　水系连通及水美乡村建设灵通溪段有序推进，平川河城厢段已挂网招投标，投资 10 亿元以上天塑光学材料生产项目已开工建设，华润机制砂项目实现试投产。2022 年，完成项目策划 14 个，其中市级入库项目 1 个，县级入库项目 6 个，综合排名位居全县前列。

项目征迁　深入开展净地攻坚行动和"喜迎二十大、冲刺下半年"征迁专项攻坚行动，有序有力有效推进项目落地攻坚战役；2022年，完成征收土地面积约 820 亩，征收房屋约18500 平方米，迁移坟墓约 390 座；9 个项目实现净地交付，其中环城北路加油站、文山中学建设、客都汇 C5 地块等 3 个项目提前 1 个月完成净地攻坚任务。促成县城南部片区平南路（东段）、沿河西路三期建成通车，祥泰路、启童幼儿园、崇文公园顺利开工；根据全县"六比一看"竞赛活动结果通报，城厢镇土地征收排名第一、房屋征收排名第二，有力保障县重点项目落地。

【增强产业实力】

增强经济实力　深入开展"企业服务日"活动，持续壮大市场主体。2022 年，培育规上服务业 1 家，限额以上贸易业企业 2 家，培育新上产值亿元工业企业 2 家；实现燚塑光电企业技改、新洲林化技改升级；培育燚塑光电省级"专精特新"小巨人企业。

提升现代农业　推广水稻全程机械化生产技术，实现种植业生产绿色发展。牢牢守住粮食安全底线，2022 年，完成耕地地力保护 1.85万亩，发放补贴资金 186 万元；建成高标准农田 6320 亩；新增补充耕地 126 亩。组织"我在城厢有亩田"活动，整治撂荒地 162 亩。全镇

复耕复种率达 84.1%，全年粮食总产量 1.14 万吨；种植烤烟、黄金百香果、鹰嘴桃、花卉、脐橙等特色农产品 11000 亩，年总产值达 4000万元。

抓好旅游服务业　2022 年，举办农民丰收节、鹰嘴桃采摘节等乡村节庆活动，促进旅游消费。新增尧禄帐篷露营基地、园丁氧博士乐园、云寨"太空舱"民宿、"仙女奔月"等旅游体验点，亮点纷呈。全年共接待游客 81 万人次，森林康养旅游总收入 3 亿元，占全县森林康养乡村旅游总收入的 30% 以上。城厢镇获评"全域生态旅游小镇"，园丁村获评"省级金牌旅游村"。

【协调城乡发展】

乡村规划　2022 年，完成全镇国土空间总体规划和村庄规划编制。规范农房审批制度，严格执行农村建房"四到场"，促进乡村风貌提档升级；完成不动产登记发证 52 宗，办理建房审批 30 宗。

推进城镇建设　2022 年，全面推进县城南部片区建设，全国文明城市创建成效明显，梁野、碧水、香樟社区均接受现场入户测评，交出合格的"中期答卷"。

提质乡村面貌　2022 年，投入 141 万元，通过市场化运作实现村级垃圾治理率达 90% 以上。下东村、金桥村高质量通过市级"两治一拆"验收，下东村获得优秀等次；灵通、文溪等 6 个村顺利通过县级"两治一拆"验收，任务完成情况排名位居全县前列。

【凸显生态价值】

生态创建成效　全面落实河湖长制和林长制，持续抓好生态环境保护工作。2022 年，启动尧禄村生态振兴低碳社区建设，申请园丁高级版绿盈乡村。

提高水质治理　2022 年，乡镇交接断面（园丁桥）Ⅲ类水质比例达 100%；积极策划武

平县中山河流域水生态修复工程（文溪段）；实施凹坑、下东、南通、始通、尧禄等5个村农污治理、生活污水管网接入工程；做好生猪养殖业污染治理"后半篇"文章，持续推进生猪养殖业污染整治"四禁止"行动，开展集中清栏行动，2022年，清栏生猪3352头，清栏率85%。

【提升民生保障】

强化民生保障　严格落实"四个不摘"要求，99户脱贫户稳定脱贫，持续巩固拓展脱贫攻坚成果。2022年，累计投入220万元用于"5·27"重大自然灾害灾后重建；50余万元用于疫情防控；落实各级优抚、救助、补贴政策，发放农村低保金282万元、五保金172万元、临时救助金17万元、残疾人两项补贴92万元、养老金950万元、被征地农民养老保险209万元；农民群众医疗报销2875.24万元，"三农"保险理赔34.79万元；城乡居民基本养老保险参保全覆盖，基本医疗保险参保率为98.73%；推荐高校毕业生、城镇就业困难人员180人前往工业园区就业。

提升社会事业　开展龙岩市闽西南协同发展区科技特派员示范工作站建设，新建城厢镇科技特派员工作站，2022年，培育科技项目示范点3个。辖区办学条件持续提升，武平初级中学、城厢中心小学、城厢中心幼儿园升级为县直属学校，拨付奖教奖学金12.65万元；协调增设公交线路，解决辖区学生往返学校乘车问题；推动各项计生政策落实落地；香樟社区获评2022年全国示范性老年友好型社区，园丁村获评"龙岩市移风易俗十佳示范点"。

办好民生实事　2022年，着力解决群众"急难愁盼"问题，更加精准对接群众所需、群众所盼、民心所向；扎实推进园丁村苟美坑至村部自行车道、东岗村老年活动中心工程等8件人大票决民生实事项目建设。

【社会治理】

安全生产　平安城厢建设深入推进，有效化解重点信访积案和矛盾纠纷，2022年，南通片区警务工作站发挥积极作用，安全生产专项整治三年行动顺利收官，全年未发生较大及以上安全生产事故，全镇安全生产形势稳定向好。

平安建设　扎实开展"八五"普法，常态化开展扫黑除恶斗争，2022年，组建19支禁毒反诈"清村（居）扫楼巡山"巡逻队伍，建立微网格群287个；"平安三率"测评成绩稳步提升，2022年上半年排名全市第二，下半年公众安全感满意率测评结果位居全市前列。

【提高干事创业热情】

2022年，围绕"新时代城厢十年"主题，举办书画笔会，开展"十年印记""城厢榜样""幸福城厢·美丽庭院"评选等系列活动，制作"新时代城厢十年"纪录片和画册，建设机关干部作风宣教展览室，提升改建便民服务中心，优化改善机关办公环境，召开学习贯彻党的二十大精神暨"新时代城厢十年"座谈会，通过数据对比、生动事例、典型案例等，形式多样、全方位、多层次展示建镇十年发展历程，让社会各界详细了解建镇十年发展成果，展现城厢干群"干字当头"勇担当的硬作风和"奋勇争先"创一流的精气神。

【增强政府执政效能】

2022年，城厢镇深入学习贯彻党的二十大精神，纵深推进全面从严治党，坚定捍卫"两个确立"，坚决做到"两个维护"，把旗帜鲜明讲政治自觉贯穿于政府工作各方面、全过程，严格执行重大事项请示报告制度；深入推进法治政府建设，2022年，8件人大代表建议均在规定时限内办理答复；树立"过紧日子"的思想，深入推进零基预算改革和预算管理一体化建设，从严控制"三公"经费等一般性支出，

"三公"经费支出下降3.8%；修订完善《城厢镇工程管理办法》，规范工程建设项目管理，有效防控项目管理、实施等环节的廉政风险。

【加强党的建设】

筑牢思想根基　深入学习贯彻习近平新时代中国特色社会主义思想和党的二十大精神。对照要求、结合实际，制订镇党委理论学习中心组年度学习计划，把学习贯彻习近平新时代中国特色社会主义思想引向深入。2022年，开展镇党委理论学习中心组集中学习14次；在全镇范围内集中开展党的二十大精神宣讲活动，发挥好"福小宣"小蜜蜂岩讲家、"红色文艺轻骑兵"等宣讲力量，推动党的二十大精神家喻户晓。

强化党建品牌　强化支部战斗堡垒建设，印发《城厢镇"红耀武平·实干城厢"强化党支部战斗堡垒作用工作方案》，聚焦基层党组织存在的突出问题，组建工作专班，积极推进支部建设；强化党组织覆盖，积极推进"红色小区""红色物业""红色业委会"建设，进一步强化党对小区治理的全面领导。2022年新设立小区党支部、物业党支部7个，实现"三红"全覆盖；香樟社区文化滋养、舒心医养、运动健养、美食膳养、智慧乐养"五养融合"的社区宜家养老新模式。香樟社区荣获龙岩市居家社区养老服务照料中心和全国示范性老年友好型社区的称号。

党风廉政建设严格落实党风廉政建设第一责任，严格执行"一把手"负总责、班子成员分工负责；督促班子成员履行"一岗双责"，推动述责述廉、廉政谈话制度落实。深入推进全面从严治党，狠抓"两个责任"落实，深入开展机关作风整治，持之以恒纠正"四风"，强化监督执纪问责，推进全面从严治党向基层延伸。

·东留镇·

【概况】

2022年，全镇全年完成农业总产值6.92亿元，总量排位全县第1；规模以上工业企业全年产值合计22.48亿元，总量排位全县第4；限额以上批零住餐企业销售总额14.74亿元，同比增长27%，总量排位全县第5；规模以上其他营利性服务业营业收入3443万元，同比增长33.3%；固定资产投资入库项目11个，完成投资1.6亿元，总量排位全县第6；规模以上飞地工业产值总额18.3亿元，总量排位全县第1；农村居民可支配收入2.5525万元，增幅8.1%，总量排位全县第1；全年财政收入757万元，获财政三项奖励合计115.1万元。

【党的建设】

党建工作　把政治建设摆在首位，组织开展党的十九届历次全会、党的二十大精神宣讲会，常态化开展党史学习教育，全镇党员干部忠诚捍卫"两个确立"、坚决做到"两个维护"，做到学思用贯通、知信行合一；常态化落实党委理论学习中心组学习和"三会一课"制度，2022年共开展镇党委理论学习中心组学习18次共45个专题；组建政务讲解员队伍、"福小宣"小蜜蜂宣讲员，深入学校、各村开展主题宣讲，累计开展各类宣讲20多场次，重点讲好时任福建省省长习近平同志到黄坊村视察时的"小故事"，推动习近平新时代中国特色社会主义思想在东留落地生根、开花结果。

队伍管理　进一步完善《东留镇机关管理制度》《东留镇村干部绩效考评实施方案》等制度，严抓细纠出勤值班等制度落实，健全二级绩效管理方案，突出在基层党建、招商引资、向上争取资金等重点工作中考核激励干部，激发干部干事创业积极性，进一步促进全镇干部战斗力提升；建立"一村一册"的村情台账，全面掌握各村情况，进一步完善《东留镇村干部绩效考评实施方案》，助推"村两委"工作效率、效能、效益提升；进一步提升党员能力素质，2022年，发展党员10名，其中大专及以上学历6名，35周岁以下党员5名，女党员7名。

【项目落地】

2022年，向上争取项目资金1298万元。积极开展项目前期工作，先后策划生成武平县水系连通及水美乡村建设、福建省武平县中山河大阳段治理工程、韩江上游防洪堤工程、高标准农田（千亿斤粮食）建设等15个项目，并组建工作专班，坚持项目建设全流程精细化管理，大力推进项目建设，其中韩江上游防洪堤工程、乡村振兴示范村建设、财政奖补"一事一议"、武平县水系连通及水美乡村建设大明段等项目基本完工；武平县中山河大阳段治理工程已完成工程量的80%，高标准农田（千亿斤粮食）建设项目已完成工程量的75%，其余项目均按序时进度推进；策划生成的武平县中山河东留镇安全生态水系项目已获批复，省级补助资金960万元；本镇策划的湘华建强触控部件及触控显示总成项目在首届"星耀武平"PK大赛中被评为"三星项目"；总投资1.2亿元的武平县兴鑫晶触摸屏生产项目顺利签约并开工建设，已完成厂房装修；武平县恒兴达触摸屏生产项目已达成签约意向；2022年，全镇3个项目列入全县"一月一签约"活动，2个项目实现开工，1个项目实现竣工；持续跟踪洽谈重点企业4家，培育规上工业企业1家、商贸企业1家、服务业1家；积极做好企业帮扶工作，为企业提供"妈妈式"服务，2022年，镇领导先后走访企业37次，帮助解决企业招用工难等问题，招用工200人，完成率为102.56%。

【乡村振兴】

打响"一花一果"品牌 2022年，全镇富贵籽种植面积达1.5万亩，占据全国销售市场95%以上；芙蓉李种植面积达3万多亩，年产值3亿多元。立足芙蓉李、富贵籽两大特色主导产业，总投资9000多万元的"花果东留"田园综合体项目全面建成，作为全市"三提三效"行动互查互看暨2022年市委市政府工作检查点，赢得上级领导的高度赞誉和持续关注；"果园当景区、田园当课堂、农业设施当教具和农产品当旅游产品"的乡村振兴试点示范效果显著，"东留有李·富贵伴你"品牌进一步打响，助推一二三产融合发展，乡村振兴迈出坚实步伐。

促进农林生产发展 守好粮食安全底线，2022年，下拨粮食生产扶持资金365.57万元，新增补充耕地97.4亩，建设高标准农田8500亩；粮食播种面积1.1万多亩，总产量预计达5100多吨；全镇果蔬种植面积达1.65万亩（含复种），新增百香果700亩、富贵籽2000多亩、石参100多亩、香菇150万袋。全镇家庭示范农场、专业合作社和企业累计达200多家，其中省级农业产业龙头企业1家、市级农业产业龙头企业2家、县级以上专业合作社56家、县级以上家庭示范农场41家；新增省级"一村一品"示范村1个，县级2个；省级农民专业合作社示范社1家，市级示范家庭农场2家，县级4家；市级农业产业化龙头企业2家，无公害农产品标志2个，基地2个。

发展村级经济 总结推广黄坊村村企共建、打包资产租赁实现村财增收的经验做法，引导各村通过盘活存量资源、引进资金项目、发展特色产业等举措助推村集体经济发展壮大。2022年，各村村财收入均达10万元以上，其中4个村达20万元以上。

【农旅融合】

串联全镇打造具有东留产业特色的研学课程，"花果东留"研学基地成功入选市中小学生研学实践教育基地、市首批"中小学劳动教育实践基地"；实施黄坊田园乐园（二期）项目，完成沿线"网红打卡点"配套设施建设，新增旅游体验项目；2022年7月，成功承办全市2022年"红古田"杯芙蓉李果王大赛暨第六届东留芙蓉李文化旅游节，通过"李娃"寻踪系列宣传以及发放3万元电子消费券等营销，吸引超137万名观众线上关注开幕式，超2万名游客现场采摘游玩，极大地拉动东留农副产品销售及餐饮行业发展，促进农旅深度融合，提升东留农产品知名度、美誉度。

【生态环保】

人居环境 抓好农村生活污水治理工作，2022年投入50万元完成大明新市场、小学周边等片区的纳管建设；投入10万元完成新联、黄坊等7个村9个氧化塘提升改造工作；持续加大环境综合整治力度，组织干部职工常态化开展文明城市创建工作，助推人居环境持续向好，中央督导组暗访检查时获充分肯定。

环境整治 抓好生猪养殖污染整治工作，2022年全镇318户74033平方米违规养猪场清栏和去功能化，削减生猪存栏23595头；大力开展河道清淤工作，共清理河道12.7千米清淤12.5万立方米；通过加强在建水利工程施工监管、强化水陆保洁及垃圾清运等方式，实现镇域水质提升；根据小溪桥自动监测点及东留水库坝后取水送检情况，常温下水质监测结果稳定在Ⅱ类或Ⅲ类水质，水质有较大提升。

村容村貌 2022年，21户村民科学有序开展建房；组织镇村干部1417人次持续攻坚"两治一拆"专项行动，裸房整治199栋，拆除违法建筑31处，危旧房拆除或修缮97栋，拆除旱厕17个；完成9个村"两治一拆"农村

人居环境整治任务，其中中坊村顺利通过市级验收。东留镇被评为县2021年度产业发展"两治一拆"活动先进集体。

【民生事业】

落实惠民政策 全力以赴做好防汛抢险救灾各项工作，2022年，下拨救灾资金27.5万元，确保人民群众生命财产安全；全面落实各级优抚、救助、补贴政策工作，全镇享有待遇领取人员3401名，参加城乡居民养老保险人员14319名，续保率达91.93%，城乡居民医疗保险参保人数14186人，参保率达98.5%；关心关爱退役军人，发放优抚金112.57万元，优待金34.68万元；设立公益性岗位，为11名脱贫户提供稳定就业岗位和缴纳五险；做好困难群众帮扶救助工作，发放农村低保金、五保户生活补助金、临时救助金等共计394.3万元；坚持教育优先发展，中小学学校教育教学质量得到明显提升，东留中学获"全市五率进步奖"；深入开展为民办实事工程，推进小溪、泥洋、大阳新建三座村级公益性骨灰堂和财政奖补"一事一议"项目，不断提升群众幸福感。

培育文明乡风 围绕"人和业兴促发展"推动乡风文明建设。充分利用全镇4支新时代文明实践志愿服务镇级分队、18支村级分队力量开展文明县城创建、扫黑除恶、禁毒反诈、移风易俗等志愿服务活动228次，营造良好社会氛围；大阳公益图书馆投入使用，东留公益图书馆积极筹备建设，推动"全民阅读"进村居，涵养文明乡风；利用省级文明单位示范带动效应，常态化开展群众关心关切的政策理论宣讲、巾帼护河、婚姻家庭矛盾纠纷调解、人居环境提升、农业技术指导等文明实践活动。

维护社会稳定 严格落实安全生产责任制，健全完善应急管理体系，常态化开展安全生产巡查，全面提高公共安全保障能力。2022年，本镇调处矛盾纠纷233起，调处率达100%，调解成功率达99%；抓好"平安东留"

创建工作，常态化开展扫黑除恶斗争，严厉打击涉麻制毒、电信网络诈骗等违法犯罪活动，成功劝返2名滞留缅北涉诈高危人员；优化落实疫情防控工作措施，设立国道357健康服务站，坚持全天候值班值守；积极引导群众当好自己健康的第一责任人，加快推进老年人疫苗及第二剂次加强免疫接种、重点场所管理、重点人群服务等工作，确保疫情形势平稳。2022年，本镇平安"三率"测评排全县第7名、全市第20名，获评2022年度市级"平安乡镇"；全镇8个村获评2022年度市级"平安和谐村（居）"。

·武东镇·

【概况】

武东镇毗邻县城"五朵金花"，背靠梁野山，山水相连，风景宜人。通往县城主要有三条公路，分别是张畲村经文六公路，15千米，20分钟车程；教文村至尧禄村12千米，15分钟车程；陈埔村距国道5千米、高速公路10千米，与即将通车的双龙铁路十方站，15千米路程。全镇辖20个行政村，209个村民小组，24个党支部，8751户，2.7万余人。形成陈埔、六甲、丰田三大片区，各有集镇圩场。本镇地域面积138平方千米，居全县第8位。其中耕地面积2.88万亩，林地面积14.57万亩，竹山面积2万亩，3.34万亩山林列入梁野山自然保护区，是梁野山城乡一体协调发展试验区的重点拓展区；有风景如画的六甲水库、千亩梯田、万亩生态林、古寨遗址、瀑布群体、仙岩茶乡、梁野山东部生态湿地、教文村古树群、张畲藤椅、早熟蜜橘观光采摘等丰富的乡村自然生态资源。本镇历来崇文重教，知书达礼。清康熙年间著名客家乡俗大师林宝树；新中国文坛名宿、著名文艺理论家林默涵，共和国将军林伟、廖步云；当代著名学者朱大可、王光明等文人墨客。为善最乐、好学上进的氛围在此地历代相传，绵延不绝，形成太平山妈祖文化、"两文两武"红色文化等极具地方特色的文化符号。

【经济运行】

2022年，完成财政一般预算收入（全口径）3549万元，比去年同期增长2%；"飞地工业"总税收2304.3万元，乡镇分成441.85万元，居全县第一；烤烟收购完成233万元，比去年同期增长23%，烤烟税收分成161.44万元，农业总产值完成4.18亿元；规模以上工业产值完成15.66亿元；限额以上贸易业销售额、营业额完成5.76亿元；其他营利性服务业营业收入完成1321万元；固定资产投资完成入库项目7个，完成金额4.88亿元。

【产业发展】

完成伊普思压缩空气净化设备生产项目二期新开工；实现希恩凯液晶显示屏生产项目二期等4个新竣工；培育规模以上工业企业、限额以上贸易业企业各1家；希恩凯电子成为县内首家全省数字经济领域"瞪羚"创新企业；金时裕电子获评省级企业技术中心；伊普思实业产品入选省级"首台（套）"重大技术装备名录；星河电路被列入第一批省工业和信息化重点新产品推广目录；投入334.5万元，实施炉坑、黄埔、袁上、袁下、三峭、川坊6个村共2500亩高标准农田建设项目。2022年，全镇甜橙产业种植面积近10000亩，百香果种植面积超1000亩，全镇水稻种植面积超20000亩；张畲村"四季果园"红花脆桃成功挂果，年产脆桃约8万斤；评定省级家庭农场2个、市级家庭农场2个、县级家庭农场3个；特色产业发展持续突破，"福建白兔"存栏突破20万只；藤椅制作技艺被列入龙岩市第八批市级非物质文化遗产代表性项目名录，在全县打造首个"藤椅及农产品展销直播中心"。

【项目落地】

扎实开展"六大专项攻坚行动"，《武平县小澜溪丰田段综合治理工程》《压力容器特种设备生产项目》分别获武平县"星耀武平"项目PK大赛"四星项目奖"和"优胜项目奖"。全力推进重点项目用地征迁工作，高林公路（一期）、武平悦洋—武东35千伏改造工程等地块实现净地交付。突出重点项目建设，积极服务企业发展。伊普思项目二期、希恩凯液晶显示屏项目提前实现竣工投产。引进六甲湖水上生态休闲运动旅游项目，2022年2月正式对外营业。"梁野金花·多彩六甲"乡村振兴示范片区火爆出圈。

【乡村振兴】

完成六甲水库省级移民后扶示范区项目建设并成功通过省级验收；持续打造六甲村省级乡村振兴实绩突出村；投资约1350万元推进"环六甲水库"乡村振兴示范片13个试点示范项目、六甲溪、黄埔溪、三峤溪安全生态水系建设和小澜溪丰田段流域治理项目；实施公益性骨灰堂建设工程；城乡供水一体化等项目已开工建设；推进炉坑村省级乡村振兴试点村示范项目建设；投资430万元实施炉坑村福建白兔示范基地、稻果飘香基地、粮食安全示范和炉坑新时代主题公园等工程。近十几年来，深入开展"两治一拆"人居环境整治攻坚行动，张畲村通过市级"两治一拆"验收；上畲、袁下、东兴、教文、远明、袁田、五坊、安丰8个村通过县级验收。累计拆除空心房422栋，治理裸房272栋，拆除违法建筑44处；扎实推进"五个美丽"创建，完成50户"美丽乡村庭院"、20个"美丽乡村微景观"和3个"美丽乡村小公园"建设；投入18万元修缮安丰红军标语屋，进一步丰富本镇红色文化内涵；打造六甲湖景区、廖步云故居、林默涵故居"半日游""一日游"线路，推动文化和旅游在更广范围、更深层次、更高水平上深度融合。

【民生福祉】

启动"炉坑—黄埔"段公路改建项目、"美和桥—东兴村出口""四好农村路"重点示范路创建工程。完成"陈埔—六甲大坑尾教文"段、"五坊—川坊"的路面硬化；积极配合推进高林公路建设，高梧至炉坑洋门亭段已顺利通车；投入1600万元完成陈埔集镇提升改造项目和背街小巷整治项目，集镇面貌焕然一新；投入8万元改善武东中心学校办学条件；武东中学荣获龙岩市教育系统集体嘉奖；筹集奖教助学基金突破430万元，发放奖教奖学助学资金19万余元；严格落实各项防控措施，加大疫苗接种力度，累计投入20万余元用于消杀、防护、宣传等防控工作，建成卫生院预检门诊，提升标准化建设，切实保障人民群众和基层医护人员的生命安全；武东敬老院升级成武东镇区域性养老服务中心项目，实现农村机构养老模式转型升级；常态化开展"民情下访"活动，2022年9月7日被省信访局微信公众号给予肯定；在六甲村先行先试建立"文明小铺"，以"积分制"推动基层治理，培育文明乡风，得到市、县关注报道；培育"梁野东风·德善武东"新时代文明实践道德品牌和"大爱武平·德善武东"精神文明建设品牌，汇聚强大向上向善力量。

·永平镇·

【概况】

永平镇位于县城北部，距县城26千米，省道221线穿镇而过，是承接县城、武北四乡镇的交通要道，素有"武北南大门"之称；全镇辖 15 个行政村，214 个村民小组，总人口近 2.5 万人，辖 19 个基层党支部（其中非公党支部 2 个，即荣盛木业和众森林业非公党支部），党员 915 人；镇域总面积 256.16 平方千米（居全县第二），有山林 33.4 万亩，耕地 2.47 万亩，是一个典型的以农林业为主的山区乡镇；永平镇为十三届（2015 年—2017 年）、十四届（2018 年—2020 年）省级文明乡镇，连续 8 年成功创建市级"平安乡镇"。

【党的建设】

思想政治工作 始终把学习宣传贯彻习近平新时代中国特色社会主义思想和党的二十大精神作为首要政治任务，2022 年，全镇开展以学习新思想新精神为主线的中心组学习 16 次 51 个专题；举办党的二十大精神集中学习宣讲活动 4 次，党员领导干部带头到支部以上党课形式开展宣讲 16 人次。

队伍建设 结合新时代干部队伍建设要求，强化一线培养锻炼干部，将年轻干部拉到重点项目、重点工作攻坚一线，在实战中锤炼干部精神品质，2022 年在镇领导班子"传帮带"下涌现出了一批肯干、能干、会干的优秀干部；加强村"两委"干部管理，严格落实村干部值班坐班制度，组织办、纪委不定期对村干部落实值班坐班制度进行抽查，并将检查结果运用到年终村"两委"干部绩效考评和村级"五项考评"中；常态化储备村级后备力量，积极建立"头雁库"共 20 人、"青苗库"共 23 人；抓好党员队伍管理，完成对帽村党支部、机关党支部、政法党支部党员以及村干部党员轮训工作；落实发展党员任务，提高发展党员质量，2022 年完成发展党员 12 人。

党内政治生活 严明政治纪律和政治规矩，严格执行民主集中制、"三重一大"决策制度、请示报告制度等；落实好"三会一课"制度，党员领导干部落实双重身份参加组织生活；深入开展谈心谈话，结合百把寨水库工程重点项目建设，对征迁工作组相关责任人员、杭背、岗背村"两委"干部进行提醒谈话；开展"喜迎二十大·奋进新征程""盘活抛荒地·共耕希望田"等主题党日活动。

强化监督执纪问责 2022 年，召开党风廉政建设专题会议 5 次，累计主动约谈 44 人次，廉政提醒谈话 145 余人次，批评教育 1 人，运用第一种形态帮助教育 4 人，法纪案件开除党籍 1 人。

党建品牌创建 深化"红领行动·红耀武平"党建品牌创建，持续打造"红色"帽村和"绿色"梁山两大特色党建品牌，做足"红""绿"两篇文章，实现党建引领特色产业发展；创新开展党建引领乡村治理工作，制定《永平镇党建引领乡村治理试点实施方案》《永平镇梁山村党建引领文明乡风试点工作方案》，做好示范村梁山村的培育，促进试点工作全面开展；推行村级发展新模式，朝阳村支部书记活学活用新媒体，创建了抖音号"朝阳村兰支书"，通过喜闻乐见的小视频来宣传上级各项政策措施，推介朝阳村及本地农特产品，记录农村工作日常，并注册商标"兰支书优选"，开启支书助农、村干部带货直播模式，为乡村振兴发展和农民致富开创新路子。

【事业发展】

增长经济实力 2022 年，本镇农业总产值完成 4.0 亿元，总量排位第 10，同比增长 1.9%，全县增幅排位第 2；规模以上工业产值完成 11.6 亿元，总量排位第 7，同比增长 1.3%，全县增幅排位第 10；规模以上飞地工业产值完成 9.2 亿元，总量排位第 6，同比增长 -3.0%，全县增幅排位第 11；资质以上飞地建筑业产值完成 3.2 亿元，总量排位第 7，同比增长 16.1%，全县增幅排位第 9；限额以上贸易业销售额、营业额完成 7.1 亿元，总量排位第 7，同比增长 29.2%，全县增幅排位第 6；固定资产投资新入库项目 10 个，全县排位第 7；财政收入完成 745 万元，总量排位第 12，同比增长 -17.7%，全县增幅排位第 10；农村居民人均可支配收入完成 23180 元，总量排位第 10，同比增长 8.2%，全县增幅排位第 3。本镇共向上争取资金 1912 万元，总量全县排位第 3，增幅 55.5%。突出招商先行，盯紧招商引资"311"目标任务，持续"闯广东、学厦门"。镇主要领导带队外出招商 12 批次，邀请客商前来武平考察 8 批次；2022 年，完成新签约项目 1 个、新开工项目 2 个、新竣工项目 1 个；本镇持续深化落实服务企业制度，加强落地项目跟踪服务，按照"百名干部挂百企"活动要求，安排全体班子成员挂钩联系企业，组织开展"访企业、送温暖、促开工"服务活动，积极宣传落实减税降费等各项惠企政策，努力帮助企业解决疫情防控、招用工等方面难题，班子成员走访企业累计 105 次，解决问题 23 个。

推进重点项目 严格按照项目化推进工作落实机制要求，加快推进 2022 年谋划的 25 个重点项目建设。其中，武平县百把寨水库工程作为省重点项目，全镇创新实行"专班制、战区制"，主官领战，集中会战，挂图作战，实现"后来者居上"，短时间内完成征迁任务的 95% 以上，并高质高效完成水库占用耕地"进出平衡"234 亩任务，征迁工作多次获得上级领导肯定和点赞表扬；完成帽村"红都前哨"建设项目中央苏区东南屏障展陈建设，并于 6 月 30 日正式运营；完成"水泊梁山"乡村旅游建设提升项目建设；持续推进小澜溪流域（永平段）水生态环境综合治理工程（梁山村流域综合治理工程），截至 2022 年年底，完成 95% 以上工程量，实施帽村溪帽村段综合治理项目，完成工程总投资 2100 万元，占工程量的 87.5%；完成紫灵芝产业发展项目、杭背"一村一品"示范（灵芝）项目；汀江流域（永平段）水生态环境综合治理工程正在施工招投标。2022 年 5 月，本镇实施的 2021 年度国家水土保持重点建设工程武平县孔厦溪和中堡河小流域水土流失综合治理项目代表省政府接受水利部验收考评，获得优秀等次。

发展"三大产业" 加快农业产业现代化、规模化进程，安排农业部门跟进水稻、辣椒、西瓜、百香果等经济作物种植，积极应对上半年连续强降雨和下半年连续干旱的极端天气，确保各类经济作物稳定生产。2022 年，全镇完成水稻种植 24460 亩，按计划完成播种任务；完成西瓜种植 200 亩、百香果 949 亩，进一步打响"瓜果永平"名片；辣椒有所减产，但总体经济效益较往年有所提升；完成梁山综合服务区（花果梁山果蔬交易中心）项目建设灵芝种植 1600 余亩，截至 2022 年年底，全镇灵芝种植面积突破 7500 亩；大力发展乡村旅游，唱响"红都前哨、醉美永平"品牌，打造帽村红色小镇、花果梁山、民俗中湍等乡村旅游景点，2022 年接待来参观、研学、采摘、食宿的游客达 320 多批次 1.2 万余人，同比增长 84.6%。

实施乡村振兴 持续开展农村人居环境整治"两治一拆"专项行动和村容村貌提升行动，2022 年，全镇共拆除危旧空心房 220 栋，裸房粉刷 369 栋，其中主房 169 栋，附属房 200 栋，拆除违法建筑 57 处，村庄环境得到进一步提升，帽村高分通过市级验收，龙归礤、唐屋、恬下、瑞湖、中湍、田背、昭信等村顺利通过县级验收；持续推进"十四五"农村厕所改造治理提升工程，开展农村厕所问题摸排工作，共摸排农村常住户户厕 2542 个，均无使用问题，新建公厕 26 处，通水通电正常开放，实现每村按需配备一个以上公厕的标准；扎实开展农村垃圾污水治理工作。完善"水陆保洁一体化"机制；持续开展人居环境整治"一月一行动"活动，镇村环境逐年改善。2022 年，本镇被列入市级垃圾分类试点镇创建，在帽村、中湍等 8 个村建设 15 个垃圾分类亭；优化镇村发展规划，推进瑞湖、钩坑、恬下、唐屋等 4 个村村庄规划，做好集镇改造前期工作，为实现乡村全面振兴铺好路；深入推进河（湖）长制工作，常态化落实河（湖）长制工作日常管理和经费保障，巡河工作实现常态化、制度化，2022年全镇综合水质稳定保持在Ⅲ类水以上。

净化社会环境　疫情防控时期，统筹谋划全面部署"外防输入、内防反弹"各项措施，重点加强福州、厦门等地局部暴发疫情的防控工作；广泛开展"防控疫情，差你不行"主题宣传活动，社会防控面更加稳定；加强自主摸排，落实上级大数据反馈信息核查工作，核查完成率为100%；落实23类重点人群核酸检测工作，做到"应检尽检"；持续推进老年人疫苗接种工作，保证农村地区疫情防控形势安全稳定。新冠疫情防控3年以来，本镇实现本土"零"感染；抓紧抓实平安建设。纵深推进扫黑除恶斗争，深入开展农村涉枪涉爆问题专项整治、打击治理电信网络诈骗犯罪、禁毒、反邪教、重点人员管控等工作。2022年，本镇对窝点人员劝返、核销14人，滞留金三角人员劝返2人，劝返率为100%，居全县第一；红豆杉重点人员日常访查、异常访查率为100%；加大矛盾纠纷排查化解力度，完成镇级和杭背、田背、帽村、昭信等四个先行试点村村级矛盾纠纷多元化解中心建设，成功调处纠纷16次，涉纠纷金额约14.2万元；顺利完成党的二十大期间安保维稳工作任务，高压推进百把寨水库工程征迁矛盾纠纷调处和重点信访人群跟踪管控，保持水库征迁各项工作顺利推进；2022年，永平镇获得"2017—2020年度龙岩市平安建设成绩突出乡镇"，已连续8年获市级"平安乡镇"，镇党委主要领导接受全市首批平安建设经验专题访谈；坚守安全生产底线。持续开展灾害风险普查、道路交通安全巡查、防汛、森林防火安全隐患排查、自建房排查整治、燃气安全、消防安全、工贸安全等安全生产专项治理行动；完成2022年上半年突发强降雨灾情处置，清理塌方、溜方道路155处，新增道路安全警示标志29个，上报灾后重建农户10户，社会环境保持总体平安稳定；永平镇被闽浙赣护林联防委员会第六联防区授予"2022年度森林防灭火联防工作先进单位"。

【班子建设】

优化班子结构　2022年，在县委统筹安排下，永平镇领导班子共调整5人，其中调入2人、调出3人，班子成员年龄结构得到进一步优化；进一步优化班子分工，及时对新进班子成员及老班子成员进行分工调整，合理安排分管挂钩工作，做到知人善任、合理分工，进一步增强班子的凝聚力和战斗力，在百把寨水库征迁、人居环境整治"两治一拆"、文明创城、耕地"进出平衡"补充耕地等重点中心工作及日常工作协作推进中，展现永平镇领导班子良好形象；在全县"喜迎二十大、冲刺下半年"攻坚行动及时性奖励中，永平镇共6名领导、干部分别获得征地拆迁、政策攻坚、财力攻坚、项目策划、项目落地等嘉奖表扬。

打造知法守法执法班子　严格执行党规党纪，加强党内法规学习和执规部署，强化党员领导干部的法规意识和法治思维，严格执行新修订的《中国共产党章程》和《关于新形势下党内政治生活的若干准则》《中国共产党廉洁自律准则》《中国共产党问责条例》等党内法规，坚持依法行政、依法办事；落实"八五"普法工作，加强普法宣传，将《民法典》纳入普法宣传重点，同时班子带头组织干部职工参加执法资格考试，班子成员执法资格考试通过率达90%以上。

逐步完善各项制度建设　强化执行党内制度，完善《党委会议事规则》，坚持落实好民主集中制原则和"三重一大"事项研究决策制度，班子党内民主和决策民主进一步提升；抓好项目化管理制度，持续深化落实项目化推进工作落实机制，印发《关于深化落实2022年重点工作重点项目重点工程的通知》，对重点工作重点项目重点工程进行统筹谋划部署，以项目建设精细化、全流程管理模式推动重点工作重点项目重点工程落实，提升工作效率和成效；

完善内部管理制度，进一步完善《永平镇机关管理制度》，班子成员带头强化执行请休假、考勤、住镇、公务用车等制度，严格落实考勤处罚机制，持续提升考勤制度执行力度；完善《永平镇内部控制制度》，加强内部管理，坚持勤俭节约，反对铺张浪费，2022年，"三公"经费支出同比下降4.71%；加强编外工作人员管理，严格执行《关于调整〈永平镇劳务派遣、临时人员管理办法（暂行）的通知〉》，全镇干部队伍整体素质得到进一步提升。

·万安镇·

【概况】

万安镇位于武平县的中南部、县城北郊，国道357线（原省道309线）贯穿其中，交通便利，距县城3.5千米，是武平的"城北新镇、城郊花园、保障基地"。全镇总面积112.3平方千米，辖6个行政村、64个村民小组，2021年年末户籍人口11734人、常住人口12528人，是国家级生态乡镇，省级林下经济示范乡镇。

万安镇古色浓厚，历史悠久。相传，秦汉时，南海国王城所在地在今万安官陂上的刘屋背，元代县尹魏侃夫率领群众建筑的万安土城，至今尚存部分城墙。群众为纪念其高尚品格，自发发展形成了万安独有的省级非物质文化遗产——剥皮公爹信俗。万安镇红色鲜明，是一片红土，1922年，万安乡贤谢鸣珂创办《汀雷》杂志宣传先进思想，万安参与革命的人员众多，为苏区运盐的故事一时传为佳话，镇域内还遗存着著名的石径岭战斗遗址。万安镇绿色灿烂，山峦叠翠，生态环境良好，所辖捷文村在2001年率先开展集体林权制度改革，被誉为"全国林改策源地"，习近平总书记曾两次到万安，所辖捷文村是习近平总书记亲手抓起、亲自主导的全国集体林权制度改革的发源地，留下了一次亲临擘画、六次关怀牵挂的"武平林改情缘"，于2018年1月对捷文村群众来信做出重要指示。捷文村先后荣获全国乡村旅游重点村、全国民主法制示范村、全省先进基层党组织、全省脱贫攻坚先进集体、龙岩市脱贫致富模范村、龙岩市十佳产业示范村等国家、省、市荣誉40余项。

2022年万安镇完成规上工业总产值59091万元；全社会500万元以上固定资产投资34733万元，新增项目10个；限额以上贸易业销售额、营业额62727万元，同比增长21.3%；规模以上其他营利性服务业收入2554万元，同比增长107%，增幅排位全县第3；飞地工业及建筑业税收收入445.44万元，完成率达111.4%，其中建筑业税收增幅排位全县第2；农业总产值33620万元，同比上年增长3%；农村居民可支配收入24131元，同比增长8.3%，增幅排位全县第2；坚持"抓政策、增链条、拓市场"等优化创新服务企业工作举措，积极深挖扶持培育规上工业企业，上规入库1家；成功培育入库限上商贸业和服务业各1家；完成项目策划年度任务6个，其中政府性投资项目策划3个、产业项目策划3个，政府性投资项目《武平县2023年度省级水土流失综合治理项目》荣获首届"星耀武平"星级项目策划PK大赛三星奖。

【捷文示范】

持续弘扬"敢为人先、接力奋斗"的林改首创精神，圆满完成林改二十周年系列建设活动，推动捷文林改再出发，持续守护绿水青山；深化推行林长制、森林警长制，获得国家林草局领导肯定；打造可视化巡山护林智慧平台，实现动态监控、数字运行；推动重点区位商品林赎买提质增效，打造万亩水源地涵养林，护绿固碳成效显著；至2022年冬捷文村林木蓄积量增加至19.3万立方米，比2002年增长近一倍，国家森林乡村、福建省第一批高级版绿盈乡村的底色更浓。捷文村荣获福建林业改革发展 20 年突出贡献集体；坚持向林下要空间、找效益、求作为，形成 1 个支部引领推动、5 家专业合作社辐射带动、7 大产业基地有效联动的“157”发展格局；林下经济科技范十足，科技特派员产业基地全覆盖，与省农科院等科研院所在种苗培育、数字助农等方面开展深入合作，建设百香果种苗培育、富贵籽种植、智慧养蜂基地，获央视栏目多次报道；2022 年，捷文村林下经济总规模达近万亩，被评为福建省“一村一品”（灵芝）示范村、龙岩市十佳产业兴旺村，带动石燎阁养蜂基地入选“福建省星创天地”“全省最美牧场”；创新发展乡村旅游。累计投资 2000 余万元投资建设完善基础设施，着力打造“我有青山”主题馆、零碳未来谷、大塘里彩虹道等参观点，实现串点连线成片；对千亩灵芝基地等产业基地参观点进行提升，初步形成“一村、两馆、三道、四体、五课堂”的研学旅游发展格局；打造全国首个“碳中和”未来乡村 IP，在全国首套“碳中和”研学课程的基础上，开发“山水林田湖草沙”生命共同体团建项目；捷文村被评为福建省中小学生研学实践教育基地、福建省帐篷露营地、福建省气候康养福地，并入选福建省美丽宜居村庄培育对象；依托“我有青山”主题馆和自然教育基地，讲述“一本林权证”的生动故事，讲好武平践行习近平生态文明思想的故事，全年累计接待 1.5 万余人次。央视新闻频道、人民日报、福建日报、闽西日报等主流媒体大篇幅、高密度报道捷文村林改故事；以捷文为主要背景、林改为主要线索的纪录片《我有青山》在央视农业农村频道震撼播出，为广大乡村提供了可参考可借鉴的示范样板；林下经济科教馆获评福建省优秀科普教育基地建设项目。

【经济发展】

重点项目　总投资 2213 万元的捷文水库水源地水质安全保障及其上游水系生态修复项目主体工程基本建成；重点民生项目有序建设，万安镇村级道路硬化及护坡建设基本完成；韩江上游梅江防洪工程（平川河万安五里段）项目有序推进；总投资 350 万元的水系连通水美乡村项目建设（捷文段）开工，2022 年年底已完成工程量的 32%；总投资 192 万元的黄坊溪万安段项目于 12 月初进场施工；武平县捷文村林下产业发展服务中心、县人防疏散基地建设项目已完成项目总体规划、征地，正在申请林地、土地报批。

招商引资　主动对接粤港澳大湾区产业转移，有效推动舟拓智能装备制造项目的开工投产，完成项目新签约 2 个；招商洽谈对接待签约的电子触摸屏智能设备生产项目、5G 新型显示芯板新材料项目、年产 3 万平方米高清 LED 显示芯板项目 3 个；策划并招商对接福建省紫灵芝精深加工及产销一体产业化建设项目、年产 3000 吨绿色休闲食品项目 2 个；2022 年飞地建筑业税收分成增幅排位全县第 2；全镇招商企业金普达电子公司入选省级新一代信息技术与制造业融合发展项目。

特色农业　落实种粮政策、撂荒地复垦种粮、制止非粮化、建设粮食产能区示范片及绿色高产高效创建项目示范片，2022 年，完成全年粮食生产任务 5652.6 吨，占目标任务数 101.7%；全面完成年度储备订单粮食收购任务 200 吨。围绕品种优化、品质提升、品牌打造，上镇村成功创建省级“一村一品”（养蜂）专业村；申报建设捷文等村黄金百香果现代农业（果茶）产业园项目 2 个；争取惠农补助资金 102.3 万元，新增培育家庭农场 2 家；2022 年，全镇实现烤烟、百香果、蜂蜜、辣椒、灵芝等特色农业产值 1.12 亿元。进一步强化农业基础设施建设，总投资 165 万元的五里、贤溪高标准农田兴建完工，涉及 7 条农业水渠、5 条农业生产道路等基础设施建成使用；强化农业基础设施建设，完成投资 105 万元的 2022 年高标准农田建设项目，直接受益农田 3665 亩；完成下镇村 24.29 亩、贤溪村 5.36 亩土地整治（补充耕地）项目验收耕种；耕地进出平衡完成 44.5 亩、完成率 165%，超额完成县下达目标任务。

【乡村振兴】

农村人居环境整治　扎实推进"两治一拆"农村人居环境整治工作，共完成裸房治理 96 栋 23500 平方米、空心房治理 278 栋 13500 平方米、违建拆除 21 处 1560 平方米，3 个村 2022 年度整治任务已在 9 月全面完成；全镇 6 个村有 5 个村顺利通过市级、县级验收，其中捷文村获得市级验收"优秀"等次、小密村获得县级验收"优秀"等次，村庄颜值焕然一新；建立健全新建农房建筑风貌、建筑垃圾保证制度，提升村庄整体美感；加强对辖区建筑工匠的管理、培训，完成培训 175 名、发放培训证书 175 本。

生态环境质量　全面落实"河湖长制"和环保网格化管理，深入开展小流域环境综合整治、生猪和牛蛙养殖污染治理；实施生态护岸工程 3.8 千米，河道清淤疏浚 5.5 千米，新建农田整治水沟 5.3 千米；严格落实"四禁止"巡查，加大对违规扩建猪舍、复养生猪和牛蛙的打击力度，关闭或退养生猪复养 29 户、牛蛙复养 2 户。2022 年 1—12 月，全镇流域断面水质均达三类及以上（其中 6 月、7 月、10 月达到二类水质）。

巩固脱贫攻坚成果　严格落实"四个不摘"要求，持续推进相关政策落地见效。积极引导县内龙头企业和多个村级合作社等新型经营主体参与产业帮扶，投入衔接资金 140.43 万元、发展到户到村产业项目 5 个；根据脱贫户的实际情况积极帮助就近就业，全镇转移脱贫劳动力就业 135 人；开发镇村公益性岗位 15 个；强化金融帮扶，发放扶贫小额信贷 37 户 78 万元；严格落实季度入户走访服务制度，严格落实防返贫监测工作机制；通过全面排查、新纳一户 3 人为返贫监测对象，制订"一户一策"帮扶计划，落实 6 项以上帮扶措施。

【社会事业】

防疫抗灾　2022 年 1—11 月，持续扎实开展大数据核查和自主摸排、健康管理、核酸检测、社会面宣传管控、"无疫村居"创建、疫苗接种、核酸检测能力提升演练、备战应急处突等各项工作；接收并核查大数据 4203 条，及时核查率为 100%；累计登记管理国内重点地区、境外入（返）武人员 861 人，均严格按要求落实健康管理，全镇未发生发现感染病例；2022 年 12 月开始疫情防控工作转入新阶段，根据上级有关精神调整防控策略，将新阶段疫情防控工作落准落实落细；持续开展爱国卫生运动，助力疫情防控；防火防汛抗灾期间，加强预警预报，全面排查险情，果断转移群众避险，2022 年，全镇未发生严重灾情和人员伤亡。

社会保障　新增低保 59 人、五保 2 人，发放低保金 154.50 万元、五保金 49.37 万元；现有残疾人 377 人，发放残疾人生活补助、护理补贴 34.91 万元；临时救助 45 人合计救助 10.75 万元；基本完成退役军人优待证申领办理工作、发放优待证 100 余份；5 月，万安镇梁野仙蜜党支部承接全省残疾人新就业形态就业现场会；万安镇居家养老（残疾人）日间照料中心及残疾人驿站建成并投入使用。

社会治理　以创建全国文明城市为抓手，以新时代文明实践站所为有效载体，开展各类志愿服务活动 200 多场次，受益群众近 1 万余人次；积极开展文明村镇创建行动，现已创建省级文明村 1 个、市级文明单位 2 个、县级文明村 3 个、县级文明乡镇 1 个、深入开展民主法治示范村创建，提高乡村治理法治化水平。现有全国民主法治示范村 1 个、县级民主法治示范村 5 个，其中捷文村创建案例入选司法部司法行政（法律服务）案例库；严格土地移动执法，保住耕地保护"红线"，2022年共发现违法用地4宗，已全部整治并恢复耕种。下镇村（风吹口）补充耕地项目已申请立项，面积0.76公顷，完成项目施工设计和招投标等，预计2023年可竣工验收并交付耕种。

和谐稳定　全面开展安全生产大宣传、大检查，落实每月25日领导带队安全检查制度，发放宣传材料3000余份，截至2022年年底，本镇未发生安全生产事故。开展道路交通整治46余次，查处各类交通违法行为208起；扎实开展"大排查大走访大化解"活动，完成交办的"治重化积"任务2件；解决信访矛盾纠纷150余件；12345网上公共服务平台处理并办结154件；未发生越级上访和非法上访案事件；"绿色枫桥"调解品牌在福建法治报、全市宣传推广；常态化开展扫黑除恶，深入开展涉麻制毒、电信网络诈骗等区域性突出问题攻坚整治，全境未发生涉诈涉毒窝点和案（事）件；组织发动群防群治力量48场次，2022年，本镇各个领域均未出现重大问题和突发性事件。

·象洞镇·

【概况】

象洞镇是"二十年红旗不倒"革命老区，是武平革命的发源地，闽西人民革命的重要战略基点。被列入国家畜禽遗传资源目录"象洞鸡"的发源地并入选，象洞镇地处闽粤边界、两省三县九镇交界中心，位于武平县东南山涧盆地，武夷山山脉西麓以南，福建省最西端，是国务院批复的赣闽粤原中央苏区振兴发展规划区核心区域。全镇土地面积136平方千米，平均海拔469米，属中亚热带季风气候；主要河流象洞溪，总长14.5千米，发源象洞，贯穿全镇，经广东省蕉岭县北礤镇多宝水库流向松源河到梅州市。全镇辖11个行政村，97个村民小组，4465户，总人口14423人，常住人口8839人，耕地面积2.66万亩，林地面积16.5万亩，森林覆盖率达81.3%，人均林地11.44亩、耕地1.85亩，生态资源、矿产资源丰富。

2022年，全镇实现社会总产值24.96亿元；其中，农业产值完成6.35亿元；规模以上工业产值完成11.55亿元；限额以上贸易业销售额、营业额完成7.06亿元；财政收入（全口径）完成1383万元；其他营利性服务业营业收入完成1810万元；农村居民人均可支配收入24331元。

【党的建设】

强化理论武装　始终坚持加强政治建设，切实提高政治素养，着力提高政治能力；深入学习贯彻党的最新理论成果，丰富学习形式，推动党员干部领学、带学、促学，提高学习实效；2022年，召开党委理论学习中心组学习12次，组织党委书记上专题党课2次，开展党的二十大精神专题学习1次，邀请县委党校宣讲团到象洞宣讲1次；结合党支部"三会一课"开展参观党史学习教育点12次、祭奠英烈4次、重温入党誓词12次；发放《闽山闽水物华新——习近平福建足迹》《习近平谈治国理政》第四卷等指定教材500余册；组建福小宣小蜜蜂岩讲家宣讲分团1个和小分队11个，组建"红色文艺轻骑兵"1支，已开展27次宣讲，在学思践悟中不断增强领导班子和全镇上下的理想信念。

强化作风建设　制定《象洞镇开展一体推进不敢腐、不能腐、不想腐具体化工作方案》，成立工作领导小组，制定14项具体举措，组织各部门各村全面开始实施，推动标本兼治；用好"活教材"、警钟常敲、警报常鸣、形成震慑，将警示教育融入日常、抓在经常，达到"惩前毖后，治病救人"的效果。2022年，通过党委中心组理论学习、各村支部党员大会共组织学习违反中央八项规定精神典型问题等案例 7 次；紧盯元旦、春节、端午等重要时间节点开展节前廉政谈话，提前在微信公众号向全镇党员干部发送廉洁提醒函，打好节日"预防针"；收集汇总各村户主姓名及电话，延伸监督触角，每周随机进村入户走访，重点听取了解群众对基层党员干部履职尽责情况的综合评价，紧盯党员干部工作作风和廉洁自律等方面苗头性、倾向性问题，一经发现即采取提醒约谈、批评教育、通报批评等方式，早敲警钟，及早遏制。

全面从严治党　从严落实党政领导班子"一岗双责"，通过述责述廉会议、民主生活会和个人述职等方式，严肃开展批评与自我批评，认真查找差距不足，加强领导班子履职尽责、廉洁从政；严格执行《中国共产党党员领导干部廉政准则》《关于领导干部报告个人有关事项的规定》和《象洞镇机关管理制度》等相关规定，严格落实重大事项请示报告、民主集中制、"三重一大"决策等制度；开展"三个一遍"工作，评估各村党组织书记和村党组织"两委"班子的履职情况和工作能力，摸排村情民情，形成评估报告，进一步巩固乡村换届工作成果；2022 年，镇党委书记主持召开党风廉政建设专题会 2 次、组织收看警示教育片 5 次，进一步增强党员干部的廉洁自律意识，推动全镇党风廉政建设和反腐败斗争向纵深发展。

【经济发展】

招商引资　坚持"一把手"带头招商，2022 年，外出招商 12 批次，在谈项目有深圳市神通鑫精密机械有限公司、利鑫盛（深圳）实业有限公司等 7 家企业；做好引进后服务工作，2022 年，镇主要领导每月深入走访 9 家镇引进和挂钩企业，了解企业生产情况，梳理解读各级各项助企纾困政策，为企业又稳又快发展发挥积极的职能作用。

项目建设　2022 年，完成策划攻坚项目 12 个，申报培育规模以上工业企业 1 家，申报限额以上贸易企业 1 家，荣获县"星耀武平"星级项目 PK 大赛"三星项目"奖；深南光电触摸屏第一期生产项目、汉龙 TFT 液晶显示屏生产项目新增生产线正式投产，佳进源液晶显示器生产项目一期设备已到场。

特色产业　立足地理环境优势，把"一鸡一果"作为主导特色产业进行大力发展，多元化推动烤烟、脐橙、仙草、蜜柚、肉鸽、湖羊、黑山羊、工厂化养鱼、蜜蜂养殖等产业持续向好；2022 年，本镇黄金百香果种植面积达 9000 余亩；象洞鸡存栏 30 万羽，年出栏预计 60 万羽以上；脐橙种植面积 3000 亩；烟草种植面积 4400 亩；仙草种植面积 1000 亩；肉鸽存栏 30 万羽，年出栏预计 300 万羽；湖羊存栏 1.5 万头，年出栏预计 3 万头；黑山羊存栏 1200 头，年出栏预计 3500 头；工厂化养鱼 1 家；建立百香果标准化育苗基地 2 个、生产基地 4 个，象洞鸡扩繁厂 1 个。

【民生事业】

社会保障　持续巩固脱贫攻坚成果，对 106 户脱贫户实施激励性扶贫项目补助；帮助 55 户贫困户办理小额信贷发展象洞鸡、百香果、仙草等产业；帮助 232 户贫困户做好产业帮扶保险投保工作；设置村级保洁员、公路养护员、河道清理员、护林员等公益性岗位，促进 27 名贫困户就业；持续开展 2022 年春、秋季建档立卡贫困户高校学费奖励，帮助学生 13 人；开展公益助学活动，成立象洞镇奖教助学基金会筹备工作领导小组，通过"武平县象洞镇人民政府"微信公众号发起奖教助学捐款倡议，党政主要领导多次走访龙岩乡贤，截至 2022 年年底，已募集奖教助学基金 37 万余元；进一步完善社会保险工作，城乡居民医疗、养老保险实现全覆盖，城乡职工养老保险覆盖率稳步提升；科学精准做好疫情防控工作，严格落实各项疫情防控工作部署，引导广大群众共筑防控安全屏障，在各界人士的团结努力下，未发生规模性本土聚集性疫情；做好汛期备汛和防御强降雨工作，防汛期间，2022年，累计转移地灾隐患点和危险区域内群众72户195人，未出现人员伤亡和重大财产损失。

公共服务 做好就业服务工作，深入企业了解招聘信息和企业招工需求，及时把企业用工信息与辖区各村人力资源相衔接；2022年，累计帮助166人次在家乡就业；提升便民服务质量，优化服务流程，率先办理全县第一张"家门口办照"营业执照，打通服务群众"最后一公里"；做好低保和特困对象帮扶工作，2022年，累计发放各项帮扶救助资金249万元；做好征兵宣传工作，为部队输送2名大学生新兵；做好双拥工作，在春节、"八一"期间慰问退役军人、现役军人家属20多人次，报送喜报三等功2人、获优秀士兵6人，发放退役军人、其他安抚对象优待证298本；2022年，镇退役军人服务站荣获"省级百家红色退役军人服务站"称号。

"平安象洞"建设 2022年，全力推进法治建设，大力弘扬"枫桥经验"，畅通群众诉求渠道，认真受理答复群众来信来访，健全矛盾纠纷排查化解机制，加强执法队伍建设，常态化开展扫黑除恶专项斗争，织牢乡村法治"防护网"；定期组织开展安全生产大检查，针对辖区餐饮、商超、幼儿园、烟花爆竹、工贸等行业，深入排查治理存在的安全隐患问题，抓早抓小、防微杜渐，坚决防范生产安全事故发生；持续开展道路交通安全整治工作，组织象洞镇派出所对辖区内机动车道路交通陋习进行专项整治，2022年，共教育警告30余起交通不文明行为；坚持"预防为主，防范为先"原则，通过"线上+线下"多渠道向社会开展防范新型电信网络诈骗、禁毒、《民法典》、安全生产、道路交通安全等教育宣传，法治观念、安全意识深入人心；在市对乡镇平安"三率"测评工作中取得全市排名第6、全县排名第3的好成绩，平安创建成效明显，辖区群众安全感、满意率稳步提升。

【乡村振兴】

乡村建设 2022年，投资1383万元建成全长5.3千米的标准四级公路象洞镇X647至太山村公路改扩建工程于2022年7月开工，完成村内道路的改造提升，将进一步改善太山村交通基础设施；投资500万元的联坊村农民文化建设项目和投资600万元的洋贝村文化活动中心完工并投入使用；投资120万元的象洞镇村级骨灰堂建设项目完成2022年阶段工程；投资60万元的象洞溪"一河两岸"灯光亮化工程、象洞入口处迎宾大象、"一鸡一果"特色标志性建筑完工；投资400万元的光彩村提升工程项目、增设村民活动中心（二期工程）、农业产业竞争性项目——红旅季果采摘园、红色农耕文化园等基础设施，进一步提升本镇"红色小镇"全域旅游品牌形象。

乡村振兴 有序推动粮食生产，加大惠农政策宣传，充分调动粮食生产的积极性，深入推动新增补充耕地开发项目，抓好耕地抛荒撂荒整治工作，统筹制订复耕计划，确保粮食安全；2022年，全镇完成新增补充耕地面积15亩；完成水稻种植8000亩，共计发放补助金额26万元；完成投资50万元的新岗村基本农田保护设施项目；投资200万元推进"两治一拆"农村人居环境整治项目，拆除空心房298栋，裸房粉刷282栋，拆除违章建筑55栋；东寨村顺利通过市级验收，中段村、太山村、官坑村、沾阳村、联坊村顺利通过县级验收；开展"党建引领文明乡风"工作，深入挖掘象洞镇"二十年红旗不倒"革命老区红色内涵；开展新时代文明实践志愿活动，组织镇妇联、团委开展"美丽庭院"评选、"我们的节日"等活动153次，不断丰富精神文明建设内涵。

优化生态 象洞镇持续发挥河长制、林长制优势，完善水资源管理制度和河道巡查制度，实行森林资源网格化、专业化和智慧化管理；

每年投入 100 多万元工作经费持续推进生活污水和生活垃圾治理，稳定运行集镇及村级生活污水处理设施，实行"村收集、镇转运、县处理"的垃圾收运机制；常态化开展生猪养殖业"四禁止"巡查监管工作和矿产资源巡查工作；2022 年，象洞镇实现全域生活垃圾日产日清、100%无害化处理，全境水质稳定保持在Ⅲ类水及以上水质标准。

·湘店镇·

【概况】

湘店位于武平县最北端，与长汀交界，距离武平县城 58 千米，全镇区域总面积 104 平方千米，辖 6 个行政村，2700 余户，1.2 万余人。湘店是革命老区、中央苏区，光荣的红土地，涌现刘亚楼上将（原国防部副部长、空军首任司令员）、罗斌少将、梁思久司令员、刘克谟烈士、梁开顺（白求恩助手）等革命先烈。据统计，全镇有已查实姓名的烈士 152 人，占全县 900 多名烈士的六分之一，"五老"人员 115 人。全镇有 6 个革命基点村，其中省定革命基点村 4 个。湘店镇历史上人才辈出，以湘湖村刘氏宗祠"一门三进士"为代表，涌现刘隆（官至明朝大理寺卿）、刘光第（戊戌变法六君子之一，祖籍武平湘店）、刘光圆（清朝进士）等文化名人，明清期间贡生以上 4600 多人。由于刘亚楼将军与空军的特殊情缘，本镇自 2016 年来一直与空军部队保持常态化的帮扶结对，共同建设空军特色的红色旅游小镇；刘亚楼将军故居景区现已发展成集刘亚楼将军故居参观旅游、亚楼红色教育中心培训研学、空军主题公园国防教育、配套体验设施休闲服务等多功能为一体的参观学习点，是开展党史学习教育、红色教育、国防教育的网红打卡地。湘店还是

省级文明乡镇、省级卫生乡镇、全市人居环境整治十佳乡镇。

2022 年，全镇实现农业生产总值 1.81 亿元；规上工业产值 1.83 亿元；限额以上贸易业销售额、营业额 3.84 亿元；财税收入 1294.14 万元，固定资产投资项目成功入库 8 个，全面完成年度任务，获得县委县政府"财力攻坚"集体嘉奖。

【空军特色小镇建设】

增强景区核心吸引力 空军主题公园成为网红打卡点，景区知名度、美誉度直线攀升，2022 年，到本镇参观、学习和旅游的人次不断增长，接待研学研教 1.6 万余人次，旅游 6.5 万余人次。

完善景区配套设施和管理 不断完善景区配套设施，策划实施空军飞机模型展、党史图片展、3A 级旅游公厕等一批项目。强化日常管理，聘请景区管理人员，加强研学项目开发、团队活动对接、景区设备、场地等资产运营管理。

发挥教育基地功能 以刘亚楼将军故居、亚楼红色教育中心、罗斌将军故居、刘克谟故居等为载体，结合党史学习教育和"红领行动·先锋带动"党建品牌建设活动，为各机构各单位开展红色教育、警示教育、主题党日等活动提供党性锻炼实践基地。

【项目工作】

招商引资 2022 年，先后到广州、深圳、福州、厦门、泉州等地开展外出招商 11 次、考察对接企业 23 家；完成新签约项目 2 个，新竣工项目 1 个，在谈企业 8 家，其中 2 家企业项目通过准入园评审；新培育规上工业企业 1 家，完成纳税申报金额 2000 万元目标；新培育规上工业企业 1 家、限额以上贸易业 2 家，福建昱瑞建设工程有限公司建筑资质实现二升一，经济发展后劲不断增强。

"五个一批" 紧盯"项目为王"发展战略，成立党政主要领导亲自挂帅的项目专班，积极策划项目，2022年，谋划项目5个：武平无油螺杆空气压缩机项目、武平县创兴禾年产500万片电极片生产项目、武平县道格恒通移动设备整机生产项目、武平县雅玛西年产5万台变压器生产项目、武平县中闽农贸市场项目，已完成年度任务；深度策划项目1个：武平县道格恒通移动设备整机生产项目，已通过市局审核；湘店镇汀江流域水生态保护工程项目获评县首届"星耀武平"星级项目策划大赛三星项目；策划并入库固定资产投资项目8个；集中开工（竣工）项目1个：湘店镇汀江流域水污染综合治理工程项目。

【乡村振兴】

打造乡村振兴试点村 省级乡村振兴试点村湘洋村，充分发挥刘亚楼将军故居的资源优势，牢牢抓住旅游、研学两张牌，2022年，向上共争取项目资金584万元，打造空军特色小镇，实施湘洋村基层党建阵地建设和幸福院提升工程、生态河堤等一批项目建设；部分果蔬等农业产业项目培育成效明显，2022年，全镇种植百香果近250亩、脐橙500余亩、紫灵芝300余亩、羊肚菌180余亩、中草药近100亩。

推进美丽乡村建设 2022年，"两治一拆"任务全面完成，尧山村、店下村、三和村、七里村分别通过市、县验收，累计整治裸房80栋13500m²，空心房45栋1300m²，拆除违法建筑42栋8000m²；强力推进生猪养殖业污染综合整治工作，制定印发《湘店镇生猪养殖业污染综合整治"四禁止"工作方案》，对全镇生猪养殖业开展地毯式摸排，逐个安排镇村挂钩巡查，落实"四禁止"工作责任，拆除生猪养殖场61处9566m²，生猪清栏2812余头，整治效果明显；实施水陆保洁一体化购买服务，确保区域断面水质达到Ⅲ类水标准，生态环境明显改善；实施1400万元的湘店镇汀江流域水污染综合治理工程项目，实施污水管网延伸改造1.5千米，有效提升污水治理成效，改善群众居住环境和生活质量。

脱贫攻坚与乡村振兴 2022年，持续巩固拓展脱贫攻坚成果，健全防止返贫动态监测和帮扶机制，及时发现、及时帮扶易返贫致贫人口，坚决守住防止规模性返贫底线；有效用好下拨资金，实施象洞鸡养殖等激励性扶贫项目，116户432人参与受益；积极开展三农综合保险缴费工作，其中，家庭财产险、意外伤害保险实现全覆盖；持续打造湘洋村乡村振兴试点村，扎实推进湘洋村湘东片区综合环境整治、湘洋村村史馆、湘洋村智慧广电示范项目、抛荒地治理等试点示范项目建设；持续探索乡村振兴产业项目建设，羊肚菌种植推广试点项目有力推进，成立湘湖村湘洋村羊肚菌种植基地合作社，为做大羊肚菌产业打下夯实基础，种植基地占地约180亩，总投资250余万元，带动困难户及留守妇女等100余人的劳动就业。

【社会事业】

为民办实事 2022年，汀江流域水环境综合治理（一期）、尧山村松山下乡村振兴道路拓宽项目、湘洋村长连武项目、湘湖村羊肚菌种植项目已竣工完成；湘洋村文化活动中心项目、湘洋村史馆建设项目、七里村史馆建设项目、张涤心故居重建项目、七里村初心公园提升改造项目、湘湖村村口景观提升改造项目、店下村骨灰堂项目、儿童乐园项目、湘洋三和污水处理项目等开工建设。

力保民生 2022年，对全镇农村低保对象242户478人，发放低保金198612元；城市低保4户4人，发放资金1656元；农村特困27人，发放资金35141元；困难残疾人补贴113人，发放资金15827元；重度残疾人补贴127人，发放资金13059元；临时救助63户，合计发放资金138200元；事实无人抚养5人，每月每人发放生活补贴1400元。

狠抓安全 2022 年，持续深化安全生产三年行动及燃气、自建房、道路交通安全三个百日攻坚行动，安全生产隐患排查共出动 100 余人次，共发现隐患 12 处，需整改 12 处，均已完成整改；尽力应对极端自然灾害，"5·27"强降雨期间，对全镇在册的 16 个地灾点、19 个高陡边坡加强巡查排查；摸排 50 米内高陡边坡、临水临崖、低洼地带、危旧房、塌方道路等安全隐患点 497 处，采取硬隔离、转移、锁门、警戒等措施消除隐患；5 座小山塘采取库容清至半库备汛。2022 年，累计转移易灾群众 45 户 108 人，做到应转尽转、能转全转，确保人民群众生命财产安全；扎实开展"安全生产宣传月"活动，累计发放 400 余份安全生产宣传资料，极大提高群众安全意识，全镇社会安定稳定。

教育事业 湘店中心学校以本土红色资源为引线，充分利用"红土志士，丰碑永存""红色圣地，光耀千秋"等德育长廊、"亚楼蓝天科技馆"建设"红色教育基地"等教育阵地，围绕"红色传承，书香校园"办学理念，成功创建"全国新时代雷锋学校"，全面完成"八一爱民学校""雷锋学校"年度建设任务；蓝天幼儿园教学设备齐全，环境宽敞优美，建有航空航天科技教室和电化教学设备，充分开展刘亚楼将军革命精神传统教育、国防教育、军事教育和爱国主义教育，为空军特色小镇建设注入内涵。

社会维稳 全面落实安保维稳工作，按照"五个不发生"要求，强化矛盾纠纷排查化解；对辖区重点人、重点事安排专人负责，做到内紧外松，掌握动态；不断创新社会综合治理方式，常态化推进扫黑除恶斗争，保持打击电信网络诈骗、涉麻制毒、涉枪涉爆等违法犯罪活动的高压态势，2022 年，湘店籍缅北窝点滞留人员全部劝返核销，劝返率达 100%，排名全县第 1；"平安三率"测评满意度居全县第 8、全市第 22，全镇社会安定稳定。

【政府建设】

严格落实全面从严治党主体责任，把作风建设引向深入，持续开展反"四风"行动，不断提高工作效能，主动接受社会各方面的监督，认真办理人大代表建议件；坚持厉行勤俭节约，带头过"紧日子"，大力压减一般性支出和非急需、非刚性支出，严控"三公"经费，2022 年，"三公"经费支出相较于去年同期下降 35.25%；多措并举转变便民服务中心窗口作风，简化审批程序，减少办事环节，提供"一站式"服务，切实优化政务服务。

·中赤镇·

【概况】

中赤镇位于武平县西南部，距县城 26 千米，东与岩前镇交界，南与广东省蕉岭县广福镇接壤，西与下坝乡相连，北邻城厢镇、十方镇。中赤镇行政区域面积 113.6 平方千米，耕地面积 9272 亩，林地面积 14.6 万亩，森林覆盖率保持在 83% 以上，水域面积 120 万平方米。全镇辖 7 个行政村，有 99 个村民小组，3003 户 9797 人。是武平县第一个脱贫乡镇，6 个贫困村全部实现脱贫摘帽。

中赤镇历史久远。宋代属和平乡，明时属归郡里。民国初设中赤区，民国二十九年（1940 年）改为万成乡。苏维埃时期属中赤区，有两个乡成立苏维埃政权。新中国成立初期先后划入城厢区、下坝区。1958 年 4 月设立中赤乡，11 月成立中赤公社。1960 年 2 月并入下坝公社。1961 年 4 月恢复中赤公社。1984 年 10 月撤销中赤公社，复设中赤乡。2018 年 11 月经福建省人民政府批复，撤销中赤乡，设立中赤镇。2019 年 1 月 2 日举行撤乡设镇揭牌授印仪式。

【单位、个人受表彰情况】

2022年，中赤镇获评"龙岩市2022年征兵工作先进单位""武平县第七次全国人口普查表扬集体"；连续9年被评为龙岩市"平安乡镇"；中赤镇退休党支部被中共福建省委离退休干部工作委员会和中共福建省委老干部局授予基层示范党支部；中赤镇关工委被龙岩市关心下一代工作委员会授予2019—2021年度"五好"基层关工委；中赤镇集镇示范街区综合提升改造工程获"星耀武平"星级项目PK大赛"四星项目"。

【经济发展】

2022年，完成农业总产值2.15亿元，增长1.3%；规模以上工业企业产值完成6.57亿元，增长28.2%；固定资产投资项目新入库7个，完成投资3.1亿元，增长161.3%；其他营利性服务业2家，营业收入完成1764万元；限额以上贸易业企业9家，销售额（营业额）完成3.78亿元；完成财政收入472万元，增长5.2%；农民人均可支配收入21252元，比增7.6%。围绕县委产业发展"六比一看"竞赛活动，主动融入"两区"，2022年，新签约武平县豆制品精深加工项目1个，拟投资3000万元的龙岩福盛电子LED背光源项目已通过项目准入评审；钜明鑫LED照明产品生产项目实现"当年开工、当年竣工"目标。加大"四上"企业培育力度，上规入统1家。

【乡村振兴】

农业产业　牢牢守住粮食安全生产底线，2022年，粮食播种面积12455亩，产量5693吨；立体林下经济异军突起，种植"白背草"等中草药1500多亩；产值1500多万元；"中赤豆腐"豆制品深加工厂2022年6月建成投产，年产腐竹、豆皮700吨，产值1200万元；发展沃柑、茂谷柑、育平金橘、三红蜜柚、黄金百香果为主的特色水果产业，引导成立23个果园农场，产值达1500万元。

乡村建设　深入实施《中赤镇国土空间规划及村庄规划编制三年行动实施方案》，推进集镇及村庄建设发展，按照规划实施镇示范街区综合提升改造，大大提升集镇功能和颜值；常态化开展养殖业污染整治巡查行动，坚决遏制违规养殖"返潮回暖"，拆除牛蛙、生猪养殖场10处，面积4588平方米；落实"河湖长制"工作，新建3个标准氧化塘，分别投入52万元、24万元购买农村环卫、河道保洁专业化服务，出境断面水质连续五年达到Ⅲ类水及以上标准；落实林长制工作，加强日常巡查管护，森林资源得到有效保护；"两治一拆"实现"全通过"，2023年完成3个村整治任务，全镇7个村均一次性通过验收，其中市级3个、县级4个。

【社会治理】

全力推进"法治政府""平安中赤"建设，2022年本镇获评龙岩市"平安乡镇"；坚持和发展新时代"枫桥经验"，深化矛盾纠纷和信访积案化解，调解矛盾纠纷96起，调解成功率为100%；持续做好电信网络诈骗防范工作，提高群众防诈反诈意识；抓住"解决事"和"控制人"两个关键，全力做好党的二十大期间安保维稳工作，营造和谐稳定的社会氛围；全面落实安全生产责任制，全力做好防汛防台风工作，有效落实消防安全工作；全力推动乡风文明建设，常态化开展"四为"志愿服务活动，组织开展重阳节、安全生产月、文明城市创建等活动，表彰美丽庭院16户、"好婆婆""好媳妇""贤内助"12名。

【民生福祉】

深入贯彻落实中央、省、市、县关于做好疫情防控工作的决策部署，慎终如始落细落实防控措施，健全完善工作机制；在强化社会面管控、重点地区返乡人员摸排管理、疫苗接种、全员核酸检测、应急保障等方面持续发力，有效保障人民群众身体健康和生命安全。坚持"政策攻坚日"制度，加大"学研策跑"力度，策划政府性投资项目 7 个、产业项目 3 个，2022 年，向上争取资金 1024 万元，增长 153.6%，增幅居全县第三；主动融入重点项目"百日攻坚"行动，积极回应群众关切，2022 年实施了 15 个民生项目，是项目数最多的一年，其中，中赤镇集镇示范街区综合提升改造工程获"星耀武平"星级项目 PK 大赛"四星项目"。

【社会事业】

严格落实脱贫攻坚"四不摘"要求，建立解决相对贫困常态长效机制，发放各类补助资金 278.4 万元，以更加健全的保障体制兜住返贫底线；进一步加大教育、卫生投入，中赤卫生院业务配套用房新扩建项目有序推进，中赤中心学校校门改造提升工程已交付使用；中赤中学九年级 49 名中考生，被武平一中录取 10 名，上线率居全县前茅；中小学综合质量、县素质教育考评均排在农村中小学前列；成立"双拥"工作领导小组，落实"双拥"工作任务；人民武装工作得到进一步加强，2022 年，为部队输送优质兵员 5 名；完善民族宗教领导小组建设，依法管理全镇宗教事业。

·大禾镇·

【概况】

大禾镇地处武平北部桃溪河上游，东经 116°06′，北纬 25°24′，距县城 58 千米。全镇区域面积 188 平方千米，总人口 1.92 万人，下辖 13 个行政村、142 个村民小组。全镇有 14 个党支部，党员 620 人，建档立卡贫困户 347 户 1260 人。是两省（江西、福建）、三县（江西会昌、福建长汀、武平）、五镇（大禾、桃溪、永平、红山、江西永隆）交界的边远乡镇。全镇 11 个村为革命基点村，是当年红军往返闽赣两地开展斗争的重要通道，为原中央苏区福建党政军机关红军最后战斗地，建有上湖村中央苏区福建党政军机关红军烈士陵园。森林覆盖率达 82.3%，拥有武平唯一入选龙岩十大魅力风水林的上湖水口风水林。年均气温 18.4℃，年均降雨量 1580 毫米，适宜多种粮食和经济作物的生长。

【指标数据】

2022 年，实现农业总产值 2.414 亿元，同比增长 2.3%；规上工业产值 5.801 亿元，同比增长 2.5%；限额以上贸易业销售额、营业额 2.451 亿元，同比增长 35.1%；规上其他营利性服务业营业收入 1520 万元，同比增长 558.0%，增速排名全县第一；规上飞地工业产值 2.56 亿元，同比增长 1.5%；属地规上工业企业数 2 个，排名全县第六；财政收入预计完成 581.06 万元，同比增长 29.1%。

【产业发展】

2022 年，镇党政主要领导带队外出招商考察 19 次，走访粤港澳大湾区、厦漳泉地区、长三角地区等地 48 家企业，宣传推介武平良好营商环境，着力承接产业转移工作；紧紧围绕本县"产业化、生态化、生活化"园区建设优势，加大产业政策、产业平台、区位优势宣传，瞄准科技型企业，着力引进以新型显示为重点的信息产业项目。2022 年，新签项目共 3 个，新开工项目 3 个，新竣工项目 1 个，重点跟踪洽谈 6 家企业，招商引资工作提前 4 个月完成全年任务，被评为全县招商签约及开竣工工作成效突出单位。

【重点项目】

大禾中心幼儿园迁建项目已于 2022 年 11 月底封顶；大禾溪大禾段治理工程建设项目已完成湘村段 1.8 千米的水下基础工程建设以及 1.6 千米的第一级生态护堤建设，完成总施工进度的 45%；市重点项目奕源偏光片及液晶模组生产项目于 11 月底完成竣工投产；积极开展"知实情、送服务、解难题、促发展"企业帮扶工作，先后走访企业 30 次，深入苏视电子有限公司、福建希恩泰电子有限公司等企业，协调帮助企业办理工商登记、厂房装修、招用工、投资补助款申请等问题，切实为企业提供"妈妈式"服务，推进企业落地投产。

【脱贫攻坚】

2022 年，全镇共新增监测对象 1 户 4 人，现已消除返贫风险，脱贫人口自然增加 10 人，自然减少 24 人，脱贫户人均纯收入较去年提高 17.16%；科学谋划并实施仙草种植等激励性扶贫项目，共有 67 户脱贫户参与，发放补助资金 16.64 万元，户均增收 7000 元；持续将脱贫户实现稳定就业作为脱贫户增收的重要手段之一，积极开展脱贫人口稳岗就业宣传。2022 年，本镇脱贫人口新增就业 8 人，累计发放给 120 名脱贫人员脱贫务工就业车船补助费共 8.2 万元；延续扶贫车间 1 个，吸纳 11 名贫困人员稳定就业。

【乡村振兴】

推进生态环保战役 持续对重点行业、重点领域、重点企业强化日常监管，全年未发生突发性环境事件和环境污染事故；全镇断面水质稳定达到 III 类或以上水质标准，饮用水源水质 100% 达标。环境监控网格化管理扎实推进，镇村网格员"环保网格化监管 APP"操作能力持续加强，每月巡查率及事故上报率双达标；2022 年累计开展生猪养殖业污染综合整治专项行动 22 次，共计拆除猪舍 46 家 5680m²，关停去功能化转产 3698m²，清栏生猪 3460 余头，有力遏制禁养区生猪养殖的返潮态势。

发展现代农业 2022 年，粮食播种面积 1.803 万亩，总产量预计达 4866 吨；共建立水稻"五新"示范片 4 个，面积 700 亩，平均亩产 535.3 公斤，亩产值 1584.5 元；采取合作社"六统一"管理服务模式累计种植大肉生姜 50 亩，仔姜产品远销沿海各地，亩产值达 1.55 万元以上；邓坑村生姜核心示范种植基地经县、镇农业专家现场验收并测产，仔姜亩产达到 7708.3 斤；本镇刘华芳家庭农场成为省级灵芝提质增效示范基地，示范种植林下仿野生紫灵芝 220 亩，亩产 45 斤，亩产值 6750 元，每年可创产值 148.5 万元。

整治人居环境 2022 年，共完成 6 个村的"两治一拆"农村人居环境整治任务，其中山头村以优秀成绩通过县级考核组验收，上梧村通过市级考核组验收；先后组织镇村两级干部参与"两治一拆"工作 45 次，充分发挥村际间互帮互助、相互学习、共同进步的经验，较好解决镇村两级在人居环境整治方面资金不足等问题。2022 年 4 月，上湖村荣获全市"十佳农村人居环境整治示范村"荣誉称号，本镇作为"两治一拆"成效突出乡镇在全县专题会议上做典型经验介绍发言；围绕"三清一改"村庄清洁行动，2022 年，全镇共清理农村垃圾 1130 吨，清除水域 8.5 千米，清理农业生产废弃物 43 吨，基本达到全镇村庄"无垃圾堆放、无污水横流、无杂物挡道，日常生产生活物品堆放规范，道路两侧环境干净"的要求，有效提高群众卫生整洁意识，农村人居环境大大改善。

推进基础设施建设 进一步完善永大公路防护工程建设，2022 年，实施永大公路沿线的绿化美化工程项目；不断完善全镇道路安全"四必上"（完善道路标线、减速坎、爆闪灯、警示牌）工程项目建设，有效解决道路交通安全隐患；完成大礤村礤迳河两岸生态河堤及周边水土保持完善项目建设；全面提升改造坪坑村、源头村自来水管道，有力提升自来水安全和饮用水质量，切实改善群众生活用水难问题；按计划有序推进龙坑村河道提升改造及村内路灯增设、桥面拓宽、河堤护栏增设等工程勘探、设计及项目施工建设，龙坑村的基础设施条件进一步夯实。先后完成帽布村下村鱿鱼坝平板桥和机耕路建设，提升修复湍下峰道路和崇上桥水毁护岸；实施贤坑村黄山坑、梁山凹共1.5千米道路硬化，极大方便了当地村民的生产生活。

【民生事业】

疫情防控　2022年，全面按照"疫情要防住、经济要稳住、发展要安全"要求，慎终如始落实常态化新冠疫情防控各项措施，始终根据上级部门指示要求，保持高度警醒警觉，常态化督查重点行业、宗教场所和敬老院等特殊场所的防控工作，安排专班跟踪落实23类重点人群核酸检测、疫苗接种、大数据摸排等重点工作，根据疫情防控"国二十条"、新"十条"规定及省、市、县部署要求，及时优化调整镇新冠疫情应急防控措施，2022年，本镇没有发生本土聚集性疫情。

创建"平安大禾"　全面落实综治平安建设责任制，以落实常态化"扫黑除恶"为抓手，严厉打击各类刑事犯罪、治安违法行为，2022年，查处刑事案件5件，治安案件34件；扎实开展矛盾纠纷排查化解，解决信访突出问题，共化解矛盾纠纷46件、办理12345便民服务平台及e龙岩互动平台诉求件109件，未发生越级上访、群体性信访事件；开展禁毒、反电诈巡查215次、累计悬挂反诈骗宣传横幅26条、张贴标语100余张，滞留缅北窝点7人已全部劝返，无边境和机场拦截人员；全力做好党的二十大维稳安保工作，2022年，先后18次召开专题会议研究部署维稳安保工作，各挂村组定期巡村入户，做好重点人员的稳控工作，

先后15次召开平安"三率"测评工作部署会，严格落实责任，统筹安排，增强群众对政法队伍教育整顿好评率和执法工作满意率。2022年10月，本镇荣获2017—2020年度龙岩市平安建设成绩突出乡镇称号。

完善应急管理责任制　2022年，以完善落实安全生产责任制为重点，加强安全生产日常巡查，降低事故发生率；每季度组织召开安全生产季度会议，每月召开安全生产各专项工作部署会、推进会；印发本镇安全生产工作相关文件3份，持续深化安全生产三年行动及燃气、自建房、道路交通安全三个百日攻坚行动；安全生产隐患排查共出动65人次，共发现隐患12处，整改12处，整改率为100%，形成闭环管理，为党的二十大召开营造安全生产环境。

消防工作　加强全镇森林灭火队员的培训力度，充实和加强镇消防救援队伍力量。2022年，"武平县首届乡镇专职队、消防安全重点单位微型消防站比武竞赛活动"中，本镇代表队荣获三等奖。先后组织沿街商铺经营者、村主干等人员参加4次消防安全培训，上街宣传消防安全知识30次，进一步提高群众的消防安全意识，切实筑牢消防安全防线，确保本镇全年消防安全持续稳定。

【组织建设】

提升党建引领质效　以"红领行动·红耀武平"特色党建为统领，依托上湖烈士陵园、梅子坝战斗遗址、火红大禾文化园、王良军长纪念园等红色革命遗址以及上湖风水林、樱花园等绿色生态优势，"串点成线"打造"红色上湖、青翠山村"等典型党建品牌；结合大禾镇丰富的红色资源，不断深化"党建+红色"品牌，以"传承红色基因，争创红土先锋"为载体，扎实开展"红土先锋"基层党支部达标创星活动，2022年，成功举办"纪念毛泽东主席率领东路军进驻大禾九十周年暨大禾镇第二届红军文化旅游节"，在社会各界取得极大的

反响，进一步提升火红大禾的知名度和影响力。

促进党风政风好转　强化党风廉政建设，坚持不懈抓好党风廉政建设，进一步落实党风廉政责任制，认真贯彻习近平总书记全面从严治党的重大战略思想，持之以恒正风肃纪；经常开展工作督导，及时进行通报约谈等。坚持"严管厚爱"与"抓大抓小"相结合，及时约谈提醒，形成正确干事创业导向；坚持以"零容忍"态度惩治腐败，全力支持镇纪委案件查办工作，运用好监督执纪"四种形态"，2022年，对贯彻落实上级政策部署态度不坚决的及时约谈1人，对镇村干部开展廉政谈话260人次，处置问题线索13条，党纪立案4起，运用通报批评、谈话提醒方式处理9人次，党风廉政建设和反腐败工作取得实实在在的成效。

·下坝乡·

【概况】

下坝乡地处闽粤两省交界，明清时期即武平的西南大门和水陆码头。东与本县中赤乡接壤，西南与广东省平远县的差干镇、上举镇、泗水镇和蕉岭县的广福镇为邻，西北与本县民主乡、中山镇相连，距武平县城30千米，是典型的边界乡，也是本县的西南大门和重要窗口乡镇之一。全乡总面积92.61平方千米，耕地面积5820亩，林地面积12万亩，其中天然阔叶林6.2万亩；境内有中山河、民主河穿乡而过，河岸线总长达28千米；境内有大中型电站8座，装机容量达3万千瓦/小时；全乡辖9个行政村、64个村民小组，2022年户籍人口2125户6382人；有11个党支部410名党员（含机关、退管站支部），其中9个农村支部，375名农村党员。全乡9个村原有8个贫困村，属本县五个贫困乡镇之一，2017年、2018年贫困村全部实现退出，贫困乡在2019年3月通过市级验收并公示退出。全乡平均海拔180米，是全县海拔最低的乡镇。矿产资源丰富，位于大田村、大成村的矿区高岭土矿资源储量已探明达300万吨；同时，有着丰富的旅游资源，与广东名胜景区五指山毗邻的狮子山风景区是典型的丹霞地貌，被誉为"放大的山石盆景，缩小的人间仙境"，区内碧水丹山、四时风光如画，是旅游度假、观光休闲、攀登探险的好去处。

【经济指标】

2022年，完成农业总产值1.9923亿元，增长1%，增幅排位第11；完成规模以上工业产值10848万元，增长16.6%，增幅排位第6；完成限额以上贸易业销售额、营业额5691万元，增长32.9%，增幅排位第4；完成规模以上其他营利性服务业营业收入1442万元，增长52.2%，增幅排位第4；完成固定资产新入库9个，完成投资额25908.8万元，同比增长59%，全县排位第10；完成财政收入454万元，增幅排位第15；实现农村居民可支配收入21693元，增长7.4%，增幅排位第12。

【产业发展年活动】

征地拆迁　2022年，完成贵扬、美溪、大成、园丰等村人居环境整治项目建设，涉及的房屋征收48户2300余平方米，超额完成年度2000平方米房屋征收任务。

招商引资　持续开展"533"产业招商对接行动，通过成立招商专班、项目服务专班，新出台招商引资奖励办法等措施，积极提升对接成效，提升服务质量，2022年，外出招商10次，对接企业17个，邀请企业来武平洽谈与现场查看厂房23次，提交准入评审项目数2个，新签约项目3个，新开工项目1个，其中2个是市级园区外企业的目标任务，全县排名较上年度前进五名。

项目谋划　2022年，完成策划项目6个，其中深度策划项目1个、项目开工1个、项目竣工1个，总投资14.028亿元，超额完成任务。

规上（限上）企业培育　2022年，培育"四上"企业14家，其中规模以上工业3家、限额以上贸易业7家、规模以上服务业4家，成功培育1家限额以上贸易企业。

乡村振兴"两治一拆"　本乡"两治一拆"整治市、县验收任务顺利收官。2022年，累计完成裸房整治58户，粉饰面积12737.448平方米，整治空心房176户，占地面积6986.545平方米；拆除违法建筑20户，占地面积2649.7平方米；创建美丽庭院8户，村容村貌显著提升。

向上争取项目资金　结合"政策攻坚日"和"财力攻坚日"机制，乡主要领导亲自跑、亲自盯、亲自落实，主动积极向上沟通协调，及时掌握财政政策支持方向、财政资金分配政策，领导班子成员群策群力，2022年，向上争取资金432万元，增幅20.45%。

【疫情防控】

立足下坝属省际边界的实际，按照上级统一部署，2022年3月23日起至12月7日，在省际G358设立下坝健康服务站，及时成立工作领导小组，制订健康服务站防控工作方案和值班人员安排表，下坝乡村干部、挂钩县直单位人员、医务人员、公安干警"三班倒"24小时值班值守，确保防控工作全天候、不间断，真正实现"外防输入"目标，守住武平疫情防控省际"边境线"，切实保障人民群众健康，维护正常生产生活秩序。

【项目建设】

2022年，有序推进本乡省重点项目武平县高岭土精深加工项目（扩建），项目厂房与设备已经定制完毕，并已安装水处理设备，已完成土地招拍挂。

【乡村振兴】

坚持把确保粮食安全作为本乡"三农"工作的首要任务，围绕实施"粮食面积不降、产量不减"目标，按照上级有关要求，及时下发粮食生产目标任务，认真抓好粮食生产，培育做大具有下坝特色的灵芝、仙草产业。2022年，实现种植紫灵芝达2000亩，种植仙草达3500亩；新型现代农业经营主体不断壮大，春生农业、盛达农业、锦欣农业、大脚印家庭农场、天亮农场、永福农场等，在现代农业、特色花卉、林下种植、特色养殖种植等方面示范带动效果进一步显现；下坝乡露冕村（仙草）入选2022年度省级"一村一品"专业村。

【生态环保】

2022年，以中山河、民主溪流域水环境综合治理为重点，坚持问题导向，扎实推进河长制工作，河道、电站库区巡查保洁常态化开展，大力整治下坝电站库区汛后漂浮垃圾、水利部遥感卫星发现问题整改、省第三方平台发现问题整改工作等河道问题，严厉打击河道采砂、网箱养鱼和电、炸、毒、灯光诱捕鱼类等违法行为；严格按照县纪委点题整治工作要求，全面做好生猪养殖"四禁止"工作，共组织统一行动2次，同时通过入户宣传、电话通知、发放整改通知书的形式告知督促农户整改，2022年，对32户猪舍进行清栏处理，累计消减生猪402头；整乡推进农村生活污水治理提升工程，新建12处氧化塘，修缮5处氧化塘，扩建1座氧化塘。2022年9月14日试点村新建氧化塘项目正式进场施工，对大成村进行塘体挖掘，对露冕村破损氧化塘进行修缮；水环境质量稳中有升，民主溪蕉头坝、园丰电站出省断面水质均稳定在Ⅲ类水以上，其中园丰电站河流交接出省断面（国控）水质达到Ⅱ类水质；坚持生态优先，践行"绿水青山就是金山银山"，积极围绕增绿、增质、增效目标，完成人工造林面积 1990 亩，森林抚育面积 700 亩，封山育林 1287 亩。

【基础设施】

2022 年，实施完成总投资 250 余万元的武平县下坝乡集镇供水管网提升改造工程，共分两期建设，现已全面完工；投资 163 万元的贵扬村圣公塘至下村道路改建项目工程实现全线通车；实施完成总投资约 50 万元的全民健身活动中心一期、二期；完成投资约 800 万元的贵扬村、福兴村、露冕村、大田村、美溪村高标准农田建设 1685 亩；新增补充耕地 116.81 亩；投资建设完成投资 34 万元的福兴村生产道路硬化工程；建设完成投资 55 万元的石营村沟渠整治项目及大成村（新山里）生产道路硬化建设项目；启动实施农村生活污水治理提升工程整乡推进；启动实施投资约 60 万元的下坝乡老年活动中心边坡治理及周边附属设施提升改造工程；推动实施贵扬村、美溪村道路工程建设、贵扬村六号桥至牛形潭道路改建工程正在铺设路面、美溪村美溪至育平届道路改建工程于 2022 年 11 月 9 日开工建设；乡卫生院新建完成疫情防控业务板房、院区挡墙、围墙等零星工程建设，新的发热门诊及疫情防控用房后续将配置相关设施设备，解决院区业务用房紧张问题，群众满意度获得提高，就诊体验获得提升，更有效地控制传染源，阻止传播途径，减少院内感染的风险。

【社会治理】

2022 年，组建综合执法队伍，承接县级下放 190 项行政执法事项，不断提升执法人员执法水平，社会治理能力和治理水平更加完备；聚焦道路交通、建筑施工、非煤矿山、消防、燃气等事故多发领域，深入开展"三个百日攻坚""三个重点防范领域"和"五项当前重要工作"，加强风险隐患排查管控，督促推动各

方落实主体责任，严防各类生产安全事故发生，安全生产形势平稳向好；严格按照中央、省、市、县政法工作部署，认真开展打击治理电信网络违法犯罪，抓好矛盾纠纷排查化解，严格管控严重精神障碍患者，常态开展扫黑除恶和禁毒等工作；加大滞留缅北窝点人员摸底劝逼返工作，2022 年，成功劝返滞留缅北的 2 人回国，截至 2022 年年底，共劝返滞留缅北的 6 人回国；持续深化"平安下坝"建设，抓好平安"三率"工作，2022 年，本乡平安"三率"测评获得全县并列第四、全市第十二的优异成绩；落实领导干部定期接访制度，加大矛盾纠纷的排查调解、信访处置和特殊重点人群的管控排查，确保辖区社会治安持续稳定，累计化解矛盾纠纷 21 件，化解信访苗头 4 件；制定《下坝乡关于做好党的二十大维稳安保工作的实施方案》和《下坝乡"防风险 保安全 迎二十大"安全生产集中攻坚行动实施方案》，明确责任单位和人员，积极落实乡村组三级网格化管理责任制度，为党的二十大胜利召开保驾护航。

【民生保障】

2022 年，落实城市低保 4 户 5 人，农村低保 137 户 196 人，共发放资金 90.2352 万元；核查五保户 32 人，其中集中供养五保 13 人，分散供养五保 19 人，共发放供养资金 61.2864 万元；落实发放残疾人生活、护理补贴资金 26.436 万元；慰问、救助困难群众发放资金 24 万元；核查 80~89 周岁享受高龄补贴人数共计 217 人，共计补贴资金 13.02 万元；核查 90 周岁以上老人享受高龄补贴共计 58 人，共计补贴资金 6.96 万元；帮助 18 人新申办 80 周岁老人高龄补贴手续。全力做好城乡居民社会养老保险续保缴费等工作，新增参保 16 人，新增 60 周岁发放 115 人，全年共计发放 1315 人次，发放养老金 248 万元；核销 60 周岁以上待遇发放死亡人员 58 人，发放丧葬补助金 22.1 万元；

缴费期死亡核销1人；启动军人优待证的申领发放工作，截至2022年年底，为退役军人办理优待证共154张；在春节、八一等重大节日走访慰问特殊困难退役军人、部分重点优抚对象，共走访慰问96人，发放慰问金共计5万元；为患有重大疾病的困难退役军人申报市级一次性临时救助1人次，发放临时救助资金5000元。

【社会事业】

2022年，项目总投资671.4万元的下坝中心幼儿园教学综合楼项目基本完工；城乡居民医疗保险稳步扩面，政府补助标准提高到每人每年610元，城乡居民基本医疗保险征缴率达任务数80%以上；常态化做好疫情防控，有序推进新冠病毒疫苗接种工作，切实做到"应种尽种"。截至2022年年底，全乡共接种新冠疫苗8307剂次（第一针接种2847剂次，第二针接种2716剂次，第三针接种2251剂次，第四针接种493剂次）；加强健康宣传教育，提升群众健康意识，进行65周岁以上老年人、重点人群免费体检679人次，幼儿入园体检53人次，开展街道义诊、健康宣传10次；完成"标准化心理健康咨询室"改造，积极开展心理门诊建设，引导促进广大群众生理、心理健康；进一步宣传三孩生育政策，促进人口长期均衡发展，2022年，新出生人口45人，积极做好计划生育奖励扶助和帮扶慰问工作，共发放奖励帮扶及慰问资金23.176万元；围绕迎接和学习宣传贯彻党的二十大精神这条工作主线，结合常态化党史学习教育、党的十九届六中全会精神、《闽山闽水物华新——习近平福建足迹》、党的二十大精神等持续开展文明实践活动80场次，受众7000余人次；迅速掀起学习宣传贯彻党的二十大精神热潮，创新宣讲形式，组织"小蜜蜂"宣讲队深入村落院坝、田间地头、工棚厂房，开展党的二十大精神宣讲，把党的声音传到千家万户，努力实现宣讲普遍覆盖，营造浓厚学习宣传氛围；2022年12月16日，举行

"大爱武平·情暖下坝"活动，现场进行"慈善日捐"扫码捐款，以实际行动贯彻党的二十大精神；关心关爱离退休党员干部的工作生活，下坝乡退管站支部获评第三批省级离退休干部示范党支部。

【基层党建】

开展"三个一遍" 由各挂村领导牵头，通过召开换届后村级班子运行回访调研座谈会、发放软弱涣散村党组织对象排查调查表、走访调查了解、开展民主测评等方式，认真开展乡村换届"回头看"，扎实做好乡村换届后"三个一遍"工作落实，并形成新一届村级班子运行情况评估报告，不断巩固乡村换届工作成果，确保新一届村"两委"班子在换届后干事创业、担当作为。

加强党员教育管理 深入开展"党章传诵、党徽闪光、党旗飘扬"行动，加强发展党员和党员队伍教育管理，紧扣"围绕中心抓党建、抓好党建促发展"主题，明确村党组织职能，发挥领导核心作用，将党员培训教育同每月主题党日、"三会一课"等工作相结合，引导党员群众自觉参加组织生活；加大党员干部教育培训力度，举办新一届村"两委"干部培训班2期，党员轮训1期；做好发展党员工作，将5名优秀青年、妇女和经济能人吸收到党员队伍中来；加强对驻村书记的管理，按照《武平县驻村任职党员干部管理办法》，严格落实考勤、请销假、工作报告、纪律约束等制度；聘请档案公司进行规范化整理，全面完成农村党员档案管理规范整理工作。

积极培育党建典型 以"红领行动·红耀武平"特色党建为统领，扎实开展"狮子山下党旗红·红领下坝争先锋"党建工作品牌创建，围绕"一工程三引领"，制订工作方案，推进党建引领乡村治理工作，以露冕村为示范，突出党建引领文明乡风，开展"文化大礼堂""狮子山下露冕夜话""双实工程"行动、"司

马第"家风家教家训广场风等活动，培育致富带头人先富带后富，修订和完善村规民约，持续推动移风易俗，引导群众破除陈规陋习，树立文明新风，推进乡村振兴，实现"党建引领、文化搭台、产业唱戏、露冕振兴"目标，不断增强人民群众的获得感、幸福感、安全感。

引领乡村振兴　充分发挥党支部战斗堡垒和党员先锋模范作用，全面巩固脱贫成效，扎实推进乡村振兴、"两治一拆"农村人居环境整治等工作；整乡推进农村生活污水治理工作，定期召开会议研究解决问题，积极开展群众工作，群策群力合力推进农村生活污水治理工作，2022 年确定 2 个重点村先行推进建设，新建 17 处氧化塘，修缮扩建 6 处氧化塘，日处理规模可达 500 余吨，涵盖全乡 9 个村 1800 多户，惠及 7800 多人；实施完成武平县下坝乡集镇供水管网提升改造工程；扎实开展文明城市创建工作，提升群众对文明创建的知晓率、参与度和认同感，形成全社会共建共治共享文明城市的工作格局；坚持党建带团建，引领全乡青年建功立业，重点保障工青妇残老、军人家属、退役军人等特殊群体合法权益；全面推进法治建设，将法治建设与乡中心工作相合，带头开展领导干部学法讲法用法活动，推动全乡依法行政工作健康发展；严格落实保密工作责任制，履行国家安全职责，加强全民国家安全教育宣传；完善下坝乡退役军人服务站标准化建设，全面落实退役军人优抚安置政策；不断加强"双拥"工作建设，规范化建设武装部，推进武装工作取得新成效。

·民主乡·

【概况】

民主乡地处武夷山脉的最南端，位于武平县西南部，地理位置介于北纬 25°，东经 115°55′之间，距武平县城 32 千米，全乡平均海拔 318 米。1949 年后设民主乡，1958 年改民主公社，1984 年复置乡。全乡辖 6 个行政村、64 个村民小组、8 个基层党支部，户籍人口 1876 户 5800 人（数据截至 2023 年 3 月 15 日），行政区域面积 108.33 平方千米。

基本乡情可用四个字概括："红"，民主乡是红四军入闽的第一站，全乡 6 个村均为县级革命基点村，现存有红军路、朱德群众动员讲话旧址、横奋坳战斗遗址等红色印记，建立了"红四军入闽第一村"陈列馆；"绿"，全乡林地面积 13.6 万亩，耕地 1.08 万亩，森林覆盖率 81%，林木蓄积量 41 万立方米，竹山面积近 4 万亩，境内常年气候温和，碧水蓝天，峰峦环抱，与江西省项山乡共同拥有一处近万亩的天然高山草甸；"和"，民主乡原名和平乡，意指人民群众向往平安和谐幸福生活，素有民风淳朴，勤劳善良的传统美德，自 2012 年以来，民主乡连续 10 年被评为市级"平安和谐乡镇"；"边"，地处闽粤赣三省接合部，东邻本县中山镇，南接本县下坝乡与广东省平远县差干镇，西与江西省寻乌县项山乡交界，北与江西省寻乌县罗珊乡接壤，是全市唯一一个地处闽粤赣三省接合部的山区乡镇，素有"一脚踏三省"之称。

【经济指标】

牢固树立"发展是第一要务"理念，强化指标精准调度，经济持续稳定发展，主要经济指标持续保持稳中向好、稳中有进的发展态势。2022 年，全年农业总产值完成 18538 万元，增幅全县排位第 13。规模以上工业产值完成 38114 万元，增幅全县排位第 11。规模以上飞地工业产值完成 32456 万元，增幅全县排位第 12；飞地建筑业产值完成 9617 万元，增幅全县排位第 12；限额以上贸易业销售额、营业额完成 68982 万元，增幅全县排位第 13；规模以上其他营利性服务业营业收入 4883 万元，总量全县排位第 8；固定资产投资新入库 8 个，全县排位第 14；农村居民可支配收入 21163 元，增幅全县排位第 13；财政收入完成 363 万元，增幅全县排位第 3；向上争取资金完成 568 万元，增幅全县排位第 9。

【招商引资】

坚持"大抓招商"，把"粤港澳大湾区"作为招商主战场，制订《2022 年民主乡产业招商对接行动实施方案》，出台招商奖励，税收分成政策等，积极发动各村和乡贤力量参与招商。强化开展产业链招商、以商招商，紧盯重点区域和目标企业，加强与落地企业主沟通对接，鼓励其牵线搭桥。2022 年实现新开工项目 2 个、新签约项目 1 个、新竣工项目 1 个、在谈项目 3 个。为企业提供"妈妈式"服务，帮助协调做好项目审批、施工用水用电许可、各种证件办理等，帮助解决招用工困难，完成新增招用工目标数 123 人，完成率达 117.14%，排名位居全县前列。

【项目建设】

深化领导干部带头策划项目，深度策划生成项目 5 个，本乡策划的大尺寸 LCD/LED 新型商显生产项目获评县首届"星耀武平"星级项目策划大赛三星项目；按照项目化推进工作落实机制的要求，投资近 4000 万元有序推进民主乡流芳片区人居环境整治项目、高标准农田（千亿斤粮食）建设项目、集镇供水改造提升项目、卫生院改造提升项目、高书村"红四军入闽第一村"红色文化提升项目、集镇改造提升项目、坪畲村危桥改造项目、民主乡文化康养健身中心等 13 项为民办实事项目。通过宣传发动，民主乡危桥改造工程项目累计收到社会各界爱心人士捐款 29.2423 万元。

【"四上"企业培育】

成立"四上"企业培育工作专班，扎实有效推进各项惠企政策落地，确保"四上"企业培育各项奖补优惠扶持政策措施直达企业、直接惠及市场主体。协助企业申请纾困贷款 300 万元。2022 年，培育规模以上工业企业 1 家（福建凌晖科技有限公司）、限上企业 2 家（武平县藤匠藤艺贸易有限公司、武平县东旭贸易有限公司）。

【产业发展】

围绕"一村一品"产业发展格局，以特色现代农业为抓手，紧紧围绕民主区域资源特色，推动特色农业产业提质增效，初步形成脐橙、高埔茶、百香果、小米蕉、猕猴桃等特色产业，带动各村村财收入均超 10 万元；通过山海协作对接，着力串点连片打造"红四军入闽第一村"、高山草甸、三省界碑、特色水果采摘的"一日游"旅游线路，吸引人气，拉动消费；深入实施"藏粮于地、藏粮于技"战略，推进补充耕地和土地整治等各项工作，2022 年完成土地整治项目 5 个，备案入库旧村复垦项目 1 个，实现新增耕地 92 亩，完成年度任务的 153.3%，排名全县第一。

【环境整治】

以创建第七届全国文明城市为抓手，深入实施"两治一拆"农村人居环境整治，完成硬化道路 4 条，增设污水主干线管网 3 千米，规划集镇道路两侧停车位 30 余个；全乡拆除危旧空心房 351 处、面积 13049 平方米，修缮空心房 30 处、面积 390 平方米；整治裸房 206 处、面积 12063 平方米；拆除违章建筑 25 处、面积 1300 平方米。实现"两治一拆"全通过、全覆盖，成为全县第一个全面完成 2022 年整治任务的乡镇，岭下村成为全县首个无"裸房"村。

【综合治理】

全面推进"河湖长制"工作，2022 年，组织开展河道巡查 70 次，召开河长制推进会 21

次，部门联席会 2 次，解决河湖"清四乱"等重点难点问题 5 个，制止非法捕鱼、电鱼等涉河违法行为 2 起，清理乱占河道行为 1 起，主要交接断面水质全年均保持在Ⅲ类以上；全面推进"林长制"工作，严厉打击乱砍滥伐、非法收购木材等违法行为，查处林业案件 8 起，制止野外用火 30 余起，完成植树造林 388 亩，水土流失治理造林 1202 亩，森林抚育 900 亩，建设笋材两用丰产竹林示范片 2400 亩；全面推进"路长制"工作，开展巡查管护 24 次，清理道路塌方 92 处，修缮塌陷 1 处、掏空 1 处、滑坡 3 处、排水沟 200 米，新增错车道 7 处；全面加强限养区生猪养殖管理，严格落实生猪养殖业"四禁止"巡查监管机制，持续推进生猪养殖业污染综合整治工作，2022 年，开展巡查 24 次，拆除或关闭违规养殖 30 户 800 平方米。

【基层治理】

全面落实党的二十大安保维稳责任，按照"五个不发生"要求，落实"六定五包"管控措施，以创建"平安和谐乡镇"为载体，常态化推进扫黑除恶、禁毒、防范和打击电信网络诈骗、化解矛盾纠纷等工作。2022 年，调处各类矛盾纠纷 85 起。高书村获评省级乡村治理示范村，高书村、民主村分别获评市级、县级"民主法治示范村"；自 2012 年以来，民主乡连续 10 年获评市级"平安和谐乡镇"；坚持"安全第一，预防为主"的方针，强化安全生产"红线"意识，以时时放心不下的责任感狠抓安全管理制度、措施的落实，查处安全生产隐患 2 起，并全部整改；成功应对 2022 年"5·27"持续性汛期强降雨，共转移危险区域人员 43 户 76 人，有效保护人民群众生命财产安全；坚持人民至上、生命至上，突出科学精准，认真落实国务院联防联控机制第九版防控方案、十条优化措施和省十三条优化措施，完善日常转运与应急处置相结合的工作机制，经

受住一轮又一轮疫情严峻的考验。

【民生事业】

坚持教育优先发展，投资 5 万元提升改造中心校住宿学生宿舍环境；为全乡 21 名考上本科、8 名考上武平一中的优秀学子发放奖学金 2.26 万元；召开教师节庆祝大会，表扬奖励一批优秀教师，在全乡营造尊师重教浓厚氛围；坚持榜样引领文明乡风，持续开展"身边的榜样""美丽庭院"等评选活动，树立先进典型 2 人，入选 2022 年第二季度"福建好人榜"1 人，入选县级最美家庭 1 户、市级最美家庭 1 户，入选县级美丽庭院示范户 7 户、市级美丽庭院示范户 6 户、省级美丽庭院示范户 3 户；坚持以人民健康为中心，投资 40 万元支持医疗卫生事业发展，新建公共卫生服务楼，改善群众就医环境。

【社会保障】

持续做好社会救助工作，2022 年，对全乡农村低保对象 109 户 180 人，发放低保金 90.5 万元，对 80 周岁及以上低保老人高龄补贴 1.5 万元，为特困人员 15 人发放生活保障金 21.2 万元，"两不愁三保障"成果进一步巩固，脱贫户人均纯收入持续增长，脱贫人口零返贫；为符合条件的 31 户困难人群申报办理临时生活救济和临时医疗救助，发放补助救助资金 4.89 万元；为全乡 107 名重度残疾人和低保残疾人发放生活补贴、护理补贴 23.2 万元；建立健全 7 个老年协会，会员总数 849 人，老年人参会率达 77%；城乡居民基本医疗保险、养老保险参保率均达 90%以上。

【政务服务】

对便民服务中心进行标准化建设，形成跨部门综合窗口服务模式，推进事项"受""办"分离，简化审批程序，减少办事环节，提供"一站式"服务，受理一趟不用跑事项 128 项，

占比79.5%；即办件131件，占比81.37%，权责清单配置132项，实现事项权责匹配全覆盖，网办件405件，评价满意率为100%；办理12345便民服务事项29项，真正做到以政府的"辛苦指数"提升群众的"满意指数"。

【廉政建设】

持续推进党风廉政建设和反腐败斗争，严格落实中央八项规定及其实施细则精神，不断提高工作效能，主动接受人大、社会各方面的监督，认真办理人大代表建议件；加强对重点领域、重要岗位权力运行的监督，维护好风清气正的政治生态，以政府的"清廉指数"提升群众的"幸福指数"。

机构　人物

·2022 年组织机构及其负责人名录·

一、中共武平县委及其所属机构负责人

中共武平县委

书记：张丽华

副书记：于　海

　　　　林　艳（10 月免）

　　　　李小飞（11 月任）

常委：张北阳

　　　胡楚文

　　　黄清平

　　　王秋实（挂职，5 月期满）

　　　李清（挂职，5 月期满）

　　　陈俊雄

　　　张如春（11 月免）

　　　钟日朝

　　　王秀金

　　　罗金旺

　　　张雅静（6 月任）

　　　廖国联（11 月任）

县委办公室（县委台港澳办、县委保密办、县委机要局、县档案局）

　　主任：陈永荣（1 月免）

　　　　　练良祥（2 月任）

县委组织部（县委非公企业社会组织工委、县公务员局）

　　部长：黄清平

　　分管日常工作副部长：林忠兴（3 月任）

县委宣传部（县新闻出版广电局、县政府新闻办）

　　部长：张如春（11 月免）

　　　　　廖国联（11 月任）

　　分管日常工作副部长：谢桃荣

县委统战部（县民宗局、县侨办）

　　部长：钟日朝

　　分管日常工作副部长：曾福泉

县委政法委

　　书记：罗金旺

　　分管日常工作副书记：蓝善雄（6 月免）

　　　　　　　　　　　　兰富伟（6 月任）

县委巡察办

　　主任：兰洪盛（4 月免）

　　　　　熊哲波（4 月任）

　　县委巡察一组组长：徐顺文

　　县委巡察二组组长：陈冬英

　　县委巡察三组组长：赖永荣

县委编办
主任：石仲芳

县直机关党工委
书记：黄清平
分管日常工作副书记：刘俊文（10月免）
　　　　　　　　　　赖兴民（10月任）

县委老干部局（县委离退休干部工委）
局长：郑晓鑫

县委文明办（县文明办）
主任：陈新玉

县委党校
党校校长：黄清平
行政学校校长：张北阳
常务副校长：林晓波

县委党史和地方志研究室
主任：孙玲

监察和司法工委
主任：陈启明

财经工委
主任：赖东兴

教科文卫工委
主任：钟香梅

农工委
主任：肖方明

人事任免代表联络工委
主任：王加荣

城建环保工委
主任：邓占通

侨台工委
主任：吴闽霞

信访室
主任：张贵盛

二、武平县人大常委会及其所属机构负责人

武平县人大常委会
主任：刘演昌
副主任：修金华
　　　　梁昌和
　　　　陈永荣
　　　　刘开锦
武平县人大常委会社会建设委
主任委员：陈永荣
副主任委员：高锦平

办公室
主任：林益和

三、武平县人民政府及其所属机构负责人

武平县人民政府
党组书记、县长：于海
党组成员、副县长：张北阳（常务副县长）
　　　　　　　　　　王秋实（挂职，5月期满）
　　　　　　　　　　李清（挂职，5月期满）
　　　　　　　　　　张雅静（6月任）
　　　　　　　　　　钟发贵
　　　　　　　　　　马金良
　　　　　　　　　　马永彬
　　　　　　　　　　李福民

胡阳基

廖志新

田从峰（挂职，7月任）

县政府办公室（县外办）

主任：蓝启银（2月免）

　　邱平（2月任）

县发改局（县粮储局）

局长：李荣伟（2月免）

　　刘湘榕（2月任）

县教育局

局长：钟建晖

县工信科技局

局长：李开东

县公安局（县打私办）

局长：李福民

政委：张滨强

县民政局（县老区办）

局长：吴彬

县司法局

局长：林忠兴（2月免）

　　李荣伟（2月任）

县财政局

局长：刘开锦（2月免）

　　林丹（2月任）

县人社局

局长：高宗发

县自然资源局

局长：邱平（2月免）

　　王佳煌（2月任）

县住建局（县人防办）

局长：张石生

县交通运输局

局长：王佳煌（2月免）

　　赖德红（2月任）

县水利局

局长：王平（2月免）

　　钟生祥（2月任）

县农业农村局（县乡村振兴局）

局长：王琼荣（2月免）

　　蓝开金（2月任）

县商务局

局长：连聪香

党组书记：陈圣文

县文体旅游局

局长：舒健

县卫健局

局长：赖兰招（2月免）

　　王汉斌（2月任）

县退役军人局（县双拥办）

局长：林忠新

县应急局

局长：王桂林

县审计局

局长：林海清

县林业局

局长：钟达昌（10月免）

　　刘俊文（10月任）

县市场监管局（县知识产权局）

局长：刘荣添（2月免）

　　　刘志禄（2月任）

县统计局

党组书记：陈新添

局长：林福远（2月免）

　　　童梅玉（2月任）

县信访局

局长：林金麟

县城管局

局长：刘志禄（2月免）

　　　林能坤（2月任）

县行政服务中心管委会

主任：曾雪武（8月免）

　　　朱昌琼（8月任）

武平高新区管委会（武平工业园区管委会）

党工委书记：连盛金

主任：石维福

四、政协武平县委员会及其所属机构负责人

政协武平县委员会

主席：王云川

副主席：石登峰

　　　　林杭英

　　　　蓝启银

　　　　林福远

办公室

主任：周建福

提案委员会

主任：徐维锋

经济科技与港澳台侨委员会

主任：刘绍远

教育卫生体育委员会

主任：肖荣生

文化文史和学习委员会

主任：李兴东

社会法制委员会

主任：温新华

农业农村委员会

主任：林志华

五、中共武平县纪委监委及其所属县直部门纪检机构负责人

中共武平县纪委

书记：陈俊雄

副书记：钟发荣

　　　　王建华

常委：曾浔燕

　　　汤振龙（6月免）

　　　熊哲波

　　　王灵生

　　　陈全华（8月任）

县监委

主任：陈俊雄

副主任：钟发荣

　　　　王建华

委员：汤振龙（6月免）

　　　熊哲波

　　　董建涛

　　　陈全华

　　　曾广威（8月任）

县纪委派驻机构

县纪委监委驻县委办纪检监察组
组长：刘德贵

县纪委监委驻县人大机关纪检监察组
组长：冯文生

县纪委监委驻县政府办纪检监察组
组长：兰为增

县纪委监委驻县政协机关纪检监察组
组长：刘李兴

县纪委监委驻县委组织部纪检监察组
组长：林静

县纪委监委驻县委宣传部纪检监察组
组长：聂崇彬

县纪委监委驻县财政局纪检监察组
组长：林天华

县纪委监委驻县发改局纪检监察组
组长：林忠鸿

县纪委监委驻县农业农村局纪检监察组
组长：曾春晖

县纪委监委驻县工信科技局纪检监察组
组长：肖延平（2月免）
　　　连祥德（2月任）

县纪委监委驻县教育局纪检监察组
组长：陈发明

县纪委监委驻县住建局纪检监察组
组长：王晓芳（10月免）
　　　王全兴（11月任）

县纪委监委驻县公安局纪检监察组
组长：曾飞雄

县纪委监委驻县检察院纪检监察组
组长：钟雄斌

县纪委监委驻县法院纪检监察组
组长：钟继旺

县直机关纪工委
书记：林晓平

县纪委监委驻县卫健局纪检监察组
组长：何芳（8月任）

六、武平县群团机关负责人

县总工会
主席：钟日朝
党组书记、副主席：邱东方

团县委
书记：赖超平（6月免）
　　　林锦（11月任）

县妇联
主席：林八连

县侨联
主席：王海明

县文联
主席：邱云安

县工商联
党组书记：廖树香
主席：陈秀兰

县残联
理事长：钟以桥

县社科联

主席：罗燕芳

县科协

主席：修光华

县计生协

会长：谢素英

常务副会长：朱昌琼（8月免）

李向生（8月任）

县红十字会

常务副会长：李向生（8月免）

赖桂瑢（8月任）

七、武平县法院负责人

院长：陈英棠

八、武平县检察院负责人

检察长：陈智雄

九、武平县人民武装部负责人

部长：胡楚文

政委：刘鹏宇

十、事业单位负责人

县融媒体中心（武平县广播电视台）

主任：陈珍英

县海峡两岸交流基地服务中心

主任：许敏湘（8月免）

县档案馆

馆长：林伟富

福建梁野山国家级自然保护区管理局

党支部书记：王琼荣（2月任）

县供销社

主任：童春风

党总支书记：饶凤园（4月免）

福建武平工业园区管委会

主任：赖添良

县项目服务中心

主任：王福荣（2月任）

县铁路建设发展中心

主任：刘建奎

县教师进修学校

校长：饶正德

武平一中

校长：王益文

党总支书记：刘晓京

武平二中

校长：林伍连（8月免）

李育林（8月任）

党支部书记：潘诗建

电大武平工作站（2022年9月更名为武平开放大学）

站长：朱汉招（8月任）

党支部书记：曾德明（4月免）

县医院

院长：吴梅书

党委书记：赖伟强

县疾病预防控制中心

主任：饶养莲

县妇幼保健院

院长：练桂兰

党支部书记：邱建华

县中医院

院长：饶伟英

党支部书记：林耀全

十一、武平县各乡（镇、街道）党（工）委书记、人大主席、乡（镇）长

平川街道

党工委书记：赖德红（2月免）

　　　　　　蓝善雄（6月任）

人大工委主任：黄旺贵

街道办主任：林忠荣

城厢镇

党委书记：蓝启和

人大主席：赖志声

镇长：肖飞龙

万安镇

党委书记：王剑斌（11月免）

　　　　　　李小飞（11月任）

人大主席：王永东

镇长：梁建顺

东留镇

党委书记：刘湘榕（2月免）

　　　　　　李志荣（2月任）

人大主席：程文盛

镇长：冯素金

中山镇

党委书记：赖东武

人大主席：钟清泉

镇长：邱善掩

民主乡

党委书记：蓝开金（2月免）

　　　　　　钟玮（6月任）

人大主席：洪文

乡长：钟玮（6月免）

　　　　钟毅（6月任）

下坝乡

党委书记：曾飞宏（6月免）

　　　　　　林能彬（6月任）

人大主席：钟银秀

乡长：刘国鸿

中赤镇

党委书记：傅晓晖

人大主席：钟满雄

镇长：钟福辉

岩前镇

党委书记：马金良（2月免）

　　　　　　练国法（6月任）

人大主席：周庆平（8月免）

　　　　　　王建平（8月任）

镇长：练国法（6月免）

　　　　余朝良（6月任）

象洞镇

党委书记：童军裕

人大主席：罗煜琦

镇长：朱天林（6月免）

　　　　何诗芸（6月任）

十方镇

党委书记：钟生祥（2月免）

　　　　　　曾飞宏（6月任）

人大主席：黄桂有

镇长：蓝宇

武东镇

党委书记：练良祥（2月免）

　　　　　朱天林（6月任）

人大主席：邱瑞生（8月免）

　　　　　李思洪（8月任）

镇长：钟乾

中堡镇

党委书记：胡阳基（2月免）

　　　　　李永达（6月任）

人大主席：钟晓文

镇长：李永达（6月免）

　　　汤振龙（6月任）

永平镇

党委书记：李志荣（2月免）

　　　　　饶红秀（6月任）

人大主席：蓝荣玉

镇长：饶红秀（6月免）

　　　赖超平（6月任）

桃溪镇

党委书记：林丹（2月免）

　　　　　李跃萍（6月任）

人大主席：王占宏

镇长：李跃萍（6月免）

　　　王俊（6月任）

大禾镇

党委书记：江禄全

人大主席：谢小兰（8月免）

　　　　　林军（8月任）

镇长：林能彬（6月免）

　　　邱瑞生（6月任）

湘店镇

党委书记：钟东阳

人大主席：陈小健（11月免）

　　　　　何英（11月任）

镇长：王华锋

2022 年取得高级专业技术职称人员名表

序号	单位	姓名	职称
1	武平县医院	刘翠莲	心电图技术副主任医师
2	武平县医院	谢春生	骨外科副主任医师
3	武平县医院	赖小燕	妇产科副主任医师
4	武平县医院	陈丽珍	妇产科副主任医师
5	武平县医院	林家斌	放射医学副主任医师
6	武平县医院	陈启文	中医内科副主任医师
7	武平县医院	蓝惠平	康复医学治疗技术副主任技师
8	武平县医院	张林	针灸科副主任医师
9	武平县疾病预防控制中心	陈春云	传染性疾病控制
10	武平县城区社区卫生服务中心	钟新生	传染性疾病控制
11	武平县医院	兰发强	输血技术副主任技师
12	武平县城区社区卫生服务中心	修桂琴	内科护理副主任护师
13	武平县中医院	曾四兰	内科护理副主任护师
14	武平县桃溪中心卫生院	刘珍荣	内科护理副主任护师
15	武平县医院	饶香金	内科护理副主任护师
16	武平县医院	饶县英	外科护理副主任护师
17	武平县医院	余明	外科护理副主任护师
18	武平县城区社区卫生服务中心	黄英华	儿科护理副主任护师
19	武平县医院	练梅兰	外科护理副主任护师
20	武平县中山中心卫生院	钟元英	妇产科护理副主任护师
21	武平县城区社区卫生服务中心	王永秀	妇产科护理副主任护师
22	武平县医院	谢琴凤	妇产科护理副主任护师
23	武平县医院	廖红连	妇产科护理副主任护师
24	武平县医院	林燕明	妇产科副主任医师
25	武平县中医院	林良忠	放射医学副主任医师
26	武平县医院	谢华锋	放射医学技术副主任技师
27	武平县疾病预防控制中心	钟永生	传染性疾病控制副主任医师
28	武平县疾病预防控制中心	练红平	传染性疾病控制副主任医师
29	武平县疾病预防控制中心	肖文雄	微生物检验技术副主任技师
30	武平县万安卫生院	李芳华	内科护理副主任护师
31	武平县中医院	王菊英	外科护理副主任护师
32	武平县城区社区卫生服务中心	饶三玉	外科护理副主任护师
33	武平县文物保护服务中心	肖文秀	高级会计师
34	武平县基层卫技人员服务中心	钟晓菁	高级会计师
35	武平县财政国库支付中心	兰雄德	高级会计师

序号	单位	姓名	职称
36	武平县财政国库支付中心	林湘平	高级会计师
37	武平县国资金融中心	邱国安	高级会计师
38	林业局	王永华	高级工程师
39	福建省武平县新宝茶叶发展有限公司	王新宝	制茶高级工程师
40	文化体育和旅游局	练建斌	高级教练
41	武平县桃溪中学	蓝永有	中学语文高级教师
42	武平县东留初级中学	宋州平	中学语文高级教师
43	武平初级中学	陈玉兰	中学语文高级教师
44	武平初级中学	石桂英	中学语文高级教师
45	武平县十方中学	邱新莲	中学数学高级教师
46	武平县十方中学	赖可彪	中学数学高级教师
47	武平县桃溪中学	石红连	中学数学高级教师
48	武平县中山中学	钟晓鸣	中学数学高级教师
49	武平县象洞初级中学	冯春荣	中学数学高级教师
50	武平县十方中学	李芳兰	中学英语高级教师
51	武平县武东中学	王新德	中学英语高级教师
52	武平县桃溪中学	王龙生	中学英语高级教师
53	武平县中山中学	徐荣娣	中学英语高级教师
54	武平县中山中学	廖良强	中学英语高级教师
55	武平县中山中学	曾桂英	中学英语高级教师
56	武平县教师进修学校附属学校	谢才生	中学英语高级教师
57	武平县教师进修学校附属学校	钟海荣	中学英语高级教师
58	武平初级中学	刘建华	中学英语高级教师
59	武平县岩前中学	李开福	中学物理高级教师
60	武平县东留初级中学	陈启才	中学物理高级教师
61	武平县帽村初级中学	赖金华	中学物理高级教师
62	武平县第二中学	兰萍秀	中学化学高级教师
63	武平县十方中学	饶晓红	中学化学高级教师
64	武平县桃溪中学	林福明	中学化学高级教师
65	武平县教师进修学校附属学校	王闽	中学化学高级教师
66	武平县十方中学	赖信生	中学地理高级教师
67	武平县第二中学	周珍兴	中学生物高级教师
68	武平初级中学	李天芹	中学生物高级教师
69	武平县十方中学	钟荣基	中学政治（道德与法治）高级教师
70	武平县十方中学	钟定隆	中学政治（道德与法治）高级教师

序号	单位	姓名	职称
71	武平县帽村初级中学	林贵辉	中学政治（道德与法治）高级教师
72	武平县帽村初级中学	钟沂平	中学政治（道德与法治）高级教师
73	武平县大禾中学	邓可星	中学政治（道德与法治）高级教师
74	武平县十方中学	钟丽英	中学历史高级教师
75	武平县教师进修学校附属学校	廖开华	中学历史高级教师
76	武平县教师进修学校	廖良东	中学历史高级教师
77	武平县教师进修学校附属学校	林梅兴	中学音乐高级教师
78	武平初级中学	张碧荣	中学体育高级教师
79	武平县中小学生社会实践基地学校	林桥华	中学综合实践高级教师
80	保密技术服务中心	陈向平	副研究馆员
81	武平县现代农业发展服务中心	刘雄明	高级农艺师
82	武平县城厢镇乡村振兴服务中心	钟红华	高级农艺师
83	武平县动物卫生监督所	谢永林	高级兽医师
84	武平县东留镇乡村振兴服务中心	钟仪	高级兽医师
85	武平县经济作物技术推广站	刘冬生	农业技术推广研究员（园艺）
86	武平县水产技术推广站	林德忠	农业技术推广研究员（水产）
87	武平县教师进修学校第二附属小学	陈伟光	小学正高级教师
88	武平县农村公路养护所	朱凤明	高级经济师
89	武平县矿产资源税费征收中心	曾文豪	高级经济师
90	武平县城厢镇乡村振兴服务中心	方添立	高级经济师
91	武平县劳动保障监察大队	王占益	高级人力资源管理师
92	武平县财政投资评审中心	张华军	高级工程师
93	武平县国土空间规划服务中心	陈贞伟	高级工程师
94	交通局	车国栋	高级工程师
95	武平县博物馆	刘小华	副研究馆员
96	武平县岩前中心卫生院	钟育林	骨外科主任医师
97	武平县象洞卫生院	钟德春	口腔内科副主任医师
98	武平县万安卫生院	朱志永	中药学副主任中药师
99	武平县医院	饶树考	小儿内科主任医师
100	武平县医院	王启志	心血管内科主任医师
101	武平县妇幼保健院	李东元	麻醉学副主任医师
102	武平县医院	李娟	麻醉学副主任医师

附　录

·2022 年武平县国民经济和社会发展统计公报·

2022 年，武平县深入贯彻落实习近平总书记重要讲话重要指示批示精神，认真贯彻落实党中央和省、市各项决策部署，坚持稳中求进工作总基调，统筹疫情防控和经济社会发展工作，按照"疫情要防住、经济要稳住、发展要安全"的重要要求，深入实施"融入两区、生态立县、产业兴城、旅游富民"县域发展战略，建设闽粤赣省际宜居宜业宜旅的生态文明示范城市和武平老区苏区高质量发展示范区，着力推动经济高质量发展，经济总量再上新台阶。

一、综合

初步核算，2022 年地区生产总值首次突破 300 亿大关，实现 306.73 亿元，增长 4.6%。其中第一产业增加值 38.73 亿元，增长 0.9%；第二产业增加值 124.34 亿元，增长 4.7%；第三产业增加值 143.66 亿元，增长 5.8%。三次产业增加值占地区生产总值的比重分别为：第一产业为 12.6%，第二产业为 40.6%，第三产业为 46.8%。全年人均地区生产总值 110931 元，增长 5.2%。

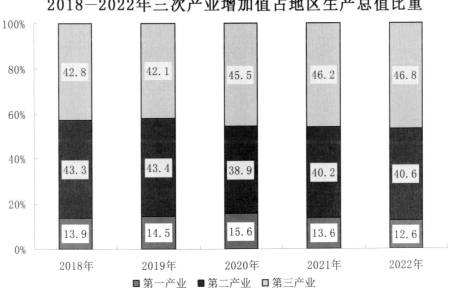

2018－2022年三次产业增加值占地区生产总值比重

全年一般公共预算总收入 12.11 亿元，下降 16.8%，其中地方一般公共预算收入 8.53 亿元，下降 14.7%；一般公共预算支出 29.59 亿元，增长 7.4%。

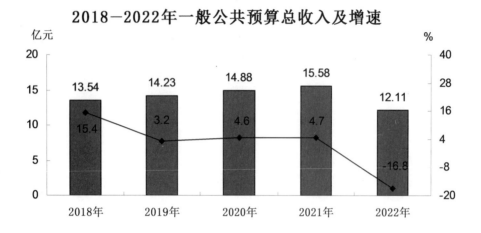

2018—2022年一般公共预算总收入及增速

二、农业

全年农林牧渔业总产值 70.13 亿元，增长 1.0%。其中，农业产值 29.33 亿元，增长 6.1%；林业产值 8.81 亿元，增长 4.7%；牧业产值 28.19 亿元，下降 5.2%；渔业产值 2.21 亿元，增长 3.6%；农林牧渔服务业产值 1.60 亿元，增长 4.5%。

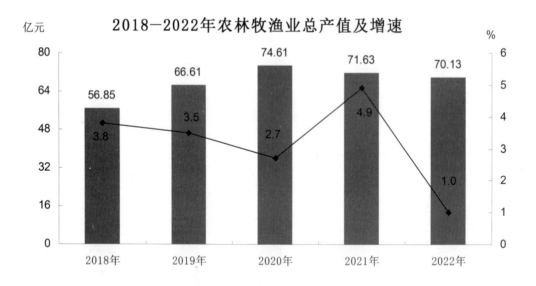

2018—2022年农林牧渔业总产值及增速

农业综合生产能力平稳，全县粮食播种面积 36.04 万亩，下降 0.1%，全年粮食产量 15.61 万吨，下降 0.1%；蔬菜产量 19.11 万吨，增长 4.4%；茶叶产量 3916 吨，增长 9.7%；水果产量 8.25 万吨，增长 14.9%；食用菌产量 9794 吨，增长 7.5%。

　　全年主要林产品油桐籽产量 1959 吨，增长 6.0%；竹笋干产量 2088 吨，增长 7.8%；松脂产量 3635 吨，增长 5.4%；毛竹产量 965 万根，增长 6.0%。

　　全年肉蛋奶总产量 7.71 万吨，下降 5.8%。肉类总产量 6.84 万吨，下降 7.6%，其中，猪肉产量 3.48 万吨，下降 14.6%；牛肉产量 525.7 吨，增长 5.6%；羊肉产量 320.8 吨，增长 13.4%；禽类肉产量 3.1 万吨，增长 1.8%；禽蛋产量 0.87 万吨，增长 11.1%。

　　全年水产品产量 1.34 万吨，增长 3.1%，其中鱼类产量 1.3 万吨，增长 1.7%。

2022 年主要农产品种植面积及产量

产品名称	种植面积（亩）	增长（%）	产量（吨）	增长（%）
粮食	360390	-0.1	156059	-0.1
春粮	1543	2.3	431	-31.3
夏粮	85381	1.8	34502	0.5
秋粮	273466	-0.7	121126	-0.1
油料	6875	1.5	1352	4.0
花生	6565	1.4	1318	4.0
烟叶	37090	5.6	5823	3.6
茶叶	24360	0.7	3916	9.7
水果	104723	7.6	82510	14.9
蔬菜	106231	4.0	191064	4.4
食用菌	—	—	9794	7.5

三、工业和建筑业

　　全年新上 16 家规模工业企业，规模工业企业数达 131 家，其中产值亿元以上企业 63 家。全年工业增加值 74.21 亿元，增长 1.9%，其中规模以上工业增加值增长 1.8%。

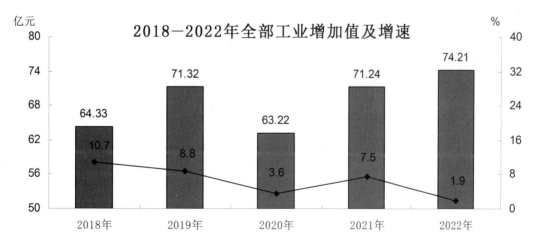

2018—2022年全部工业增加值及增速

　　在规模以上工业中，分经济类型看，股份制企业产值与去年基本持平，外商及港澳台投资企业产值现价增长 11.6%，其他经济类型产值现价增长 28.5%；分轻重工业看，轻工业产值下降 3.6%，重工业产值现价增长2.6%；分门类看，采矿业产值现价增长22.2%，制造业产值现价下降3.3%，电力、热力、燃气及水生产和供应业产值现价增长16.5%；分企业规模看，大中型企业产值现价增长2.9%，小型企业产值现价增长0.3%。工业产品销售率为94.88%，比上年下降1.73个百分点。

2022年规模以上工业企业主要工业产品产量

产　品	单位	产量	增长（%）
发电量	万千瓦时	24442	-3.1
石灰石	万吨	1401.29	9.8
水泥	万吨	412.27	-13.4
印制电路板	万平方米	623.42	13.1
饲料	万吨	8.9	20.8
砖	万块	224006	-8.5
钢结构	万吨	4.27	26.1
液晶显示模组	万套	1006	-0.3

全年规模以上工业企业实现利润总额8.98亿元，下降44.5%；其中股份制企业实现利润总额8.54亿元，下降43.3%，外商及港澳台商投资企业实现利润总额0.42亿元，下降27.7%。税金总额3.82亿元，下降24.5%。

全年规模以上工业中，以新型显示为重点的信息产业、矿产品精深加工、农林产品精深加工、不锈钢家居及机械装备制造"1+4"先进制造业产值现价增长0.04%，对规模以上工业的贡献率为3.6%。

2022年规模以上工业重点产业情况

指　标	企业数	增长（%）
合　计	120	0.04
新型显示	34	7.4
不锈钢家居	13	-0.2
机械装备制造	11	5.3
矿产品精深加工	30	3.9
农林产品精深加工	32	-17.5

全年全县新增资质以上建筑业企业7家，达111家；总专包建筑业企业总产值130.95亿元，增长14.0%。全社会建筑业实现增加值50.13亿元，增长9.2%。

四、固定资产投资

全年固定资产投资突破百亿大关，达101.47亿元，增长3.5%。分项目看，项目投资完成87.84亿元，增长1.5%，其中工业投资完成55.15亿元，增长10.7%；建安投资完成85.61亿元，增长11.3%；房地产开发投资完成13.63亿元，增长18.7%，其中住宅投资11.08亿元，增长13.2%。

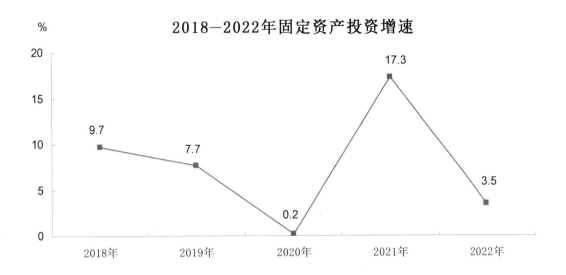

全年新上房地产开发经营企业 8 家，全县房地产开发经营企业达 44 家。商品房销售面积 28.58 万平方米，下降 5.6%；商品房销售额 15.98 亿元，下降 3.7%。

五、国内贸易和对外经济

全年新上限额以上流通贸易企业 28 家，限额以上流通贸易企业达 197 家。实现社会消费品零售总额 159.53 亿元，增长 6.4%。按规模分，限额以上社会消费品零售总额 67.11 亿元，增长 12.8%；限额以下社会消费品零售总额 92.42 亿元，增长 2.3%。按经营地分，限额以上城镇消费品零售额 60.94 亿元，增长 11.9%；限额以上乡村消费品零售额 6.17 亿元，增长 22.9%。按商品形态分，限额以上餐饮收入额 8.0 亿元，增长 19.3%；限额以上商品零售额 59.11 亿元，增长 12.0%。

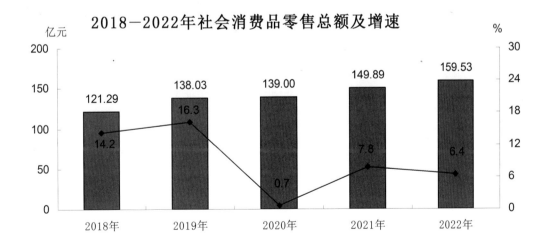

全年实际利用外商直接投资完成 12 万美元。

六、交通、邮电和旅游

全年全县交通运输仓储和邮政业实现增加值 8.66 亿元，增长 6.6%；客货运周转量 49661 万吨公里，增长 10.8%。

年末全县公路通车里程为 1799 千米，比上年末增长 1.9%，其中高速公路通车里程为 68 千米。

年末全县机动车保有量 13.17 万辆，比上年末增长 0.9%，其中汽车（含三轮汽车和低速货车）保有量 5.05 万辆，增长 4.6%。全县小型汽车保有量 3.96 万辆。

全年接待游客 536.84 万人次，下降 6.4%；实现旅游收入 35.19 亿元，下降 20.6%。

七、金融

年末全县金融机构各项存贷款余额 368.83 亿元，增长 19.2%，其中金融机构各项存款余额 183.82 亿元，增长 20.5%（住户储蓄存款余额 125.52 亿元，增长 15.2%）；金融机构各项贷款余额 185.01 亿元，增长 17.9%，存贷比（存款=100）为 100.7：100。

八、人口、人民生活和社会保障

年末全县户籍总户数 12.16 万户，户籍人口 38.97 万人。全县常住人口 27.5 万人，常住人口城镇化率为 54.3%，比上年末提高 0.7 个百分点；出生率为 8.32‰，死亡率为 8.87‰，自然增长率为-0.55‰。

全年全县居民人均可支配收入 29762 元，增长 5.8%，按常住地分，城镇居民人均可支配收入 43263 元，增长 4.9%；农村居民人均可支配收入 23310 元，增长 7.6%。居民人均消费支出 20753 元，增长 5.4%，按常住地分，城镇居民人均消费支出 30195 元，增长 4.9%；农民人均生活消费支出 16299 元，增长 6.0%。

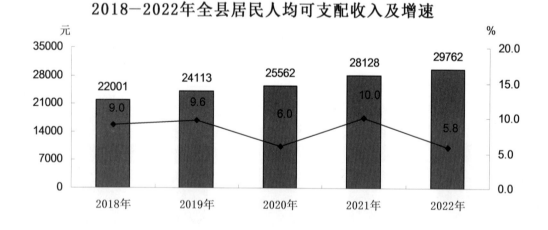

2018—2022年全县居民人均可支配收入及增速

全年城镇新增就业 1712 人，比上年增加 336 人；年末城镇登记失业人员 949 人，比上年末减少 634 人。

年末城镇职工基本养老保险参保人数 48585 人，比上年增加 12177 人；城乡居民基本养老保险参保人数 196015 人，比上年减少 664 人；失业保险参保人数 21544 人，比上年增加 836 人。

年末基本医疗保险参保人数 323417 人，其中城乡基本医疗保险参保人数 288419 人。

全县纳入城镇居民最低生活保障的居民 247 人，纳入农村居民最低生活保障的居民 9032 人；"五保"供养对象有 1156 人。

九、教育和科学技术

年末全县普通中学（含职专）20 所，在校学生数 16763 人；小学 42 所，在校生 26070 人；特殊教育学校 1 所，特殊教育在校生 186 人；幼儿园（含民办）87 所，在园幼儿 12735 人。全县各类事业专业技术人员 5818 人，其中事业农业专业技术人员 235 人。

年末全县高新技术企业 43 家，新增 12 家。全县授权专利 597 件，其中发明专利 19 项，实用新型专利 527 项，外观设计专利 51 项；全县每万人口发明专利拥有量 5.79 件。

十、文化、卫生和体育

年末全县共有群众业余文艺团队 103 个，文化馆 1 个，博物馆 1 个，体育场馆 2 个，图书馆 1 个，图书藏量 13 万册。年末共有影院 4 个，电影放映 2.15 万场次。电视台 1 座，广播电台 1 座。

年末全县共有各类卫生机构（包括门诊部、卫生所、医务室、诊所）393 个，其中医院 5 个，卫生院 15 个，社区卫生服务中心（站）1 个。年末全县共有卫生机构实有床位 2161 张。年末全县卫生机构人员总数 2985 人，其中卫生技术人员 2159 人，执业（助理）医师 778 人，注册护士 913 人。

十一、资源、环境和安全生产

初步核算，全年规模工业企业综合能源消费量 47.56 万吨标准煤；规模工业增加值能耗下降 12.4%。

年末林地面积 328.01 万亩，森林覆盖率达 79.1%；全年完成造林总面积 3.35 万亩，其中更新造林面积 2.53 万亩。城市建成区绿地面积 0.6 万亩，绿地率达 42.2%。污水处理厂 15 座，污水处理厂集中处理率达 98%；垃圾处理站 11 个。

全年各类生产安全事故共 1 起、死亡 1 人，分别同比下降 75%、80%；亿元地区生产总值生产安全事故死亡人数为 0.003 人。

注：1. 本公报数为初步统计数，最终数据以统计年鉴为准。

2. 本公报生产总值，各产业增加值、农林牧渔业总产值总量按现价计算，增长速度按可比价计算。

资料来源：

本公报中城镇新增就业、登记失业、社会保障数据来自县人社局；财政数据来自县财政局；公路里程数据来自县交通运输局；户籍人口、机动车等数据来自县公安局；金融数据来自人行武平县支行；高新技术数据来自工信科技局；专利数据来自县市场监督管理局；旅游、艺术表演团体、公共图书馆等数据来自县文旅局；影剧院等数据来自县委宣传部；卫生数据来自县卫健局；教育数据来自县教育局；低保数据来自县民政局；医保数据来自县医保局；安全生产数据来自县应急管理局；林业数据来自县林业局；绿地数据来自城管局；污水处理数据来自县住建局；其他数据来自县统计局。

相关名词解释

1. "533"招商引资竞赛活动：全年力争完成新签约、新开工、新竣工（投产）固定资产投资超3000万元项目50、30、30个以上。

2. "六大专项攻坚行动"：策划、征迁、报批、拆迁、落地、重点督办等六大专项攻坚行动。

3. "专精特新"：指企业具有"专业化、精细化、特色化、新颖化"的发展特征。

4. "上云上平台"包括两个层面：一是企业上云。"云"指的是在网络上按需使用资源，推动工业企业按需购买云服务，降低一次性投入成本。二是工业企业上平台。"平台"指的是工业互联网平台。支持工业企业依托工业互联网平台实施数字化、网络化、智能化升级，进一步降本增效。

5. "瞪羚"创新企业：指以科技创新或商业模式创新为支撑进入高成长期的中小企业。

6. "首台（套）"：指在国内和省内实现重大技术突破、拥有自主知识产权、用户初步使用或尚未取得市场业绩的装备产品。

7. 口袋公园：对较小地块进行绿化种植，再配置座椅等便民服务设施。城市中的各种小型绿地、小公园、街心花园、社区小型运动场所等都是身边常见的口袋公园。

8. "食药物质"：指既是食品又是中药材的物质。

9. "一村一品"：指以村为基础，充分发挥本地优势，使一个村（或几个村）拥有一个（或几个）市场潜力大、区域特色明显、附加值高的主导产业或产品，从而大幅度提升经济实力的农村经济发展模式。

10. "两治一拆"：治理空心房、治理裸房，拆除违法建筑。

11. "绿盈乡村"：围绕"山更好、水更清、林更优、田更洁、天更蓝、海更净、业更兴、村更美"的目标，梯次推进富有绿化、绿韵、绿态、绿魂的"绿盈乡村"建设。

12. "四个不摘"：摘帽不摘责任、摘帽不摘政策、摘帽不摘帮扶、摘帽不摘监管。

13. 县管校聘：中小学教师由县教育主管部门统一管理，学校根据课程设置、教学辅导、后勤保障等设置岗位，组织教师竞聘上岗，从而使教师由"学校人"变成"系统人"，引导教师有序流动，促进教师资源均衡配置。

14. 长者食堂：为留守老年人提供助餐配餐服务的场所。

15. "两个确立"：确立习近平同志党中央的核心、全党的核心地位，确立习近平新时代中国特色社会主义思想的指导地位。

16. "两个维护"：坚决维护习近平总书记在党中央和全党的核心地位，坚决维护党中央权威和集中统一领导。

17. "放管服"：简政放权、放管结合、优化服务。

18. 容缺受理：允许某些审核材料在规定时间内暂时缺少，实行非主审要件缺项受理和审批。

19. 并联审批：指行政许可依法由地方人民政府两个以上部门分别实施的，本级政府可以确定一个部门受理行政许可申请并转告有关部门分别提出意见后统一办理的制度。

20. 零基预算：不考虑过去的预算项目和收支水平，一切从实际需要出发，以零为基点编制的预算。

21. "三公"经费：指政府部门人员因公出国（境）费用、公务接待费、公务用车购置和运行维护费。

22. "融入两区"：融入粤港澳大湾区和闽西南协同发展区。

23. "六个做示范走前头"：指在生态文明建设、推进经济高质量发展、健全城乡融合发展机制、扩大双向开放、公共服务共建共享、精神文明建设上做示范走前头。

24. "1355"项目质量提升年行动："1"是围绕"1个项目全生命周期"；"3"是聚焦

新型显示、机械装备、新材料三大产业；第一个"5"是指实施招商竞赛、重点项目推进、政策攻坚、企业服务、财力攻坚等五项工作机制；第二个"5"是打好"五张牌"，通过"135"机制措施来做实项目、做强产业，支撑打好老区示范、生态文明、绿色经济、城乡融合、大爱武平"五张牌"，推动高质量发展。

25."123"工作机制："1"是制订一个项目攻坚全流程高质量落地工作方案；"2"是印发《向上争取资金指引》《向上争取项目指引》两本手册；"3"是形成保障激励、提醒约谈、领学促学三项机制。

26."一件事"套餐：指将企业和群众需要到政务服务机构办理的事项，特别是需到多个部门、需经多个环节办理的事项，经过环节整合、流程优化，成为企业和群众眼中的"一件事"，实行"一次告知、一表申报、一窗受理、一次办成"，切实解决企业和群众办事难、办事慢、多头跑、来回跑等难题。

27."两山"理论：绿水青山就是金山银山。

28."四禁止"：禁养区内禁止复建复养、禁止新建、禁止改扩建和可养区内禁止未审批超环境容量新建扩建猪舍。

29.完整社区：聚焦群众关切的"一老一幼"设施建设，聚焦为民、便民、安民服务，打造安全健康、设施完善、管理有序的完整社区。

30."五氧业态"：森林康氧、文化涵氧、运动健氧、美食滋氧、乡村乐氧。

31."五大基地"：党员干部教育、学生研学、工会职工疗休养、企业团建、游客康养度假等"五大基地"。

32."五大项目"：百家大院、千鹭湖木屋康养、"火红的世界"文旅融合示范项目、武平生态休闲旅游度假区、龙河客家农耕文化旅游综合体。

33."五条路线"：环梁野山生态之旅、兴贤坊文化之旅、骑游武平康养之旅、火红的世界红色之旅、四季田园乡村之旅。

34.五大地标性特色农产品、"五大名品"：武平百香果、象洞鸡、武平绿茶、武平灵芝、富贵籽。

35."上云用数赋智"："上云"重点是推行普惠性云服务支持政策，"用数"重点是更深层次推进大数据融合应用，"赋智"重点是支持企业智能化改造。

36."智改数转"：指以数字化技术创新为驱动，促进新一代信息技术与先进制造业融合发展，全面提升企业在设计、生产、管理和服务等各环节的智能化水平。

37.乡村振兴三大示范片："环梁野山、环千鹭湖、环六甲湖"示范片。

38."四好农村路"：把农村公路建好、管好、护好、运营好。

39."阳光教育"：指阳光招生、阳光绩效、阳光调配、阳光评聘。

40."三医联动"：医疗、医保、医药改革联动。

41.双拥：地方拥军优属，军队拥政爱民。

42."四个最严"：最严谨的标准、最严格的监督、最严厉的处罚、最严肃的问责。

43."枫桥经验"：具有鲜明时代特色的"党政动手，依靠群众，预防纠纷，化解矛盾，维护稳定，促进发展"的枫桥新经验，是新时期把党的群众路线坚持好、贯彻好的典范。

44."雪亮工程"：以县、乡、村三级综治中心为指挥平台，以综治信息化为支撑，以网格化管理为基础，以公共安全视频监控联网应用为重点的"群众性治安防控工程"。

45."四风"：指形式主义、官僚主义、享乐主义、奢靡之风。

·武平县方志志（征求意见稿）·

第一章 武平县志

武平县自宋淳化五年（994 年）至 2008 年，曾经编修过十一部县志：明成化初，知县徐端、教谕王銮纂修的《武平县志》；明嘉靖年间，知县徐甫宰纂修的《武平县志》；明万历二十七年，知县沈之崟纂修的《武平政略》；明万历四十年前后，知县成敦睦纂修的《武平县志稿》；明崇祯五年，知县巢之梁纂修的《武平县志》；清康熙十一年，知县刘㽘据巢志重修的《武平县志》；清康熙三十八年，署县赵良生据刘志重纂的《武平县志》；清光绪二年，邑人钟传益编修的《武平县志》；中华民国三十年，上杭丘复主纂，邑人林绥庭、谢伯镕协纂的《武平县志》；1993 年 10 月出版的中华人民共和国地方志《武平县志》；2007 年 10 月出版的中华人民共和国地方志《武平县志（1988—2000）》。

《武平县志》现仅传世五部：一是明朝嘉靖年间编修的《武平县志》；二是清朝康熙三十八年编修的《武平县志》；三是中华民国三十年编修的《武平县志》；四是 1993 年 10 月出版的《武平县志》；五是 2007 年 10 月出版的《武平县志（1988—2000）》。

明嘉靖年间编修的《武平县志》（简称嘉靖志），知县徐甫宰纂修。全志共 6 卷，现仅存卷四《秩官志》、卷五《人品志》、卷六《祯异志》《附录》和《后序》。现有孤本藏于浙江省宁波市天一阁文物管理所。

清康熙三十八年（1699 年）编修的《武平县志》（简称康熙志），署县赵良生重纂。全志共 10 卷：卷一《方舆志》、卷二《风土志》、卷三《建置志》、卷四《版籍志》、卷五《莅治志》、卷六《官师志》、卷七《官师表》、卷八《人物志》、卷九《人物表》（含《闺阁志》《方外志》《丘垅志》《灾祥志》《萑苻志》）、卷十《艺文志》《丛谈志》。民国十九年翻印的康熙志是本县现存较完整的旧志。

中华民国三十年（1941 年）编修的《武平县志》（简称民国志），由县长宛方舟于 1940 年创修，继任县长杨树桐和黄清淮续修。聘丘复（字果圜，号荷生，上杭县蓝溪乡人）为主纂，聘林绥庭（字应慈，号系文，武平县平川镇人）、谢伯镕（字培銎，号丽滨，武平县万安乡人）为协纂。全志共 31 卷，依次为《大事志》《疆域志》《纬候志》《山川志》《城市志》《户口志》《氏族志》《物产志》《水利志》《实业志》《交通志》《赋税志》《职官志》《学校志》《选举志》《武备志》《惠政志》《祠祀志》《礼俗志》《古迹志》《艺文志》《列传》《文苑传》《孝友传》《忠烈传》《乡行传》《方技传》《列女传》《名宦传》《方外传》《杂录》。本县现存有该志在当年《武平新报》上连载的征求意见稿。剪报稿仅见卷一至卷二十五及卷二十六的大部分，卷二十七至卷三十一之《方技传》《列女传》《名宦传》《方外传》《杂录》等篇均缺。

1993 年 10 月，由中国大百科全书出版社出版的《武平县志》，是中华人民共和国成立后武平县编修的第一部县志。1984 年 3 月 31 日，武平县成立县志编纂委员会及其办公室，筹备编修新的《武平县志》。10 月，确定县志办为局级机构，配备 5 名专职干部开展工作，并决定先由各单位编写部门志，在此基础上再编纂县志各分志。1988 年 1 月 1 日，《武平县志》总编室成立，聘任黄卓文为总编，负责修订县志总纂方案和县志篇目。1991 年 1 月，

《武平县志》总纂工作全面展开，至年底，形成 120 多万字的《武平县志》征求意见稿。1992 年 1 月，县人民政府召开有省、地、县领导和兄弟单位修志行家参加的《武平县志》初稿评议会，会期 4 天。评稿会后，总编室集中各方面意见对志稿进行修改补充，形成《武平县志》送审稿。1993 年 4 月，新编《武平县志》通过县、地、省三级审查验收。1993 年 10 月，由中国大百科全书出版社出版，印数 4000 册，定价 65 元/册，向国内外公开发行。全志共 34 卷，字数约 1320 千，记述时限的上限为有史可查之时，下限至 1987 年 12 月，大事记、人物和个别事物延至 1990 年，地图、照片至 1992 年。本志采用述、记、志、传、表、录等体裁记述。设概述、大事记、分志（卷）和附录。

2007 年 10 月，由方志出版社出版的《武平县志（1988—2000）》，是 1993 年版《武平县志》的续志。2001 年 12 月 26 日，武平县召开续志编修工作动员大会，正式启动武平县第二轮修志工作。续志编修过程大致分为收集资料、撰写初稿、征求意见、志稿总纂、锤炼加工、送审报批等六个阶段。其间历时六年，倾注了全体修志工作者太多的心血，志稿出炉，获得省市方志委的充分肯定。2005 年 7 月 27 日至 28 日，《武平县志（1988—2000）》评稿会在武平县宾馆隆重召开，省方志委、龙岩市及所辖县（市、区）方志委、闽粤赣周边县方志办同仁和武平县各承编单位主笔参加评稿会。与会代表分政治、经济、综合与文化三个组对续志初稿进行认真评议，提出了许多中肯、独到的宝贵意见。评稿后，武平县方志委认真梳理各方面的意见，实施进一步锤炼加工。2006 年 4 月，形成《武平县志（1988—2000）（送审稿）》。2006 年 7 月 28 日，通过龙岩市方志委审核验收。2006 年 10 月 11 日，通过福建省方志委审定验收。2007 年 10 月，由方志出版社出版（ISBN 978-7—80238-154-4），印数 3000 册，定价 200 元/册，向国内外公开发行。全志共 32 卷，字数约 1500 千，记述时限的上限为 1988 年，与 1993 年版《武平县志》的下限时间衔接，下限至 2000 年 12 月 31 日，个别人物和事件的记述以及卷首的图片时间适当上溯或下延。本志采用述、记、志、传、图、表、录等体裁记述，设概述、大事记、分志和附录。福建省方志委审核意见认为：《武平县志（1988—2000）》从总体上看，观点正确，大框架基本合理，门类清晰，篇目设置较为得当，内容丰富，特点突出，较为全面反映了武平县在 1988—2000 年政治、经济、文化、教育、医疗卫生、科技、体育等方面的发展过程，突出了武平县作为闽、粤、赣三省边贸县城和闽西客家居住地的地方特色和经济社会发展风貌。

第二章　部门（特色）志

第一节　《武平县烟草志》

1993 年 2 月始编，1994 年 2 月内部出版发行，印数 1100 册。主编聂元如，副主编钟约瑟、陈庆宪。该志详今略古，上限不限，力求追溯事物的发端，下限至 1992 年，大事记和个别事物延伸至 1993 年。本志采用述、记、志、图、表、录等体裁，以志为主体，配以照片、图、表。全志共 7 章（烟区自然条件、烟草种植、烟叶采收调制、烟草专卖、烟叶经营、卷烟经营、管理）24 节，字数约 190 千。

第二节　《武平县人大志》

1991 年始编，2006 年 12 月内部出版发行，印数 500 册。该志编纂领导小组组长先后为赖永辉、蓝玉峰，主编先后为梁志进、蓝雪峰。该志根据志书"详今略古，详近略远"原则记述史实，记述时限上起 1929 年武平县首次举行武平县工农兵代表大会，下限至 2006 年 1 月武平县第十四届人民代表大会第三次会议召开（大事记下延到 2006 年 7 月）。本志采用述、记、志、图、表、录等体裁记述。全志共 8 章［代表、工农兵代表大会、各界人民代表会议、县人民代表大会（上、下）、县人民代表大会常务委员会、乡（镇）人民代表大会与人大主席团、荣誉录〕30 节，字数约 400 千。

第三节 《武平林改志》

《武平林改志》是武平县委、县人民政府决定编纂，《武平林改志》总编室承编的一部关于武平县集体林权制度改革的主题志。本志全面、系统、翔实、图文并茂地记载武平县集体林权制度改革事业发展的情况。本志上限自 2001 年 1 月 1 日，下限至 2017 年 12 月 31 日，大事记、附录部分内容延伸至 2018 年年底。

县方志委编纂《武平林改志》，得到了县委、县政府的高度重视，2018 年 9 月 6 日，县委县政府决定成立《武平林改志》总编室，标志着《武平林改志》编纂工作正式启动。在县林业局、财政局等有关部门的鼎力支持下，总编室经过 5 个月的不懈努力，《武平林改志》征求意见稿出炉。

2019 年 7 月，《武平林改志》由中国文史出版社出版（ISBN 978-7—5205-1133-9），主编吴汝丰。主要内容有概述、大事记、林改的时代背景、林改的捷文试点、林改的全县铺开、林改的持续探索、林改的成效显现、林改的武平经验、附录、编纂始末等，共计 6 章 19 节。本志印数 1000 册，字数 118 千。

第四节 《武平姓氏志》

2008 年 8 月，县方志委根据现有的姓氏资料，在各姓氏宗亲的热情帮助下，启动《武平姓氏志》编纂工作，志书从源流、分布、族谱、文物、人物等 5 个角度，粗线条地记述了各姓氏祖先肇基武平、艰苦创业、繁衍发展、铸就辉煌的历史过程。这有利于激发人们的爱土爱乡之情，有利于增强中华民族的凝聚力，有利于构建闽粤赣边武平和谐发展的软环境。

本志采用章、节、目结构。每姓设一章，章下设源流、分布、族谱、文物、人物等 5 节，节下设目。本志文字资料均源自有关姓氏典籍、民间族谱和《武平县志》，并在一定范围内进行了资料复核，力求准确翔实。本志人口数字由 2008 年 8 月的公安户籍资料统计而成，各姓氏按当今人口多少为序编排目录，各姓氏人口主要聚居地（乡、村）均按当今人口多少排序。

2009 年 5 月，《武平姓氏志（第一册）》付梓（准印证：岩新出〔2009〕内书第 092 号）。志书辑录了武平姓氏中的钟、刘、林、王、蓝等 29 姓，姓氏人口约 30.2 万，占全县人口总数的 83%。本志印数 700 册，为 28 开本，字数 168 千。

第五节 《武平五十年》

1999 年 4 月，县方志委启动《武平五十年》编写工作。《武平五十年》客观地记述了 1949—1999 年武平在政治、经济、文化、自然地理、社会风尚等各个领域发生的重大事件，及其对经济社会发展所产生的影响和结果，用鲜明的观点、准确的资料、通俗生动的语言，勾画出武平在这一伟大时代的历史轨迹。《武平五十年》是以时为序的记事本末体式地方性历史资料书，采用篇章结构，全书设 4 篇 28 章 123 节，并附录"历任党政主要领导名表""各个五年计划主要指标完成情况示意图""主要天灾人祸简介"。《武平五十年》资料翔实，在一定程度上弥补了《武平县志》（1993 年版）《武平县年鉴（1988—2000）》部分史实不详的缺陷。

2000 年 7 月，《武平五十年》付梓（书号：岩新出〔2000〕内书第 071 号），主编吴焜贤。本书印数 1000 册，为 28 开本，字数 430 千。

第三章 综合年鉴

1994 年始，武平县方志委先后编纂出版《武平县年鉴》1988—1993 年卷、1994—1996 年卷、1997—1999 年卷、2000 年卷、2001—2005 年卷、2006—2008 年卷、2009 年卷、

2010 年卷、2011 年卷、2012 年卷、2013 年卷、2014 年卷、2016 卷、2017 卷、2018 卷、2019 卷等 16 册综合年鉴。每卷设特载、概况、农村经济、工业经济、城乡规划建设、国土资源管理环境保护、交通邮电、国内贸易、对外经济贸易、财政税务、金融保险、经济管理、中共武平县委员会、武平县人大常委会、武平县人民政府、政协武平县委员会、社会团体、政法民政武装、劳动和社会保障人事机构编制、教育科技、文化体育旅游、卫生医疗、人物先进集体、乡镇概况、附录、后记等 27 个部类。其中前 4 部均为 16 开本，第 9 部始为大 16 开本。《武平县年鉴》从 2009 年卷开始实现"一年一鉴"。《武平县年鉴》从 2016 卷开始，百科部分按政治、经济、文化、社会的分类和次序进行编排，共 20 个部类，2016 卷由北京线装书局出版；2017 卷由北京线装书局出版；2018 卷由中国文史出版社出版；2019 卷由光明日报出版社出版；2020 卷由光明日报出版社出版；2021 卷由光明日报出版社出版；2022 卷由线装书局出版。

从 2016 年开始，《武平县年鉴》编纂工作实现了"一年一鉴，公开出版"的工作目标。

《武平县年鉴》采用分类编辑法，保持卷首、百科、卷末为整体框架，分设部类、分类、条目三级层次结构。《武平县年鉴》记载的信息量大，将为续修《武平县志》积累宝贵资料，为海内外客商、乡贤和各级领导了解武平县情提供最新资料。

第四章　旧志整理

1986 年，武平县志编纂委员会聘请王增能、钟德盛、黄卓文等 3 位同志对民国十九年翻印的清康熙三十八年编修的《武平县志》进行点校与整理。12 月，县志办重印《康熙志》，印数 2000 册，为 28 开本，字数约 150 千。2015 年 12 月，县方志委对《康熙志》实施重印（准印证：武新出〔2015〕内书第 11 号），

并按"五统一"的标准进行了重新排版，印数 600 册，为 28 开本，字数约 150 千。

1986 年，武平县志编纂委员会聘请王增能、钟德盛、黄卓文等 3 位同志对刊印在《武平新报》的中华民国三十年编修的《武平县志》征求意见稿进行点校与整理。12 月，县志办重印《民国志》，印数 2000 册，为 28 开本，约 40 万字。

明朝嘉靖三十九年知县徐甫宰修纂的《武平志》，现仅存半部，珍藏于浙江省宁波市天一阁文物管理所。2017 年 3 月，方志委获得一本《武平志》复制本（2017 年 10 月移送县档案馆保存），立即组织力量进行校注工作。《武平志（校注本）》采用图文对照的形式，在左页展示原稿，同时在右页进行校注。这样，既方便读者阅读理解旧志，又可让读者一睹旧志风采。《武平志（校注本）》由黄启豪（原龙岩师专中文系副主任、讲师）、游友荣（市方志专家）校注，吴汝丰审校。2017 年 9 月 25 日，《武平志（校注本）》付梓（准印证：武新出〔2017〕内书第 3 号），印数 1000 册，为 28 开本，字数 100 千。

第五章　方志机构与队伍

第一节　地方志领导机构

第一轮修志期间　1984 年 3 月 31 日，武平县成立县志编纂委员会，下设办公室，筹备编修新的《武平县志》。1984 年 3 月至 1986 年 3 月，县长卢乃济任主任委员，县政协副主席曾为民、县人大常委会委员刘寿养任副主任委员；1986 年 3 月至 1988 年 1 月，县长卢乃济任主任委员，县政协副主席曾为民、县府办主任钟树文、县志办主任黄卓文任副主任委员；1988 年 1 月 1 日，原县志编纂委员会更名为县志编纂领导小组，1988 年 1 月至 1991 年 3 月，县长曾克荣任组长，县政协副主席曾为民、县府办主任钟如彬、县志办主任王义康任副组长；

1991年3月11日，县委对县志编纂领导小组成员进行调整，县长王福胜任组长，县政协主席曾为民、县志办主任王义康任副组长。成员为各部、委、办、局负责人共16人。1988年1月1日，《武平县志》总编室成立，总编黄卓文，顾问王增能，编辑有王义康、谢国基、钟德盛、熊伟杰、陈绳武、钟国梁、林树功等7人，工作人员有刘友亮、刘勇汉、程秀英、舒春秀等4人。1993年10月，新编《武平县志》由中国大百科全书出版社出版，这标志着武平县首轮修志工作胜利完成，地方志的中心工作从此由修县志转为编年鉴。1994年4月27日，《武平县年鉴》编纂领导小组成立，县长郭健明任组长，县府办钟远南、县委宣传部副部长邓瑞成、县志编纂委员会副主任王庆祥任副组长；1997年6月，原县志编纂委员会更名为地方志编纂委员会（简称方志委）；1997年8月，县委充实和调整了县地方志编纂领导小组，县委书记严金静任组长，县长郭健明任常务副组长，县委常委兼县委宣传部部长方锦兴、县政府副县长林玉凤、县政协副主席林善珂、县方志委主任吴焜贤任副组长；2000年10月，因人事变动，县委对县地方志编纂领导小组成员进行了调整，县委书记严金静任组长，县长谢细忠任常务副组长，县委常委兼县委办主任王民发、县政府副县长陈晓玲、县政协副主席林善珂、县政府办副主任兼县方志委主任林占礼任副组长。成员为各部、委、办、局负责人共21人。

第二轮修志期间　2002年7月31日至2004年5月30日，县地方志编纂领导小组由县委书记严金静任名誉组长，县长谢细忠任组长，蓝国华、陈晓玲、李志超、李金波、林善珂、谢国坚、赖福祥、吴焜贤等8人任副组长；2004年5月30日至2007年4月15日，县委书记严金静任名誉组长，县长谢细忠任组长，蓝国华、陈厦生、钟荣秀、王永昌、林善珂、谢国坚、赖福祥、吴焜贤等8人任副组长；2007年4月15日至今，县委书记陈盛仪任名誉组长，县长谢细忠任组长，蓝国华、肖华鑫、钟荣秀、王永昌、林

善珂、郭荣圣、赖福祥等7人任副组长。成员为各部、委、办、局负责人共19人。2002年7月24日，《武平县志（1988—2000）》总编室成立，总编蓝国华，副总编有陈晓玲、李金波、石仲芳、曾兴平、赖福祥、吴焜贤、钟嘉林等7人，编辑有赖福祥、吴焜贤、钟嘉林、刘友亮、王庆祥、程秀英等6人；2004年5月30日，县委对总编室成员进行调整，总编陈厦生，副总编有谢秀源、曾兴平、赖福祥、吴焜贤、钟嘉林等5人，编辑有赖福祥、吴焜贤、钟嘉林、刘友亮、王庆祥、程秀英、林树功、钟春林、王麟瑞等9人，聘任林树功为志稿总纂。2007年10月，《武平县志（1988—2000）》由方志出版社出版，这标志着武平县第二轮修志工作胜利完成，地方志的中心工作从此由修县志转为编年鉴。

第二节　地方志工作机构及人员

1984年3月31日，武平县成立县志编纂委员会，下设办公室，全称为县志编委会办公室（简称县志办），主任黄卓文，副主任王增能（兼），工作人员2名（温沈文、程秀英）。

1988年1月，原县志编委会办公室更名为县志编纂委员会。1997年6月，原县志编纂委员会更名为地方志编纂委员会（简称方志委）。2002年6月，县乡党政机关机构改革时，方志委列为县人民政府直属事业单位。2008年2月18日，武平县方志委经省人事厅（闽人复〔2008〕40号文）批复为参照公务员法管理的事业单位。3月6日，县委编委办（武编办〔2008〕13号文）对县方志委职能配置、内设机构和人员编制进行了重新规定，确定武平县地方志编纂委员会是县人民政府直属事业单位，规格为正科级，内设综合股、辅导股两个职能股室，核定事业编制5名，核定领导职数2名（其中主任1名，副主任1名），经费由县财政核拨。

2018年12月，县委党史研究室与县地方志编纂委员会整合（武委办发〔2018〕63号），组建县委党史和地方志研究室，并于2018年12月30日挂牌。

武平县地方志编纂委员会（县志办）工作人员一览表

职务	姓名	任职时间
主任	黄卓文	1984 年 3 月至 1987 年 8 月（本办离休）
	王义康	1987 年 8 月至 1994 年 5 月
	吴焜贤	1997 年 6 月至 2000 年 8 月
	林占礼	2000 年 8 月至 2002 年 7 月（兼职）
	赖福祥	2002 年 7 月至 2007 年 7 月
	吴汝丰	2013 年 5 月至 2018 年 12 月
副主任	王增能	1984 年 3 月（兼职）
	王庆祥	1994 年 5 月至 1997 年 2 月（主持单位工作）
	吴汝丰	2005 年 2 月至 2013 年 4 月（2007 年 7 月起主持工作）
	冯元新	2014 年 12 月至 2018 年 12 月
工作人员	温沈文	1984 年 8 月至 1986 年 4 月
	程秀英	1984 年 10 月至 2007 年 3 月（本办退休）
	谢国基	1984 年 12 月至 1994 年 12 月（本办退休）
	钟德盛	1987 年 12 月至 1996 年 4 月（本办退休）
	刘友亮	1990 年 12 月至 2016 年 11 月（本办退休）
	刘勇汉	1991 年 8 月至 1993 年 1 月
	钟嘉林	1994 年 7 月至 2009 年 7 月（本办退休）
	姚史英	1994 年 5 月至 1997 年 12 月
	王庆祥	1997 年 2 月至 2004 年 11 月（本办退休）
	吴焜贤	2000 年 8 月至 2004 年 11 月（主任科员，本办退休）
	赖福祥	2007 年 7 月至 2014 年 12 月（主任科员，本办退休）
	聂荣连	2010 年 5 月至 2018 年 12 月
	冯元新	2012 年 8 月至 2014 年 12 月（副主任科员）
	徐祥林	2015 年 6 月至 2018 年 12 月
	钟茂富	2016 年 12 月至 2018 年 12 月（主任科员）

第三节　方志人物

黄卓文斗癌修志

黄卓文，原名刘凤河，1926年2月出生于武平县永平乡。早在1946年，他就开始为龙川县游击队从事采购和送信工作。1949年7月，他正式参加革命队伍。新中国成立后，他先后在龙川县公安局、县委合作部、龙川报社、县委办、县人委办任职。"文化大革命"期间，他被错误下放劳动，1972年组织上为其改正错误并恢复工作。1978年，他调回武平，先后任县工交办秘书、县府办副主任。1984年3月31日，黄卓文任武平县县志编委办第一任主任，直至1987年8月离休。1984—1993年，黄卓文十年如一日，潜心修志，县志办在其任期内整理重印了康熙版和民国版《武平县志》，完成新编《武平县志》初稿。1987年8月，他光荣离休后，放不下手中志稿，离休不离岗，一如既往地继续参与修志工作。1988年1月1日，黄卓文被聘为《武平县志》总编室总编。他不顾体弱身残（革命时腿部因伤残疾），凭坚强的意志，访万里路，查万卷书，为县志搜集了大量第一手资料。在1989年年初的一次例行保健体检中，他被发现右肝长瘤，确诊为肝癌，必须马上手术治疗。他虽感惊愕，但未被病魔吓倒。手术前，他给县长和县志委主任写信，却只谈如何充实力量加快修志和对加强班子建设的意见，还为自己因病"影响了工作进度"而内疚。手术伤口刚刚愈合，他就恢复了工作。为排除干扰，他回到僻静的永平老家，关起门来悉心写作，仅用20多天就完成志稿5.5万字。不久，他的右肝又被发现有新的肿瘤，医生决定再做第二次手术。第二次手术前，他叹："病残更觉光阴贵。"于是他硬拖着老伴一起到省图书馆和省方志委翻旧志，查资料。他要争分夺秒地把整整6大抽屉的《明实录》《清实录》卡片翻遍，抄摘下其中有关武平县的所有资料。术后仅12天，他不顾家人的强烈反对，开始夜以继日地埋头写作。每当疼痛袭来，他咬紧牙关，默默忍受着病痛的折磨，这是因为有一股神圣的修志使命感在支撑着他。这样日复一日地坚持，重病的他写出20多万字的县志稿，并完成了132.6万字县志稿的总纂工作，为新编《武平县志》顺利出版贡献出自己的全部身心。接着，他抓紧整理出版了自己多年创作的诗词集《晚霞集》。1995年8月4日，黄卓文由于癌细胞扩散，虽经第三次手术，但还是离开了他执着的修志事业。

洪军编修《阳民村志》

洪军，男，1936年出生于武平县中山镇阳民村。1988年，洪军退休后回到阳民村，感慨阳民村悠久的历史文化和光荣的革命传统，激发了洪军为家乡编修一本志书的热情。

1995年，洪军开始《阳民村志》的编纂工作。《阳民村志》资料来源于洪军的调查访问和有关书籍，上溯有史可查之时，下限至1997年12月底止，人物志的部分内容延续至2001年年底。本志由序、正文、附录、编后话等4个部分组成，共13章55节，翔实记载了阳民村历史渊源、风土人情和改革开放后的阳民新貌。其中，第八章"姓氏郡望堂联汇考"详细记载了阳民村姓氏人口的分布与渊源，是本志的亮点之一。

2001年12月，《阳民村志》付梓，主编洪军，为32开本，彩色封面，共计154页，字数约90千，印数1000册，是武平县第一部村志。

洪军是福建省作家协会会员，著作还有《武所军家史》《溪源吟草》《古镇拾萃》等。

人物表（副编审以上）

姓名	性别	民族	籍贯	出生年月	职称	修志工作简历
黄卓文	男	汉	福建武平	1926.2	副编审	1984年3月31日，成立县志办，黄卓文为第一任主任，1987年8月离休后，被聘为《武平县志》（1993年版）总编室总编。1986年参与点校两部旧志（《康熙志》《民国志》）。同年，被评为副编审。《福建史志》和《党的生活》等报刊曾报道其斗癌修志的事迹。1995年8月病故